CHF 36.-
EUR 19.90

D1671038

Schweizer Museumsführer
Guide des Musées suisses
Guida dei musei svizzeri

mit Einschluss des Fürstentums Liechtenstein

Herausgegeben vom
Verband der Museen der Schweiz

Friedrich Reinhardt Verlag Basel/Berlin

Die Deutsche Bibliothek – CIP-Einheitsaufnahme

Schweizer Museumsführer : mit Einschluss des Fürstentums Liechtenstein = Guide des musées suisses / hrsg. vom Verband der Museen
der Schweiz. [Schlussred.: Bernard A. Schüle ...]. – Basel ; Berlin :
F. Reinhardt
NE: Schüle, Bernard A. [Red.]; Verband der Museen der Schweiz; PT

[Hauptbd.] (1993)
  ISBN 3-7245-0807-7

8. Ausgabe 1998

Inhaltsverzeichnis
Table des matières
Indice

Einführung 7

Introduction 9

Introduzione 11

Beschreibung der Museen / Description des musées /
Descrizione dei musei 13

Abkürzungen / Abrévations / Abbreviazioni 14

Adressen für weitere Informationen / Adresses pour informations
supplémentaires / Indirizzi per ulteriori informazioni 513

Register / Index / Indice 515

Ortsregister nach Kantonen / Index des lieux
par cantons / Indice dei Luoghi per cantoni 517

Personenregister / Index des personnes /
Indice delle persone 541

Sachregister 545

Index des matières 553

Indice analitico 561

Herausgeber Editeurs Editori	Verband der Museen der Schweiz Association des musées suisses Associazione dei musei svizzeri Bernard A. Schüle, Präsident/Président/ Presidente
Projektgruppe Groupe de projet Gruppo di progetto	Bernard A.Schüle, Leitung/ Coordination/Coordinazione Josef Brülisauer Alessandra Ferrini Verena v. Sury Zumsteg
Administration Amministrazione	Verena v. Sury Zumsteg
Museumsbesuche Visite des nouveaux musées Visite dei nuovi musei	Josef Brülisauer Alessandra Ferrini Christian Foppa Daniel Glauser Norbert Hasler Olivier Pavillon Quirinus Reichen Heinz Reinhart Margret Ribbert Bernard A. Schüle Verena v. Sury Zumsteg
Schlussredaktion Lecture des textes Revisione	Josef Brülisauer, Alessandra Ferrini Bernard A. Schüle Verena v. Sury Zumsteg
Übersetzungen Traductions Traduzioni	Angelika Meyer Fabio Chierichetti

Einführung

Zwei Jahre nach der letzten Ausgabe des Schweizer Museumsführers erscheint bereits eine neue, revidierte und umfangreichere Fassung. In der Tat haben die zahlreichen Veränderungen und die stetig wachsende Zahl der Museen in der Schweiz und im Fürstentum Liechtenstein den Verband der Museen der Schweiz veranlasst, immer häufiger eine Neuausgabe des Führers zu publizieren. Die letzte Auflage ist übrigens seit einigen Monaten vergriffen, ein Beweis für seinen Erfolg und seine Nützlichkeit.

Seit Claude Lapaire, dann Martin Schärer und schliesslich die Redaktionsgruppen die verschiedenen Ausgaben des Schweizer Museumsführers herausgaben, hat sich die Zahl der erwähnten Institutionen rasant erhöht: 340 Museen im Jahre 1965 folgten 370 vier Jahre später, 1980 waren es bereits 538, 1984 dann 595, 1991 verzeichnete einen Sprung auf 704, 1993 wurden 766 genannt, 1996 war man bei 831 angelangt. Die 8. Auflage erwähnt bereits 870 Häuser. Die stets raschere Zunahme der Eintragungen verlangt nach einer immer aktuelleren Informationsquelle in Form einer elektronischen Ausgabe des Führers, welche der Verband der Museen der Schweiz dem Publikum nun in ständig aktualisierter Form unter der Adresse **www.museums.ch** zur Verfügung stellt. Dazu kommt, dass der VMS nach acht Auflagen ernsthaft nach einer neuen, handlicheren Form des Museumsführers sucht, die den Wünschen der Leserinnen und Leser mehr entgegenkommt.

Die Museen der Schweiz und des Fürstentums Liechtenstein unterscheiden sich durch ihre grosse Verschiedenheit. Nationale und lokale Museen, Kunstmuseen, technische Museen, archäologische Museen, naturhistorische Museen, sie alle tragen dazu bei, dass die schweizerische Museumslandschaft in ihrer Gesamtheit auf das Interesse eines breiten Publikums stösst, welche besondern Vorlieben es auch immer hegen mag. Der Museumsführer will die Besucherinnen und Besucher bei der Suche nach den entsprechenden Institutionen unterstützen und sie gleichzeitig zu einem Besuch anregen.

Eine Auswahl unter allen musealen Institutionen der Schweiz und des Fürstentums Liechtenstein erwies sich auch für die vorliegende Edition – wie bei den früheren Ausgaben – als gleichermassen schwierig wie notwendig.

Nur jene Museen, die der Definition des International Council of Museums (ICOM) entsprechen, können in den Verband der Museen der Schweiz aufgenommen werden. Wir haben uns bei der Auswahl für den Schweizer Museumsführer von den gleichen Kriterien leiten lassen. Insbesondere haben wir nur private oder öffentliche Museen aufgenommen, deren Fortbestand gesichert und deren Ziele nicht lukrativer Art sind, die eine eigene Sammlung von anerkanntem kulturellem Wert besitzen, in angemessener Weise geleitet werden und deren Ausstellung zudem in eigenen Räumlichkeiten vom Publikum besucht werden kann.

Um alle nötigen Angaben zu sammeln und die Übereinstimmung des neuen Museums mit den vom VMS aufgestellten Kriterien zu überprüfen, ist jede in den Museumsführer aufgenommene neue Institution von einem

Vorstandsmitglied des VMS oder der Redaktionskommission des Museumsführers besucht worden. Es ist mir ein Bedürfnis, allen Personen, die ihre Zeit für die Aufarbeitung der Museumsdaten, die Besuche von Institutionen, für redaktionelle Arbeiten, Übersetzungen oder die Überprüfung der Texte zur Verfügung gestellt haben, ganz herzlich zu danken. Seit der Auflösung der Datenbank schweizerischer Kulturgüter, mit der wir bei den frühern Ausgaben des Museumsführers zusammengearbeitet hatten, verwaltet die Firma Art & Media Consulting unsere Datenbank der Schweizer Museen. Beiden Institutionen gilt mein aufrichtiger Dank. Ebenso danke ich dem Verlag Friedrich Reinhardt AG in Basel für den Druck und die Herausgabe dieser neuen Ausgabe. Ich danke auch dem Bundesamt für Landestopographie, das gleichzeitig die Museumskarte der Schweiz herausgibt, deren Informationen mit jenen des Museumsführers synchronisiert sind.

Wenn bei der Veröffentlichung dieses Bandes gewisse Angaben bereits überholt sein sollten, so ist das auf die äusserst raschen Veränderungen in der Museenlandschaft der Schweiz und des Fürstentums Liechtenstein zurückzuführen. Die Mitarbeiterinnen und Mitarbeiter des Verbandes der Museen der Schweiz verweisen in diesem Zusammenhang auf die aktualisierte elektronische Version und danken im voraus all jenen, die sie auf eventuelle Fehler aufmerksam machen oder ihnen ergänzende Informationen zukommen lassen.

Wenn es diesem Museumsführer gelingt, das Publikum zu einem Besuch eines der beschriebenen Museen zu bewegen, und wenn die Besucherinnen und Besucher sich dort mit Interesse und Freude umsehen, so hat unser Band sein Ziel erreicht.

Bernard A. Schüle, Präsident des VMS

Introduction

Deux ans après la dernière édition du Guide des Musées suisses paraît déjà une nouvelle version, revue et augmentée. En effet, les nombreux changements ainsi que l'accroissement régulier du nombre des musées en Suisse et au Liechtenstein amènent l'Association des Musées suisses à publier de nouvelles versions du Guide de plus en plus souvent. La dernière édition est par ailleurs épuisée depuis plusieurs mois, ce qui témoigne du succès et de l'utilité d'un tel guide.

Depuis que Claude Lapaire, puis Martin Schärer, et ensuite des équipes de rédaction publièrent les différentes éditions du Guide des Musées suisses, le nombre des institutions mentionnées a augmenté de façon vertigineuse: 340 musées en 1965, 370 en 1969, 538 en 1980, 595 en 1984, 704 en 1991, 766 en 1993, 831 en 1996, et pas moins de 870 pour la présente huitième édition. Cette évolution de plus en plus rapide rend nécessaire une source d'information encore plus actuelle, sous la forme d'une version électronique du Guide, actualisée en permanence, que l'Association des musées suisses met à disposition du public sur Internet, à l'adresse **www.museums.ch**. De plus, après huit éditions parues, l'AMS s'interroge sur une forme nouvelle de Guide des musées, plus maniable, plus adaptée encore aux vœux des lecteurs.

Les musées de Suisse et du Liechtenstein se distinguent par leur grande diversité. Des musées nationaux aux musées locaux, des musées d'art aux musées techniques, des musées d'archéologie aux musées d'histoire naturelle, toutes les différences contribuent à faire du paysage des musées suisses un ensemble susceptible de toucher chaque public, quels que soient ses intérêts. Le Guide des musées suisses se propose d'aider les visiteuses et les visiteurs à trouver les institutions recherchées, et de les inciter à s'y rendre.

Pour cette édition comme pour les précédentes, il a été difficile mais nécessaire de faire un choix parmi toutes les institutions muséales de Suisse et du Liechtenstein. Seuls les musées qui correspondent à la définition telle qu'elle a été fixée par le Conseil international des musées (ICOM) peuvent être admis dans l'Association des musées suisses, et les mêmes critères sont ceux qui ont guidé notre choix pour le Guide des musées suisses. En particulier, l'on a veillé à ne reconnaître que des musées – privés ou publics – dont la pérennité est garantie, dont les buts ne sont pas lucratifs, qui possèdent une collection propre présentant une valeur culturelle certaine, qui sont gérés de façon adéquate et dont l'exposition est accessible au public dans des locaux propres.

Afin de collecter les renseignements nécessaires, et pour vérifier la concordance du nouveau musée avec les critères définis par l'AMS, chaque nouvelle institution qui a trouvé sa place dans le Guide des musées suisses a été visitée par un membre du Comité de l'AMS ou de la Commission de rédaction du Guide. Je tiens à exprimer ici ma gratitude à chacune de ces personnes qui ont consacré du temps à la collecte des données sur les musées, aux visites des institutions, aux travaux de rédaction, de traduction et de relecture des textes. Depuis la dissolution de la Banque de données des biens culturels suisses avec laquelle nous avions collaboré pour les versions précédentes du Guide, c'est l'entreprise Art

& Media Consulting qui gère notre banque de données des musées suisses. À ces deux institutions va ma reconnaissance, tout comme aux éditions Friedrich Reinhardt SA à Bâle pour l'impression et la publication de cette nouvelle version. J'adresse aussi mes remerciements à l'Office fédéral de topographie qui publie simultanément la Carte des musées dont les informations sont synchronisées avec celles du Guide.

Si, peu après la publication de ce volume, certaines informations seront déjà dépassées, ce sera dû à l'évolution rapide du monde des musées de Suisse et du Liechtenstein. Les collaborateurs et collaboratrices de l'Association des musées suisses renvoient le lecteur à la version électronique actualisée, et remercient par avance toutes celles et tous ceux qui leur communiqueront d'éventuelles erreurs ou qui leur apporteront des informations complémentaires.

Si ce Guide des musées suisses arrive à inciter le public à visiter les nombreux musées décrits, et si les visiteuses et visiteurs y trouvent intérêt et plaisir, c'est que notre volume aura atteint son but.

Bernard A. Schüle, Président de l'AMS

Introduzione

A due anni dall'ultima edizione della Guida dei musei svizzeri, presentiamo ora una nuova versione aggiornata e più ampia della precedente. I cambiamenti e il costante aumento del numero dei musei in Svizzera e nel Liechtenstein ha indotto l'Associazione dei musei svizzeri a intensificare il ritmo delle nuove edizioni della Guida. L'ultima è esaurita da diversi mesi, fatto che dimostra il successo e l'utilità di questo strumento.

Dalle prime edizioni curate da Claude Lapaire e poi da Martin Schärer, successivamente da gruppi redazionali, la Guida dei musei svizzeri si è costantemente arricchita di nuove iscrizioni. Le istituzioni menzionate erano 340 nel 1965, 370 nel 1969, 538 nel 1980, 595 nel 1984, 704 nel 1991, 766 nel 1993, 831 nel 1996 e non meno di 870 nella presente edizione. Questa vertiginosa evoluzione rende necessaria la messa a punto di una fonte di informazioni ancora più attuale, sotto forma di Guida elettronica, costantemente aggiornata. L'Associazione dei musei svizzeri offre questo servizio su Internet al sito **www. museums.ch**. Dopo otto edizioni, l'AMS sta seriamente valutando la possibilità di dare alla Guida una veste più maneggevole e consona alle esigenze dei lettori.

I musei in Svizzera e nel Liechtenstein si distinguono per la loro grande diversità: musei nazionali e locali, musei d'arte e tecnici, musei d'archeologia e di storia naturale, tutte particolarità che contribuiscono a fare dei musei svizzeri un insieme in grado di soddisfare i vari interessi del pubblico. La Guida dei musei svizzeri vuole aiutare i visitatori a trovare le istituzioni cercate e incitarli a visitarle.

Anche per questa edizione, come per le precedenti, è stato difficile, seppur indispensabile, operare una scelta tra tutti i musei presenti in Svizzera e nel Liechtenstein. Solo i musei che corrispondono alla definizione del Consiglio internazionale dei musei (ICOM) possono essere ammessi nell'Associazione dei musei svizzeri e gli stessi criteri ci hanno guidato nella scelta per la Guida dei musei svizzeri. In particolare, si è fatto il possibile per riconoscere solo i musei privati o pubblici la cui esistenza sia garantita anche in futuro, che non perseguano scopo di lucro, che possiedano una collezione propria di indubbio valore culturale, che siano gestiti in modo adeguato e la cui esposizione sia accessibile al pubblico in locali propri.

Per raccogliere le informazioni necessarie e verificare che concordassero con i criteri definiti dall'AMS, ogni nuovo istituto che ha trovato posto nella Guida dei musei svizzeri è stato visitato da un membro del Comitato dell'AMS o della Commissione di redazione della Guida. Desidero esprimere la mia gratitudine a tutte le persone che hanno dedicato il loro tempo alla raccolta dei dati relativi ai musei, alle visite, ai lavori di redazione, alle traduzioni e alla rilettura dei testi. Dalla dissoluzione della Banca dati dei beni culturali svizzeri, con la quale avevamo collaborato per le precedenti versioni della Guida, la banca dati dei musei svizzeri è gestita dalla Art & Media Consulting. A queste due istituzioni va la mia riconoscenza, come pure alla casa editrice Friedrich Reinhardt SA di Basilea, per la stampa e la pubblicazione di questa nuova edizione. Ringrazio pure l'Ufficio federale di topografia che pubblica simultanea-

pubblicazione di questa nuova edizione. Ringrazio pure l'Ufficio federale di topografia che pubblica simultaneamente la Carta dei musei, le cui informazioni sono sincronizzate con quelle della Guida.

Se poco dopo la pubblicazione alcune informazioni saranno già superate è perché l'evoluzione dei musei in Svizzera e nel Liechtenstein è molto rapida. I collaboratori dell'Associazione dei musei svizzeri consigliano di consultare la versione elettronica attualizzata e ringraziano chi vorrà comunicare correzioni o aggiunte miranti a migliorare l'offerta informativa e a rendere più interessante la visita di un museo.

Se questa Guida dei musei svizzeri riuscirà a incitare il pubblico a visitare i numerosi musei descritti e se i visitatori saranno contenti e soddisfatti, questo volume avrà raggiunto il suo obiettivo.

Bernard A. Schüle, presidente dell'AMS

Beschreibung der Museen

Description des musées

Descrizione dei musei

Abkürzungen / Abrévations / Abbreviazioni

Kantone / Cantons / Cantoni

AG	Aargau	OW	Obwalden
AI	Appenzell Innerrhoden	SG	Sankt Gallen
AR	Appenzell Ausserrhoden	SH	Schaffhausen
BE	Bern	SO	Solothurn
BL	Basel-Landschaft	SZ	Schwyz
BS	Basel-Stadt	TG	Thurgau
FR	Fribourg	TI	Ticino
GE	Genève	UR	Uri
GL	Glarus	VD	Vaud
GR	Graubünden	VS	Valais
JU	Jura	ZG	Zug
LU	Luzern	ZH	Zürich
NE	Neuchâtel	FL	Fürstentum Liechtenstein
NW	Nidwalden		

P Parkmöglichkeiten / parking / posteggio

Cafeteria / cafétéria / caffetteria

Restaurant / restaurant / ristorante

rollstuhlgängig / accessible aux personnes handicapées / accessibile alle persone in carrozella

Schweizer Museumspass / Passeport Musées Suisses / Passaporto Musei Svizzeri

VMS
AMS Mitglied des Verbands der Museen der Schweiz / membre de l'Association des musées suisses / membro dell'Associazione dei musei svizzeri

AADORF TG

1 | Agrotechnorama

Auf dem Areal der Eidg. Forschungsanstalt Tänikon, südlich vom
Dorf Aadorf, an der Staatsstrasse Guntershausen–Ettenhausen (ca.
15 Min. Fussmarsch ab SBB-Station Aadorf)
Postadresse: 8356 Tänikon b. Aadorf; Tel. (052) 368 31 31 (For-
schungsanstalt) od. 364 11 64 (ausser Bürozeit)
E-Mail: info@fat.admin.ch
URL: http://www.admin.ch/sar/fat/
Geöffnet: Führungen nach Vereinbarung
Leiter: Rudolf Studer, dipl.Ing.Agr.

Landtechnische Entwicklungsschau. Ca. 700 Objekte von 1813
bis 1984: Landwirtschaftliche Geräte, Traktoren und Maschinen,
die die technische Entwicklung von der Handarbeit über den tierischen Zug bis zur Motorisierung aufzeigen.

Eröffnet: 1981
Gebäude: Ehem. Klosterscheune, 1838

AARAU AG

Übersicht

Aargauer Kunsthaus	**2**
Aargauisches Naturmuseum	**3**
Polizeimuseum	**4**
Stadtmuseum	**5**

2 Aargauer Kunsthaus □

Aargauerplatz, im gleichen
Haus wie Kantonsbibliothek
und Staatsarchiv, neben Regie-
rungs- und Grossratsgebäude
Postadresse: Aargauerplatz,
5001 Aarau; Tel. (062) 835
23 30, Fax (062) 835 23 29
URL: http://www.echo.ch/
org/akh/
Geöffnet: Di, Mi 10–17;
Do 10–20; Fr–So 10–17
Direktor: Beat Wismer
Adjunkt: Stephan Kunz

Arnold Böcklin:
Die Muse des Anakreon, 1873

Schweizerische Malerei, Graphik und Plastik von 1750 bis heute.
Grössere Werkgruppe deutscher Expressionisten. Die Sammlung ist
bei Wechselausstellungen teilweise magaziniert.

Eröffnet: 1959
Gebäude: Museumsbau, 1957–1959, Arch. Loepfe, Hänni und Hänggli

3 Aargauisches Naturmuseum ♀

Bahnhofplatz
Postadresse: Bahnhofplatz, 5000 Aarau; Tel. (062) 822 29 48
od. 822 52 32, Fax (062) 822 52 32
E-Mail: rfoelix@www.natmusag.ch
URL: http://www.natmusag.ch
Geöffnet: geschlossen ab 1998, Wiedereröffnung vorgesehen im
Jahr 2001 als «Naturama»
Konservator: Dr. Rainer F. Foelix

Eröffnet: 1922
Gebäude: Museumsbau, 1918–1920, Arch. H. Hächler

4 Polizeimuseum

Im Kantonalen Polizeikommando
Postadresse: Kant. Polizeikommando, Tellistr. 85, 5004 Aarau;
Tel. (062) 835 81 81, Fax (062) 835 82 44
Geöffnet: Mo–Fr auf Anfrage (in der Regel nur für Gruppen)
Leiter: Moritz Mehmann

Geschichte der Aargauer Kantonspolizei 1803 bis heute. Schwergewicht auf der kriminalpolizeilichen Tätigkeit. Darstellung von repräsentativen Kriminalfällen und Personenidentifikationen. Entwicklung der Kriminalität.

Eröffnet: 1992

5 Stadtmuseum

Schlössli, Schlossplatz 23,
nordöstlich der Altstadt
Postadresse: Im Schlössli,
Schlossplatz 23, 5000 Aarau;
Tel. (062) 836 05 17,
Infoband (062) 836 05 18,
Fax (062) 836 06 30
Geöffnet: Mi, Sa, So 14–17.
Ferner nach Vereinbarung
(nur Gruppen)
Leiter: Dr. Martin Pestalozzi

*Revolution 1798 –
mit dem Kopf durch die Wand*

Darstellung der Geschichte der Stadt, Urkunden und Altstadtmodell. Möblierte Wohnräume und Küchen vom Spätmittelalter bis ins 19. Jh. Erinnerungen an General Herzog, Bundesrat Frey-Hérosé, Heinrich Zschokke, Xaver Bronner und weitere Aarauer Persönlichkeiten. Waffensammlung mit Beständen aus dem ehemaligen städtischen Zeughaus. Uniformen und Ausrüstung der Kadetten. Sammlung Aarauer Zinnfiguren. Spielzeug. Dokumente und Instrumente der ehemaligen Firma KERN. Handwerksgeräte: Schmied, Schuhmacher, Wagner und Schreiner. Postkutsche und Reiseutensilien, Schlitten, Feuerwehrgeräte, Turmuhrwerk. Helvetik / Kantonsgründung 1798. – Wechselausstellungen. – Getreidemühle (Mitte 19. Jh.) und dazugehörende Geräte in Nebengebäuden.

Eröffnet: 1939
Gebäude: Schlössli und Anbauten, 12.–18. Jh.

AARBURG AG

6 Heimatmuseum 🏠

Städtchen 35
Postadresse: Eduard Wanitsch, Städtchen 17, 4663 Aarburg; Tel.
(062) 971 57 88
Geöffnet: 2. und letzter So im Monat 10.30–12. Ferner nach Vereinbarung
Konservator: Eduard Wanitsch, pens. Postangestellter / Möbelschreiner

Dokumente zur Geschichte von Stadt und Festung, v.a. Ansichten. Kleinstädtisch-ländliche Wohnkultur. Handwerksgeräte. Kleine Waffensammlung.

Eröffnet: 1960
Gebäude: Pfarrhaus, 1750, Berner Barock

AATHAL ZH

7 Sauriermuseum ◊

1 km nach dem Ende der Autobahn Uster, S 14 bis Aathal
Postadresse: Zürichstr. 202, 8607 Aathal; Tel. (01) 932 14 68 (Information) od. 932 14 18 (Sekretariat), Fax (01) 932 14 88
E-Mail: sauriermuseum@bluewin.ch
URL: http://www.sauriermuseum.ch
Geöffnet: Di–So 10–17
Eigentümer: Hans-Jakob Siber, Edward Siber. *Leitung:* Roland Waech, dipl. Ing. *Konservator:* Dr. Ben Pabst

Pachicephalosaurus, 65 Millionen Jahre, USA (1994 entdeckt von Mike Triebold)

Paläontologische Sammlung, insbesondere Dinosaurier aus aller Welt, unter anderen ein 23 Meter langes Brachiosaurus-Skelett in Originalgrösse. Dinosaurier (Diplodocus, Camarasaurus, Alosaurus und Stegosaurus) aus eigener Grabung. Dinosaurierfährten, das Aussterben der Dinosaurier, Rekonstruktion eines Dinosauriersteinbruches. Flugsaurier, Ichthyosaurier und zahlreiche Fossilien vom Kambrium bis zur Eiszeit, u.a. ein 10 Meter langes fossiles Walskelett aus tertiären Ablagerungen in Peru. Dinosauriereier, Nester und Babys. Historische Dinosaurierfilme und Filmplakate.

Eröffnet: 1993
Gebäude: Ehem. Spinnerei, Teil des Industrielehrpfades Zürcher Oberland

ADELBODEN BE

8 | Heimatmuseum

In der ehemaligen englischen Kirche neben dem Hotel Schönegg
Postadresse: Christian Künzi, Mattenweg 8, 3715 Adelboden; Tel. (033) 673 16 56
Geöffnet: Jan.–Ostern, Mitte Juni–Mitte Okt.: Mi, Fr 14–17. Ferner nach Vereinbarung (nur Gruppen) mit dem Leiter
Leiter: Christian Künzi

Holz als Werkstoff, Metalle, Sportgeräte, Fotoapparate, Kunst- und Kunstgewerbe, Kleider, Mineralien, Verkehr, Tourismus, Mineralquelle, Schieferbau, Heimarbeit, Alphütte mit hauswirtschaftlichem Gerät.

Eröffnet: 1983
Gebäude: Ehem. englische Kirche, 1910

ADLIGENSWIL LU

9 | Feuerwehrmuseum

Bei der alten Mühle, unterhalb des Schulhauses
Postadresse: Eduard Odermatt, Buggenacher 7, 6043 Adligenswil; Tel. (041) 370 12 52
Geöffnet: Nach Vereinbarung
Eigentümer: Eduard Odermatt

Entwicklung des Feuerlöschwesens im Dorf. Feuerspritze (Mitte 19. Jh.): Eimer, Haken, Helme, Schläuche, Rohre, Werkzeuge; Fotos. Kurze Darstellung von Nebenbetriebszweigen der Feuerwehr.

Eröffnet: 1958

AESCH BL

10 Heimatmuseum ⌂

Kesslerhaus, Hauptstrasse 27, am Schlosshof
Postadresse: Hauptstr. 27, Postfach 256, 4147 Aesch; Tel. (061)
756 77 41 (Gemeindeverwaltung)
Geöffnet: 1. So im Monat 10–12, 15–17, ausser in den Schulferien. Ferner nach Vereinbarung
Präsident der Stiftung: Werner Müller, Im Augarten 10, 4147
Aesch; Tel. (061) 751 38 69

Funde aus der Ur- und Frühgeschichte. Geräte aus Weinbau und
Landwirtschaft, Handwerk und Haushalt. Ethnographische Gegenstände aus der Sammlung der Naturheilkundepioniers Dr. h.c.
Alfred Vogel. Gedenkstätte für den Baselbieter Heimatdichter Traugott Meyer. Zeugnisse aus dem dörflichen Kulturleben. Wechselausstellungen.

Eröffnet: 1976
Gebäude: Kesslerhaus, 1608

AGNO TI

11 Museo plebano ⌂

Casa del Beneficio parrocchiale, attigua alla Collegiata
Indirizzo postale: Direzione istituto scolastico comunale, c.p. 167,
6982 Agno; tel. (091) 605 33 60, fax (091) 604 64 63
Aperto: Apr.–ott.: gio, do 16–19. Oppure previo appuntamento:
tel. (091) 604 57 31, fax (091) 605 54 18 (Cancelleria comunale)
Responsabile: Don Giuseppe Albisetti. *Conservatore:* Prof. Giovanni Boffa, Villa Regina, 6982 Agno; tel. (091) 605 39 16

Tombe nord-etrusche, romane longobarde e bizantine scoperte
ad Agno e nelle immediate vicinanze (sarcofaghi). Monete romane
(fra cui una di Ponzio Pilato) rintracciate in scavi locali. Documenti
d'archivio capitolare, fra l'altro pergamene delle nomine dei prevosti e di prerogativa pontificia. Al primo piano: argenti e tele
sacre.

Aperto nel: 1955
Edificio: Casa del Beneficio parrocchiale

AIGLE VD

12 Château ⌂

Adresse postale: Case postale 453, 1860 Aigle; tél. (024) 466 21 30, fax (024) 466 21 31
Ouvert: Avr.–juin: ma–di 10–12.30, 14–18. Juil.–août: lu–di 10–18. Sept., oct.: comme avr. En outre sur rendez-vous (groupes seulement).
Intendante: Suzanne Jotterand

Ancienne demeure d'une famille noble d'Aigle puis résidence du Gouverneur bernois dès 1475, centre administratif du Gouvernement d'Aigle, première terre francophone à faire partie de la Confédération suisse. Salle historique de la Municipalité, Salle des Gouverneurs bernois avec leurs armoiries et mobilier 17e–18e s., chemin de ronde, tours de garde.

Ouverture en: 1976
Bâtiment: Château-fort, 13e, 15e et 18e s., entouré de vignes

13 Musée international de l'étiquette ⊞

Château d'Aigle, Maison de la Dîme
Adresse postale: Case postale 453, 1860 Aigle; tél. (024) 466 21 30; fax (024) 466 21 31
Ouvert: Avr.–juin: ma–di 10–12.30, 14–18. Juil., août: lu–di 10–18. Sept., oct.: comme avr. En outre sur rendez-vous (pour groupes)
Directeur: Pierre Sauter, 1128 Reverolle; tél. (021) 800 43 62; *conservateur:* Nicolas Isoz; tél. et fax (024) 466 60 80

Etiquettes de vin du monde entier, datées du début du 19e siècle à nos jours, machines à étiqueter, presses typographiques et lithographiques, le travail du lithographe.

Ouverture en: 1996
Bâtiment: Ancienne maison de la Dîme de l'époque bernoise construite en 1587 en réutilisant une demeure fortifiée des 12e et 14e s.

14 Musée vaudois de la vigne et du vin

Château d'Aigle
Adresse postale: Château d'Aigle, case postale 453, 1860 Aigle; tél. réception-réservations: (024) 466 21 30; fax réception-réservations: (024) 466 21 31; tél. et fax conservateur: (024) 466 60 80
Ouvert: Avr.–juin: ma–di 10–12.30, 14–18. Juil., août: lu–di 10–18. Sept., oct.: comme avril. En outre sur rendez-vous (groupes seulement)
Directeur: Pierre Sauter, 1128 Reverolle; tél. (021) 800 43 62
Conservateur: Nicolas Isoz

Arts et traditions populaires de la vigne et du vin: origine de la culture de la vigne, outils et ustensiles pour les travaux de la vigne, du vin et des métiers annexes, le commerce du vin, bouteilles et verres, arts populaires et beaux-arts. Le vin et la société.

Ouverture en: 1976
Bâtiment: Château-fort, 13e, 15e et 18e s., entouré de vignes

AIROLO TI

15 Esposizione «Forte Airolo»

A 1, 5 km da Airolo, sulla strada cantonale che porta al passo del San Gottardo
Indirizzo postale: 6780 Airolo; tel. (091) 873 71 11
Aperto: Luglio–sett.: ma–do 13.30, 14.30, 15.30 (visita accompagnata). Previo appuntamento per gruppi
Direzione: Comando Regione fortificazioni e Piazza d'armi

Armi, piani, documenti relativi alla storia del «Forte Airolo».

Aperto nel: 1989
Edificio: Fortezza, 1886–1889

ALBERSWIL LU

16 Schweizerisches Museum für Landwirtschaft und Agrartechnik 🖥

Burgrain-Alberswil-Willisau
Postadresse: Burgrain, 6248 Alberswil-Willisau; Tel. (041) 980 28 10 od. 970 20 77, Fax (041) 980 69 11
URL: http://www.agri.ch/schulen/burgrain/burgrain.htm
Geöffnet: Apr.–Okt.: Mo–Sa 14–17; So 10–17. Ferner nach Vereinbarung
Verwalter: Walter Steiner, Halde, 6130 Willisau. **Mitarbeiter:** Pius Häfliger, Herrenberg, 6126 Daiwil

Modelle, Baufragmente, Einrichtungsgegenstände und Geräte des bäuerlichen Wohnens sowie der bäuerlichen Hauswirtschaft. Arbeitsgeräte, Maschinen und Fahrzeuge der landwirtschaftlichen Arbeit im Tal, auf den Alpen, in der Wald- und Forstwirtschaft. Geräte und Maschinen der Milchgewinnung und -verwertung, der Müllerei und der Düngerherstellung. Werkzeuge und Maschinen des ländlichen Handwerks. Die Ausstellung zeigt Objekte ab dem Ende des 17. Jh. bis in die Neuzeit. Fachbibliothek, Grafiksammlung, Fotothek zur Geschichte der schweizerischen Landwirtschaft und zur Entwicklung der Agrartechnik. Schau- und Lehrbienenhaus. Landwirtschaftslehrpfad und visitierbarer landwirtschaftlicher Schulgutsbetrieb «Burgrain».

Eröffnet: 1974
Gebäude: Hauptgebäude: Ehem. Armenhaus, 1871, neuklassizistisch. Hallen: Holzbinderkonstruktionen, 1977, resp. 1980

🅿

Vierrad-Mähtraktor «Kramer», 1932

ALLSCHWIL BL

17 Heimatmuseum

Baslerstrasse 48
Postadresse: Einwohnergemeinde Allschwil, Baslerstr. 101, 4123
Allschwil
Geöffnet: 1. So im Monat 10–12, 14–17 (ausgenommen Schulferien)
Präsidentin der Aufsichtskommission Heimatmuseum: Marianne
Blattner-Fasler, Schönenbuchstr. 91, 4123 Allschwil; Tel. (061)
481 51 87

Ur- und frühgeschichtliche Funde aus Allschwil. Fossilien aus Kies-
und Lehmgruben der Umgebung. «Erde, Wasser, Luft und Feuer»
Ziegelsammlung. Historische Entwicklung vom Mittelalter bis ins
20.Jh.

Eröffnet: 1968
Gebäude: Ehem. Bauernhaus, Ende 17. Jh., Polizeiposten 1918–1935,
Notwohnungen 1935–1958

ALT-FALKENSTEIN SO

18 Heimatmuseum

In der Burg, oberhalb der Inneren Klus
Postadresse: Hans Hug, Postfach 739, 4710 Klus/Balsthal
Geöffnet: Apr.–Okt.: Mi–Fr 9–11, 14–17; Sa, So 10–12, 14–17
Schlosswartehepaar: Hans und Iris Hug-Dirr; Tel. (062) 391 54
32

Ländliche Wohnkultur. Grosse Sammlung Keramiken aus den
benachbarten Manufakturen von Matzendorf (Steingut und Fayence) und Aedermannsdorf («Blaue Familie»), 19. Jh. Einige Burgenfunde. Münzen. Waffensammlung.

Eröffnet: 1929
Gebäude: Schloss, 11. Jh., 1923–29 konserviert

P

ALTDORF UR

19 | Historisches Museum Uri ⌂

Gotthardstrasse 18
Postadresse: Dr. Hans Stadler, Präsident, Freiherrenstr. 20, 6468
Attingshausen; Tel. (041) 870 15 13
Geöffnet: Pfingsten–Mitte Okt.: Di–So 9–11, 13–17. Im Jahr
1999 geschlossen, Neueröffnung für 2000 vorgesehen
Präsident: Dr. Hans Stadler. *Konservator:* Karl Iten, Lehnplatz 4,
6460 Altdorf; Tel. (041) 870 24 28. *Museumswarte:* Emil u.
Vreni Forster-Bissig, Gotthardstr. 18, 6460 Altdorf; Tel. (041) 870
19 06

Kirchliche Kunst, u.a. bedeutende Sammlung von Holzplastiken
(Sammlung Pfr. Julius Loretz); Altäre, Paramente, Gemälde. Nach-
bildung des Kelten-Goldschatzes (4. Jh. v. Chr.), Alemannengrab
aus Altdorf 7. Jh., mittelalterliche Bodenfunde, Urner Burgenmodelle. Waffen, Fahnen, Uniformen, Amtstrachten (15.–19. Jh.). Textilien, bes. Stickereien des 15.–18. Jh.; Trachten und Kostüme. Porträts der Urner Landammänner. Möbel, Uhren, Zinn. Dokumente zur
Volkskunde und Volksfrömmigkeit. Postkutsche. Oldtimer Marmon
1928, Eisenerzarbeiten.

Eröffnet: 1906
Gebäude: Museumsbau, 1906

ALTENRHEIN SG

20 | Fliegermuseum ⊞

Beim Flugplatz Altenrhein
Postadresse: Postfach, 9423 Altenrhein; Tel. (071) 737 81 04,
Fax (071) 737 81 20
E-Mail: info@fliegermuseum.ch
URL: http://www.hyperion.ch
Geöffnet: Sa 13.30–17
Konservator: Walter Waltenspül. *Sekretariat:* Gaby Wohlwend

Entwicklung des Flugplatzes Altenrhein, der ehemaligen Firma Dor-
nier sowie der Fliegerei in der Ostschweiz und der Schweizerischen
Luftwaffe.

Eröffnet: 1995
Gebäude: Flugzeughangar

🅿 ♿

ALTSTÄTTEN SG

21 Historisches Museum Prestegg

Prestegg, Rabengasse
Postadresse: Peter J. Schaps, Forsthaldenweg 8, 9450 Altstätten;
Tel. und Fax (071) 755 18 38
Geöffnet: April–Nov.: So 14–17. Ferner nach Vereinbarung
Kustos: Peter J. Schaps, Sekundarlehrer

Kirchliche und profane Kunstwerke, bes. Möbel und Bildnisse des
17. und 18. Jh.; Ansichten. Münzen, Siegel, Wappen, Urkunden;
Waffen, Uhren, Hausrat. Dokumentation zur Stadtgeschichte.

Eröffnet: 1895
Gebäude: Herrensitz Prestegg, 1488, erweitert 1788, einseitig angebaut
an Restaurant

AMDEN SG

22 Museum

Rüti (im Dorf)
Postadresse: Rüti, 8873 Amden; Tel. (055) 611 10 89
Geöffnet: Mi, So 14–17. Ferner nach Vereinbarung
Präsident der Museumskommission: Gemeinderat Emil Bischofberger, Amden

Geschichtliche und volkskundliche Sammlung. Dorfgeschichte,
bekannte Amdener. Naturgeschichte: Geographie, Geologie, lokale Flora und Fauna. Wechselausstellungen.

Eröffnet: 1991

AMRISWIL TG

23 Bohlenständerhaus

Schrofen
Postadresse: Heini Giezendanner, Sandackerstr. 14, 8580 Amriswil; Tel. (071) 411 26 75
Geöffnet: 1. So im Monat 14–17. Ferner nach Vereinbarung
Präsident der Stiftung und der Betriebskommission: Heini Giezendanner

Die Wohnsituation eines Kleinbauern im Thurgau bis ins 19. Jh.:
Wohnhaus mit Stube, Schlafzimmer, Küche, Webkeller, Scheune.

Eröffnet: 1989
Gebäude: Bohlenständerbau, typisches Kleinbauernhaus des 16.–19. Jh.

24 Kutschensammlung

St. Gallerstrasse 12
Postadresse: Robert Sallmann, St. Gallerstr. 12, 8580 Amriswil;
Tel. und Fax (071) 411 65 27
Geöffnet: Nach Vereinbarung
Eigentümer: Robert Sallmann

Etwa 70 Kutschen, Fuhrwerke und Schlitten des 18. und 19. Jh.
Wagen für Stadt und Sport; Nutzfahrzeuge. Über 10 verschiedene
Postwagentypen. Kriegstross Napoleons III. Modelle, Geschirre,
Bibliothek.

Eröffnet: 1970

25 Ortsmuseum

Im alten Pfarrhaus, Bahnhofstrasse 3
Postadresse: Gemeindekanzlei, 8580 Amriswil; Tel. (071) 414
11 11 (Museum); Fax (071) 414 11 55
Geöffnet: 1. So im Monat 14–17. Ferner nach Vereinbarung mit
der Gemeindekanzlei
Leiter: Martin Rüthemann, Gemeindekanzlei

Wechselnde Ausstellungen über die Vergangenheit des Dorfes und
der Region (u.a. Druckereigewerbe, Schmiede- und Schuhmacher-
handwerk, Textil- und Schuhindustrie, alt Amriswil in der Fotografie,
Schriftsteller und Kulturförderer Dino Larese, Leder- und Schuhher-
stellung).

Eröffnet: 1989
Gebäude: Pfarrhaus, 1672 erbaut, 1985–1987 renoviert

ANDERMATT UR

26 Talmuseum Ursern

Im Adelberten- oder Suworowhaus, Gotthardstrasse 113
Postadresse: Rathaus Ursern, 6490 Andermatt; Tel. (041) 887 06 24. Auskunft über Öffnungszeiten: Tel. (041) 887 15 39 od. 887 19 82
Geöffnet: Weihnachten–Ostern: Mi–So 16–18. Fronleichnam–Okt.: Mi–Sa 16–18. Ferner nach Vereinbarung (nur Gruppen)
Sekretär Stiftung Talmuseum Ursern: Meinrad Müller

Wohnkultur um 1780/1800. Talgeschichte. Naturalienkabinett (Flora, Fauna, Mineralogie und Geologie, Bannwald Ursern). Tourismus, Militaria, Alpwirtschaft. Säumerwesen (vom Saumpfad zur Autostrasse). Wechselausstellungen.

Eröffnet: 1991
Gebäude: Sog. Adelberten-, Suworow- oder Schönbächlerhaus, 1786 durch Talammann Franz Dominik Nager erbaut, Rokokomalerei

ANDWIL SG

27 Ortsmuseum

Müliweierstrasse 9
Postadresse: Gemeindekanzlei, Lätschenstr. 7, 9204 Andwil; Tel. (071) 385 12 15, Fax (071) 385 15 90
Geöffnet: Mai–Okt.: 2mal pro Monat (Auskunft bei der Gemeindekanzlei)
Präsident der Museumskommission: Albert Schwendimann, Postplatz 2a, 9204 Andwil, Tel. (071) 385 05 53

Volkskundliche Sammlung: Mühlemodell, Torfproduktion, Land- und Forstwirtschaft, Käserei, Küchengeräte. Gefängnis.

Eröffnet: 1991

APPENZELL AI

28 | Kulturzentrum Ziegelhütte □ ✿

Ziegeleistrasse
Postadresse: Postfach 245, 9050 Appenzell; Tel. (071) 787 37
17, Fax (071) 787 37 75
E-Mail: regliadv.azell@bluewin.ch
Geöffnet: Nach Vereinbarung
Direktor: Walter Regli

Alte Ziegelei aus der Zeit der ersten Industrialisierungsphase. Der
Werdegang eines Ziegels kann beim Rundgang nachvollzogen
werden. Prunkstück ist der einzigartige Rundbrennofen (begehbar).

Eröffnet: 1986
Gebäude: Ehem. Ziegelei, 1529 erstmals erwähnt, bis 1957 in Betrieb

29 | Museum Appenzell ⌂

Rathaus, Hauptgasse, bei der Pfarrkirche
Postadresse: 9050 Appenzell; Tel. (071) 788 96 31, Fax (071)
788 96 49
E-Mail: roland.inauen@rk.ai.admin.ch
URL: http://www.ktai.ch/tourism/museen.htm
Geöffnet: Jan.–März: Di–So 14–16. Apr.–Okt.: Mo–So 10–12,
14–17. Nov., Dez.: wie Jan.
Konservator: Roland Inauen, lic.phil. *Marketing:* Appenzellerland
Tourismus AI

Objekte und Dokumente zur Kulturgeschichte des Kantons Appenzell Innerrhoden: Münzen, Siegel, Staats- und Rechtsaltertümer, Beutefahnen (um 1600), Möbel des 18. und 19. Jh. Thematische
Schwerpunkte: Alp- und Landwirtschaft, Textilgewerbe, Tourismus,
religiöse Kultur. Trachten, Appenzeller Handstickereien und Klöp-
pelarbeiten aus dem 19. und 20. Jh., handgearbeitete Spitzen aus
Europa, einige farbige ostasiatische Stickereien sowie textile ägyptische Grabfunde. – Paläolithische und spätmittelalterliche Funde
(Wildkirchli, Burg Clanx, Hoch-Altstätten).

Eröffnet: 1879
Gebäude: Rathaus mit angebautem ehem. Wohnhaus, ca. 1560

Appenzeller Landesbanner, um 1400

---

30   Museum «Im Blauen Haus»

Blaues Haus, Weissbadstrasse 33
Postadresse: Weissbadstr. 33, 9050 Appenzell; Tel. (071) 787 12 84
Geöffnet: Mo–Sa 9–12, 13.30–18; So 10–17
Eigentümer: Hermann Fässler Söhne, Kunstschreinerei

Wohnkultur, Kunst- und Kunstgewerbe des Appenzellerlandes. Sammlung bekannter Bauernmaler, Trachten, Textilien, Sennenartikel, Beschlägesammlung.

Eröffnet: 1981

ARBON TG

31 Historisches Museum

Schloss
Postadresse: Museumsgesellschaft Arbon, 9320 Arbon; Tel. (071)
446 60 10
Geöffnet: März–Apr.: So 14–17 (ausser Ostern). Mai–Sept.:
Mo–So 14–17. Okt.–Nov.: So 14–17
Präsident: Hans Geisser, Alemannenstr. 4, 9320 Arbon; Tel.
(071) 446 10 58

Funde aus der jungsteinzeitlichen und frühbronzezeitlichen Siedlung
Arbon-Bleiche, Funde aus römischem Vicus und Kastell Arbor Felix,
Dokumente zur Ortsgeschichte, Arboner Handwerk, Leinwandhan-
del im 18. Jh., Textil-, Maschinen- und Automobilindustrie im 19.
und 20. Jh., Waffen.

Eröffnet: 1912
Gebäude: Schloss Arbon, ehem. bischöflich-konstanzisch; Bergfried, 13.
Jh.; Wohntrakte um 1515

32 Oldtimer-Museum

Grabenstrasse 6
Postadresse: David Piras, Präsident, Oldtimer-Club Saurer, Postfach
162, 9320 Arbon; Tel (071) 447 04 47
Geöffnet: Apr.–Okt.: Mi 18–20; 1. Sa und So im Monat (ausser
Feiertage) 14–17. Ferner nach Vereinbarung. *Führungen:* Roland
Schweizer; Tel. (071) 446 84 86
Leiter: Rolf Valentin

Saurer- und Berna-Nutzfahrzeuge, Motoren der Firma Saurer.

Eröffnet: 1993

ARENENBERG TG

33 **Napoleonmuseum** ▽

Postadresse: Schloss Arenenberg, 8268 Salenstein; Tel. (071) 664
18 66, Fax (071) 664 25 13
Geöffnet: Di–So 10–17
Konservator: Hans Peter Mathis, Tel. (071) 664 18 93. *Verwalter:* Dominik S. Gügel, Tel. (071) 664 18 66

Schlaf- und Sterbezimmer der Königin Hortense (1783–1837)

Sammlung zur Erinnerung an die Familie Bonaparte. Wohnkultur
des ersten und zweiten französischen Kaiserreichs. Mobiliar und
historische Objekte Napoleons I., der Königin Hortense, Napoleons III. und der Kaiserin Eugénie.

Eröffnet: 1906
Gebäude: Schloss, 16. Jh., umgestaltet anf. 19. Jh. Diente der Familie
Bonaparte als Exilresidenz

ARLESHEIM BL

34 Ortsmuseum Trotte

Eremitagestrasse 19
Postadresse: Einwohnergemeinde, Domplatz 8, 4144 Arlesheim; Tel. (061) 706 95 55 od. 701 56 56 (Museum), Fax (061) 706 95 65
Geöffnet: Bei Wechselausstellungen: Sa 14–17, So 15–18. Ferner nach Vereinbarung, Tel. (061) 701 20 10
Präsidentin der Museumskommission Trotte: Nicole Burckhardt, Rebgasse 21, 4144 Arlesheim; Tel. und Fax (061) 701 20 10

Heimatkundliche Sammlung, die in Wechselausstellungen gezeigt wird.

Eröffnet: 1981
Gebäude: Ehem. Trotte

AROSA GR

35 Heimatmuseum Schanfigg

Eggahaus, Kirchliweg, Inner-Arosa
Postadresse: Renzo Semadeni, Chalet Aelpli, Hueschiweg, 7050 Arosa; Tel. (081/ 377 33 57
Geöffnet: Jan.–März: Di, Fr 14.30–16.30. Mitte Juni–Mitte Sept.: Mo, Mi, Fr 14.30–16.30. Mitte–Ende Dez.: wie Jan.
Konservatorin: Ruth Licht, Berghof, 7050 Arosa; Tel. (081) 377 17 31

Landwirtschaftliche Geräte und Werkzeuge; Webstube; Sport, Waffen, Jagd; Dokumentation zum Erzbergbau; Gesteins- und Holzsammlung; Flora und Fauna des Tales; Musik; Textilien.

Eröffnet: 1949
Gebäude: Strickbau, um 1450

ASCONA TI

36 Museo comunale d'arte moderna ☐

Palazzo Pancaldi, Via Borgo 34
Indirizzo postale: Via Borgo 34, 6612 Ascona; tel. (091) 791
67 57
Aperto: Mar.-dic.: ma–sa 10–12, 15–18; do 10–12

Collezione d'arte. Fondazione Marianne Werefkin (1860–1938):
selezione di opere di artisti legati ad Ascona. Fondazione Richard
Seewald (1896–1976): opere di Richard Seewald, Xanti Scha-
winsky, Otto Niemeyer-Holstein, Werner Müller, Maurice Utrillo,
Walter Helbig, Paul Klee, Marianne Werefkin, Alexej von Jawlens-
ky, Marcel Janko, Cuno Amiet, Ben Nicholson, Hans Arp, Hans
Richter, Julius Bissier, Italo Valenti, Arthur Segal, Jakob Flach, Her-
mann Hesse, Otto van Rees, Cesar Domela, Albert Kohler, Carlo
Weidemeyer, Gordon Mc. Couch, Fritz Pauli, Iduna Zehnder,
Robert Schürch, Mario Merz, Niele Toroni.

Aperto nel: 1967
Edificio: Palazzo Pancaldi

37 Museo Epper ☐

Via Albarelle 14, sul lungolago, a 100 m ad est dalla Piazza di
Ascona
Indirizzo postale: Via Albarelle 14, 6612 Ascona; tel. (091) 791
19 42
Aperto: Apr.–giu.: ma–ve 10–12, 15–18; sa, do 15–18. Luglio-
ag.: ma–ve 10–12, 20–22; sa, do 20–22. Sett.-ott.: come apr.
Nov.–marzo: su appuntamento
Presidente: Avv. Giuseppe Cattori, Via Trevani 1A, 6600 Locarno;
tel. (091) 751 86 62. *Conservatrice:* Diana Mirolo, Via Albarel-
le 14, 6612 Ascona; tel. (091) 791 19 42

Silografie, olii, acquarelli e disegni di Ignaz Epper (1892–1969),
esponente di primo piano dell'espressionismo svizzero. Bronzi, figurine in terracotta, gesso e argilla, disegni di Mischa Epper
(1901–1978), scultrice di origine olandese.

Aperto nel: 1980
Edificio: Atelier dell'artista

38 Percorso museale del Monte Verità □ ⊞

Monte Verità: Casa Anatta, Casa Selma, Chiaro mondo dei beati
Indirizzo postale: Fondazione Monte Verità, 6612 Ascona; tel.
(091) 791 01 81, fax (091) 780 51 35
Aperto: Apr.–giu., sett.-ott.: ma–do 14.30–18. Luglio-ag.: ma–do
15–19
Amministrazione: Fondazione Monte Verità. **Gestione:** Hetty Rogantini. *Esposizioni:* Dr. Harald Szeemann

Casa Anatta: esposizione permanente sulla storia del Monte. Casa
Selma: testimonianze della colonia vegetariana. Chiaro mondo dei
beati: tela circolare dipinta da Elisar von Kupffer nel 1923 e alcune opere minori e documenti dell'artista; plastico del «Sanctuarium
artis Elisarion» di Minusio, come si presentava prima della sua trasformazione in Centro Culturale.

Aperto nel: 1978
Edificio: Casa Anatta: abitazione dei fondatori della colonia naturista del
Monte Verità, 1902; Casa Selma: tipica «capanna» aria-luce, adottata
dalla colonia e cooperativa vegetariani fin dai primi anni del suo insediamento sul Monte Verità, 1901; Chiaro mondo dei beati: padiglione in
legno, nello stile delle costruzioni sorte sul Monte all'inizia del secolo,
1986, architetto Christoph Zürcher

ASSENS VD

39 Musée de l'histoire estudiantine ⊞

Rue du Moulin
Adresse postale: Rue du Moulin, 1042 Assens; tél. (031) 839 76 55
Ouvert: Sa 10–16. En outre sur rendez-vous
Conservateur: Marco Leutenegger, Museum Altes Zeughaus,
4500 Solothurn; tél. (032) 623 35 28. *Pour visites:* Giovanni Lanfranconi; tél. (031) 839 76 55

Collection consacrée aux sociétés d'étudiants de Suisse: insignes,
casquettes, bannières, documents.

Ouverture en: 1997
Bâtiment: Maison paysanne construite en 1848

🅿 ♿

ATTISWIL BE

40 | **Heimatmuseum** ⌂

Dorfstrasse 5
Postadresse: Dorfstr. 5, 4536 Attiswil
E-Mail: gisslerm@post.ch
Geöffnet: So 14–17
Präsident der Museumskommission: Max Gissler, Holzrüti 6,
3315 Schalunen; Tel. (032) 767 76 70 (privat) oder (031) 338
87 63 (Geschäft)

Römische Funde. Dokumente zur Ortsgeschichte. Bäuerlicher Hausrat. Werkzeuge des einheimischen Handwerks. Kräutergarten.

Eröffnet: 1961
Gebäude: Stöckli, 18. Jh.

P

AU ZH

41 | **Weinbaumuseum am Zürichsee** ⊞

Halbinsel Au, erstes Haus nach der Brücke links
Postadresse: Gaby Bachmann, Vordere Au, 8804 Au; Tel. (01)
781 42 01 (privat); Tel. u. Fax des Museums: (01) 781 35 65
Geöffnet: Apr.–Mitte Juli, Mitte Aug.–Okt.: So 14–16. Ferner nach
Vereinbarung
Kustorin: Gaby Bachmann

*Darstellung der
Winterarbeiten des
Weinbauern*

Darstellung der Rebbauarbeiten Anfang des 20. Jh. während den vier Jahreszeiten. Verarbeitung des Traubengutes im Weinkeller, Kelterung, Abfüllen und Weinhandel anhand von Werkzeugen, Geräten und Bildern. Grosse Baumtrotte (1761), Pressen, Traubenmühlen, Fässer, Sauser-Fuhrwerk, fahrbare Brennerei. Vollständige Küferwerkstatt. Schweizer Weingeschichte. Neben dem Museum historischer Rebberg mit Hagelkanone und Sortiment mit 200 verschiedenen Rebsorten.

Eröffnet: 1978
Gebäude: Ehem. Scheune und Stall

AUBERSON, L' VD

42 **Musée Baud** ⚙

23, Grand-Rue
Adresse postale: Musée Baud S.A., 23, Grand-Rue, 1454 L'Auberson; tél. (024) 454 24 84 et 454 27 63, fax (024) 454 41 66
Ouvert: Janv.-juin: sa 14–16; di 10–12, 14–18. Juil.–15 sept.: lu–di 14–17. 16 Sept.–déc.: comme janv. (visites guidées). En outre sur rendez-vous (groupes à partir de 10 adultes)
Propriétaires et conservateurs: Arlette Rustichelli, Michel Bourgoz

Collection d'instruments mécaniques: serinettes, pièces à musique de tous genres et de tous formats. Tableaux articulés à musique, automates musicaux, orgues de barbarie, orchestrions et phonographes. Démonstration et audition des pièces.

Ouverture en: 1955

AUBONNE VD

43 **Musée du bois** ⊞

A l'Arboretum, 3 km au nord-ouest du bourg (d'abord en direction de Gimel, puis obliquer à droite)
Adresse postale: Jean-François Robert, 52, chemin de la Rosière, 1012 Lausanne; tél. (021) 728 86 07; tél. du musée: (021) 808 51 83
Ouvert: Avr.–oct.: di 14–18 ou sur rendez-vous (groupes seulement)
Conservateur: Jean-François Robert

Outillage des métiers de la forêt et des artisans du bois: bûcherons, gemmeurs, charpentiers, menuisiers, tourneurs, luthiers, tonneliers, boisseliers, charrons, vanniers, sabotiers et fabricants de fourches. Objets paysans d'autrefois, notamment collection de lampes à huile et de bougeoirs.

Ouverture en: 1977
Bâtiment: Ancienne ferme vaudoise reconstruite, servant également de centre de gestion pour l'arboretum

AUGST BL

44	**Römerstadt Augusta Raurica / Archäologisches Freilichtmuseum**

Ruinengelände in Augst (BL) und Kaiseraugst (AG) (Wegweiser ab Römermuseum, Bahnhof SBB Kaiseraugst und Bushaltestelle Augst)
Postadresse: Giebenacherstr. 17, 4302 Augst; Tel. (061) 816 22 22, Fax (061) 816 22 61
E-Mail: mail@august-raurica.ch

Ruinen des römischen Heiligtums in der Grienmatt

URL: http://www.augusta-raurica.ch
Geöffnet: (Schutzhäuser) Jan., Febr.: Mo–So 10–16.30. März–Okt.: Mo–So 10–17. Nov.–Dez.: wie Jan. Führungen: Basel Tourismus, Tel. (061) 268 68 32. Termine für Römisch Brotbacken (nur Gruppen auf Voranmeldung): Tel. (061) 816 22 02
Direktor: Dr. Alex R. Furger. **Mitarbeiter und Mitarbeiterinnen:** s. Römermuseum

Theater, Amphitheater, Forum mit Altarrekonstruktion und 17 m hoher Silhouette einer Tempelfassade aus Holz, Viktoriapfeiler, Curia, Curiakeller mit Mosaiken, Schönbühltempel, Tempel in der Grienmatt, 80 m lange, begehbare unterirdische Kloake, Stadttor, Grabrotunde, Skulpturengarten mit Abgüssen von Statuen, Säulen und Grabsteinen, römischer Geschichtspfad, Ziegelei mit Ausstellung zum Zieglerhandwerk, Töpferöfen an der Venusstrasse, Experimentiertöpferofen, Ausstellung zum Handwerk in Augusta Raurica, Taberne mit Backofen, Backstube mit Multimediaschau zum Brot und Brotbacken, Handels- und Gewerbehaus Schmidmatt, Rheinthermen mit Ausstellung zum antiken Badewesen, Baptisterium mit Ausstellung zum frühen Christentum, Kastellmauer.

Eröffnet: 1907

45 Römerstadt Augusta Raurica / Römermuseum

Giebenacherstrasse 17, gegenüber der römischen Theaterruine (Wegweiser ab Bahnhof SBB Kaiseraugst und Bushaltestelle Augst)
Postadresse: Giebenacherstr. 17, 4302 Augst; Tel. (061) 816 22 22, Fax (061) 816 22 61
E-Mail: mail@augusta-raurica.ch
URL: http://www.augusta-raurica.ch

Platten, Becher, Schalen und Besteckteile des spätrömischen Silberschatzes von Kaiseraugst

Geöffnet: Jan., Febr.: Mo 13–17; Di–So 10–12, 13.30–17. März–Okt.: Mo 13–17; Di–So 10–17. Nov., Dez.: wie Jan. Führungen: Basel Tourismus, Tel. (061) 268 68 32
Leiter: Dr. Beat Rütti. *Administration:* Daniel Suter. **Wiss. Mitarbeiter und Mitarbeiterinnen:** Sylvia Fünfschilling, lic.phil., Karin Kob Guggisberg, lic.phil., Karin Meier-Riva, lic.phil., Dr. Markus Peter, (Numismatik), Margit Scheiblechner, lic.phil., Debora Schmid, lic.phil., Christopher Sherry, B.A. (EDV), Dr. Verena Vogel Müller. *Museumspädagogik:* Catherine Aitken, M.A.

Funde des 1. bis 4. Jhs n. Chr. aus der Koloniestadt Augusta Raurica und dem spätrömischen Kastell Kaiseraugst. – Schatzkammer: Silberschatz aus dem 4. Jh. n.Chr. (luxuriöses Tafelservice, Kandelaber, Venusstatuette sowie Münzen und Medaillons). – Römerhaus: typische Räume (Küche, Esszimmer, Bad, Werkstatt und Laden) mit Originalfunden und Nachbildungen. Schmiede- und Bronzegiesserwerkstatt. Kräutergarten. – Neben dem Römerhaus: Lapidarium mit Grabsteinen, Reliefs. Gladiatorenmosaik.

Eröffnet: 1955
Gebäude: Römerhaus, Rekonstruktion eines römischen Wohn- und Gewerbehauses

---

46   Römerstadt Augusta Raurica / Römischer Haustierpark   ▽ ♢

Venusstrasse, östlich der römischen Stadtmauer und des Stadttores (Wegweiser ab Römermuseum, Bahnhof SBB Kaiseraugst und Bushaltestelle Augst)
Postadresse: Giebenacherstr. 17, 4302 Augst; Tel. (061) 816 22 22 od. (077) 45 00 66, Fax (061) 816 22 61
E-Mail: mail@augusta-raurica.ch
URL: http://www.augusta-raurica.ch
Geöffnet: Jan.–Febr.: Mo–So 10–16.30. März–Okt.: Mo–So 10–17. Nov.–Dez: wie Jan.
Leiter des Tierparks: Marco Windlin

Tierrassen, die zur römischen Haustierhaltung und zum römischen Speisezettel gehörten: Hausperlhühner, «Italiener»-Hühner, Graugänse, Pfauen, «Nera-Verzasca»-Ziegen, wollhaarige Weideschweine, Bündner Oberländerschafe, Grossesel und Hinterwälder Rinder. Informationen zur Tierhaltung in römischer Zeit.

Eröffnet: 1992
Gebäude: Infopavillon (Eröffnung 1999)

AVENCHES VD

47 Musée de la naissance de l'aviation suisse ☼

Château d'Avenches
Adresse postale: Office du Tourisme, Case postale, 1580 Avenches; tél. (026) 675 11 59, fax (026) 675 33 93
Ouvert: Mai–sept.: sa, di 14–16. En outre sur rendez-vous auprès de l'Office du tourisme

Objets et modèles provenant des aviateurs René Grandjean et Ernest Failloubaz, citoyens du district d'Avenches et de l'aérostier Edouard Spelterini. Audiovisuel.

Ouverture en: 1982
Bâtiment: Château d'Avenches

P

48 Musée romain ▽

Dans la vieille tour près de l'amphithéâtre romain
Adresse postale: Case postale 237, 1580 Avenches; tél. (026) 675 17 27 (musée) et 675 17 30 (direction/administration), fax (026) 675 52 24
E-Mail: anne.hochuli@MUSRAV.vd.ch
Ouvert: Janv.-mars.: ma–di 14–17. Avr.–sept.: ma–di 10–12, 13–17. Oct.–déc.: comme janv.
Directrice: Anne Hochuli-Gysel

Amphithéâtre et Musée romain

Objets relatifs à la colonie d'Aventicum et illustrant la religion et l'art romains, ainsi que la vie quotidienne de la ville romaine: sculptures et reliefs en marbre, statuettes en bronze, copie du buste en or de Marc-Aurèle, inscriptions, mosaïques, céramique, instruments, monnaies, verrerie, etc.

Ouverture en: 1837
Bâtiment: Tour médiévale érigée sur l'entrée principale de l'amphithéâtre romain, rehaussée au 16e s.

BADEN AG

Übersicht

Historisches Museum	**49**
Kirchenschatz-Museum	**50**
Kleines technisches Museum	**51**
Schweizer Kindermuseum	**52**
Stiftung «Langmatt» Sidney und Jenny Brown	**53**

---

49 | **Historisches Museum** | ≤

Landvogteischloss und Erweiterungsbau, an der Limmat bei der gedeckten Holzbrücke
Postadresse: Landvogteischloss, 5401 Baden; Tel. (056) 222 75 74, Fax (056) 222 72 71
E-Mail: landvogt@baden-schweiz.ch
URL: http://www.baden-schweiz.ch
Geöffnet: Di–Fr 13–17; Sa, So 10–17
Museumsleiterin: Barbara Welter. *Museumspädagogin:* Sibylle Maurer

Sammlung zur Geschichte von Stadt und Region Baden. Urgeschichtliche, römische und frühmittelalterliche Funde. Sakrale Kunst. Kulturgeschichtliches und Dokumentarisches zur Stadtgeschichte und zum Badewesen 15.–20. Jh. Graphische Sammlung über Stadt und Bäder. Städtische Wohnkultur 17.–20. Jh. (Barock, Bieder-

Landvogteischloss, Ende 15. Jh. und Neubau, 1992

meier, 30er Jahre). Sattlerwerkstatt, Atelier einer Schneiderin. Gemäldesammlung (19.–20. Jh.). Industriegeschichte 19.–20. Jh. – Informationsstelle für den Industriekulturpfad Limmat-Wasserschloss.

Eröffnet: 1876
Gebäude: Ehem. Landvogteischloss, Ende 15. Jh.; Erweiterungsbau, 1992, Arch. Wilfrid und Katharina Steib, Basel

50 Kirchenschatz-Museum ▢

Katholische Stadtpfarrkirche, ehemaliger Kapitelsaal (Sakristei)
Postadresse: Katholische Kirchengutsverwaltung, Kirchplatz 4, 5400 Baden; Tel. (056) 222 70 83
URL: http://www.baden-schweiz.ch
Geöffnet: Nach Vereinbarung mit Max Dreier; Tel. (056) 493 16 09 (nur Führungen)
Konservator: Max Dreier, Steinstrasse 22 C, 5406 Baden/Rütihof; Tel. (056) 493 16 09

Vortrage- und Altarkreuze des 14., 15. und 17. Jh.; silberne, ziervergoldete Turmmonstranz (1477); je ein Paar Brust- und Hüftreliquiare des 17. Jh. (Heinrich Dumeisen); getriebene Statuetten (16./17. Jh.); Altarleuchter, Kelche mit Patenen sowie weiteres liturgisches Gerät des 17. und 18. Jh. Reiche Sammlung kirchlicher Gewänder (15.–18. Jh.). Bibeln, Messbücher.

Eröffnet: 1958
Gebäude: Kapitelsaal der gotischen Kirche von 1458, mit barockem Innenraum

51 Kleines technisches Museum ☼

Kraftwerk Kappelerhof, nordwestlich der Stadt an der Limmat
Postadresse: Städtische Werke, 5401 Baden; Tel. (056) 200 22 22
Geöffnet: Mi 14–17; Sa 11–15. Ferner nach Vereinbarung mit dem Kraftwerk Kappelerhof, Tel. (056) 200 22 00 (nur Gruppen)
Leiter: Otto Byland

Schalter, Wandler, Trenner, Sicherungen, Installationsmaterial, Telefone, Alarmgeräte, Messinstrumente; Theodolite, Anlassermotor mit Schalttafel (1910). Eine der vier Maschinengruppen des alten Kraftwerkes: Turbine (1918), Winkelgetriebe mit Holzverzahnung (1918), Generator (1925). Generator (1896) aus dem Kraftwerk Rathausen (LU). Fliehkraftregler aus dem Löntschwerk GL (1908); Generator mit Fliehkraftregler aus dem KW Oederlin, Baden (1896). Im Freien aufgestellte Turbinenräder.

Eröffnet: 1977
Gebäude: Maschinenhaus des alten Kraftwerkes, 1892–1976 in Betrieb

52 Schweizer Kindermuseum ⊞

Neben der reformierten Kirche, 3 Minuten vom Bahnhof
Postadresse: Oelrainstr. 29, Postfach 1466, 5401 Baden; Tel. (056) 222 14 44 od. 225 19 19
Geöffnet: Mi, Sa 14–17; So 10–17. Schulen und Erwachsenengruppen ganze Woche nach Vereinbarung
Leiter: Sonja und Dr. h.c. Roger Kaysel

Dokumentation der Kinderkultur. Spiele, Spielzeug. Schulische Lehrmittel, Verkehrserziehung, Kinderwerbung.

Eröffnet: 1985
Gebäude: Herrschaftshaus, um 1800

53 Stiftung «Langmatt» Sidney und Jenny Brown □

Römerstrasse 30, Richtung Kurgebiet
Postadresse: Römerstr. 30, 5400 Baden; Tel. (056) 222 58 42/51, Fax (056) 222 62 27
Geöffnet: Apr.–Okt.: Di–Fr 14–17; Sa, So 11–17. Ferner nach Vereinbarung (nur für Gruppen, morgens, ausser So und Mo)
Konservatorin: Dr. Eva-Maria Preiswerk-Lösel

Paul Cézanne: Baigneuses, 1890–1895

Gemäldesammlung und Wohnmuseum. Französische Impressionisten und ihre Vorläufer (Corot, Boudin, Monet, Renoir, Pissarro, Sisley) sowie Cézanne, Degas, Gauguin, van Gogh, Bonnard. Malerei des 18. Jh. (Fragonard, Greuze, Salomon Gessner, venezianische Stadtveduten). Lebensstil einer Industriellenfamilie in der ersten Hälfte des 20. Jahrhunderts (französische Möbel, Uhren, Porzellan und Silber des 18. Jahrhunderts, ostasiatische Keramik) sowie Dokumente über die Familie Brown. Wechselausstellungen.

Eröffnet: 1990
Gebäude: Villa «Langmatt», 1900–1901, Arch. Robert Curjel und Karl Moser

BALGACH SG

| 54 | **Heimatmuseum** | |

Altes Rathaus (Zehntenhaus), Steigstrasse 17
Postadresse: Gemeindeverwaltung, 9436 Balgach; Tel. (071) 722 25 25
Geöffnet: Apr.–Okt.: 1. So im Monat 16–18. Ferner nach Vereinbarung mit der Abwartin, Tel. (071) 722 10 02
Präsident der Kulturkommission: Ernst Metzler, Gemeindeammann

Geräte für die Landwirtschaft, die Torfstecherei und den Rebbau; Küferwerkzeuge. Leiterwagen. Ansichten, Dokumente. Gewehre. Festsaal mit Bohlenwandmalereien des 16. Jh. Eingerichtete Küche. Zimmer mit Grisaille-Malerei, Anfang 18. Jh. Schnapsbrennerei.

Eröffnet: 1969
Gebäude: Ehem. Zehntenhaus des Frauenstiftes Lindau, 14. Jh.

BANDERETTE, LA NE

55 Musée ♤

Chalet du Club jurassien, Section «Soliat», 7 km au sud de Travers
Adresse postale: Marcel Dumont, Chemin des Isles 13, 2015
Areuse; tél. (032) 841 64 53 et 835 36 50
Ouvert: Mai–sept.: di 8–18. Oct.: selon les conditions climatiques
Conservateur: Marcel Dumont

Faune de la région, oiseaux, insectes, papillons. Minéraux, fossiles,
pétrifications. Monnaies. Quelques objets de l'histoire locale et
d'ethnographie. Herbier.

Ouverture en: 1960
Bâtiment: Chalet du Club Jurassien

BÄRETSWIL ZH

56 Museumsspinnerei Neuthal ☼

Ehem. Spinnerei Neuthal. VZO-Linie Wetzikon–Bauma, Bahnhof
Neuthal der Museumsbahn «Dampfbahnverein Zürcher Oberland»
(in Betrieb: Mai–Okt., 1. u. 3. So im Monat)
Postadresse: Sekretariat, Postfach 118, 8344 Bäretswil; Tel. (052)
386 31 03
Geöffnet: Mai–Okt.: 1. und 3. So im Monat. Führungen nach Vereinbarung mit dem Sekretariat
Präsident: Rico Trümpler, Greifenseestr. 23, 8050 Zürich. *Projekt-
leitung:* Dr. Hans Peter Bärtschi, Büro ARIAS. *Spinnereimaschi-
nensammlung:* Jakob Streiff. *Sekretariat:* Markus Steger. *Betriebsleiter Maschinen:* Heiri Rutschmann

Spinnereianlage am Industrielehrpfad Zürcher Oberland. Fest instal-
liert: Turbinen, Krafttransmission. Sammlung: Baumwollspinnereima-
schinen 1880–1960. «Vom Baumwollballen zum Faden» Teilnach-
lass Adolf Guyer-Zeller vom Trinkgeschirr bis zum Gemälde. Literatur, Fotografien.

Eröffnet: 1994
Gebäude: Ehem. Spinnereianlage mit Wasserkraftanlage, Fabrik, Villa,
Park und Arbeiterhäuser

BASEL BS

Übersicht

Anatomisches Museum	**57**
Antikenmuseum und Sammlung Ludwig	**58**
Architekturmuseum	**59**
Basler Papiermühle	**60**
Botanischer Garten der Universität	**61**
Feuerwehr-Museum	**62**
Haus zum Kirschgarten	**63**
Historisches Museum	**64**
Jüdisches Museum der Schweiz	**65**
Karikatur & Cartoon Museum	**66**
Kunstmuseum (Öffentliche Kunstsammlung)	**67**
Museum der Kulturen	**68**
Museum für Gegenwartskunst der Öffentlichen Kunstsammlung Basel und der Emanuel Hoffmann-Stiftung	**69**
Museum Jean Tinguely	**70**
Museum Kleines Klingental	**71**
Musikinstrumenten-Sammlung	**72**
Naturhistorisches Museum	**73**
Puppenhausmuseum	**74**
Schule für Gestaltung	**75**
Schweizerisches Pharmazie-Historisches Museum	**76**
Schweizerisches Sportmuseum	**77**
Skulpturhalle	**78**
Zoologischer Garten	**79**

57 Anatomisches Museum ⌀

Pestalozzistrasse 20
Postadresse: Pestalozzistr. 20, 4056 Basel; Tel. (061) 267 35 35, Fax (061) 267 39 39
Geöffnet: Do 14–19, So 10–14
Institutsdirektor: Prof. Dr. Dieter S. Sasse. *Konservator:* Hugo Kurz, Tel. (061) 267 39 53

Originalpräparate von menschlichen Körperbereichen, Organen und Geweben, systematisch und topographisch geordnet. Ausstellung zur vorgeburtlichen Entwicklung des Menschen. Reichhaltige Sammlung historisch wertvoller Exponate, u.a. das von Andreas Vesal 1543 präparierte menschliche Skelett, das älteste bis heute erhaltene anatomische Präparat, sowie Skelettpräparate Felix Platters (Ende des 16. Jh.). Wachsmodelle aus der Gründungszeit (ca. 1850) von Carl Gustav Jung. Embryologische Originalmodelle von Wilhelm His (zweite Hälfte 19. Jh.). Schnittpräparate aus dem Jahre 1900.

Eröffnet: 1824

P ♿ ⓘ VMS/AMS

58 Antikenmuseum und Sammlung Ludwig ▽ ☐

St.-Alban-Graben 5
Postadresse: St.-Alban-Graben 5, Postfach, 4010 Basel; Tel. (061) 271 22 02, Fax (061) 272 18 61
E-Mail: office@antikenmuseum-basel.ch
URL: http://www.antikenmuseumbasel.ch
Geöffnet: Di–So 10–17

Attische rotfigurige Amphora des sog. Berliner Malers: Athena, um 490–480 v. Chr.

Direktor: Prof. Dr. Peter Blome. *Stv. Direktor:* lic.phil. Andrea Bignasca. *Konservatoren:* Dr. Ella van der Meijden, lic.phil. Vera Slehofer, Dr. André Wiese (ägyptische Kunst). *Leiterin Museumspädagog. Abt.:* lic.phil. Anne-Käthi Wildberger. *Chefrestaurator:* Karl Faltermeier. *Gestaltung und Technik:* Markus Zimmer

Das Museum wurde 1988 erweitert und umgebaut infolge der Schenkung der Antiken-Sammlung Peter und Irene Ludwig. – Griechische Kunstwerke, 2500–100 v. Chr., italische Kunst, 1000 v. Chr.–300 n. Chr., Marmorskulpturen, Bronzestatuetten, Terrakotten, Vasen, Münzen und Waffen. – Reliefpithos (tönernes Vorratsgefäss), wohl von der Insel Tenos, mit frühester Darstellung der Theseus-Minotauros-Sage (2. Viertel des 7. Jh. v. Chr.). Bedeutende Sammlung von antiken, bes. attischen und unteritalischen Vasen vom 8.–4. Jh. v. Chr. Grosse Amphora des Berliner Malers mit Athena und Herakles, attisch rotfigurig, um 490 v. Chr., sowie weitere Werke desselben Malers. Bedeutende Grabreliefs aus der spätarchaischen, klassischen und hellenistischen Zeit. Hervorragende kaiserzeitliche Marmorkopien nach verlorenen griechischen Meisterwerken: u.a. «Steinhäuserscher Kopf» als beste Kopfreplik des «Apoll vom Belvedere», um 330 v. Chr. Kopien des sog. Diadumenos und des Diskophor von Polyklet, um 420 und 450 v. Chr. Kopf der Athena vom sog. Typus Velletri um 430 v. Chr. Römische Porträts und Sarkophage, darunter ein Meisterwerk mit Darstellungen aus der Medeasage, um 190 n. Chr.

Eröffnet: 1966
Gebäude: Klassizistische Bürgerhäuser, 1826–28, Arch. Melchior Berri und Johann Jakob Stehlin-Hagenbach; moderner Anbau, 1965, Architekt Hans Luder

---

59 Architekturmuseum ☐

Pfluggässlein 3
Postadresse: Postfach 911, 4001 Basel; Tel. (061) 261 14 13, Fax (061) 261 14 28
E-Mail: architekturmuseum@bluewin.ch
URL: http://www.unibas.ch/museum/am
Geöffnet: Di–Fr 13–18.00 (vormittags nach Vereinbarung); Sa 10–16; So 10–13
Direktorin: Dr. Ulrike Jehle-Schulte Strathaus

Ausstellungen zu zeitgenössischen und historischen Architekturthemen.

Eröffnet: 1984
Gebäude: Bau der Nachkriegsmoderne, 1959, Arch. Rasser + Vadi

60 Basler Papiermühle

In der Gallician- und Stegreif-Mühle, St. Alban-Tal 35/37, am Rhein unterhalb des St. Alban-Tors
Postadresse: St. Alban-Tal 37, 4052 Basel; Tel. (061) 272 96 52, Fax (061) 272 09 93
E-Mail: chbpm@datacomm.ch
Geöffnet: Di–So 14–17
Betrieb: Markus Müller. **Museum:** Stefan Meier. **Wissenschaft:** Dr. Peter Tschudin

Schweizerisches Papiermuseum und Museum für Schrift und Druck: Papiermühle des 18. Jh. (in Betrieb); Laborpapiermaschine (1x wöchentlich in Betrieb); Schriftgeschichte; Geschichte des Schriftgusses (mit Demonstrationen); Setzerei, Druckerei mit Maschinen des 19. Jh. und Buchbinderei (in Betrieb); Einrichtungen für das Publikum: Papier schöpfen, drucken.

Eröffnet: 1954
Gebäude: Gallicianmühle: 15. Jh.; Stegreifmühle: Rekonstruktion einer alten Papiermühle

61 Botanischer Garten der Universität

Beim Spalentor, Tram 3
Postadresse: Schönbeinstr. 6, 4056 Basel; Tel. (061) 267 35 19, Fax (061) 267 29 83
Geöffnet: Jan.–März: Mo–So 8–17. Apr.–Sept.: Mo–So 8–18. Okt.-Dez: wie Jan. Gewächshäuser: Mo–So 9–17
Direktor: Prof. Dr. Andres Wiemken. **Leiter:** Bruno Erny-Rodmann. **Konservator:** Heinz Schneider (Herbarium)

Botanischer Garten: 75 Aren. Freilandanlage mit Gehölzen und Stauden, Gebirgspflanzen, systematische Abteilung, grosses Tropenhaus, Victoria-Haus, Sukkulentensammlung, Sammlung tropischer Orchideen, Kalthauspflanzen, insektenfressende Pflanzen. Botanisches Institut (Gebäude im Botanischen Garten): Herbarium, Samensammlung, Holzsammlung, Früchte u.a.

Eröffnet: 1589

62 Feuerwehr-Museum

Kornhausgasse 18
Postadresse: Feuerwehr Basel-Stadt, Kornhausgasse 18, 4003
Basel; Tel. (061) 268 14 00, Fax (061) 268 16 00
Geöffnet: So 14–17
Konservator: Hans-Ruedi Wegmann. *Stellvertreter:* Walter Gubler

Entwicklung des Feuerlöschwesens vom 13. bis zum 20. Jh. mit besonderer Berücksichtigung Basels. Technische Geräte, u.a. Entwicklung von der mittelalterlichen Handspritze zum modernen Sauerstoff-Kreislaufgerät und vom Eimer bis zur Automobil-Dampffeuerspritze; ferner Helme, Schläuche, Rohre, Werkzeuge usw. Gasschutzsammlung.

Eröffnet: 1957
Gebäude: Ehem. Kloster

63 Haus zum Kirschgarten

Elisabethenstrasse 27
Postadresse: Historisches Museum Basel, Steinenberg 4, 4051
Basel; Tel. (061) 271 05 05, Fax (061) 271 05 42; Tel. Haus
zum Kirschgarten: (061) 271 13 33
Geöffnet: Di–So 10–17
Direktor: Dr. Burkard von Roda (Historisches Museum). *Konservatoren:* Siehe Historisches Museum

Wohnkultur und kunstgewerbliche Sammlung. Möblierte Interieurs des 18. bis frühen 20. Jh., zum Teil aus dem Haus zum Kirschgarten selber, zum Teil aus Häusern von Basler Handelsherren. Kostümsammlung mit Beispielen des 17.–19. Jh. Uhren des 15.–19. Jh. (Basel, Schweiz, Europa und Orient): Tisch-, Wand- und Taschenuhren, Bodenstanduhren (Sammlungen M. Bachofen-Vischer, C. und L. Nathan-Rupp, Dr. E. Gschwind-Stiftung), Sand- und Sonnenuhren, physikalisches Kabinett der Universität, Sammlung E.G. Sarasin-Grossmann. Keramische Sammlung: Fayencen, v.a. aus Strassburg, Beromünster und Bern; Porzellan, bes. aus Meissen, Höchst, Ludwigsburg, Sèvres, Zürich und Nyon. Bedeutende Sammlung von Porzellanfiguren aus Meissen, Höchst, Frankenthal und Ludwigsburg (Pauls-Eisenbeiss-Stiftung). Basler Tafelsilber des 18. Jh. Arbeiten aus Schmiedeisen des 18. und 19. Jh. Basler Ratsfässer (18. Jh). Sammlung von Basler Spielzeug des 18. u. 19. Jh. Darstellung von Geschichte und Wirken der Christoph Merian-Stiftung.

Eröffnet: 1951
Gebäude: Haus zum Kirschgarten, 1775–1780

Luftaufnahme: Haus zum Kirschgarten, 1775–1780

64 Historisches Museum ▽ □

Barfüsserkirche, Barfüsserplatz
Postadresse: Steinenberg 4, 4051 Basel; Tel. (061) 271 05 05,
Fax (061) 271 05 42
Geöffnet: Mo, Mi–So 10–17
Direktor: Dr. Burkard von Roda. **Vizedirektorin:** Dr. Veronika Gutmann (Musikinstrumente, Uhren und wissenschaftliche Instrumente).
Konservatoren: Dr. Franz Egger (Archäologie, Handwerk und Gewerbe, historisches Fuhrwesen, Staat und Recht, Waffen, unedle Metalle), Dr. Margret Ribbert (Textilkunst, Kostüme, Glas, Keramik, Spielzeug), Beatrice Schärli, lic.phil. (Münzkabinett), Dr. Benno Schubiger (Architektur, Plastik, Malerei u. Zeichnung, Glasmalerei, Druckgraphik, Gold und Silber, Möbel, Basler Wohnkultur, Kirchliches). **Bibliothekarin:** lic.phil. Therese Wollmann. **Bildung und Vermittlung:** lic.phil. Thomas Sieber. **Chefrestauratorin:** Anna Bartl.

Ur- und Frühgeschichte: Funde einer gallischen Siedlung bei der alten Basler Gasfabrik, römische Funde aus der Stadt Basel, alemannische Gräberfelder von Basel und Kleinhüningen. Kirchliche und profane Kunst des Mittelalters: frühromanische Steinplastiken, romanische und hauptsächlich spätgotische Stein- und Holzplastiken

*Büstenreliquiar der
hl. Ursula aus dem
Münsterschatz, Basel,
1. Viertel 14. Jh.*

aus Basler Werkstätten und aus dem Oberrheingebiet, grosser Altar aus Santa Maria in Calanca, von Yvo Strigel. Bedeutende Sammlung sakraler Goldschmiedekunst aus dem Basler Münsterschatz: spätromanischer Kelch, Büstenreliquiare des späten 13. Jh., Kreuze und Monstranzen des 14. und 15. Jh. Bedeutende Sammlung baslerisch-oberrheinischer Bildteppiche des 15. Jh. Gotische Möbel und Glasgemälde. Kunstgewerbe der Renaissance- und Barockzeit: Interieurs des 16. und 17. Jh. Silberschätze der Zünfte und Gesellschaften von Basel (17. und 18. Jh.), Basler Goldschmiedearbeiten des 16. und 17. Jh. Basler Zunft- und Staatsaltertümer. Glasgemälde des 16. und 17. Jh., u.a. von Hans Holbein d.J. Im Amerbachkabinett: Andenken an Erasmus von Rotterdam, Kleinplastiken, Goldschmiedemodelle und Medaillen der Renaissance. Im Faeschkabinett: Kleinplastiken, Münzen, Wachsbossierungen. – Waffensammlung: Stücke aus der Burgunderbeute (Kanone 1474, Bombarde 1430). Waffen, Fahnen und Uniformen aus dem Basler Zeughaus, 15.–18. Jh. Basler Büchsenmacherarbeiten des 17.–19. Jh. Waffen, Fahnen und Uniformen von Baslern in fremden Diensten, 18.–19. Jh. – Münzen- und Medaillensammlung: griechische, keltische und römische Münzen. Deutsche und italienische Münzen und Medaillen der Renaissance. Basler Münzen und Medaillen bis in die Gegenwart. – Studiensammlung: Basler Seidenband. – Zum Historischen Museum gehören das Haus zum Kirschgarten (Wohnkultur des 18. und 19. Jh., Kunstgewerbe) und die Musikinstrumenten-Sammlung sowie die Kutschen- und Schlittensammlung in Brüglingen (siehe: Münchenstein 454).

Eröffnet: 1662
Gebäude: Barfüsserkirche, Anf. 14. Jh., durch die Brüder Kelterborn 1890–1894 in ein Museum umgebaut

65 Jüdisches Museum der Schweiz

Kornhausgasse 8, Hinterhaus
Postadresse: Kornhausgasse 8,
4051 Basel; Tel. (061) 261
95 14
Geöffnet: Mo, Mi 14–17;
So 11–17
Direktorin: Dr. Katia Guth-
Dreyfus, Lange Gasse 34,
4052 Basel;
Tel. (061) 312 30 68

*Besamimbüchse, Lengnau,
18. Jh. (enthält Gewürze für
die Hawdala-Zeremonie am
Samstagabend)*

Darstellung der jüdischen Lehre, der jüdischen Feste und des täg-
lichen Lebens der Juden mit Kultgerät, hauptsächlich aus dem
17.–19. Jh. Dokumente zur Geschichte der Juden in Basel und
hebräische Druckwerke aus Basler Offizinen. Grabsteine vom Basler Judenfriedhof, ab 1220. Archäologische Funde aus Israel.

Eröffnet: 1966

66 Karikatur & Cartoon Museum

St. Alban-Vorstadt 28, in unmittelbarer Nähe des Kunstmuseums
Postadresse: Postfach, 4002 Basel; Tel. (061) 271 13 36 (Museum)
od. 271 12 88 (Sekretariat), Fax (061) 271 12 71 (Sekretariat)
E-Mail: cmsbasel@swissonline.ch
Geöffnet: Mi, Sa 14–17.30; So 10–17.30. Ferner nach Verein-
barung für Führungen über: Basel Tourismus, Tel. (061) 268 68
32, Fax (061) 268 68 70
Kurator: Daniel Bolsinger

Wechselausstellungen. Sammlung von Originalwerken aus den
Gebieten der Karikatur und Cartoons. Über 3000 Werke von 700
Künstlerinnen und Künstlern aus 45 Ländern. Öffentliche Präsenzbi-
bliothek mit ca. 5000 Bänden.

Eröffnet: 1980
Gebäude: Museumsbau, bestehend aus Altbau kombiniert mit Neubau,
Arch. Herzog & De Meuron

Chico Caruso: Picasso

67 Kunstmuseum (Öffentliche Kunstsammlung) ▫

St. Alban-Graben 16
Postadresse: Postfach, 4010 Basel; Tel. (061) 271 08 28, Fax (061) 271 08 45; Kupferstichkabinett: Tel. (061) 272 18 55
URL: http://www.kunstmuseumbasel.ch
Geöffnet: Kunstmuseum, Gemäldegalerie: Di–So 10–17. Kupferstichkabinett: Di–Sa 10–12, 14–17. Bibliothek: Di–Sa 10–17
Direktorin: Dr. Katharina Schmidt. *Verwaltungsdirektor:* Urs Reimann. *Konservator Alte Meister:* PD Dr. Bernd W. Lindemann. *Kupferstichkabinett:* Dr. Dieter Koepplin (Leiter), Dr. Christian Müller (Konservator). *Bibliothek:* Nikolaus Meier, lic.phil. *Museumspädagogik:* Marianne S. Meier, lic.phil. *Öffentlichkeitsarbeit:* Stephan Graus, lic.phil. *Registratorin:* Charlotte Gutzwiller. *Chefrestaurator:* Peter Berkes

Gemäldegalerie: Grösste Sammlung von Werken von Konrad Witz, Hans Holbein d.J. und der oberrheinisch-schweizerischen Malerei des 15./16. Jh. Werkgruppen und Werke u.a. von Martin Schongauer, Hans Fries, Hans Holbein d.Ä., Hans Baldung Grien, Lucas Cranach d.Ä., Mathias Grünewald, Albrecht Altdorfer, Niklaus Manuel Deutsch, Hans Leu d.J., Ambrosius Holbein, Tobias Stimmer, Hans Bock d.Ä. – Über 350 Werke flämischer und holländischer Malerei des 15. bis 17. Jh., darunter Gérard David, Rembrandt, Rubens, Jacob van Ruisdael, Jan van Goyen. – Schwei-

Hans Holbein d.J.: Bildnis von Holbeins Frau mit den beiden älteren Kindern, 1528 (?)

zerische Malerei des 18. Jh., darunter Ensemble mit Alpenbildern von Caspar Wolf. – Umfangreiche Sammlung schweizerischer und deutscher Malerei des 19. Jh.,: Klassizismus, Romantik und Biedermeier; bedeutende Werkgruppen von Frank Buchser und Albert Anker. Grösste Sammlung von Werken von Arnold Böcklin; Werke von Anselm Feuerbach, Hans Thoma, Hans Sandreuter und Ernst Stückelberg. – Französische Malerei des 19. Jh.: Eugène Delacroix, Gustave Courbet, Edgar Degas, Edouard Manet, Claude Monet, Auguste Renoir, Odilon Redon; bedeutende Werkgruppen von Camille Corot, den Impressionisten sowie von Paul Cézanne, Paul Gauguin und Vincent van Gogh. Plastiken von Honoré Daumier, Auguste Renoir und Auguste Rodin. – Umfassende, systematisch aufgebaute Sammlung der Kunst des 20. Jh., darunter die bedeutendste europäische Kubistensammlung. Gruppen wichtiger Werke von Georges Rouault, Henri Matisse, Pablo Picasso, Georges Braque, Juan Gris, Fernand Léger, Le Corbusier, Amédée Ozenfant, Marc Chagall und Paul Klee. Ferner bedeutende Bilder von Henri Rousseau, Franz Marc, Robert Delaunay, Louis Moilliet, Emil Nolde, Lovis Corinth und Oskar Kokoschka. Bedeutende Vertretung der

Pioniere der abstrakten Kunst, Wassily Kandinsky, Piet Mondrian, El Lissitzky, Hans Arp, Antoine Pevsner. Neuere europäische Kunst: Jean Dubuffet, Serge Poliakoff und Antoni Tapiès. – Neuere amerikanische Malerei: Sam Francis, Jasper Johns, Franz Kline, Barnett Newman, Mark Rothko, Frank Stella, Clyfford Still, Mark Tobey, Cy Twombly, Andy Warhol. – Plastiken von Aristide Maillol, Wilhelm Lehmbruck, Henri Laurens, Hans Arp, Alberto Giacometti, Alexander Calder, Eduardo Chillida, Claes Oldenburg, Jacques Lipchitz, Bruce Nauman, Frank Stella. – Schweizerische Malerei und Plastik des 20. Jh. darunter bedeutende Hodler-Sammlung und zahlreiche Werke von René Auberjonois, Otto Meyer-Amden und Jean Tinguely. – Basler Malerei und Plastik des 20. Jh. – Kupferstichkabinett: Zeichnungen, Druckgraphik und Bücher mit Originalgraphik des 15.–20. Jh. – Bedeutendste Sammlung süddeutsch-oberrheinisch-schweizerischer Meister des 15./16. Jh., v.a. von Hans Holbein d.Ä., Ambrosius Holbein, Hans Holbein d.J., Urs Graf, Niklaus Manuel Deutsch, Tobias Stimmer und Hans Bock d.Ä.; bedeutende Werkgruppen von Martin Schongauer, Hans Fries, Albrecht Dürer, Hans Baldung Grien und Hans Leu. – Graphik des 17. und 18. Jh. (u.a. Matthäus Merian d.Ä. und Maria Sybilla Merian, Anton Graff und Johann Heinrich Füssli). – Zeichnungen der deutschen Romantiker, wichtige Werkgruppen von Frank Buchser, Arnold Böcklin und Hans von Marées. – Bedeutende Sammlung moderner und zeitgenössischer Zeichnungen (bes. Paul Cézanne, Paul Klee, Otto Meyer-Amden, Joseph Beuys, Eduardo Chillida, Claes Oldenburg, Andy Warhol, Barnett Newman, Frank Stella, Bruce Nauman, Jasper Johns, Roni Horn) und Druckgraphik. – Bibliothek: ca. 140'000 Titel.

Eröffnet: 1662
Gebäude: Museumsbau, 1936, Arch. Paul Bonatz und Rudolf Christ

---

68 | Museum der Kulturen

Augustinergasse 2 (zusammen mit dem Naturhistorischen Museum)
Postadresse: Postfach 1048, 4001 Basel; Tel. (061) 266 55 00, Fax (061) 266 56 05
E-Mail: staldera@ubaclu.unibas.ch
URL: http://www.mkb.ch
Geöffnet: Di–So 10–17

*Flötenaufsatz der
Mundugumor,
Papua-Neuguinea*

Direktorin: Dr. Clara B. Wilpert. *Konservatoren:* Dr. Bernhard Gardi (Afrika), Dr. Christian Kaufmann (Ozeanien), Dr. Marie-Louise Nabholz-Kartaschoff (Textilien, Ostasien), Dr. Urs Ramseyer (Indonesien, Südostasien, Musikethnologie), Dr. Annemarie Seiler-Baldinger (Amerika, Textilien), Dominik Wunderlin, lic.phil. (Volkskunde). *Museumspädagogik:* Susanne Hammacher, lic.phil. *Öffentlichkeitsarbeit:* Anna-M. Stalder

Sammlungsschwerpunkte: Melanesien (Abelam-Kulthaus, Ritualkunst i.b. aus dem Sepik-Gebiet, Ozeanien, Papua Neuguinea, Kultur und Gesellschaft im Vergleich), australische Bildwerke; Asien: Indonesien und Südasien v.a. Textilien; Mittel- und Südamerika: Praekolumbische Kulturen: Azteken (Sammlung L. Vischer), Maya (Tikal-Tafeln), Westmexiko, heutige Indianer der südamerikanischen Tiefländer (Amazonas, Gran Chaco), altperuanische Textilien; Afrika: Westafrika, Zentralafrika, Altägypten; Urgeschichte: Europa, Schweiz; Textilien: grösste Sammlung aussereuropäischer Textilien in der Schweiz, Systematik der textilen Techniken.

Eröffnet: 1917
Gebäude: Städtisches Museum mit Universitätsaula im klassizistischen Stil, auf dem Gelände des ehem. Augustiner-Klosters, 1849 vom Architekt Melchior Berri erbaut

---

69 **Museum für Gegenwartskunst der Öffentlichen Kunstsammlung Basel und der Emanuel Hoffmann-Stiftung** ☐

St.Alban-Rheinweg 60
Postadresse: Postfach, 4010 Basel;
Tel. (061) 272 81 83 od. 271 08 28, Fax (061) 271 05 36
E-Mail: mgk@kunstmuseumbasel.ch
URL: http://www.kunstmuseumbasel.ch
Geöffnet: Di–So 11–17
Konservatorin: Dr. Theodora Vischer
Direktorin: Dr. Katharina Schmidt

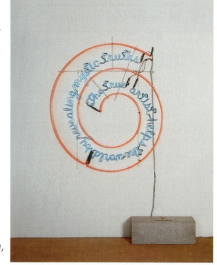

Bruce Naumann: *Window or wall sign,* 1967

Das Museum ist ein Gemeinschaftswerk der Emanuel Hoffmann-Stiftung, der Christoph Merian-Stiftung und des Kantons Basel-Stadt. Ausgestellt sind Werke von den 60er Jahren bis in die unmittelbare Gegenwart, angefangen bei der Minimal Art und der Konzeptkunst bis hin zu neusten Installationen. Werkgruppen von Beuys, Nauman, Judd, Cindy Sleiman, Boetti, Dieter Roth, Fischli/Weiss, Jeff Wall, Katharina Fritsch, Gary Hill, Andrea Zittel, Brice Marden, Roni Horn, Richard Tuttle, Robert Gober, Bill Viola u.v.a. Die umfangreiche Sammlung wird in regelmässig wechselnden Präsentationen gezeigt. Sonderausstellungen mit zeitgenössischer Kunst.

Eröffnet: 1980
Gebäude: Museumsbau, 1979–80, Arch. Wilfrid und Katharina Steib

---

70   Museum Jean Tinguely   ☐

Grenzacherstrasse im Solitude-Park. Vom Bahnhof SBB, Tram 2 Richtung Wettsteinbrücke, dann Bus 31 ab Wettsteinplatz
Postadresse: Postfach 3255, 4002 Basel; Tel. (061) 681 93 20, Fax (061) 681 93 21
URL: http://www.tinguely.ch
Geöffnet: Mi–So 11–19
Direktorin: Margrit Hahnloser. *Wissenschaftlicher Assistent:* Andres Pardey. *Bibliothekarin:* Claire Wüest. *Museumspädagogen:* Matthias Spiess, Simone Thalmann. *Administration:* Katrin Zurbrügg

Werke des Zeichners, Malers und Plastikers Jean Tinguely.

Eröffnet: 1996
Gebäude: Museumsbau, 1996, Arch. Mario Botta

Eingangsportikus mit Blick in die grosse Halle (Architekt Mario Botta)

71 | Museum Kleines Klingental

Unterer Rheinweg 26, im ehem. Gebäude des Stadt- und Münstermuseums
Postadresse: Basler Denkmalpflege, Unterer Rheinweg 26, 4058 Basel; Tel. (061) 267 66 25 od. 267 66 42
URL: http://www.unibas.ch/museum
Geöffnet: Mi, Sa. 14–17; So 10–17
Verwaltung: Basler Denkmalpflege. *Leiter:* Alexander Schlatter, kant. Denkmalpfleger

Romanische und gotische Skulpturen des Basler Münsters aus dem 12.–16. Jh. Grosses Stadtmodell (Basel im 17. Jh.).

Eröffnet: 1939
Gebäude: Dominikanerinnen-Kloster Klingental (1274 gegründet)

72 | Musikinstrumenten-Sammlung

Leonhardsstrasse 8
Postadresse: Historisches Museum Basel, Steinenberg 4, 4051 Basel; Tel. (061) 271 05 05, Fax (061) 271 05 42
Geöffnet: Mi, Fr 14–17; So 10–12, 14–17
Geschlossen ab etwa Mitte 1999; Neueröffnung im Jahr 2000 im Lohnhof als Musikmuseum
Direktor: Dr. Burkard von Roda (Historisches Museum). *Konservatorin:* Dr. Veronika Gutmann

Tischorgel «Ab Yberg», Süddeutschland (?), Ende 16. Jh.

Grösste Sammlung der Schweiz: Holz- und Blechblasinstrumente, Orgeln, Zupf-, Streich-, Klavier- und Schlaginstrumente, 16.–19. Jh. Modelle von Orgel- und Klaviermechaniken. Darstellung des Werdegangs verschiedener Instrumente: Blockflöte, Trompete, Violine. Volksinstrumente aus der Schweiz und aus Europa. Diverse Notenblätter und -drucke.

Eröffnet: 1894
Gebäude: Spätklassizistischer Bau

73 Naturhistorisches Museum

Augustinergasse 2 (zusammen mit dem Museum für Kulturen)
Postadresse: Augustinergasse 2, 4001 Basel; Tel. (061) 266 55
00, Fax (061) 266 55 46
URL: http://www.unibas.ch/museum/nmb
Geöffnet: Di–So 10–17
Direktor: Dr. Peter Jung (Geologie). *Abteilungsvorsteher:* Prof. Dr.
Stefan Graeser (Mineralogie), Dr. Ambros Hänggi (Zoologie), Dr.
Burkart Engesser (Osteologie), Dr. Michel Brancucci (Entomologie).
Konservatoren: Dr. Josef Arnoth (Mineralogie), Dr. Reinhart Gygi
(Geologie), Dr. Michael Knappertsbusch (Geologie), Dr. Raffael
Winkler (Zoologie), Dr. Daniel Burckhardt (Entomologie)

*Skelett und Rekonstruktion eines Plateosaurus aus der oberen
Trias (rund 200 Mio. Jahre) von Trossingen (Württemberg)*

Zoologie: Säugetiere, Vögel, Amphibien, Reptilien und Fische der
Schweiz, Vögel der Erde, aussereuropäische Säugetiere, wirbello-
se Tiere. Geologie: Die Erde, Versteinerungen der Basler Region.
Mineralogie: Mineralien der Schweiz, allgemeine Mineralogie.
Entomologie: Insekten innerhalb der wirbellosen Tiere. Osteologie:
Geschichte der Säugetiere, Dinosaurier. Reiche Studiensammlun-
gen. Sammlungsschwerpunkte: Entomologie: Fliegen, Ameisen,
Käfer, Kleinschmetterlinge. Geologie: Ammoniten des Jura, tertiäre
Foraminiferen, Referenzsammlung des Ocean Drilling Project, terti-
äre Mollusken (Europa, tropisches Amerika), Echinodermen des
Jura. Osteologie: tertiäre und pleistozäne Säugetiere, rezente Wir-
beltiere. Zoologie: Landmollusken, Spinnen, Milben, Reptilien,
Vögel.

Eröffnet: 1849
Gebäude: Museumsbau, Arch. Melchior Berri, auf dem Gelände des
ehem. Augustiner-Klosters

74 Puppenhausmuseum

Ab Bahnhof SBB Tram Nr.1 und Nr.8 bis Barfüsserplatz oder 10 Minuten zu Fuss
Postadresse: Steinenvorstadt 1, 4051 Basel; Tel. (061) 225 95 95
URL: http://www.puppenhausmuseum.ch
Geöffnet: Mo–Mi 11–17; Do 11–20; Fr–So 11–17
Geschäftsführerin: Laura Sinanovitch

Alte Puppenhäuser, Kaufmannsläden, Teddybären und Puppen, Spielzeug. Miniaturen im Massstab 1:12 aus der heutigen Zeit.

Eröffnet: 1998
Gebäude: ehemaliges Geschäftshaus

75 Schule für Gestaltung

Spalenvorstadt 2
Postadresse: Postfach 612, 4003 Basel; Tel. (061) 261 30 06, Fax (061) 267 98 60
Geöffnet: Nach Vereinbarung
Direktion: Alois M. Müller; Dr. Rolf Thalmann (Plakate); Annette Fluri (Textilien), Andrea Schweiger (Bibliothek)

Plakate: rund 40 000 Objekte; Schwerpunkt Schweiz, Ausland bis 1939; Gebrauchsgraphik kleineren Formats. – Textilien: rund 6000 Objekte, 4.–20. Jahrhundert, nach der Systematik der textilen Techniken. – Bibliothek: Architektur, Design, Visuelle Kommunikation, Kunsthandwerk; Spezialsammlungen zu Architekturtheorie, Buchgestaltung, Typografie

Eröffnet: 1893

76 Schweizerisches Pharmazie-Historisches Museum

Botengässlein 3, zwischen Marktplatz und Peterskirche
Postadresse: Totengässlein 3, 4051 Basel; Tel. (061) 261 79 40, Fax (061) 261 79 07
Geöffnet: Mo–Fr 9–12, 14–17
Konservator: Dr. Michael Kessler

Aussereuropäische und europäische Medikamente, Heilamulette. Grosse graphische Sammlung. Rekonstruktionen von pharmazeutischen Laboratorien des 16. und 18. Jh. Apotheken aus dem 18. und frühen 19. Jh., u.a. Hofapotheke aus Innsbruck. Reichhaltige

Sammlung von pharmazeutischen Gefässen und pharmako-physikalischen Instrumenten. Haus-, Reise- und Feldapotheken. Militärpharmazie. Alchemie.

Eröffnet: 1925
Gebäude: Haus «zum vorderen Sessel», ehem. Wohnhaus und Arbeitsort des Buchdruckers J. Froben

VMS
AMS

«Im Alchemistenlabor» (ehem. Hauskapelle, spätmittelalterlich)

77 Schweizerisches Sportmuseum

Missionsstrasse 28, beim Spalentor
Postadresse: Postfach, 4003 Basel; Tel. (061) 261 12 21 (10–12, 14–17), Fax (061) 261 12 47
Geöffnet: Mo 10–12, 14–17; Mi 10–12, 14–21; Do 10–12, 14–17; Sa 14–17; So 11–17. Ferner nach Vereinbarung (auch Führungen).
Mitarbeiter: Dr. Max Triet, Historiker. Alois Schmelzer, Museumspädagoge. Jürgen Libnau, Restaurator

Sport und Spiel in den Hochkulturen (Ägypten, Altitalien, Griechenland, Persien, Mittelamerika, Japan). – Mittelalter und Bürgertum. – National- und Volksspiele der Schweiz. – Vom Laufrad zum Rennvelo. – Tennis, Tischtennis, Federball, Golf. – Wintersport. – Bibliothek, Lesezimmer, Garten für Spiele

Eröffnet: 1947
Gebäude: Villa, 1860er Jahre

Historische Fahrräder

---

78 Skulpturhalle ▽ □

Mittlere Strasse 17
Postadresse: Antikenmuseum,
St. Alban-Graben 5, Postfach,
4010 Basel; Tel. (061) 271 22
02; Tel. der Skulpturhalle: (061)
261 52 45, Fax (061) 261 50
42
E-Mail: 106005.2705@compu-
serve.com
URL: http://www.unibas.ch/
museum/amb/shb/int1–3.htm

*Rekonstruktion der
hellenistischen
Achill-Penthesilea-Gruppe
(Original um 150 v. Chr.)*

Geöffnet: Di–So 10–12, 14–17
Direktor: Prof. Dr. Peter Blome. *Stv. Direktor:* lic.phil. Andrea
Bignasca. *Konservator:* Dr. Tomas Lochman

Gipsabgüsse antiker Plastik: grösste Kollektion nördlich der Alpen.
– Rekonstruktion der Parthenongiebel und Vereinigung aller Fragmente vom Bildschmuck dieses Tempels, Modelle des Parthenon
und anderer klassischer Bauwerke 1:20.

Eröffnet: 1849

79 Zoologischer Garten

Binningerstrasse 40, in der Nähe der Heuwaage
Postadresse: Binningerstr. 40, Postfach, 4011 Basel; Tel. (061)
295 35 35, Fax (061) 281 00 05
E-Mail: zoo@zoobasel.ch
URL: http://www.zoobasel.ch
Geöffnet: Jan., Febr.: 8–17.30 (Tierhäuser bis 17.20). März,
Apr.: 8–18 (Tierhäuser bis 17.50). Mai–Aug.: 8–18.30 (Tierhäuser bis 17.50). Sept., Okt.: wie März. Nov., Dez.: wie Jan.
Direktor: Dr. Peter Studer. *Kuratoren:* Dr. Gerry Guldenschuh (Säugetiere), Dr. Thomas Jermann (Vivarium), Dr. Andreas Heldstab (Vögel). *Zootierarzt:* Dr. Olivier Pagan

Tiere aus allen Erdteilen, besonders auch bedrohte Arten.
Besonders wichtige Gruppen von Panzernashörnern, Zwergflusspferden, Gorillas, Javaneraffen, Flamingos, Waldrappen. Begehbares Vivarium.

Eröffnet: 1874

BAULMES VD

80 Musée du Vieux-Baulmes

Rue du Theu
Adresse postale: Pierre Rochat, La Potheilaz, 1446 Baulmes; tél.
(024) 459 13 72
Ouvert: Sur rendez-vous
Conservateur: Pierre Rochat

Collection à caractère local: objets préhistoriques, documents graphiques, meubles, objets et outils se rapportant à Baulmes, ambon, tuiles.

Ouverture en: 1978
Bâtiment: Ancien bâtiment de la Dîme

BAZENHEID SG

81 **Toggenburger Schmiede- und Werkzeugmuseum** ✿

Wilerstrasse 69–71
Postadresse: Rupert Meier, Wilerstr. 69–71, 9602 Bazenheid;
Tel. (071) 931 10 29 (Museum und Geschäft) od. 911 05 41
(privat)
Geöffnet: Jeden 1. So im Monat 14 Uhr (Führung mit Schmiede-
demonstration, Dauer ca. 2 Std.). Ferner nach Vereinbarung
Besitzer: Rupert Meier, Werkzeugschmied

Entwicklung während 6 Generationen «Schmiede Meier». Vom
Wagner über Huf- und Wagenschmied, Werkzeugschmied, zum
Gesenkschmied und zur Mähmesserfabrikation. Komplette Schmie-
deeinrichtung aus alter und neuerer Zeit (betriebsbereit). Ca. 300
handgeschmiedete, feuergeschweisste Werkzeuge, hergestellt bis
Mitte dieses Jahrhunderts. Ausstellung über 20 verschiedene
Schmiedearten und über 20 verschiedene weitere Berufe (teils
ganze Werkstätten): Dachdecker, Drechsler, Gärtner, Gerber, Hafner, Kaminfeger, Küfer, Maurer, Metzger, Müller, Sattler, Schindel-
macher, Schreiner, Schuhmacher, Steinmetz, Wagner, Weber,
Zimmermann sowie Bereiche der Land- und Forstwirtschaft. Walliser
Hammerwerk aus dem letzten Jahrhundert (ca. 150-jährig) in
betriebsbereitem Zustand mit altem und neuem Wasserrad.

Eröffnet: 1990

BELLACH SO

82 **Dorfmuseum** ⌂

Gemeindehaus/Post, Dorfstrasse 3
Postadresse: Ubald Suter, Terrassenstr. 35, 4512 Bellach; Tel.
(032) 618 13 96
Geöffnet: Jan.–Juni, Sept.–Dez.: So 15–17. Ferner nach Vereinba-
rung mit Meinrad Büttler, Tel. (032) 618 16 45 od. Ubald Suter,
Tel. (032) 618 13 96
Präsident des Museumsvereins: Ubald Suter

Werkzeuge; land- und hauswirtschaftliches Gerät, eingerichtete
Küche; Stuben- und Zimmerecke. Wechselausstellungen.

Eröffnet: 1974

BELLINZONA TI

83 Museo civico ▱

Castello di Montebello (Castello di Svitto)
Indirizzo postale: Salita ai Castelli 4, Castello di Montebello,
6500 Bellinzona; tel. (091) 825 13 42
Aperto: Febbr.–dic.: ma–do 10–12.30, 13.30–17.30
Responsabile: Municipio di Bellinzona, 6500 Bellinzona; tel.
(091) 825 21 31, fax (091) 821 85 45

Fibule di bronzo, Gudo, 3°–2° secolo a.C.

Archeologia regionale: corredi di tombe di varie necropoli del-
l'epoca del bronzo (Gudo, Giubiasco, Ascona, Gorduno), del-
l'epoca del ferro (Ascona, Gorduno, Giubiasco, Dalpe, Osco,
Ludiano, Pazzallo, Pianezzo, Gudo, Molinazzo; materiale del
fonditore di bronzi d'Arbedo), dell'epoca romana (Gudo, Giubiasco, Sementina, Madrano, Arcegno) e dell'alto medioevo (scudo
longobardo di Stabio). Ceramica italiota (4°–1° sec. a. C.). – Pie-
tre del Quattrocento: capitelli, fonte battesimale di Palagnedra.
Opere d'artisti ticinesi: alcuni disegni, in prevalenza del Settecento. Armi (15 –19 sec.).

Aperto nel: 1972
Edificio: Mastio e palazzetto del castello, 13–15 sec.

🅿 🏠

84 Museo di Castelgrande

In Castelgrande (Castello di Uri)
Indirizzo postale: Ufficio dei beni culturali, viale Stefano Franscini 30A, 6500 Bellinzona; tel. (091) 804 13 80, fax (091) 804 13 89; tel. del museo: (091) 825 81 45
Aperto: Febbr.–dic.: ma–do 10–12.30, 13.30–17.30

Sezione storico archeologica: presentazione sintetica dei 6500 anni di presenza umana sulla collina, dal primo villaggio neolitico al XX secolo (collezione di monete cinquecentesche, testimonianza di una zecca dei tre cantoni primitivi). Sezione storico artistica: nucleo di disegni a tempera su carta (1470 ca.), che in origine impreziosiva il soffitto ligneo di una dimora quattrocentesca del centro cittadino, demolita nel 1970.

Aperto nel: 1992
Edificio: Ala sud di Castelgrande, fortezza ducale (sec. XV) restaurata dall'architetto Aurelio Galfetti nel 1980–91

85 Villa dei Cedri / Civica galleria d'arte

Bellinzona-Ravecchia, accanto alla Chiesa di San Biagio
Indirizzo postale: Piazza San Biagio, 6500 Bellinzona; tel. (091) 821 85 20 o 821 85 18, fax (091) 821 85 46
Aperto: Orario invernale: ma–do 10–12, 14–17. Orario estivo: ma–sa 10–12, 14–18, do 10–18
Direttore-conservatore: Matteo Bianchi. **Collaboratrici scientifiche**: Daria Caverzasio, Simona Martinoli, Maria Will. **Bibliotecaria:** Daria Caverzasio

Vittore Grubicy de Dragon: Inverno a Miazzina, 1898

Opere di scuola italiana e svizzera-lombarda di artisti operanti fra realismo e simbolismo: Segantini, Grubicy de Dragon, Pellizza da Volpedo, Rossi, Franzoni, Feragutti-Visconti, Berta, Chiesa e Vela. Opere del Novecento italiano e ticinese: Carpi, De Grada, Corty, Foglia, Gonzato, Ribola, Sartori, Tallone e Tosi. Opere di artisti contemporanei attivi nella regione, in particolare lirici-astratti o di matrice espressionista-informale: Boldini, Bolzani, Cavalli, Comensoli, Dobrzanski, Ferrari, Genucchi, Huf, Paolucci, Selmoni, Spreafico, Valenti. Istituzione di un fondo di grafica con opere di artisti in collezione; grafica svizzera del Novecento; xilografie di Vallotton («Intimités»).

Aperto nel: 1985
Edificio: Villa padronale, 19 sec., inserita in un parco

BELP BE

86   Ortsmuseum Kefiturm   🏠

Hauptdurchgangsstrasse (Rubigenstrasse), schräg gegenüber der Post
Postadresse: Ortsmuseumskommission, Gemeindeverwaltung, Gartenstrasse 2, 3123 Belp; Tel. (031) 818 22 22, Fax (031) 818 22 99
Geöffnet: 1. Mi, Sa, So im Monat 14–17. Ferner nach Vereinbarung (nur Gruppen)
Konservator: Hans-Ruedi Haenni, Mühlestrasse 58, 3123 Belp; Tel. (031) 819 47 43

Wechselausstellungen.

Eröffnet: 1994
Gebäude: Turm, 1542 von den Familien von Stein und von Luternau erbaut

BENNWIL BL

87 Dorfmuseum

Hauptstrasse 22
Postadresse: Jürg Felber, Sammelgasse 6, 4431 Bennwil
Geöffnet: 1. So im Monat 14–16.30. Ferner nach Vereinbarung
mit Jürg Felber, Tel. (061) 951 20 71
Leiter: Jürg Felber

Bilder, Dokumente und Gegenstände zur Dorfgeschichte von der
Steinzeit bis heute. Geräte und kleine Ensembles zu den Themen
Schule, Kirche, Handwerk, Bauern, Küche, Licht. Bändelstube mit
Bandwebstuhl (Posamenterstuhl) in Betrieb, Dokumente zur Textil-
technik. – Geologie von Bennwil und Umgebung.

Eröffnet: 1972

BERGÜN / BRAVUOGN GR

88 Ortsmuseum

Hauptstrasse 113
Postadresse: Hauptstr. 113, 7482 Bergün/Bravuogn; Tel. (081)
407 12 77
Geöffnet: Jan.–Ostern, Juni–Okt., 2. Hälfte Dez.: Di 14–18; Mi
14–17, 19.30–21; Do–So 14–18
Betriebsleiter: Reto Barblan, Giassa 105, 7482 Bergün/Bravuogn

Heimatkundliche Sammlung mit den Schwerpunkten Landwirtschaft,
Handwerk und Wohnkultur. Musikinstrumente (Orgel). Gegenwartskunst, Fotosammlung. Modelleisenbahn (Albulalinie). Wechselausstellungen.

Eröffnet: 1991
Gebäude: Engadiner Wohnhaus mit Ökonomiegebäude

BERINGEN SH

89 Ortsmuseum 🏠

Im sog. «Schloss» Beringen, Steig 3
Postadresse: Gemeindeverwaltung, 8222 Beringen, Tel. (052)
687 24 24
Geöffnet: letzter So im Monat 14–16, Jan.–Juni, Aug.–Dez. und
nach Vereinbarung
Betreuer: Armin Rahm; Tel. (052) 685 25 44

Dokumente zur Dorfgeschichte: Post, Strassenbahn, Badische Bahn.
Geräte der Land- und Forstwirtschaft, der Hanf- und Flachsverarbei-
tung sowie Werkzeuge des Küfers, Wagners, Zimmermanns,
Gabelmachers, Drechslers, Schindelmachers, Schleifers, Schmieds,
Schreiners, Schuhmachers, Pivoteurs und Barbiers. Mechanische
Landmaschinen: Pflüge, Mähmaschinen, Bindemäher, Kartoffelgra-
ber, Gabelheuwender. Geräte für Rebbau, Wein-Küfer, Trauben-
pressen und Düüchel. Keramik, Küchengeräte und Stossbutterfässer.
Beschriftete «Beringer» Handstrichziegel. Gemälde, Zeichnungen
u.a. des Kunstmalers Alexander Wolf (1864–1921) und Tocher
Elise Wolf (1891–1973).

Eröffnet: 1950
Gebäude: Wohnturm, 13. Jh., ehem. Sitz der Dorfvogtei

BERLINGEN TG

90 Adolf-Dietrich-Haus ▢

Seestrasse 26
Postadresse: Postfach, Seestr. 26, 8267 Berlingen; Tel. u. Fax
(052) 761 13 33
Geöffnet: Mai–Sept.: Mi, Sa, So 14–18. Ferner nach Vereinba-
rung
Leiter: Urs Oskar Keller

Zwei Dokumentationsräume und Malstube des Thurgauer Malers
Adolf Dietrich (1877–1957). Malstube mit Originaleinrichtung.
Zwei Originale, eines davon unvollendet, sowie verschiedene
Reproduktionen von Gemälden.

Eröffnet: 1957
Gebäude: Geburts-, Arbeits- und Wohnhaus des Malers

BERN BE

Übersicht

Antikensammlung	**91**
Bernisches Historisches Museum	**92**
Botanischer Garten der Universität	**93**
Einstein-Haus	**94**
Kunsthalle	**95**
Kunstmuseum	**96**
Museum für Kommunikation	**97**
Naturhistorisches Museum der Burgergemeinde	**98**
Pferdekuranstalt	**99**
Schweizerische Theatersammlung	**100**
Schweizerisches Alpines Museum	**101**
Schweizerisches Schützenmuseum	**102**
Städtischer Tierpark Dählhölzli	**103**
BERN – OSTERMUNDIGEN Psychiatrie-Museum	**104**

91 Antikensammlung ▽□

Im Länggass-Quartier, Hallerstr. 12, 2. UG
Postadresse: Institut für Klassische Archäologie, Länggassstr. 10, 3012 Bern; Tel. (031) 631 89 92
E-Mail: meret.mangold@arch.unibe.ch
Geöffnet: Mi 18–20. Ferner nach Vereinbarung
Direktor: Prof. Dr. Dietrich Willers. **Assistentin:** Dr. Meret Mangold

Gipsabgüsse antiker Figuren, Büsten und Köpfe, von ca. 650. v.Chr. bis 5. Jh. n.Chr. Originale Kleinkunst aus der griechisch-römischen Antike.

Eröffnet: 1974

92 | Bernisches Historisches Museum <svg>⬟ ▭</svg>

Helvetiaplatz 5
Postadresse: Helvetiaplatz 5, Postfach, 3000 Bern 6; Tel. (031) 350 77 11, Fax (031) 350 77 99
E-Mail: bhm@gmx.net
Geöffnet: Di–So 10–17
Direktor: Peter Jezler, lic.phil. (Abteilung für ältere Geschichte).
Vizedirektor: Dr. Felix Müller (Ur- und Frühgeschichte). ***Abteilungs-leiter:*** Prof. Dr. Franz Bächtiger (Abteilung für jüngere Geschichte).
Dr. Balázs Kapossy (Münzen). Dr. Thomas Psota (Völkerkunde)

Geschichte: Grosse kulturhistorische Sammlung (Burgergemeinde, Stadt und Kanton Bern). Bernische Staats- und Familienaltertümer. Flämische Bildteppiche des 15. Jh. (Tausendblumenteppich), Paramente, Antependien, Waffen, Uniformen, Fahnen des 14.–19. Jh. Goldschmiedekunst, darunter kirchliche Geräte des 13.–16. Jh. und Zunftsilber. Skulpturen vom Hauptportal des Berner Münsters aus dem 15., weitere aus dem 16.–19. Jh. Sammlung bernischer und schweizerischer Keramik, Fayencen und Porzellan aus schwei-

Tausendblumenteppich aus der Burgunderbeute, Brüssel, 15. Jh. (Ausschnitt)

zerischen und deutschen Manufakturen (Legat Dr. Albert Kocher). Glasgemälde des 14.–17. Jh. Möbel, Gruppe von Interieurs des 16.–18. Jh. aus Stadt und Landschaft Bern. Musikinstrumente. Alltagsgeschichte: Objekte aus den Bereichen Industrialisierung, Hygiene, Kommunikation, Medizin, Wissenschaft. – Ur- und Frühgeschichte: Hauptsächlich Funde aus dem Kanton Bern. Mittel- und jungpaläolithisches sowie mesolithisches Material aus den Voralpen, dem Jura und dem Mittelland. Umfangreiche Fundbestände aus jungsteinzeitlichen und bronzezeitlichen Seeufersiedlungen. Inventare aus Fürstengräbern der älteren Eisenzeit (darunter die Hydria von Grächwil bei Meikirch, ein Importstück aus dem unteritalisch-grossgriechischen Raum) sowie aus Friedhöfen und Siedlungen der jüngeren Eisenzeit (Münsingen und Bern-Engehalbinsel). Reiche Belege für die römische Periode, darunter die Bronzegruppe der Bärengöttin (Dea Artio) von Muri und der bronzene Porträtkopf von Prilly bei Lausanne. Modellrekonstruktionen von Fundorten im Kanton Bern. Frühmittelalterliche Grabfunde, besonders aus der Umgebung von Bern. Kleine Antikensammlung (Nolasammlung), deren Anfänge auf die Sammeltätigkeit bernischer Offiziere in neapolitanischen Diensten während des 19. Jahrhunderts zurückgeht. – Münzen: Universalsammlung, gut vertreten Antike, Schweiz, Bern, Orient. – Völkerkunde: Permanente Ausstellung Orientalische Sammlung Henri Moser-Charlottenfels (Waffen, Rüstungen, Textilien, Schmuck, Metall- und Lackarbeiten, Manuskripte). Geographische Schwerpunkte: islamische Welt (Vorderer Orient, West- und Zentralasien, Nordafrika, Indischer Ozean), Südost- und Ostasien. Indianersammlung. Schwertklingen, Rüstungen, Kunstgewerbe aus Japan. Melanesische Kunst, javanische Schattenspielfiguren. Südsee- und Nordamerikasammlung Johann Wäber (3. Expedition Cpt. Cook). Kunst, Kunstgewerbe, kultische Objekte, Waffen, Musikinstrumente, Transportmittel, Textilien und Gebrauchsgegenstände aus Afrika, Amerika, Asien und Ozeanien. Archäologische Sammlungen aus Mittel- und Südamerika, Ägypten, Westafrika, Indien und China.

Eröffnet: 1894
Gebäude: Museumsbau, 1892–1896, Entwurf André Lambert, Ausführung Eduard von Rodt

---

93 | **Botanischer Garten der Universität**   ⚲

Altenbergrain 21, am Nordende der Lorraine-Brücke
Postadresse: Altenbergrain 21, 3013 Bern; Tel. (031) 631 49 44/45, Fax (031) 631 49 93
E-Mail: kammann@sgi.unibe.ch
Geöffnet: Freiland: Mo–So 8–17; Schauhäuser: Mo–So 8–11.30, 14–17
Direktor: Dr. K. Ammann. *Technischer Leiter:* vakant. *Didakt. Mitarbeiter:* Peter Fafri

Alpinum mit Pflanzen aus Schweizer-, Ost- und Westalpen, weitere aus europäischen, asiatischen und amerikanischen Gebirgen. Bauerngarten mit alten europäischen und mit jüngeren überseeischen Zierpflanzen. Heilpflanzen, Färb- und Faserpflanzen. Pflanzen des Mittelmeergebiets. Schauhäuser mit tropischen und subtropischen Arten (Palmen-, Farn-, Sukkulenten-, Orchideen- und Nutzpflanzenhaus) sowie Steppenhaus mit zentralasiatischen Kaltsteppenpflanzen.

Eröffnet: 1862
Gebäude: Institutsgebäude, 1860, mit Umbauten und Erweiterungen; Schauhäuser von ca. 1870 und von 1976

---

94 Einstein-Haus

Haus «Zum Untern Juker», Kramgasse 49 (unterhalb Zytglogge)
Postadresse: Kramgasse 49, Postfach 638, 3000 Bern 8; Tel. (031) 312 00 91
URL: http://www.einstein-bern.ch.
Geöffnet: Febr.–Nov.: Di–Fr 10–17; Sa 10–16
Leiter: Prof. Hermann Bürki

Erinnerungsstätte an den Physiker und Humanisten Albert Einstein (1879–1955). Fotos, Dokumente (Kopien), Filme, Modell zum Photoeffekt-Versuch.

Eröffnet: 1979
Gebäude: Wohnung von Albert Einstein 1903–1905

---

95 Kunsthalle

Helvetiaplatz 1
Postadresse: Helvetiaplatz 1, 3005 Bern; Tel. (031) 351 00 31, Fax (031) 352 53 85
E-Mail: kunsthalle@bluewin.ch
URL: http://www.kunsthallebern.ch
Geöffnet: Di 10–21; Mi–So 10–17
Direktor: Dr. Bernhard Fibicher

Wechselausstellungen zeitgenössischer Kunst.

Eröffnet: 1918
Gebäude: Museumsbau, 1918, Arch. Klauser und Streit

96 Kunstmuseum ▫

Hodlerstrasse 12
Postadresse: Hodlerstr. 8–12, 3000 Bern 7; Tel. (031) 311 09 44, Fax (031) 311 72 63
URL: http://www.kunstmuseumbern.ch
Geöffnet: Di 10–21; Mi–So 10–17
Direktor: Toni Stooss. *Konservatoren:* Dr. Sandor Kuthy (Gemälde, Skulpturen), Dr. Josef Helfenstein (Graphische Sammlung, Paul Klee-Stiftung). *Assistenten:* Thomas Pfister MA (Bernische Stiftung für Fotografie, Film und Video), Daniel Baumann, lic.phil. (Adolf Wölfli-Stiftung), Dr. Therese Bhattacharya-Stettler (Direktion), Judith Durrer (Gemälde, Skulpturen), Michael Baumgartner, lic.phil. (Paul Klee-Stiftung), Dr. Christian Rümelin (Paul Klee-Stiftung, Catalogue raisonné Paul Klee), Henriette Mentha, lic.phil. (Graphische Sammlung). *Bibliothekarin:* Eva Schürch. *Öffentlichkeitsarbeit:* Katrin Diem

Paul Klee: Park bei [Lu]zern, 1938

Schweizer Kunst: Altartafeln aus bernischen Kirchen, u.a. des Berner Nelkenmeisters sowie von Niklaus Manuel Deutsch. Werke von Joseph Heintz d.Ä., Joseph Werner d.Ä., Joseph Plepp, Albrecht Kauw, Johannes Dünz, Caspar Wolf. Bernische Kleinmeister des 18. Jh.: Johann Ludwig Aberli, Anton Balthasar Dunker, Sigmund Freudenberger, Franz Niklaus König. 19. Jh.: u.a. Arnold Böcklin, Frank Buchser, Albert Anker, Karl Stauffer-Bern. Ferdinand Hodlers Porträts, Landschaften und grossformatige allegorische Werke. 20. Jh.: u.a. Cuno Amiet, Otto Meyer-Amden, Louis Moilliet, Félix Vallotton, Sophie Taeuber-Arp, Johannes Itten, Meret Oppenheim, Markus Raetz. Europäische Kunst: Kleine Sammlung italienischer Malerei des 14.–16. Jh.: u.a. Duccio di Buoninsegna, Bernardo Daddi, Taddeo Gaddi, Jacopo del Casentino, Fra Angelico (Legat Adolf von Stürler, 1902). Deutsche Kunst: Ernst Ludwig Kirchner, Franz Marc, August Macke, Otto Nebel. Französische Kunst: u.a. Eugène Delacroix, Gustave Courbet, Edouard Manet, Claude Monet, Auguste Renoir, Alfred Sisley, Camille Pissarro, Edgar Degas, Paul Cézanne, Vincent van Gogh, Edouard Vuillard, Pierre Bonnard, Henri Matisse, Maurice Utrillo, Marc Chagall, Joan Mirò, Robert Delaunay, Pablo Picasso, George Braque, André Derain, Juan Gris, Fernand Léger, Wassily Kandinsky, Chaim Soutine, André Masson, Hans Arp, Henri Laurens, Salvador Dali. Amerikanische Kunst: Jackson Pollock, Lee Krasner, Mark Rothko, Mark Tobey. Umfangreiche Sammlung zeitgenössischer Kunst (Sammlung Toni Gerber). Die Paul Klee-Stiftung umfasst einen grossen Teil des Nachlasses von Klee: 40 Gemälde, 160 farbige Blätter, 2200 Zeichnungen, Skizzenbücher, Skulpturen, Hinterglasbilder und graphische Blätter.

Die Adolf Wölfli-Stiftung besitzt 260 Zeichnungen, 45 illustrierte Hefte, Zeichenblocks und Textseiten.

Graphische Sammlung mit über 7000 Zeichnungen und Aquarellen, 14000 graphischen Blättern sowie 600 illustrierten Büchern (Original-Graphik).

Grössere Teile der Sammlungen werden im Turnus gezeigt.

Eröffnet: 1879
Gebäude: Klassizistischer Bau, 1879 (Arch. Eugen Stettler); Erweiterungsbau, 1936 (Arch. Karl Indermühle) und 1983 (Architektengemeinsschaft Atelier 5)

---

97 | Museum für Kommunikation

Helvetiastrasse 16
Postadresse: Helvetiastr. 16, 3000 Bern 6; Tel. (031) 357 55 55, Fax (031) 357 55 99
Geöffnet: Di–So 10–17
Direktor: Dr. Thomas Dominik Meier. *Konservatoren:* Karl Kronig (Post- und Verkehrsgeschichte, stv.Direktor); Kurt Stadelmann (Fernmeldewesen); Dr. Andreas Burkhardt (Philatelie Klassik); Dr. Rolf Wolfensberger (Fotografische Sammlung); Christian Voyame (Grafische Sammlung); Sandra Sunier (Philatelie Ausland); Jean-Claude Lavanchy (Philatelie Schweiz ab 1900). Alberto Meyer, Leiter Marketing und Museumspädagogik; Gallus Staubli, Museumspädagoge

Zwei Blechdosen, eine Schnur: Telefonieren als ewig junges Spiel

Post- und Verkehrsgeschichte: Dokumente, Bilder, Modelle, Fahrzeuge, Uniformen und Postausrüstungen. Entwicklung des Fernmeldewesens: Dokumente, Bilder, Apparate. Kommunikationsgeschichte: Radio, Fernsehen, Internet. Sammlung schweizerischer Briefmarken seit 1843. Ausländische Wertzeichen der Mitgliedstaaten des Weltpostvereins. Studiensammlung. Mail-Art. Schulzimmer nach Vereinbarung zugänglich.

Eröffnet: 1907
Gebäude: Neubau, 1990, Arch. Andrea Roost

98 Naturhistorisches Museum der Burgergemeinde ⌂

Bernastrasse 15
Postadresse: Bernastr. 15, 3005 Bern; Tel. (031) 350 71 11, Fax
(031) 350 74 99
E-Mail: nussbaumer@nmbe.unibe.ch
URL: http://www-nmbe.unibe.ch
Geöffnet: Mo 14–17; Di–Sa 9–17; So 10–17
Direktor: Prof. Dr. Marcel Güntert. *Konservatoren:* Dr. Peter Lüps
(Wirbeltiere), Dr. Christian Kropf (Wirbellose Tiere), Dr. Beda Hof-
mann (Erdwissenschaften)

*Versteinerter Nashornschädel, Engehalde BE (ca. 10 Mio.
Jahre alt)*

Zoologische Ausstellungen: 225 Dioramen: Vögel und Säugetiere
der Schweiz; Tierwelt Afrikas, Asiens und der nördlichen Zonen
Europas und Nordamerikas. Neu: Thematische Ausstellung «Tiere
als Baumeister: Tiere als Konstrukteure (Wasserbau, Tunnelbau,
Staatenbau, Nestbau, Fallenbau) – Tiere als Konstruktionen
(Aussenskelett, Innenskelett, Isolation)»

Erdwissenschaftliche Ausstellungen «Steine der Erde»: Mineralogie-
ausstellung mit den Schwerpunkten Mensch und Mineral, Bildungs-
räume der Mineralien, Schweizer Mineralien, Diamanten, Meteo-
riten. Allgemeine Geologieausstellung «Erde-Planet und Lebensraum» über Aufbau der Erde und Entwicklung der Lebewesen mit
dem Schwerpunkt Evolution, Schweizer Saurier und Eiszeit. Nebel-
kammer zur Sichtbarmachung der Radioaktivität von Mineralien.

GeoLabor: Raum für selbständige geologische Versuche. Verschiedene Computerspiele. Betreuung des Schweizer Museums für Wild
und Jagd im Schloss Landshut.

Eröffnet: 1832
Gebäude: Museumsbau, 1934, Arch. Werner Krebs und Hans Müller.
Erweiterungsbau, 1993–1996, Arch. Beat A.H. Jordi

99 Pferdekuranstalt

Länggass-Quartier, Bus 12 bis Endstation
Postadresse: Länggassstrasse 124, 3012 Bern; Tel. (031) 631 22
43, Fax (031) 631 26 20
Geöffnet: Mo–Fr 8–12, 14–18
Leiter: Prof. Dr. Urs Schatzmann

Einrichtungen und Material eines militärischen Pferdespitals aus der
Zeit von 1910–1930. Geschichte des Hufbeschlages.

Eröffnet: 1995

100 Schweizerische Theatersammlung

Schanzenstrasse 15, Ecke Stadtbachstrasse, in der Nähe der Universität
Postadresse: Postfach, 3001 Bern; Tel. (031) 301 52 52, Fax
(031) 302 85 25
Geöffnet: Di 9–12; Fr 13–16; Sa, So 11–16. *Archiv und Bibliothek:* Di 13–16; Mi, Do 9–16; Fr 9–12
Konservator: Prof. Dr. Martin Dreier. *Leitende Bibliothekarin:*
Tamara Soom. *Leitender Dokumentalist:* Christian Schneeberger

Didaktische Dauerausstellung «Theater in Gegenwart und Geschichte». Hintergrundinformation zum Theater mittels theatertechnischer
Verwandlungseinrichtungen, die vom Besucher bedient werden können. Umfassende Bibliothek zum Theater und seinen Randgebieten;
Bühnenbild- und Kostümentwürfe sowie weitere graphische Dokumente; Masken für schweizerische Bräuche und Theateraufführungen; Marionetten und Handpuppen; Kostüme; Theaterbau- und Bühnenbildmodelle vom antiken Theater bis zur modernen Raumbühne;
umfangreiche Papiertheatersammlung. Grosse Dokumentation über
das Theater in der Schweiz und im Ausland (Presseausschnitte,
Fotos, Plakate, Porträts, Bilder, Autographen, Grammophonplatten).
Nachlässe von Adolphe Appia, Karl Walser, Max Breitschmid-Alioth, Oskar Eberle.

Eröffnet: 1944

101 Schweizerisches Alpines Museum ⊞

Helvetiaplatz 4, im gleichen Gebäude wie die Schulwarte, Tram 3
(Richtung Saali) und 5 (Richtung Ostring) ab Hauptbahnhof SBB
Postadresse: Helvetiaplatz 4, 3005 Bern; Tel. (031) 351 04 34,
Fax (031) 351 07 51
Geöffnet: Mo 14–17; Di–So 10–17 (17. Okt.–1. Mai: jeweils
12–14 geschlossen)
Direktor: Dr. Urs Kneubühl. *Konservator:* lic.phil. Markus Schwyn

Relief «Zentrales Berner Oberland» von S. Simon, 1914

Landeskundliches Museum der Schweizer Alpen. Naturraum: Relief-
kunst, Geologie und Tektonik, Gletscher, Wetter, Fauna, Flora. Kulturraum: Kartographie und Vermessung, Berglandwirtschaft, Volkskunde (Tesseln, Familie und Kind, Brauchtum), Siedlung, Hausbau,
Erschliessung und Landschaftswandel, Alpinismus, Tourismus, Wintersport, Gefährdung und Schutz der Alpen, Gemälde und Druckgraphik (Dioramen von Ferdinand Hodler, 1894, Gemälde von
Alexandre Calame, E.T. Compton u.a.). 10 Infostationen (Bild/
Text-Besucherinformations-System), Alpine Datei, Multivision, Videofilme. Dokumentation: Fotos und Dias, Plakate, Kartographie,
Druckgraphik, Bibliothek. Wechselausstellungen und Videokino-Pro-
gramme.

Eröffnet: 1905
Gebäude: Museumsbau («Neues Bauen»), 1933–34, Architekten Klauser
und Streit.

102 Schweizerisches Schützenmuseum

Bernastrasse 5, beim Helvetiaplatz
Postadresse: Bernastr. 5, 3000 Bern 6; Tel. (031) 351 01 27,
Fax (031) 351 08 04
Geöffnet: Di–Sa 14–16; So 10–12, 14–16
Verwalter: Ferdinand Piller

Schiesswesen unseres Landes seit der Gründung des nationalen
Schiessvereins 1824. Lückenloser Überblick über die Schusswaffen
seit 1817, Schützentrophäen von nationaler und internationaler
Bedeutung, Pokale und Lithografien sowie Schützen-Becher, -Uhren
und -Taler.

Eröffnet: 1885
Gebäude: Museumsbau, 1930er Jahre

103 Städtischer Tierpark Dählhölzli

Tierparkweg 1
Postadresse: Tierparkweg 1, 3005 Bern; Tel. (031) 357 15 15,
Fax (031) 357 15 10
Geöffnet: Sommerzeit: 8–18.30; Winterzeit: 9–17 (Kasse schliesst
30 Min. früher)
Direktor: Dr. med. vet. Bernd J. Schildger. *Betriebsleiter:* René Hilti

Einstige und heutige Tierwelt der Schweiz. Nordische Fauna und
Flora. Urwildpferd, Moschusochse, Bezoarziege, Elch, Fischotter,
Wildkatze, Luchs, Syrischer Braunbär, Auer-, Birk-, Schnee- und
Haselhuhn, Bartgeier und viele andere Tag- und Nachtgreifvögel.
Vivarium mit exotischen Vögeln, Reptilien, Amphibien, Fischen und
Insekten. 300 Arten, 3000 Tiere, Grösse 15 ha.

Eröffnet: 1937
Gebäude: Vivarium: Landschaftshalle mit Sheddach

BERN-OSTERMUNDIGEN BE

104 Psychiatrie-Museum

Ostermundigen, Psychiatrische Universitätsklinik Bern (Waldau),
«Pfründerhaus»
Postadresse: UPD Bern, Bolligenstr. 117, 3000 Bern 60; Tel.
(031) 930 91 11, Fax (031) 930 94 04
Geöffnet: Mi 14–16
Leiter: Dr. Rolf Röthlisberger, Bahnhofstr. 4, 7270 Davos-Platz.
Archivbetreuer: Heinz Feldmann, UPD Bern

Bernische Psychiatrie vor 1850: Dämonen und böse Geister, Berner Spitäler, das Tollhaus von 1749, physische und moralische Behandlungsmethoden. Bernische Psychiatrie in der Waldau seit 1850: berühmte Patienten (u.a. Adolf Wölfli, Friedrich Glauser) und Psychiater; Pflegepersonal; Psychiatrie-Techniken; Leben in der Klinik: von Alltag und Feiertag, Patientenarbeiten.

Eröffnet: 1993
Gebäude: Sog. Pfründerhaus, 1762, diente ursprünglich zur Unterbringung von Alterspatienten («Pfründern»)

BERNECK SG

105 Haus zum Torggel

Hinter dem Rathaus, an der Taastrasse
Postadresse: Gemeindeverwaltung, 9442 Berneck; Tel. (071) 747 44 77, Fax (071) 744 44 88
Geöffnet: Nach Vereinbarung

Reb- und Obstbau- sowie Küferwerkzeuge, Torkel (1682). Berneck-ker Töpferei. Urkunden.

Eröffnet: 1976
Gebäude: Altes Wohnhaus

BEROMÜNSTER LU

106 Dr. med. et h.c. Edmund-Müller-Stiftung

Haus zum Dolder, Flecken
Postadresse: Dr. Helene Büchler-Mattmann, Cornelistr. 20, 6285 Hitzkirch; Tel. (041) 917 24 64
E-Mail: stiftung.mueller@schweiz.org
URL: http://www.Kaktus.ch/homepage/buechler/drmueller.htm
Geöffnet: Führungen für Gruppen (4–12 Pers.) auf Anfrage
Präsident des Stiftungsrates: Dr. Felici Curschellas. *Konservatorin:* Dr. Helene Büchler-Mattmann

Kunst-, kunstgewerbliche und ethnographische Sammlung. Schwerpunkte: Kunst und Kultur in Beromünster und im Michelsamt (Möbel, Hinterglas, Fayencen, Zinn, Goldschmiedearbeiten, Plastiken, Porträts, Graphik, Trachtenschmuck); bürgerliche Wohnkultur mit historischer Arztpraxis; religiöse Volkskunst; Medizinhistorisches; Exotica. – Wechselausstellungen in den Luftschutzräumen der Kantonsschule Beromünster.

Eröffnet: 1976
Gebäude: Haus zum Dolder, 1764

107 Kirchenschatz

Stiftskirche
Postadresse: Can. Leodegar Schmidlin, Stift 7, 6215 Beromünster;
Tel. (041) 930 38 68
Geöffnet: Mo–Sa 10–12, 14–17; So 11–12 (Führungen nur nach
Vereinbarung)
Leiter: Can. Leodegar Schmidlin

Reliquiar des Warnebert, 7. Jh. Elfenbeintafeln und Bucheinbände
des 8.–14. Jh. Limoger Kruzifix und Vortragskreuz des 13. Jh. Sil-
berner Buchdeckel, 14. Jh. Spätgotische Silberstatuette des Chri-
stophorus. Reiche Sammlung früh- und hochmittelalterlicher Reli-
quienstoffe. Bedeutender Bestand liturgischer Geräte sowie von
Messgewändern und Antependien von der Renaissance bis in die
Gegenwart.

Eröffnet: 1985
Gebäude: Stiftskirche, um 1030 gebaut, 1691–1693 barockisiert und
1773–1775 mit Rokokostuckaturen und Deckengemälden versehen

108 Schlossmuseum

Schloss
Postadresse: Anton Suter-Willi, pens. Gemeindeschreiber, 6215
Beromünster; Tel. (041) 930 29 34
Geöffnet: Mai–Okt.: So 15–17. Ferner nach Vereinbarung (nur
Gruppen ab 10 Pers.)
Konservator: Anton Suter-Willi

Rekonstruierte Druckerstube aus der Zeit des Helyas Helye, der hier
das erste datierte Buch der Schweiz druckte (1470). – Ur- und frühgeschichtliche Funde. Waffen. Eingerichtete Küche und Bürgerstube. Hauskapelle, religiöse Volkskunst, Hinterglasmalerei. Jasskarten,
Model, Spielsachen, Fayencen von Andreas Dolder, Beromünster
(1743–1832), Trachtenschmuck, Dokumente zur Lokalgeschichte,
Ansichten, Dichterstube mit Erinnerungen an Münsterer Schriftsteller.
Musikzimmer. Tafelbilder des Luzerner Malers Kaspar Meglinger
(1595–1670). Werkzeuge, landwirtschaftliche Geräte. Helias
Helye-Denkmal (Rolf Brem, Einweihung 1994).

Eröffnet: 1949
Gebäude: Wohnturm, um 1200, sog. «Schloss Beromünster»

BEX VD

109 Musée de la mine de sel du Bouillet

Hameau «Le Bouillet» (autobus postal depuis Bex, puis env. 20 min. de marche ou tram jusqu'à la saline du Bévieux, puis env. 1 h de marche)
Adresse postale: Case postale 277, 1880 Bex
URL: http://www.bex.ch/mines
Ouvert: Avr.–15 nov.: lu–di 9–16. Visites toutes les heures (durée: 2¼ h) sur réservation, sauf midi
Responsable: Jean-Claude Buxcel; tél. (024) 463 03 30, fax (024) 463 03 32

Collection en rapport avec les mines de sel de Bex: outils d'extraction, tuyaux de bois et outils pour leur fabrication, machines de mine (pompes, outils de forage, wagons), lampes de mine, équipement de sécurité, spécimens géologiques.

Ouverture en: 1984
Bâtiment: Le musée est situé au fond de la mine de sel (2,5 km de galeries)

BEX – LES PLANS-SUR-BEX VD

110 Jardin alpin de Pont de Nant «La Thomasia»

Pont de Nant
Adresse postale: Pont de Nant, 1888 Les Plans-sur-Bex; tél. (024) 498 13 32
E-Mail: gino.muller@dipc.unil.ch
Ouvert: Mai–juin: lu, me–di 11–18. Juil.–août: lu–di 11–19. Sept.: comme mai. Oct.: lu, me–di 13–17
Directeur: Gino Müller. *Chef-jardinier:* Stéphan Cottet. *Jardinier:* Michel Marie. Dépend des Musée et Jardins botaniques cantonaux de Lausanne.

Jardin alpin comprenant une collection de plantes de rocaille provenant du monde entier. Arboretum.

Ouverture en: 1891

BIEL / BIENNE BE

Übersicht / Sommaire

Kunsthaus / Centre PasquART	**111**
Musée Omega / Omega Museum	**112**
Museum Neuhaus / Stiftung Sammlung Robert	**113**
Museum Schwab / Musée Schwab	**114**

111 Kunsthaus / Centre PasquART

Seevorstadt 71, Faubourg du Lac
Postadresse: Seevorstadt 71, 2502 Biel/Bienne; Tel. (032) 322
55 86, Fax (032) 322 61 81
URL: http://pasquart.ch
Geöffnet: Neueröffnung: 2000
Leiter: Andreas Meier

Sammlung mit Schwergewicht zeitgenössischer Schweizer Kunst.

Eröffnet: 1990
Gebäude: Erstes Spitalgebäude der Stadt Biel, 1866 (früher Hôpital du
Pasquart). Als Kunsthausprovisorium 1990 eröffnet.

VMS
AMS

112 Musée Omega / Omega Museum

Usine Omega, Rue Stämpfli 96
Adresse postale: 2500 Bienne 4; tél. (032) 343 92 11 ou 343
93 04, fax (032) 343 94 90
Ouvert: Sur demande uniquement, lu-ve 8–12, 13.30–18
Conservateur: Marco Richon. *Conservateur-adjoint:* Fritz Muff

Objets, documents et témoignages en rapport avec l'entreprise et
ses activités: montres, mouvements, pendulettes, appareils, outilla-
ges, photos, gravures, distinctions honorifiques, attestations.

Ouverture en: 1983

113 Museum Neuhaus / Stiftung Sammlung Robert □ ⌂

Schüsspromenade 26, Parking Rüschli
Postadresse: Schüsspromenade 26, Postfach 540, 2501 Biel/Bienne; Tel. (032) 328 70 30 od. 328 70 31, Fax (032) 328 70 35
Geöffnet: Di–So 11–17; Mi 11–19
Direktor: Dr. Pietro Scandola (Industriegeschichte und Kinematographische Sammlung). **Konservator:** Bernhard Echte (Kunst und Illustration).

Aussenansicht: einst Indienne-Manufaktur, heute Museum

Sammlung der Stiftung Robert: Pflanzen- und Tieraquarelle der Künstler Paul Robert (1851–1923), Philippe Robert (1881–1930) und Paul-André Robert (1900–1977). – Sammlung Karl und Robert Walser: Werke der Bieler Brüder Karl (1877–1943), Maler und Bühnenbildner, sowie Robert (1878–1956) Walser, Schriftsteller. – Sammlung von Illustrationen zum Werk von C.F. Ramuz: Zeichnungen, Druckgraphik, Bücher von René Auberjonois, Alice Bailly, Hans Berger, Alexandre Blanchet, Edouard Vallet u.a. – Kinematographische Sammlung W. Piasio: Dokumente, Bücher, Abhandlungen, Apparate, Spiele, Kamera und Projektoren, Objekte zur Geschichte des bewegten Bildes von den Anfängen bis um 1950. – Sammlung Neuhaus zur Alltags- und Industriegeschichte: Objekte zur bürgerlichen Wohnkultur im 19. Jh. und zur Geschichte der Technisierung des Haushaltes sowie Dokumente, Produkte, Werkzeuge und Maschinen zur Geschichte der Bieler Industrie im 19. und 20. Jh. (vor allem Stoffdruck/Indiennes, Uhren- und Maschinenindustrie, Drahtindustrie).

Eröffnet: 1982
Gebäude: 18. Jh., Wohn- und Fabrikationsgebäude der Indienne-Manufaktur François Verdan et Cie (1784–1842)

114 Museum Schwab / Musée Schwab

Seevorstadt 50
Postadresse: Seevorstadt 50, 2502 Biel; Tel. (032) 322 76 03,
Fax (032) 323 37 68
E-Mail: muschwab@bielstar.ch
URL: http://www.bielstar.ch/culture/musee
Geöffnet: Di–Sa 10–12, 14–17; So 11–17
Konservatorin: Madeleine Betschart. *Assistentin:* Fabienne Rouvinez

Archäologische Sammlung: Objekte aus der Umgebung des Bielersees. Funde aus dem Bieler-, Neuenburger- und Murtensee (Neolithikum, Bronze- und Hallstattzeit). Hallstattzeitliche Gräberfunde aus dem Seeland. Wichtige Funde aus der Station La Tène und der römischen Siedlung Petinesca.

Eröffnet: 1873
Gebäude: Museumsbau, 1871–1873, Arch. Friedrich von Rütte

Modell eines bronzezeitlichen Pfahlbaudorfes

BINNINGEN BL

115 Monteverdi-Automuseum

Oberwilerstrasse 20
Postadresse: Monteverdi Car Collection, Oberwilerstr. 20, 4102
Binningen; Tel. (061) 421 45 45, Fax (061) 421 45 24
Geöffnet: Nach Vereinbarung (für Gruppen ab 10 Pers.)
Leiter: Paul Berger. *Technischer Leiter:* Ulrich Schüpbach

Grosse Sammlung mit über 130 Wagen der Nachkriegszeit sowie diversen Formel-1–Fahrzeugen. Design- und Technik-Studio. Automodell-Ausstellung (1:43).

Eröffnet: 1985

---

116 Ortsmuseum

Im ehemaligen Holeeschulhaus, Holeerain 20
Postadresse: Gemeindeverwaltung, 4102 Binningen
Geöffnet: Jan.–März, Nov., Dez.: So 10–12. Ferner nach Vereinbarung für Gruppen, Tel. (061) 425 51 51
Präsident der Museumskommission: Bruno Gehrig

Orts- und siedlungsgeschichtliche Abteilungen, Wohnkultur, Dorfladen, Landwirtschaft, Rebbau, Handwerk und Gewerbe, Vereinsleben, «Fledermauskabinett» sowie Wechselausstellungen. Sammlung Ruth Eidenbenz-Tschudin: Basler Künstlerlarven (1925–1984) aus dem Atelier der Familie Adolf Tschudin. Stecknadelfabrik Binningen von 1936–1991.

Eröffnet: 1987
Gebäude: Schulhaus

BIRMENSDORF ZH

117 Dorfmuseum

Mühlemattstrasse 7, am südlichen Dorfausgang, gegenüber der Abzweigung nach Aesch
Postadresse: Reinhard Möhrle, Chueweidweg, 8143 Sellenbüren; Tel. (01) 700 03 55
Geöffnet: Jan.–Juni, Sept.–Dez.: So 10–12
Konservator: Reinhard Möhrle, Lehrer

Heimatkundliche Sammlung, magaziniert. Leuchten, Lampen (erste schweizerische Glühlampenfabrik in Birmensdorf). Wechselnde Ausstellungen zu lokalgeschichtlichen Themen.

Eröffnet: 1976
Gebäude: Vormühle (Relle und Reibe), später Drechslerei; Wasserrad von 1878

BIRR AG

118 Dorfmuseum 🏠

Im Dorfzentrum, neben der reformierten Kirche und der Pestalozzi-Grabstätte, beim Hotel Bären
Postadresse: Gemeindekanzlei, 5242 Birr; Tel. (056) 444 01 11, Fax (056) 444 86 39
E-Mail: gdebirr@brugg-online.ch
URL: http://www.brugg-online.ch
Geöffnet: nach Vereinbarung
Leiter: Marcel Graber, Wyde 4, 5242 Birr; Tel. und Fax (056) 444 84 55

Ortsgeschichtliche Sammlung. Landwirtschaft, Handwerk und Gewerbe, Haushalt, Schule, Feuerwehr.

Eröffnet: 1980
Gebäude: Bauernhaus

VMS
AMS

BISCHOFSZELL TG

119 Kirchenschatz ☐

St. Pelagius-Kirche, Kirchgasse 16
Postadresse: Katholisches Pfarramt, Schottengasse 2, 9220 Bischofszell; Tel. (071) 422 15 80
Geöffnet: Nach Vereinbarung
Konservator: Pfr. Hermann Müller

Kelche, Ziborien, Monstranzen, Reliquiare, Leuchter, Kännchen und Platten deutscher und schweizerischer Meister der Spätrenaissance, des Barock und Rokoko, u.a. aus St. Katharinental stammendes Rauchfass (Augsburg 15./16. Jh.) und «Kindlimord-Kelch» (Hans Georg Ohnsorg, Zug, 1712/13). Ornate.

Eröffnet: 1968
Gebäude: Sakristei, 1708–1709, Pelagiuskirche, 14. Jh./18. Jh.

120 Museum 🏠

Marktgasse 4, beim Bogenturm
Postadresse: Alex Thalmann, Präsident, Obertor 13, 9220 Bischofszell; Tel. (071) 422 19 19; Tel. des Museums: (071) 422 38 91
Geöffnet: Febr.–Mitte Dez.: So 14.–17. Ferner nach Vereinbarung (nur Gruppen)
Präsident der Museumsgesellschaft: Alex Thalmann

Bronzezeitliche, römische und frühmittelalterliche Funde. Urkunden, Siegel aus Geschichte von Stift und Stadt. Erzeugnisse einheimischer Handwerkskunst aus vier Jahrhunderten. Wohnkultur des 17.–20. Jh. Schriften berühmter Ärzte, Dokumente aus der Revolutionsdruckerei Wehrlin. Komplette Formation eines zivilen Blasmusikkorps aus dem 19. Jh. Bedeutende Sammlung von Landkarten etc. (Stiftung Dr. Albert Knoepfli). Videoschau.

Eröffnet: 1930
Gebäude: Grubenmann-Häuser, Mitte 18. Jh.

BOLLIGEN BE

121 Ortsstube

Pfrundscheune, neben der Kirche
Postadresse: Pfrundscheune, Kirchplatz, 3065 Bolligen
Geöffnet: Jan.–Juni, Nov., Dez.: 1. Sa im Monat 14–16. Ferner nach Vereinbarung
Verwalter: Walter Bienz, Habstettenstr. 7, 3065 Bolligen; Tel. (031) 921 06 15

Heimatkundliche Sammlung. Bemalte Möbel des 18. und 19. Jahrhunderts, Hausorgel um 1810, Geräte für Haushalt, Landwirtschaft und Handwerk, Steinbrecherwerkzeuge, Trachten und Uniformen, Relief von 1921, Bilddokumente.

Eröffnet: 1976
Gebäude: Ehemalige Pfrundscheune, ca. 1974–75 umgebaut

122 Werner Witschi-Museum □

Dorfkern, Bolligenstrasse 113, im Dachboden des alten Schulhauses
Postadresse: Bolligenstr. 113, 3065 Bolligen; Tel. (031) 922 11 97, Fax (031) 921 09 31
Geöffnet: Nach Vereinbarung
Verantwortlich: Peter Mathys, Gemeindeverwaltung, Hühnerbühlstr. 3, 3065 Bolligen

Werke des Berner Eisenplastikers und Moiré-Künstlers Werner Witschi (Urtenen bei Bern 1906): Bildmontagen, Reliefs, Raumplastiken, Spiegelplastiken, Drehpendel, Tonpendel, Moiré-Objekte.

Eröffnet: 1993
Gebäude: Schulhaus, 19. Jh.

BÖNIGEN BE

123 Dorfmuseum

Interlakenstrasse 2, Strassenverzweigung im Dorfzentrum
Postadresse: Postfach 57, 3806 Bönigen
Geöffnet: Mai–Okt.: Di 16–19; Do 19–21; Sa 14–17; 1. So im Monat 14–17
Konservatoren: Oskar Seiler, Peter Michel

Geschichte Bönigens und seiner Bewohner. Ländliche Küche und ländliches Zimmer mit Einrichtungs- und Gebrauchsgegenständen aus der Zeit um 1730 bis 1900. Ausgewählte Möbel. Wechselausstellungen.

Eröffnet: 1985
Gebäude: Alte Pinte, 1775

BOSCO GURIN TI

124 Walserhaus

Ufum Hengart (ehem. Dorfplatz), unten im Dorf
Postadresse: 6685 Bosco Gurin; Tel. (091) 754 18 19 od. 754 14 81
Geöffnet: Ostern–Ende Okt.: Di–Sa 9.45–11.30, 13.30–17, So und Feiertage 13.30–17. Ferner nach Vereinbarung mit der Wächterin Erika Leoni; Tel. (091) 754 18 19 (Museum) od. 754 14 81 (privat)
Präsident: Leonhard Tomamichel, Speerstr. 142, 8805 Richterswil; Tel. (01) 784 29 44

Sammlung zur Kulturgeschichte des Dorfes und der Walser: Möbel, Hausrat, Geräte und Werkzeuge zur Bearbeitung von Holz, Hanf, Wolle und Flachs, Spielzeug, religiöse Gegenstände. Volkstrachten der alten deutschsprachigen Siedlung. Dokumente zur Geschichte der Walser.

Eröffnet: 1938
Gebäude: Plattengedecktes, gestricktes Doppel-Wohnhaus, ca. 1650.

BOTTMINGEN BL

125 Dorfmuseum

Im Matthyse-Hus und Nebenbau, Therwilerstrasse 18
Postadresse: Stiftungsrat Dorfmuseum, 4103 Bottmingen
Geöffnet: Febr.-Juni, Sept.–Dez.: 2. So im Monat 15.–17. Während den Sonderausstellungen: jeden Sonntag. Ferner nach Vereinbarung (nur Gruppen)
Präsident des Stiftungsrates Dorfmuseum Bottmingen: Felix Wiesner, Lehrer, Wartenbergstr. 21, 4103 Bottmingen; Tel. und Fax (061) 421 54 52 (privat) oder Tel. 421 83 34, Fax 421 83 42 (Geschäft)

Landwirtschaftliche Geräte und Maschinen, u.a. grosser Leiterwagen und Pferdegeschirr. Werkzeuge für den Holzer, Schreiner, Zimmermann, Küfer, Wagner, Maler, Schuhmacher, Sattler und Bäcker; eingerichtete Schmiede/Schlosserei. Hauswirtschaftliche Geräte. Dokumente und Bilder zur Dorfgeschichte, Ansichten des Schlosses. Dorfvereine. Glassammlung «Wyss» (mundgeblasene und maschinell hergestellte Flaschen aus zwei Jahrhunderten sowie Trinkgläser, Becher, Pokale und Vasen mit Schwerpunkt 18.–20. Jh.). Im Hauptgebäude (Matthyse-Hus, 1682): Küche und Stube des 19. Jh. Weinkeller mit Rebgeräten; Brennofen.

Eröffnet: 1977
Gebäude: Wohnhaus und Oekonomie-Teil eines kleinen landwirtschaftlichen Betriebes, 1682

BOUDRY NE

126 Musée de l'Areuse

18, avenue du Collège, près de l'arrêt-terminus du tram
Adresse postale: Pierre-Henry Béguin, Vivier 1, 2022 Bevaix; tél. (032) 846 19 16
Ouvert: Mai–sept.: di 14–18. En outre sur rendez-vous; tél. (032) 846 19 16
Conservateur: Pierre-Henry Béguin

Oiseaux et mammifères de la région. Préhistoire locale (matériel des stations de Cortaillod et d'Auvernier). Documents d'histoire et de folklore régionaux. Indiennes. Objets ethnographiques du Gabon. Médaillier. Armes.

Ouverture en: 1872

127 Musée de la vigne et du vin

Château
Adresse postale: Société du musée de la vigne et du vin, c/o Tourisme neuchâtelois, Hôtel des Postes, 2001 Neuchâtel; tél. (032) 889 68 90, fax (032) 889 62 96; tél. et fax du Château (032) 842 38 32
Ouvert: Je–di 14–17. En outre visite commentée sur demande auprès du château
Conservateur: Patrice Allanfranchini, Maillefer 5, 2003 Neuchâtel; tél. (032) 731 53 51; fax (032) 730 39 70

Outils et ustensiles, pressoir du 18e s. et accessoires de cave, bouteilles, verres. Documents sur l'histoire vigneronne neuchâteloise. Collection d'étiquettes du 19e s.

Ouverture en: 1957
Bâtiment: Château, 13e s.

BRÈ S/LUGANO TI

128 Museo Wilhelm Schmid

Contrada Pro 22, 9 km da Lugano, autobus ACT no.12 (escluso domenica), funicolare Lugano–Monte Brè
Indirizzo postale: Dicastero Attività Culturali, Città di Lugano, c.p. 260, 6906 Lugano; tel. (091) 800 72 01/02, fax (091) 800 74 97; tel. del museo: (091) 971 66 93
E-Mail: info@musei-lugano.ch
URL: http://www.musei-lugano.ch
Aperto: Pasqua–metà ott.: su prenotazione
Direttore: Dott. Rudy Chiappini

Collezione di opere e ricordi del pittore svizzero Wilhelm Schmid (1892–1971), che fu uno dei più interessanti esponenti della «Nuova Oggettività» (Neue Sachlichkeit) e del «Realismo Magico» nordico.

Aperto nel: 1983
Edificio: Casa d'abitazione dell'artista

BRIENZ BE

129   **Ausstellung der Kantonalen Schnitzlerschule**   □

Bergwärts der Strasse nach Interlaken, am Dorfausgang
Postadresse: 3855 Brienz; Tel. (033) 952 17 51, Fax (033) 952
25 51
Geöffnet: Während der Schulzeit Mo–Fr 8–11, 14–17, während
den Schulferien in der Regel nur am Morgen
Leiter der Schule: Urban Hauser

Sammlung von Schnitzereien.

Eröffnet: ■
Gebäude: Schulhaus, ab 1863 Zeichnungs- und ab 1884 Schnitzlerschule

P

130   **Schweizerisches Freilichtmuseum für ländliche Kultur Ballenberg**   🕀

Oberhalb von Brienz, zwischen Hofstetten und Brienzwiler, Eingang von beiden Seiten möglich
Postadresse: Sekretariat, 3855 Brienz; Tel. (033) 951 11 23 und
951 33 66 (Information), Fax (033) 951 18 21
E-Mail: ballenberg@hallweb.ch
URL: http://www.ballenberg.ch
Geöffnet: 15. Apr.– Okt.: Mo–So 10–17
Geschäftsleitung: Walter Trauffer (Finanzen und Betrieb), Dr.
Edwin Huwyler (Wissenschaft), Doris Kohler (Marketing). ***Wissenschaftliche Mitarbeiterinnen und Mitarbeiter:*** Anton Reisacher,
Esther Schönmann, Ingrid Urweider, Christian Sidler

Appenzeller
Kreuzfirsthaus,
Brülisau (AI),
1621/1754

Einziges Freilichtmuseum der Schweiz. Typische Hausformen aus allen Landesteilen der Schweiz (Wohn-, Wirtschafts- und Nebenbauten) mit dazugehöriger Einrichtung (Mobiliar, haus- und landwirtschaftliches Gerät, Werkzeuge). Veranschaulicht werden dabei regional unterschiedliche Baumaterialien, Wand- oder Dachkonstruktionen (Ständer-, Block-, Fach- und Mauerwerk; Giebel-, Walmdach usw.), Inneneinteilungen und Ausstattungen, typische Ausdrucksformen (Verzierungen, Inschriften, Malereien, Symbole) und Siedlungen (Einzelhof, Weiler, Dorf) wie auch zeitliche und soziale Unterschiede (Gross-, Kleinbauer, Tauner). Mehrere Dauerausstellungen über Brot, Butter, Coiffeurgewerbe, Forst, Glocken, Schnitzler, Uhren, Wagner, historische Drogerie und Heilkräutergarten. Regelmässige Wechselausstellungen. Bauernhofgärten und Äcker mit traditionellen, alten Nutzpflanzen nach typischen Anbaumethoden. Sämtliche Nutztierarten auf Schweizer Bauernhöfen (insgesamt ca.250 Tiere), davon auch bedrohte Haustierrassen (Pro Specie Rara). Verschiedene Veranstaltungen verteilt auf die ganze Saison (z.B. Tierveranstaltungen, Schwingfest, alte Sportarten, Trachtentänze, Waschtage, Schur- und Wolletage, Sagenerzählungen, Brächete, Herbstfest). Museumspädagogische Abteilung

Eröffnet: 1978

P O & H VMS AMS

BRIG VS

131 Stockalperschloss

Postadresse: Arthur Huber, Alte Simplonstr. 28, 3900 Brig; Tel. (027) 923 25 67, Fax (027) 922 41 59
Geöffnet: Mai–Okt: Di–So 10, 11, 14, 15, 16. Juni–Sept.: zusätzlich 9, 17 (Führungen, Palastbesichtigung)
Leiter: Arthur Huber

Schlossmuseum und kulturgeschichtliche Sammlung. Ausstellung zum Leben von Kaspar Jodok Stockalper vom Thurm (1609–1691). Sammlung zur Oberwalliser Volkskunde und Kulturgeschichte. Graphiksammlung zum Oberwallis. Regionale Gegenwartskunstsammlung. Stockalper-Archiv und Bibliothek. Archiv und Bibliothek des Geschichtsforschenden Vereins des Oberwallis.

Eröffnet: 1961
Gebäude: Stockalperschloss/-Palast, 1658–1678 von Kaspar Jodok Stockalper vom Thurm erbaut

Stockalperpalast

BRISSAGO, ISOLE DI TI

132 Parco botanico del Cantone Ticino ♤

Indirizzo postale: 6614 Isole di Brissago; tel. (091) 791 43 61
Aperto: Apr.–ott.: lu–do 9–18
Direttore scientifico: Prof. Valerio Sala

Collezione di piante di tutto il mondo con circa 1500 specie, provenienti per lo più dall'emisfero sud, nonché dalla zona mediterranea e dall'estremo oriente (Imalaya, Cina, Giappone).

Aperto nel: 1950
Edificio: Parco creato nel 1885 dalla baronessa Antonietta di Saint-Léger

BRITTNAU AG

133 **Ortsmuseum** 🏠

Gemeindehaus, gegenüber der Kirche
Postadresse: Bernhard Meier, Grabenstr. 2A, 4805 Brittnau; Tel.
(062) 751 12 07 (privat) od. 751 98 79 (Geschäft)
Geöffnet: Nach Vereinbarung mit dem Betreuer
Betreuer: Bernhard Meier

Orts- und Kirchengeschichte, Münzen, Masse und Gewichte, Zinn,
Ofenkacheln, Ziegel, Tracht, Werkzeuge, Schmiedekunst, landwirtschaftliche Geräte, u.a. für die Flachsverarbeitung, Waffen; Dokumente, Ansichten, Fotos, Bücher. Einheimische Tierwelt.

Eröffnet: 1957

🅿

BROC FR

134 **Electrobroc** ⚙

Broc-Fabrique
Adresse postale: Centrale électrique, 1636 Broc-Fabrique; tél.
(026) 921 15 37, fax (026) 921 27 74
E-Mail: Electrobroc@EEF.ch
URL: http://www.EEF.ch
Ouvert: Visites guidées en groupes: Mars–déc.: lu–ve 8–18 (sur
rendez-vous); sa 9–17 (sans rendez-vous)
Responsable: Jean-Claude Jungo

Laboratoire à haute tension

L'électricité, de la production à la consommation. Utilisation ration-
nelle de l'énergie. Techniques et énergies nouvelles. Démonstrations
à très haute tension, atelier, bornes vidéo interactives.

Ouverture en: 1990
Bâtiment: Usine d'électricité, 1920, en fonction

BRUGG AG

135 Heimatmuseum

Altes Zeughaus, Untere Hofstatt 23 (im gleichen Gebäude wie das
Stäblistübli)
Postadresse: Christian und Claudia Holliger, Hauptstr. 175, 5064
Wittnau; Tel. (062) 871 74 26 u. (056) 441 47 42
Geöffnet: Apr.–Okt.: 1. So im Monat 10–11.30. Ferner nach Ver-
einbarung
Konservatoren: Christian und Claudia Holliger

Feuerspritzen, Waffen. Zinn, v.a. aus Brugg. Masse und Gewichte, Schlüssel, hauswirtschaftliche Geräte, Pfeifen. Ansichten des
Städtchens. Spielsachen.

Eröffnet: 1964
Gebäude: Städtisches Zeughaus, 1673

136 Stäblistübli

Altes Zeughaus, Untere Hofstatt 23 (im Heimatmuseum)
Postadresse: Christian und Claudia Holliger, Hauptstr. 175, 5064
Wittnau; Tel. (062) 871 74 26 u. (056) 441 47 42
Geöffnet: Apr.–Okt.: 1. So im Monat 10–11.30. Ferner nach Ver-
einbarung
Konservatoren: Christian und Claudia Holliger

Kunstsammlung: zahlreiche Werke des Malers Adolf Stäbli
(1842–1901). Aargauische Künstler des 19. und 20. Jh., u.a. Emil
Anner und Gottlieb Müller.

Eröffnet: 1963
Gebäude: Städtisches Zeughaus, 1673

137 Vindonissa-Museum

Museumstrasse 1
Postadresse: Museumstr. 1, 5200 Brugg; Tel. (056) 441 21 84
E-Mail: vindonissa@ag.ch
URL: http://www.vindonissa.ch
Geöffnet: Di–So 10–12, 14–17
Leiter: lic. phil. René Hänggi

Römische Funde. Objekte aus dem Legionslager von Vindonissa (Windisch), u.a. Keramik, Glas, Leder, Werkzeuge, Waffen, Münzen, Bauteile, Schreibtäfelchen und Inschriften. Umfangreiche Dokumentation zu den Ausgrabungen. – Die kantonale Ur- und Frühgeschichtliche Sammlung ist magaziniert.

Eröffnet: 1912
Gebäude: Museumsbau, 1912, Arch. Albert Frölich

BUBENDORF BL

138 Krippen- und Spielzeugmuseum

Dorfschulhaus
Postadresse: Emil Wahl-Pletscher, Lärchenstr. 6, 4416 Bubendorf; Tel. (061) 931 19 93, Tel. des Museums: (061) 931 39 51
Geöffnet: Jan.–Juni, Sept.–Dez.: 1. So im Monat 14–17
Leiter: Emil Wahl-Pletscher, Lärchenstr. 6, 4416 Bubendorf; Tel. (061) 931 19 93

Krippenfiguren aus dem Erzgebirge, Polen, Tschechoslowakei, Peru von Mitte 17. Jh. bis 20. Jh. Grosse Sammlung von Kinderbüchern und Spielzeug des 19. und 20. Jh. aus dem deutschen Sprachraum. Wechselausstellungen.

Eröffnet: 1987
Gebäude: Dorfschulhaus, 1850–1852

BUBIKON ZH

139 Hasenmuseum

Dorfstrasse 20
Postadresse: Gertrud Pürro, Dorfstr. 20, 8608 Bubikon; Tel. (055)
243 29 00 od. (077) 93 62 29, Fax (055) 243 29 09
Geöffnet: Letzter So im Monat sowie Ostermontag 13–18, letzter
Mittwoch im Monat 14–17, ferner nach Vereinbarung für Gruppen.
Eigentümerin: Gertrud Pürro

Über 4500 Hasen und Kaninchen aus aller Welt, von 1890 bis
zur Gegenwart: Zier- und Gebrauchsgegenstände, alte Plüschha-
sen, Spielwaren (u.a. bewegliche Hasen), Bilder, Kinderbücher,
Miniaturen.

Eröffnet: 1991

140 Johannitermuseum

Ritterhaus
Postadresse: Robert Hotz, Sennweidstr. 7, 8608 Bubikon; Tel.
(055) 243 27 77, Fax (055) 243 21 28
Geöffnet: Apr.–Okt.: Di–So 9–11, 14–18
Konservator: Robert Hotz

Geschichte der Ritterorden, bes. der Johanniter und der Malteser.
Gemälde und Stiche, Münzen, Medaillen, Siegel, Insignien,
Gegenstände aus dem Besitz von Ordensangehörigen. Kleine Waf-
fensammlung des 15.–19. Jh. Gedenkstätte für den Historiker und
Kartographen Johannes Stumpf (1500–1578, Prior 1522–1528),
Sammlung von Stumpf-Ausgaben.

Eröffnet: 1941
Gebäude: Ehem. Johanniter-Komturei

BUCHEGG SO

141 Heimatmuseum Bucheggberg 🏠

Schlössli in der Gemeinde Kyburg-Buchegg
Postadresse: Peter Lätt, Könizstr. 267 A, 3097 Liebefeld; Tel. u.
Fax (031) 971 83 18
Geöffnet: Palmsonntag–November: So 14–17. Ferner nach Ver-
einbarung (nur Gruppen, werktags)
Präsident: Peter Lätt. *Konservator:* Martin Schoch, Lehrer, 4585
Biezwil

Ländliche Wohnkultur; Wechselausstellungen: Kulturgüter Buchegg-
berg, kunstgewerbliches Schaffen im Bezirk.

Eröffnet: 1956
Gebäude: Burgturm, 1546

🅿

BÜLACH ZH

142 Ortsmuseum 🏠

Brunngasse 1
Postadresse: Ortsmuseum Bülach, Brunngasse 1, Postfach 356,
8186 Bülach; Tel. (01) 861 07 16
Geöffnet: So 10–12; 1. Wochenende im Monat 14–17. Ferner
nach Vereinbarung
Kommissionspräsidentin: Sabeth Bogo. *Kustos:* Kuno Moser

Eingerichtete Stube und Wohnküche. Ortsansichten. Heimatkundliche Objekte, gesammelt seit 1. Hälfte 19. Jh, z.Z. magaziniert.
Wechselausstellungen.

Eröffnet: 1984

BULLE FR

143 Musée gruérien

Place du Cabalet, au-dessous du château
Adresse postale: Case postale, 1630 Bulle; tél. (026) 912 72 60, fax (026) 912 72 54
E-Mail: Museegruerien@etatfr.ch
URL: http://www.bulle.ch/culture/musee.htm
Ouvert: Ma–Sa 10–12, 14–17; di et j. fériés 14–17
Conservateur: Denis Buchs

Histoire locale et petite galerie de peintures. Art populaire et histoire de la Gruyère. Géologie, flore, faune. Objets pré- et protohistoriques. Trouvailles de fouilles médiévales, sceaux, monnaies, images, documents écrits, armes et uniformes. Riche collection de mobilier rustique et bourgeois du 15e au 19e s. Reconstitutions d'intérieurs typiques. Statuaire religieuse, ex-votos, objets de piété populaire. Collection d'instruments et ustensiles d'économie agricole et pastorale; costumes; «poyas», cloches. Reconstitution de la fabrication du fromage de Gruyère dans un chalet d'alpage. Outils pour le travail du bois. Fer forgé, céramique, étains, objets en paille, sculpture sur bois; jouets. Souvenirs de l'écrivain Victor Tissot (1845–1917) et de l'abbé Joseph Bovet (1879–1951), compositeur. Peinture paysanne ancienne et actuelle. Galerie de peintures suisses, italiennes, françaises, entre autres d'Alexis Grimou, Jean-Etienne Liotard, Gustave Courbet, Félix Vallotton et Jean Crotti. Spectacle audiovisuel.

Ouverture en: 1923
Bâtiment: Architecture muséale, 1978, arch. Roland Charrière, Bulle

Sylvestre Pidoux (1800–1871): «La montée à l'alpage» (Détail)

BUONAS ZG

144 Heimatmuseum Seehof

Beim Restaurant Wildenmann, Dersbachstrasse
Postadresse: Jakob Meierhans, Waldetenstr. 7, 6343 Rotkreuz;
Tel. (041) 790 21 12
Geöffnet: Ostern–Nov.: 1. So im Monat 12–16 und nach Verein-
barung
Besitzer: Jakob Meierhans, Restaurator und Vergolder

Gegenstände aus der Käserei, Landwirtschaft, Haushalt. Archäologische Funde aus Buonas (neolithische Steinwerkzeuge). Küferei,
Schmiede, Drechslerei, Seilerei (ca. 200jährig).

Eröffnet: 1965
Gebäude: Käsereigebäude, 1785; diente später als Schnapsbrennerei;
Bettlerherberge in den 30er Jahren.

BÜREN AN DER AARE BE

145 Heimatmuseum «Spittel»

Spittelgasse 36, gegenüber der Kirche
Postadresse: Ulrich Gribi, Ey 10, 3294 Büren an der Aare; Tel.
(032) 351 31 66; Tel. des Museums: (032) 351 21 30. Verkehrsverein: Tel. (032) 351 27 07, Fax (032) 351 27 53
Geöffnet: Nach Vereinbarung. Bei Sonderausstellungen Hinweise
in der Presse
Obmann der Vereinigung der Heimatpflege: Ulrich Gribi, Bank-
angestellter

Ortsgeschichte: Bodenfunde, Münzen, Siegel, Wappen. Masse
und Gewichte. Hauswirtschaftliche Geräte, Beleuchtung. Werkzeuge und Geräte zum Weben und zur Holzbearbeitung.

Eröffnet: 1975
Gebäude: Ehem. Armenhaus, 15. Jh., Teil der alten Stadtmauer

P

BURGDORF BE

146 Museum für Völkerkunde

Oberstadt, Kirchbühl 11
Postadresse: Postfach, 3402 Burgdorf; Tel. (034) 422 53 58, Fax
(031) 972 49 71
Geöffnet: Mi–Sa 14–17; So 11–17. Ferner nach Vereinbarung
(auch Führungen).
Koordinatorin des Museumsteams: Mimy Marbach, Ethnologin,
Tel. (031) 931 76 85 oder (031) 972 42 76

Aus den geographischen Gebieten Amazonien, Afrika, Altägypten,
Tibet, China, Japan, Indonesien und Ozeanien werden Aspekte
menschlicher Kulturen dargestellt. Betätigungs- und Erlebnismöglich-
keiten. Wechselausstellungen.

Eröffnet: 1909
Gebäude: Ehem. Schulhaus

147 Schlossmuseum ⌂

Postadresse: Schlossmuseum, 3400 Burgdorf; Tel. (034) 423 02
14
Geöffnet: Apr.–Okt.: Mo–Fr 14–17; So 11–17. Ferner nach Vereinbarung
Museumsleiter: Beat Gugger

*Schloss, älteste Teile
aus dem 12. Jh.*

Geschichte, Kultur und Volkskunde der Stadt und Region Burgdorf/Unteres Emmental. Ur- und Frühgeschichte. Keramik und Waffen des Mittelalters. – Landwirtschaftliche Geräte, Käserei, Leinenproduktion, traditionelles Handwerk und Gewerbe des 18.–19. Jh. Hauswirtschaftliche, gewerbliche und industrielle Alltagsgegenstände des 19.–20. Jh. Gemälde, Stiche, Dokumente, Literatur, Fotos zu Personen und Orten der Region. Städtische und ländliche Trachten, Druckstöcke für Kornsäcke, Schliffscheiben, ländliche Keramik, Waffen. – Erinnerungen an die Geschützgiesserfamilie Maritz, Heinrich Pestalozzi, Gebrüder Schnell, Jeremias Gotthelf, General August Sutter. Rittersaal aus Zähringischer Zeit.

Eröffnet: 1886
Gebäude: Schloss der Herzöge von Zähringen, 12. Jh., später Amtssitz des Schultheissen, 1800–1804 Sitz von Pestalozzis Erziehungsinstitut

148 Schweizerisches Zentrum für Volkskultur

Kornhaus, Unterstadt von Burgdorf
Postadresse: Kornhausgasse 16, Postfach 810, 3401 Burgdorf; Tel. (034) 423 10 10, Fax (034) 423 10 13
E-Mail: kornhaus-burgdorf@bluewin.ch
URL: http://www.kornhaus-burgdorf.ch
Geöffnet: Jan.–Mitte März: Di–Fr 13.30–17; Sa,So 10–17. Mitte März–Okt: Di–Fr 10–12.30, 13.30–17; Sa, So 10–17. Nov., Dez: wie Jan.

Geschichte der schweizerischen Volksmusik: Musikinstrumente, Liederbücher, Notenhefte, Bilder; Haus- und Tanzmusik, Kinder- und Jugendmusik, Vereinsmusik sowie Musik und Lärm als Teil von Volksbräuchen; Geschichte des Alphorns. – Trachtensammlung: Trachten aus allen Schweizer Kantonen; Entwicklungsgeschichte der Trachten. – Phonographen und Grammophone: Geschichte der Tonaufzeichnung und -wiedergabe in den letzten 200 Jahren.

Eröffnet: 1991
Gebäude: Ehem. Kornhaus der Stadt Burgdorf, 1770

BÜRGLEN UR

149 Tell-Museum

Wattigwilerturm, Postplatz
Postadresse: 6463 Bürglen; Tel. (041) 870 41 55, Fax (041) 870 94 24
Geöffnet: Mai, Juni: Mo–So 10–11.30, 13.30–17. Juli, Aug.: Mo–So 9.30–17.30. Sept., Okt.: wie Mai. Ferner nach Vereinbarung, auch im Winterhalbjahr
Museumsverwalter: Thomas Christen, Postfach 220, 6463 Bürglen, Tel. (041) 870 10 10. **Konservator:** Rolf Heusi, Rüttistrasse 7, 6467 Schattdorf; Tel. (041) 870 73 24

Sammlung über den Freiheitshelden Wilhelm Tell. Darstellung der Wirkungsgeschichte des Tellenmythos: Chroniken, Literatur, Tell-Spiele; Stiche, Gemälde, Glasmalerei, Plastiken, Münzen und Medaillen; volkskundliche Darstellungen, Schützenabzeichen, Lieder; Modelle zum Tell-Denkmal in Altdorf; Tonbildschau «Wilhelm Tell». – Tellskapelle von Bürglen, erbaut 1582 auf jenem Platz, wo laut der im Tell-Museum ausgestellten Stiftungsurkunde Tells Wohnhaus gestanden hat (2 Gehminuten ab Tell-Museum).

Eröffnet: 1966
Gebäude: Wattigwilerturm, Unterbau aus dem 13. Jh., hölzerner Aufbau seit der Restaurierung 1965/66. Teil einer Wohn- und Wehranlage, Behausung der Zinsen- und Zehnteneinzüger des Frauenklosters Fraumünster Zürich

P |i| [VMS AMS]

Gedeon Renner: Tells Apfelschuss, Bronzefigur von 1971

BÜTSCHWIL SG

150 Ortsmuseum

Eichelstock-Platz im Dorfkern
Postadresse: Willi Stadler, Speerweg 12, 9606 Bütschwil; Tel.
(071) 983 13 23
Geöffnet: Nach Vereinbarung
Konservator: Willi Stadler, a. Gemeindammann

Darstellung von toggenburgischer Wohnkultur vor 100 Jahren und
mehr. Webkeller, Küche, Wohnstube, Nähstube, Schlafzimmer,
religiöse Gegenstände etc. Foto-Sammlung Lichtensteiger
(1873–1952). Aquarelle von denkmalpflegerisch bedeutenden
Bauten aus dem Dorf Bütschwil (Halter-Sammlung). Zum Museum
gehören ebenfalls: Säge Hätschberg mit Wasserrad-Antrieb
(Betrieb auf Anfrage), Taamühle Bütschwil am Taabach, Natur-
schutz-Eldorado (Felsgrotte, Wasserfall).

Eröffnet: 1981
Gebäude: Ehemalige Rosenast- und Keller-Häuser

🅿

BUUS BL

151 Ständerhaus

Rickenbacherstrasse, beim Dorfausgang
Postadresse: Stiftung Ständerhaus, 4463 Buus; Tel. (061) 841 29 11
Geöffnet: Nach Vereinbarung mit dem Präsidenten der Stiftung,
Tel. (061) 841 29 11, oder mit der Gemeindeverwaltung Buus.
Präsident der Stiftung: Werner Graf, Mühle, 4463 Buus

Landwirtschaftliche Geräte.

Eröffnet: 1973
Gebäude: Ständerhaus, im 16. Jh. erbaut, im 18. Jh. umgebaut

CAMANA GR

152 Safier Heimatmuseum

Im Weiler Safien-Camana
Postadresse: Mattli Hunger, Bondastr. 29, 7000 Chur
Geöffnet: Mai–Okt.: abwechslungsweise jeden 2. So 14–17.
Erster Öffnungstag ist der 2. Maisonntag. Ferner nach Vereinbarung
mit Marie Blumer-Buchli, Safien-Camana, Tel. (081) 647 11 61
od. Hans Juon, Safien-Camana, Tel. (081) 647 11 41
Leiter: Mattli Hunger

Stube, Schlafzimmer und Küche aus dem 18. Jh. Webstuhl und
Frauenarbeit; Darstellung der Auswanderung; Eierritzen; handwerkliche Beschäftigung. Tonbildschau.

Eröffnet: 1981
Gebäude: Bauernhaus, 1707

CAQUERELLE, LA JU

153 Musée du Mont-Repais

A côté de l'Hôtel de La Caquerelle
Adresse postale: Yvonne Petignat, Hôtel de la Caquerelle, 2954
La Caquerelle; tél. (032) 426 66 56, fax (032) 426 73 17
Ouvert: Sa, di 10–17. En outre sur demande
Responsables: Jacques Bourquard, 10, rue des Encrannes, 2800
Delémont, tél. (032) 422 49 26; Yvonne Petignat, 2954 La
Caquerelle, tél. (032) 426 66 56

Histoire du Mont-Repais (passage obligé entre les régions de l'ac-
tuel canton du Jura), de ses chapelles et du col des Rangiers.

Ouverture en: 1993
Bâtiment: Chapelle dédiée à Saint-Joseph, 1893, utilisée comme école
entre 1935 et 1967, aujourd'hui chapelle-musée

CAROUGE GE

154 Musée   □ ⌂

2, place de Sardaigne
Adresse postale: Mairie de Carouge, case postale, 1227 Carouge; tél. (022) 342 33 83, fax (022) 342 33 83
Ouvert: Pendant les expositions: ma–di 14–18. Entre les expositions sur demande
Conservateur: Jean M. Marquis. *Assistante scientifique:* Isabelle Dumaret. *Collaboratrice:* Georgette Strobino

Fonds de faïences de Carouge (1800–1930). Fonds Emile Chambon, peintre carougeois. Fonds Cottier (histoire locale). Acquisitions d'œuvres d'artistes locaux ou en relation avec l'histoire de la cité. Les collections ne sont pas exposées en permanence, car le musée présente avant tout des expositions en relation avec l'histoire ou la culture locale.

Ouverture en: 1984
Bâtiment: Maison Montanrouge, construite vers 1789 pour un maître horloger

CASLANO TI

155 Museo del cioccolato   ⊞

Via Rompada
Indirizzo postale: Chocolat Alprose S.A., Via Rompada, c.p. 147, 6987 Caslano; tel. (091) 611 88 56, fax (091) 606 51 85
Aperto: Lu–ve 9–18; sa, do 9–17
Direttore generale e presidente: Fredrick A. Rothhaar. *Delegato del consiglio d'amministrazione:* R.G. Sauvain. *Responsabile:* Regina Satanassi

Storia del cioccolato. Argenteria, porcellane, manifesti, antiche forme e figurine della produzione del cioccolato, distributori dell'inizio secolo. Inclusa anche la visita alla produzione.

Aperto nel: 1991

156 Museo della pesca

Via Campagna
Indirizzo postale: Via Campagna, c.p. 254, 6987 Caslano; tel.
(091) 606 63 63
E-Mail: musmalc@bluewin.ch
URL: http://www.tinet.ch/malcantone/
Aperto: Apr.–ott.: ma, gio, do 14–17 oppure previo appuntamento (gruppi)
Responsabile: Maurizio Valente

L'evoluzione dei pesci attraverso i fossili; esemplari imbalsamati di tutte le specie attualmente presenti in Ticino. La piscicoltura e il ripopolamento di fiumi e laghi. Oggetti e documenti riguardanti la pesca nell'antichità. Le peschiere per le anguille sulla Tresa. La pesca professionale con reti, quella sportiva, la pesca a mosca e il casting: tutto documento con ricche collezioni di esche, strumenti ed accessori. La pesca di frodo. Il pesce nelle monete e nelle medaglie antiche e moderne. All'esterno: quattro barche da pesca. Archivio e biblioteca visitabili a richiesta.

Aperto nel: 1993

P

Sala per la pesca a mosca

CEVIO TI

157 Museo di Valmaggia

Palazzo Franzoni e Casa
Respini-Moretti
Indirizzo postale: Bruno
Donati, 6678 Giumaglio; tel.
(091) 753 17 57; tel. del
museo (091) 754 13 40 o
754 23 68
E-Mail: museovm@bluewin.ch
Aperto: Apr.–ott.: ma–sa
10–12, 14–18; do 14–18
*Presidente della Società del
Museo di Valmaggia:*
Prof. Bruno Donati

*F. Giumini: Ritratto della
moglie (pietra ollare)*

Attrezzi agricoli e dell'artigianato, mobili, suppellettile domestica,
costumi; allevamento, in particolare la capra; filatura e tessitura.
Importante collezione di manufatti di pietra ollare. Grotto per la
lavorazione e la conservazione dei prodotti della terra. Torchio a
leva. Opere del pittore locale Giovanni Antonio Vanoni
(1810–1886). Torba (granaio) a Sonlerto in Valle Bavona. Documenti concernenti la storia locale e l'emigrazione. Archeologia.

Aperto nel: 1963
Edificio: Palazzo Franzoni e Casa Respini-Moretti, già Franzoni

CHÂBLE, LE VS

158 Musée de Bagnes

A proximité immédiate de l'église
Adresse postale: Administration communale, 1934 Le Châble, tél.
(027) 776 15 25
Ouvert: Me–di 14–18

Tableaux des artistes locaux. Exposition thématique. Tombe du néolithique.

Ouverture en: 1985
Bâtiment: ancienne cure construite du 13e au 17e siècle

CHAM ZG

159 Ziegelei-Museum ✿

Riedstrasse 9 (Industriequartier Städtlerallmend)
Postadresse: Stiftung, Riedstr. 9, Postfach 5343, 6330 Cham; Tel.
(041) 741 36 24, Fax (041) 740 01 55
Geöffnet: Führungen für Gruppen nach Vereinbarung (Mai–Sept.).
Besichtigung Studiensammlung und Ziegelhütte, Handziegelstrei-
chen. Auskunft nachmittags, Tel. (041) 741 36 24
Geschäftsleiter: Dr. Jürg Goll, Müstair. *Wiss. Mitarbeiterin:* Lucia
Tonezzer. *Sekretariat und Aktivitäten:* Madeleine Pfeiffer

Studiensammlung von Ziegeleikeramik, Gerätschaften, Dokumenten. Bibliothek. Ziegelhütte: Mitte des letzten Jahrhunderts erbaute
Handziegelei mit Kammerofen, typischer vorindustrieller Kleinbe-
trieb in nahezu ungestörter Landschaft.

Eröffnet: 1985
Gebäude: Historische Ziegelhütte Meienberg (auch Kellenmatt)

CHAMOSON VS

160 Musée suisse de spéléologie ♤

Au-dessus du village, dans le hameau «Le Grugnay» (panneaux indi-
cateurs)
Adresse postale: Case postale 46, 1955 Chamoson; tél. (027)
306 35 81 (musée), fax (027) 306 60 94
E-Mail: Daniel.Masotti@com.metet.ch
URL: http://www.chamoson.ch/culture/speleo/welcome.hat
Ouvert: ma–di 9–12, 14–17.30
Responsable: Daniel Masotti

Diaporama sur la formation des grottes. Exposition: la vie dans les
cavernes de Lascaux à nos jours. Parcours didactique à l'extérieur
permettant de se familiariser avec les techniques d'exploration. Une
source a été déviée pour réaliser artificiellement un point d'infiltra-
tion et une résurgence. Cours de géologie, spéléologie, hydrogéo-
logie sur demande pour groupe.

Ouverture en: 1994
Bâtiment: Bâtiment neuf construit en 1993–1994 pour abriter le
musée et le Centre de spéléologie

CHARMEY FR

161 Musée du Pays et Val de Charmey

Place de la télécabine
Adresse postale: 1637 Charmey; tél. (026) 927 24 47, fax (026) 927 23 95
Ouvert: ma–ve 14–18; sa 14–16; di 14–18
Conservateur: Patrick Rudaz, rue des Moines 68, 1680 Romont; tél. (026) 652 42 30

Art populaire, art appliqué et histoire régionale.

Ouverture en: 1991
Bâtiment: Chalet, 16e s.

CHÂTEAU-D'OEX VD

162 Musée du Vieux Pays d'Enhaut

Les Bossons, à côté de la Banque Raiffeisen
Adresse postale: 1837 Château-d'Oex; tél. (026) 924 65 20
Ouvert: Ma, je, ve 10–12, 14–16.30; sa, di 14–16.30. En plus sur demande, groupes seulement
Conservateur: Gabriel Morier-Genoud, Le Pré, 1837 Château-d'Oex; tél. (026) 924 69 14

J.J. Hauswirth (1808–1871), papier découpé

Papiers découpés de Hauswirth (1808–1871) et Saugy (1871–1953). Découpages modernes (démonstrations). Aquarelles d'Abram-David Pilet (1745–1810) et Nicolas Gachet (1736–1817), dessins, gravures. Art populaire (lettres d'amour). Parchemins de l'époque gruyérienne. Les débuts du tourisme. Collection d'outils de menuisier. Armes, clés, serrures, fers à gaufres. Forge. Reconstitution d'intérieurs anciens (cuisines, salons, chambres à coucher). Meubles marquetés et peints. Vitraux domestiques. Collection de cloches de vaches. Objets paysans. Fromagerie d'alpage, chambre à lessive.

Ouverture en: 1931

CHAULIN VD

163 Chemin de fer-musée Blonay-Chamby ☼

Sur les hauts de Vevey/Montreux, 4 km au sud-est de Blonay
Adresse postale: Case postale 366, 1001 Lausanne; tél. (021) 943 21 21
Ouvert: Mai–oct.: sa, di (voir Indicateur officiel suisse, cadre 115). En outre sur rendez-vous (groupes seulement). Trains spéciaux sur demande
Président: Michel Friedrich

Véhicules ferroviaires à voie métrique, de Suisse et de l'étranger. Locomotives à vapeur, automotrices électriques, tramways, voitures à voyageurs, wagons de marchandises, véhicules de service. Accessible uniquement par le chemin de fer-musée Blonay–Chamby par Blonay ou Chamby.

Ouverture en: 1968
Bâtiment: Halle ferroviaire, 1992, style début 20e s.

CHAUX-DE-FONDS, LA NE

Sommaire

Musée d'histoire	**164**
Musée d'histoire naturelle	**165**
Musée des beaux-arts	**166**
Musée international d'horlogerie «L'homme et le temps»	**167**
Musée paysan et artisanal	**168**

164 Musée d'histoire

31, rue des Musées
Adresse postale: 31, rue des Musées, 2300 La Chaux-de-Fonds;
tél. (032) 913 50 10, fax (032) 913 44 45
Ouvert: ma–ve 14–17; sa 14–18; di 10–12, 14–18
Conservatrice: Sylviane Musy-Ramseyer

Intérieurs neuchâtelois: chambres rustiques des 17e et 18e s., salon
du 19e s. Objets de la région: meubles, étains, verres. Portraits,
gravures historiques et topographiques. Collection de monnaies et
médailles, principalement du 19e s. Collection d'armes, principalement du 19e s.

Ouverture en: 1876
Bâtiment: Villa bourgeoise, milieu 19e s.

165 Musée d'histoire naturelle

63, avenue Léopold-Robert, en face de la gare
Adresse postale: 63, avenue Léopold-Robert, 2300 La Chaux-de-
Fonds; tél. et fax (032) 913 39 76
Ouvert: Ma–Sa 14–17; di 10–12, 14–17
Conservateur: Marcel S. Jacquat, 70, rue Abraham-Robert, 2300
La Chaux-de-Fonds; tél. (032) 926 96 16

*Découvert en 1901, l'Okapi (Okapia johnstoni) est entré au
Musée en 1912 déjà*

Faune suisse et étrangère, surtout africaine, sous forme de dioramas (biotopes) et d'exposition libre. Présentation de collections systématiques d'œufs et de nids, de coquillages et de faune marine. Paléontologie et géologie régionales. Fonds Dr Albert Monard: collections africaines recueillies en Angola (1928–29, 1932–33), Guinée-Bissau (1937–38) et au Cameroun (1947). Collection de faune régionale du naturaliste Raymond Boillat de La Chaux-des-Breuleux (JU). Plusieurs centaines de feuilles d'herbiers déposées à l'Institut de botanique de l'Université de Neuchâtel. Fonds de dendrologie (herbiers, bibliothèque, notes) de Jean Duvanel. – Commentaires enregistrés et programmes audiovisuels. Expositions temporaires.

Ouverture en: 1930
Bâtiment: Hôtel des Postes, 1910

---

166 Musée des beaux-arts ⬜

33, rue des Musées
Adresse postale: 33, rue des Musées, 2300 La Chaux-de-Fonds; tél. (032) 913 04 44 ou 913 12 33, fax (032) 913 61 93
Ouvert: ma–di 10–12, 14–17
Conservateur: Edmond Charrière

Œuvres d'artistes de La Chaux-de-Fonds (Léopold Robert, Edouard Kaiser, Charles L'Eplattenier, Léon Perrin, les frères Barraud, Charles Humbert, Madeleine Woog, Georges Dessouslavy, Ch. Edouard Jeanneret dit Le Corbusier, etc.). Peintures et sculptures neuchâteloises et suisses des 19e et 20e s. (Albert Anker, Edouard Vallet, Félix Vallotton, Alice Bailly, Auguste Bachelin, Léon Berthoud). Œuvres d'artistes contemporains: Ecole de Paris (Bissière, Manessier, Mathieu, Magnelli); Olivier Mosset, François Morellet, Jean-Luc Manz, René Bauermeister, etc. Collection René et Madeleine Junod: œuvres de Liotard, Constable, Delacroix, Daumier, Matisse, van Gogh, Rouault, Soutine etc.).

Ouverture en: 1877
Bâtiment: Architecture muséale, 1923–1926, arch. Charles L'Eplattenier et René Chappallaz, style art-déco de tendance néoclassique

167 Musée international d'horlogerie «L'homme et le temps»

29, rue des Musées
Adresse postale: Case postale, 2301 La Chaux-de-Fonds; tél.
(032) 967 68 61, fax (032) 967 68 89
Ouvert: Janv.–mai: ma–di 10–12, 14–17. Juin–sept.: ma–di
10–17. Oct.–déc.: comme janv.
Directeur scientifique-conservateur: Catherine Cardinal. *Président de la Commission:* Michel Ditisheim

Salle d'exposition

Espace premier: instruments horaires non mécaniques, horloges de clocher, horloges, pendules et montres du 16e au 19e s., montres émaillées et gravées, automates, horlogerie scientifique. Espace second: la fabrication aux 19e et 20e s., l'horloge de 1850 à nos jours, la montre au 20e s., la mesure du temps et ses usages scientifiques au 20e s.. Spectacles audiovisuels. Centre de restauration d'horlogerie ancienne visible de la salle d'exposition. Dans le parc, le Carillon, sculpture monumentale animée, avec spectacle sonore et visuel.

Ouverture en: 1974
Bâtiment: Espace souterrain, 1974, arch. Pierre Zoelly et Georges Haefeli

168 Musée paysan et artisanal

Ferme du «Cernil sur les Sentiers», au sud-ouest de la ville
Adresse postale: Rue des Crêtets 148, 2300 La Chaux-de-Fonds;
tél. (032) 926 71 89
Ouvert: Mai—oct.: lu—je, sa, di 14—17. Nov.—avril: me, sa, di
14—17. En outre sur rendez-vous (groupes seulement)
Conservatrice: Diane Skartsounis Schwab

Reconstitution d'un intérieur paysan et artisanal. Cuisine avec four à
pain, cheminée et ustensiles; belle chambre meublée («Le Poêle»);
chambre boisée; chambre d'un paysan-horloger avec ses meubles
et ses outils. Collection de dentelles neuchâteloises. Ecurie et grange: expositions temporaires sur la vie paysanne et artisanale.
Démonstration de dentellières chaque premier dimanche du mois.

Ouverture en: 1971
Bâtiment: Ferme neuchâteloise, 17e s.

CHILLON – VEYTAUX VD

169 Château de Chillon

Au bord du lac Léman, entre Montreux et Villeneuve
Adresse postale: 1820 Veytaux; tél. (021) 966 89 10, fax (021)
966 89 12
E-Mail: chillon@worldcom.ch
URL: http://www.chillon.ch

Château de Chillon avec les Dents du Midi

Ouvert: Janv., févr.: lu–di 10–16. Mars: lu–di 9.30–17. Avr.–sept.: lu–di 9–18. Oct.: comme mars. Nov., déc.: comme janv. (horaires de fermeture des caisses; fermeture du château: 1 heure plus tard). Détail des animations sur demande
Intendant: Robert Herren

Mobilier, armes; tapisseries, monnaies; objets de fouilles, documents. Prison de François Bonivard. Salles de réception et cours intérieures. Chapelle des comtes de Savoie mise en valeur avec des techniques modernes.

Ouverture en: 1887
Bâtiment: Château-fort et résidence princière, agrandi et transformé au 13e s. sur des fondations plus anciennes

CHUR GR

Übersicht

Bündner Kunstmuseum	**170**
Bündner Natur-Museum	**171**
Didaktische Ausstellung Urgeschichte	**172**
Dommuseum	**173**
Rätisches Museum	**174**
Weinbau-Museum	**175**

170 Bündner Kunstmuseum

Postplatz
Postadresse: Postfach 107, Postplatz, 7002 Chur; Tel. (081) 257
28 68, Fax (081) 257 21 72
Geöffnet: Di, Mi 10–12, 14–17; Do 10–12, 14–20; Fr–So
10–12, 14–17. Ferner nach Vereinbarung (nur Gruppen)
Direktor: Dr. Beat Stutzer

Ernst Ludwig Kirchner: Berge und Häuser im Schnee, um 1924

Gemälde und Skulpturen vom 18. Jh. bis heute. Bedeutende Werkgruppen von Angelika Kauffmann, Giovanni Segantini, Ferdinand
Hodler, Giovanni, Augusto und Alberto Giacometti, Ernst Ludwig
Kirchner und Gruppe «Rot-Blau». Gegenständliche und nichtfigura-
tive Schweizer Malerei. Abstrakter Expressionismus und Gegenwartskunst. Umfangreiche Graphiksammlung vorwiegend schweizerischer Kunst des 19. und 20. Jh.

Eröffnet: 1900
Gebäude: Villa Planta, 1874–1876 erbaut, 1987–1989 restauriert und
umgebaut

171 Bündner Natur-Museum

Masanserstrasse 31
Postadresse: Masanserstr. 31, 7000 Chur; Tel. (081) 257 28 41,
Fax (081) 257 28 50
Geöffnet: Di–Sa 10–12, 13.30–17; So 10–17. Ferner nach Vereinbarung (nur Gruppen)
Direktor: Dr. Jürg P. Müller. **Museumspädagoge:** Flurin Camenisch, lic.phil.

Ausstellungen über die Tierwelt, die Ökologie, die Erdgeschichte und die Mineralien Graubündens. Sonderausstellungen und Kurse zu aktuellen Themen. Umfangreiche wissenschaftliche Beleg- und Studiensammlungen, u.a. (nicht ausgestellt) botanische Sammlung und Herbarium, Wirbeltiere, Insekten, Mollusken.

Eröffnet: 1872
Gebäude: Neubau, 1977–78, Arch. Bruno Giacometti

172 Didaktische Ausstellung Urgeschichte

Tittwiesenstrasse 100, nördlich Bahnhof, vor Schulhaus Giacometti
Postadresse: Christian Foppa, Aspermontstr. 9, 7000 Chur; Tel.
(081) 284 72 05
Geöffnet: Während der Schulzeit 1. u. 3. Do im Monat 19–21.
Ferner nach Vereinbarung
Leiter: Christian Foppa, Lehrer

Fossilien; originalgetreue Kopien von Werkzeugen, Abgüsse sowie Originale dokumentieren das Leben und die Arbeitstechniken früherer Zeiten. Bibliothek, Dias, Videos, Leihkoffer. Verschiedene Arbeiten können praktisch nachvollzogen werden. Geschichte zum Anfassen und Experimentieren.

Eröffnet: 1987

173 Dommuseum

Kathedrale, Hof 18
Postadresse: Bischöfliches Ordinariat, Hof 19, 7000 Chur; Tel.
(081) 252 23 12
Geöffnet: Mo–Fr 10–12, 14–16 (Voranmeldung erforderlich). Führung durch Domsakristan Wilfried Elsner, Hof 2, Tel. (081) 252 92 50
Domkustos: Dr. Vitus Huonder

*Eucharistiekästchen,
8. Jh.*

Kirchenschatz. Eucharistiekästchen des 8. Jh., romanischer Kreuz-
fuss, St. Luzius-Schrein (1252), frühgotischer Reliquienschrein, gotische Reliquienbüsten. Kreuze, Monstranzen und Kelche des
14.–18. Jh. Spätantikes und mittelalterliches Elfenbein; Paramente
vom Frühmittelalter bis zum 19. Jh., v.a. Kaseln und Antependien.
Holzplastiken, Fragmente früherer Altäre.

Eröffnet: 1943
Gebäude: Kathedrale, 12.–13. Jh.

VMS
AMS

174 Rätisches Museum   ▽ ⌂

Hofstrasse 1, Museumsplatz, zwischen St. Martinskirche und Kathe-
drale
Postadresse: Quaderstr. 15, 7000 Chur; Tel. (081) 257 28 88,
Fax (081) 257 28 90
Geöffnet: Di–So 10–12, 14–17. Ferner nach Vereinbarung (nur
Gruppen)
Direktorin: PD Dr. Ingrid R. Metzger. *Wissenschaftliche Assisten-
ten:* Dr. Ybe van der Wielen (Numismatik), Hans-Ulrich Baumgart-
ner, lic.phil. (Geschichte, Volkskunde)

Ur- und frühgeschichtliche Abteilung mit Fundmaterialien aus dem
ganzen Kanton. Neolithische Höhensiedlung Petrushügel bei Cazis.
Bronzezeitliche Siedlungen und Gräberfelder Donath, Lumbrein
Crestaulta, Cunter Caschligns, Cazis Cresta, Savognin Padnal,
Falera Mutta usw. Eisenzeitliche Siedlungen und Gräberfelder von
Castaneda, Trun Darvella, Ramosch Motata, Scuol Russonch usw.
Römische Siedlung Chur Welschdörfli usw. Frühmittelalterliche
Funde aus Kirchen in Chur und im ganzen Kanton. – Historische
Abteilung: kulturgeschichtliche und volkskundliche Objekte aus
Graubünden. Mittelalterliche Burgenfunde. Religiöse Kunst. Waffen

*Bronzene
Schnabelkannen aus
Castaneda,
5.–4. Jh. v. Chr.*

und Fahnen. Möbel, Hausrat. Textilien und Trachten. Portraits und Graphik. Keramik. Zinn. Metallarbeiten. Münzen, Siegel und Medaillen. Handwerkliche und landwirtschaftliche Geräte. Wagen und Schlitten.

Eröffnet: 1872
Gebäude: Ehem. Haus Buol, 1675–1680

175 Weinbau-Museum

Ecke Neubruchstrasse/Falknisstrasse (oberhalb Hôtel Duc de Rohan)
Postadresse: Romantik Hotel Stern, Reichsgasse 11, 7000 Chur; Tel. (081) 252 35 55, Fax (081) 252 19 15
Geöffnet: Juni–Okt.: Mi, So 14–17. Ferner (März–Nov.) nach Vereinbarung (nur Gruppen ab 12 Pers.)
Kurator: Emil Pfister

Torkel aus dem Jahre 1604. Grösste Traubenpresse der Schweiz mit 14,5 m langem Torkelbaum. Rebbau in Graubünden und Arbeit im Torkel. Tonbildschau.

Eröffnet: 1987

CLARENS VD

176 Villa Kruger

17, Villa Dubochet
Adresse postale: 17, Villa Dubochet, 1815 Clarens; tél. (021)
989 21 10; fax (021) 664 74 39
Ouvert: Lu–Sa 10–12, 14–17
Conservatrice: Marie-Christine Perrottet

Collection en souvenir de Paul Kruger (1825–1904), premier président de la République sud africaine.

Ouverture en: 1954
Bâtiment: Quartier des villas Dubochet, 1874–1879

COFFRANE NE

177 Musée agricole

Adresse postale: Raymond Perrenoud, 2207 Coffrane; tél. (032)
857 15 12
Ouvert: Sur rendez-vous
Propriétaire: Raymond Perrenoud, artiste-peintre

Outils aratoires et objets de la vie quotidienne rurale provenant du
Val-de-Ruz. Artisanats villageois traditionnels: bourrellerie, tapisserie, dentelle aux fuseaux, travail du chanvre.

Ouverture en: 1956
Bâtiment: Ferme neuchâteloise, début 18e s.

COLOGNY GE

178 Fondation Martin Bodmer-Bibliotheca Bodmeriana

19–21, route du Guignard (près du Temple)
Adresse postale: Case postale 7, 1223 Cologny; tél. (022) 707
44 33, fax (022) 707 44 30
Ouvert: Je 14–18; 1er ma du mois 18–20. Visites guidées sur
demande (groupes seulement, lu–ve). Consultation pour les chercheurs: lu–ve (uniquement sur demande écrite et autorisation préalable)
Directeur: Martin Bircher. *Bibliothécaire:* Elisabeth Macheret

Francesco Petrarca: Rime, Ms., Italie du nord, fin du 15ème siècle

Bibliothèque de la «Weltliteratur», réunissant des œuvres dominantes autour d'un centre pentagonal marqué par Homère, la Bible, Dante, Shakespeare et Goethe, et indiquant le rayonnement et l'influence qu'elles ont eus sur les beaux-arts et le développement de la pensée: environ 160'000 unités bibliographiques dont une cinquantaine de papyri complets, 300 manuscrits occidentaux et orientaux, 2000 autographes, une importante collection d'incunables et un très grand nombre de premières éditions. Objets d'art: vases antiques, reliefs, sculptures égyptiennes, grecques et romaines, monnaies, tapisseries et dessins. Expositions temporaires.

Ouverture en: 1972
Bâtiment: Maison de maître

COLOMBIER NE

179 **Musée militaire et des toiles peintes**

Château
Adresse postale: Case postale 34, 2013 Colombier; tél. du château: (032) 843 96 25 ou 843 95 11
URL: http://www.infoform.ch/SwissArmy/EIM
Ouvert: Mars–oct.: me–ve 15; 1er di du mois 14, 15.30 (visites guidées). Autres visites sur demande
Directeur: Colonel Alain Geiser. ***Conservateur:*** Hélène Dubey-Kett

Musée militaire: armes anciennes des arsenaux de l'Etat et de la Ville de Neuchâtel provenant de Suisse et de l'étranger. Armures, uniformes, drapeaux et bannières (en particulier drapeaux neuchâtelois du 17e au 19e s.). Souvenirs du régiment de Meuron au service de l'Angleterre et de la Hollande, 1781–1816. Dépôts du Musée d'histoire de Neuchâtel. – Mémorial de la Brigade frontière 2: infrastructure, organisation, histoire et anecdotes. – Salle des toiles peintes: indiennes neuchâteloises du 18e et 19e s. Documentation sur les indiennes: bois gravés, modèles, souvenirs de Claude Bovet, fondateur de la fabrique d'indiennes de Boudry. Esquisses d'indiennes.

Ouverture en: 1954
Bâtiment: Château construit entre le 10e et le 16e s. sur des ruines romaines

COMPESIERES GE

| 180 | **Musée de l'Ordre de Malte** | 🛡 |

Commanderie de Compesières (à 2 km de Bardonnex)
Adresse postale: Michèle Zanetta, 18, rue François Grast, 1208 Genève; tél. (022) 735 33 81; Natel (079) 202 55 64
E-Mail: zanetta@isoft.ch
URL: http://www.isoft.ch/GenevaGuide/malta/
Ouvert: Sur demande auprès de la conservatrice (groupes seulement)
Conservatrice: Michèle Zanetta. *Président de la Fondation:* Jacques Chamay

La collection – gravures, tableaux, manuscrits, monnaies, uniformes et décorations – retrace l'histoire générale de l'Ordre souverain, militaire et hospitalier de Saint-Jean-de-Jérusalem, dit de Rhodes, dit de Malte (titre officiel), ainsi que celle de Compesières, Commanderie du Genevois jusqu'en 1792. Un ostensoir baroque et une croix de bois peinte au 15e s., ainsi qu'un reliquaire, témoignent de la vocation religieuse des chevaliers. Une présentation moderne (photos) et des mannequins expliquent les œuvres caritatives actuelles de l'Ordre.

Ouverture en: 1973
Bâtiment: Commanderie de Compesières, 15e s., agrandie vers 1626

COPPET VD

181 Château

Adresse postale: 1296 Coppet; tél. (022) 776 10 28, fax (022) 776 65 32
Ouvert: Avr.–oct.: lu–di 14–18

Château du 18e siècle, situé dans un parc romantique surplombant le Léman. Demeure de Necker et de sa fille Mme de Staël qui y accueillit notamment Chateaubriand, Byron, Benjamin Constant. Mobilier français du 18e siècle et Directoire. Collection de portraits (Vigée-Lebrun, Carmontelle, Gérard) et de bustes (Houdon, Pajoue).

Ouverture en: 1950
Bâtiment: Château, 17e–18e s.

182 Musée régional du Vieux-Coppet

Maison Michel, Grand-Rue
Adresse postale: Maison de Ville, Grand-Rue 65, 1296 Coppet; tél. (022) 776 21 64; tél. du musée: (022) 776 36 88
Ouvert: 15 avril–15 oct.: ma–Sa 14–17
Conservateur: Jean-René Bory, secrétaire général de la Fondation pour l'histoire des Suisses à l'étranger, Villa Le Port, Grand-Rue, 1296 Coppet

Reconstitution d'un intérieur bourgeois du début du 19e s. Documents relatifs à l'histoire de Coppet et de la région. Art et artisanat locaux. Instruments de musique, armes, cadrans d'horloge, vitraux.

Ouverture en: 1982
Bâtiment: Maison du gothique tardif, 15e s.

CORNOL JU

183 Musée de la radio

Route cantonale, au centre du village
Adresse postale: Gérard Schnoebelen, route de Courgenay 16,
2952 Cornol; tél. (032) 462 27 74, fax (032) 462 20 61
E-Mail: gerard.schnoebelen@span.ch
URL: http://www.reymond.ch/schnoebelen
Ouvert: Sur rendez-vous
Propriétaire: Gérard Schnoebelen

Collection retraçant l'évolution de la TSF: 600 radios, représentant
la quasi-totalité des marques produites en Europe de 1920 à
1960. Station militaire de communication de campagne. Télévi-
seurs. Cartes postales, timbres, plaques émaillées et affiches publi-
citaires se rapportant à la radio.

Ouverture en: 1991
Bâtiment: Ferme jurassienne, 17e s.

CULLY VD

184 Musée du Vieux-Lavaux

Maison jaune
Adresse postale: Case postale 20, 1605 Chexbres
Ouvert: Selon les expositions
Président de l'association du Vieux-Lavaux: Jean Menthonnex,
ingénieur, rue du Bourg-de-Crousaz 14, 1605 Chexbres; tél. et fax
(021) 946 24 44

Expositions temporaires.

Ouverture en: 1921

CURIO TI

185 Museo del Malcantone

Sulla sinistra della strada che porta al centro del villaggio
Indirizzo postale: 6985 Curio; tel. (091) 606 31 72
E-Mail: musmalc@bluewin.ch
URL: http://www.tinet.ch/malcantone/
Aperto: Apr.–ott.: gio, do 14–17. Oppure previo appuntamento:
tel. (091) 606 31 72 (lu, ma, ve 14–17)
Conservatore: Giancarlo Zuppa, 6981 Castelrotto

Sezione dedicata all'emigrazione degli stuccatori

Oggetti della vita rustica disposti per temi (caccia, pesca, raccolta spontanea, allevamento, coltivazione della terra, selvicoltura, viticoltura, trasporti, attività tessili, artigianato, religione, divertimenti). Raccolta di oggetti e documenti riguardanti l'emigrazione. Mobili e suppellettile domestica. Tavole del tempo. Una sezione dedicata alla pesca ha sede nel comune di Caslano. Presso il «Maglio di Aranno» è aperta una mostra permanente dedicata alle miniere del Malcantone e alla lavorazione del ferro.

Sentieri didattici: Sentiero delle meraviglie (Valle della Magliasina), Sentiero del castagno (Alto Malcantone), Tracce dell'uomo (Comune di Croglio). Documentazione al Museo.

Aperto nel: 1989
Edificio: Ex scuola maggiore e di disegno, 1855, arch. Luigi Fontana, 1855

DAVOS GR

Übersicht

Heimatmuseum	**186**
Kirchner Museum	**187**
Puppen- und Spielzeugmuseum	**188**
Wintersport Museum	**189**
DAVOS–SCHATZALP GR Botanischer Alpengarten «Alpinum»	**190**
DAVOS–SCHMELZBODEN GR Bergbaumuseum Graubünden / Schaubergwerk Silberberg	**191**

186 Heimatmuseum

Altes Pfrundhaus, Davos Dorf, Museumstr. 1
Postadresse: Walter Krähenbühl, Ducanstrasse 2, 7270 Davos Platz; Tel. des Museums (081) 416 26 66
Geöffnet: Ende Dez.–Mitte Apr., Juni–Mitte Okt.: Mi, Fr, So 16–18. Führungen jederzeit nach Vereinbarung
Konservatorin: Annemarie Jost, Tel. (081) 413 61 17

Möblierte Interieurs der Bauern und Patrizier der Landschaft Davos (ehemaliger Zehngerichtebund). Jugendstilraum. Bett von Jörg Jenatsch. Hausrat, landwirtschaftliche Geräte, Werkzeuge. Alte Kornmühle aus Sculms, Kornspeicher aus Monstein. Dokumente zu Verkehr und Sport; Postschlitten; Flüela-Postkutsche. Gegenstände von ausgewanderten Davosern (v.a. aus Russland). Uhren (Bäbi-Uhren). Stichsammlung aus Nachlass Dr. Neumeier. Dokumentarfotos von Anbauschlacht aus dem Unterschnitt. «Der blaue Heinrich», medizinische Ausstellung aus den Anfängen der Tuberkulose-Sanatorien.

Eröffnet: 1942
Gebäude: Altes Pfrundhaus, Mitte 16. Jh., mit Kornmühle, Spycher, Remisen

P

187 Kirchner Museum □

Ernst-Ludwig-Kirchner-Platz
Postadresse: E.L.-Kirchner-Platz, 7270 Davos Platz; Tel. (081) 413 22 02, Fax (081) 413 22 10
Geöffnet: Weihnachten–Ostersonntag, 15. Juli–Sept: Di–So 10–12, 14–18. Übrige Zeit: Di–So 14–18
Kustoden: Dr. Eberhard W. Kornfeld, Dr. W. Henze. *Kurator:* Dr. Roland Scotti. *Betriebsleiterin:* Elsbeth Gerber

Werke des Künstlers Ernst Ludwig Kirchner (1880–1938). Er lebte von 1917 bis 1938 in Davos Frauenkirch. Nach dem Museumsbau (1992) gelangte ein umfangreicher Bildbestand ins Museum. Er umfasst über 1200 Kunstwerke: Gemälde, Skulpturen und Druckgrafik, Fotografien und Dokumente. Bibliothek zur bildenden Kunst des 20. Jh. Sonderausstellungen.

Eröffnet: 1982
Gebäude: Neubau, 1992, Arch. A. Gigon + M. Guyer, Zürich

Aussenansicht

188 Puppen- und Spielzeugmuseum

Promenade 83
Postadresse: Angela Prader, Promenade 83, 7270 Davos Platz;
Tel. u. Fax (081) 413 28 48
Geöffnet: Jan.–Mitte Apr., Juni–Mitte Okt., Dez.: 14–18; Mo, Do
zusätzlich 10–12. Ferner nach Vereinbarung
Besitzerin: Angela Prader

Mode- und Spielpuppen des 18.–20.Jh. Miniaturenkabinett, Puppenstuben, Krämerladen. Modell des Sanatoriums «Berghof» aus Thomas Manns Roman «Der Zauberberg»

Eröffnet: 1996

VMS
AMS

189 Wintersport Museum

Davos-Platz, im Postgebäude, 2. Stock (ehem. Kirchner Museum)
Postadresse: Sekretariat, Bankverein, Promenade 48, 7270
Davos; Tel. des Museums: (081) 413 24 84
Geöffnet: Winter: Di, Do, Sa 16.30–18.30. Sommer: Di, Do
16.30–18.30
Präsident der Stiftung: Hans Morgenegg. Leiter: Jürg Kaufmann

Sammlung zur Geschichte des Wintersports in Davos aus der Stiftung der Familie Jürg Kaufmann: Skis, Schlitten, Bob, Curling Material, Schlittschuhe, Skiwachs, Skibindungen und Dokumente.

Eröffnet: 1992
Gebäude: Postgebäude

P | VMS AMS

DAVOS – SCHATZALP GR

190 Botanischer Alpengarten «Alpinum»

Hinter dem Berghotel Schatzalp
Postadresse: Urs von der Crone, Grischunaweg 4, 7270 Davos
Platz; Tel. (081) 413 52 71, Fax (081) 413 58 71
Geöffnet: Juni–Sept.: Mo–So 9–17

Auf 2 ha über 800 Pflanzenarten in ca. 10'000 Exemplaren aus allen Gebirgen der Welt (Schweiz sowie u.a. Pyrenäen, Neuseeland, China, Nepal, Tibet). Alfred Vogels Heilpflanzengarten: Anlage mit Pflanzen der modernen Naturheilkunde.

Eröffnet: 1971

DAVOS – SCHMELZBODEN GR

191 **Bergbaumuseum Graubünden /**
Schaubergwerk Silberberg ✿

Nähe Station RhB Monstein
Postadresse: Dr. h.c. Hans Krähenbühl, Edelweissweg 2, 7270
Davos Platz; Tel. (081) 413 63 66, 415 21 21 (Davos Tourismus)
od. 416 59 18
Geöffnet: Mitte Juni–Mitte Okt.: Mi 14–16; Sa 14–16. Ferner
nach Vereinbarung (nur Gruppen ab 15 Pers.). Mitte Juni–Mitte
Sept., Führungen zum Schaubergwerk: Mi 13.45 ab Museum, im
Rahmen Davoser Sommergästeprogramm.
*Präsident des Vereins und der Stiftung Bergbaumuseum Grau-
bünden:* Dr. h.c. Hans Krähenbühl

Erze und Mineralien aus Bündner Bergbaugebieten. Werkzeuge
und Geräte. Dokumente, Bildmaterial, Tonbildschau, UV-Kabinett
und Gesteinslehrpfad Zügenschlucht, Schaubergwerk Silberberg.

Eröffnet: 1978
Gebäude: Ehem. Verwaltungsgebäude der Bergwerksgesellschaft Schmelz-
boden-Hoffnungsau, Anf. 19. Jh.

DELÉMONT JU

192 **Musée jurassien d'art et d'histoire** ⌂

52, rue du 23–Juin
Adresse postale: Case postale
2206, 2800 Delémont; tél. du
musée: (032) 422 80 77,
fax (032) 422 80 74
Ouvert: ma–di 14–17.
En outre sur rendez-vous
(groupes seulement).
Conservatrice: Sarah Stékoffer

*Crosse de saint Germain,
7e siècle*

Trouvailles préhistoriques. Fouilles romaines de Vicques et de Courroux. Trouvailles du cimetière mérovingien de Bassecourt. Monuments et inscriptions lapidaires. Art religieux du Moyen Age au 19e s.: crosse de saint Germain (7e s.), Vierge à l'Enfant de Delémont (1330), Christ en croix du Vorbourg (1500), sculptures, orfèvrerie, calice roman, objets de dévotion populaire. Porte du carrosse du couronnement de Louis XVI. Documents historiques, chartes et manuscrits, monnaies et médailles. Mobilier et objets de la vie courante du 17e au 19e s. Chambre paysanne jurassienne. Costumes paysans et citadins. Arts et métiers, horlogerie jurassienne. Souvenirs militaires et politiques. Peintures, dessins et estampes du Jura. Cartes anciennes. Salle des princes-évêques de Bâle.

Ouverture en: 1910
Bâtiment: Quatre bâtiments historiques contigus, dont une porte de ville

DEVELIER JU

| 193 | **Musée Chappuis-Fähndrich** | ⌂ |

Adresse postale: 2802 Develier; tél.(032) 422 23 32
Ouvert: Sur rendez-vous (de Pâques à la Toussaint)
Propriétaire: Association Musée Marc Chappuis-Fähndrich

Plusieurs milliers d'objets répartis par thèmes de la vie quotidienne dans le Jura, de 1700 à 1950 environ.

Ouverture en: 1991
Bâtiment: Ferme de la première moitié du 19e s.

DIESBACH GL

| 194 | **Thomas-Legler-Haus** | ⌂ |

Dorfzentrum
Postadresse: Postfach 8, 8777 Diesbach; Tel. (055) 643 20 88 od. 640 46 52
Geöffnet: Apr.–Okt.: jeden letzten Sa im Monat 14–17. Ferner nach Vereinbarung (nur Gruppen)
Leiter: Dr. Hans Jakob Streiff, Asylstr. 37, 8750 Glarus

Dorfgeschichte im 18. und 19. Jh. Militärgeschichte. Möblierter Wohnraum aus dem Jahr 1736.

Eröffnet: 1991
Gebäude: Geburtshaus (erbaut 1736) von Thomas Legler, Offizier an der Beresina, Autor des «Beresinalieds»

DIESSENHOFEN TG

195 Hausmuseum St. Katharinental

Am Rheinufer, ca. 1 km unter der Stadt Diessenhofen. Postautohaltestelle St. Katharinental
Postadresse: Thurgauer Klinik St. Katharinental, 8253 Diessenhofen; Tel. (052) 646 23 33
Geöffnet: Nach Vereinbarung
Betreuer: Jürg Ganz, Kant. Denkmalpfleger. *Verwaltungsdirektor der Klinik:* Walter Lüber

Darstellung der Blütezeiten des Klosters (14. und 18. Jh.) mit Bildern, Skulpturen, Fotos, Büchern, Baumaterialien, usw.

Eröffnet: 1982
Gebäude: Ehem. Kloster, 1. Hälfte 18. Jh.

196 Museum Oberes Amtshaus

Oberes oder Petershauser Amtshaus, im nordöstlichen Stadtteil am Rhein
Postadresse: Oberes Amtshaus, 8253 Diessenhofen
Geöffnet: Jan.–Apr.: So 14–17; Mai–Sept.: Sa, So 14–17; Okt.–Dez.: So 14–17
Konservator: Bruno Scheurer, Lehrer, Fohrenbühlstrasse 2, 8253 Diessenhofen; Tel. (052) 657 25 89

Ortsgeschichtliche Sammlung: der Rhein als Lebensader von Diessenhofen. – Stoffdruck, Stoffärberei, Zeugdruck im Thurgau und in den angrenzenden Gebieten im 19. Jh. – Sammlung von Gemälden von Carl Roesch (1884–1972). – Wechselausstellungen.

Eröffnet: 1961
Gebäude: Amtshaus des Klosters Petershausen bei Konstanz, 16. Jh.

DIETIKON ZH

197 Ortsmuseum

Schöneggstrasse 20, Ecke Poststrasse
Postadresse: Bruno Maier, Bremgartenstr. 130, 8953 Dietikon;
Tel. (01) 740 30 92; Tel. des Museums: (01) 740 48 54
Geöffnet: Während der Schulzeit So 10–12
Präsident der Kommission für Heimatkunde: Dr. med. Bruno
Maier

Ortsgeschichte: die Römerzeit in Dietikon. Mittelalterliche Funde von
Städtchen und Burg Glanzenberg und aus der Ruine Schönenwerd.
Ofenkacheln, Entwicklung und Herstellung. Fotografische Doku-
mentation der Veränderungen im Ortsbild. Ortschronik. Kleine
Schmiedewerkstatt. Modell der Dorfbefestigung 1939–1945.
Wechselausstellungen.

Eröffnet: 1978
Gebäude: Villa, 1925/26

DISENTIS GR

198 Klostermuseum ⚲

Im Klostergebäude, Zugang durch die Klosterkirche
Postadresse: Kloster, 7180 Disentis; Tel. (081) 947 51 45, Fax
(081) 947 58 01
Geöffnet: Weihnachten–Ostern: Mi 14–17; Juni–Okt.: Di, Do, Sa
14–17. Ferner nach Vereinbarung (nur Gruppen)
Konservatoren: P. Bernhard Bürke, P. Ansgar Müller

Ausgewählte Themen der rätischen Kultur: sakrale Kunstwerke, religiöse Volkskunst, profane und sakrale Textilien, Geschichte des Klosters Disentis. Naturgeschichtliche Ausstellung: Gesteine, Mineralien, Lebensräume, Tiere und Pflanzen der Region Disentis.

Eröffnet: 1992
Gebäude: Ehem. Kirchenraum, 19. Jh.

🅿 ♿ VMS/AMS

DONZHAUSEN TG

199 Heimatmuseum

Neben dem Postgebäude (Donzhausen liegt 2 km nordöstlich von Sulgen)
Postadresse: Willi Etter, 8583 Donzhausen; Tel. (071) 642 12 01
Geöffnet: Nach Vereinbarung
Leiter: Willi Etter, alt Posthalter

Bäuerliche Kultur der Gegend. Land- und hauswirtschaftliche Geräte, Werkzeuge. Möblierte Wohnräume. Glas, Keramik, Spielsachen, Feuerwehrgeräte; Waffen, u.a. aus dem Sonderbundskrieg. Geräte eines Baders. Uhren. Spazierstocksammlung mit System. Mäusefallen und Mäusefallenautomaten. Mechanische Musikinstrumente.

Eröffnet: 1963
Gebäude: Thurgauisches Riegelhaus, 18. Jh.

🅿

DORNACH SO

200 Heimatmuseum Schwarzbubenland

Alte Mauritiuskirche Oberdornach
Postadresse: Postfach 140, 4143 Dornach 2; Tel. (061) 701 31 54 (Kustos) od. 701 25 25 (Bauverwaltung der Einwohnergemeinde)
Geöffnet: 1. So nach Ostern–Mitte November: So 15–17. Ferner nach Vereinbarung mit dem Kustos (Gruppen)
Stiftungsratspräsident und Kustos: Peter Jäggi

Archäologische Funde aus der Gegend. Kleine Sammlung kirchlicher Kunst. Dokumentation zur Schlacht bei Dornach (Schwabenkrieg, 1499). Werkzeug und landwirtschaftliches Gerät. Dokumentation über den Geologen Amanz Gressly. Einheimische Tiere. Wechselausstellungen.

Eröffnet: 1949
Gebäude: Mauritiuskirche, 15.–18. Jh.

🅿

DÜBENDORF ZH

201 Museum der schweizerischen Luftwaffe ⛉ ⚙

Militärflugplatz, an der Strasse nach Hegnau
Postadresse: Postfach, 8600 Dübendorf; Tel. (01) 823 22 83
(Info) od. 823 23 24, Fax (01) 823 26 53
E-Mail: angebot@flieger-museum.com
URL: http://www.ju-air.com
Geöffnet: Di–Fr 13.30–17; Sa 9–17; So 13–17
Konservator: Andrea Lareida. *Geschäftsleiter:* Kurt Waldmeier

Umfassende Sammlung zur schweizerischen Militäraviatik und Fliegerabwehr: über 30 Flugzeuge (u.a. Me–109, P51 Mustang, N–20, P–16), Helikopter sowie Feuerleit- und Waffensysteme der Fliegerabwehr. Reiche Sammlung von Flugzeugmotoren und Triebwerken ab 1910. Militärische Nutzung der Aviatik: vom Fliegerpfeil zur radargesteuerten Lenkwaffe, von der Ballonkamera zum Infrarot-Aufnahmesystem des MIR III RS. Funkstationen, Radaranlagen, Feuerleitrechner, Peil- und Richtstrahlgeräte. Dokumente, Uniformen, Fliegerbekleidung, Abzeichen, Modelle, Videovorführungen.

Eröffnet: 1978
Gebäude: Neubau und historische Holzhangars, ca. 1920

DULLIKEN SO

202 Heimatmuseum Arnold Bärtschi ⌂

Lehmgrubenstrasse 4
Postadresse: Rudolf Bärtschi, Hardstr. 24, 4657 Dulliken; Tel.
(062) 295 49 45
Geöffnet: Nach tel. Vereinbarung
Konservator: Rudolf Bärtschi, Maschinenschlosser

Haus- und landwirtschaftliches Gerät, Einrichtungsgegenstände. Handwerk und Gewerbe. Sonderausstellungen.

Eröffnet: 1977
Gebäude: Wohnhaus mit Scheune, 17. Jh.

EBIKON LU

203 Tierwelt-Panorama

Luzernerstrasse 63, Nähe Stadtgrenze Luzern
Postadresse: Walter Linsenmaier, Luzernerstr. 63, 6030 Ebikon;
Tel. (041) 420 46 18
Geöffnet: Nach Vereinbarung
Eigentümer: Dr.h.c. Walter Linsenmaier

Dioramen mit einheimischen Tieren in Wald und Feld sowie der Bergwelt, ferner mit Tieren des europäischen Nordens, Afrikas und Südamerikas. Hauptsächlich einheimische Vögel; wichtige Paradiesvogelsammlung. Reiche Studiensammlung wirbelloser Tiere.

Eröffnet: 1951

EBNAT-KAPPEL SG

204 Heimatmuseum der Albert Edelmann-Stiftung ⌂

«Ackerhus», Ackerhusweg 16
Postadresse: Ackerhusweg 16, 9642 Ebnat-Kappel; Tel. (071) 993 19 05
Geöffnet: Di–Fr 10–12, 14–17; Sa nach Vereinbarung; 2. und 4. So im Monat 14–17
Verwalterin: Margrit Hüberli

Musikinstrumente, u.a. Toggenburger Hausorgeln und Halszithern. Toggenburger Wohnkultur: bemalte Möbel des 18. und 19. Jh.; Bauernkunst, Gebrauchsgegenstände. Gemälde von Albert Edelmann, Hans Brühlmann und Karl Hofer.

Eröffnet: 1952
Gebäude: Toggenburgerhaus, 1752

ECHALLENS VD

205 La maison du blé et du pain

Place de l'Hôtel de Ville 5
Adresse postale: Place de l'Hôtel de Ville 5, 1040 Echallens; tél.
(021) 881 50 71/72, fax (021) 882 10 96
Ouvert: 5 janv.–24 déc.: ma–di 8–18
Conservateur: Marianne Bataillard

Meunerie, costumes vaudois, outils agricoles, histoire du blé (chambre à grain), pains de la ferme, outils et machines de boulangerie.

Ouverture en: 1988
Bâtiment: Maison rurale

EGLISAU ZH

206 Ortsmuseum

Weierbach-Huus, Weierbachstrasse, oberhalb des Städtchens, Richtung Buchberg
Postadresse: Hans P. Schaad, Eigenstr. 20, 8193 Eglisau; Tel.
(01) 867 42 00
Geöffnet: 1. So im Monat 14.30–17. Ferner nach Vereinbarung
(nur Gruppen) mit der Gemeindeverwaltung Eglisau; Tel. (01) 867
00 91
Präsident der Museumskommission: Hans P. Schaad, Graphiker

Lachsfischerei am Hochrhein (Weidling, Fanggeräte, Videofilm). Baugeschichte des Städtchens (Ansichten, Modelle), dazu Gerätschaften aus Haushaltungen und örtlichem Gewerbe.

Eröffnet: 1958
Gebäude: Ehem. Weinbauernhaus, 1670

EINSIEDELN SZ

207 Panorama «Kreuzigung Christi»

Benzigerstrasse, in der Nähe des Klosterplatzes
Postadresse: Föhrenweg, 8840 Einsiedeln; Tel. (055) 412 11 74
Geöffnet: Karfreitag–Okt.: Mo–So 10–17
Präsident: Max Fuchs

Auf einer Fläche von 1000 m² Leinwand und plastischem Vordergrund wird die Kreuzigung Christi auf dem Berg Golgatha in der historischen Landschaft des Heiligen Landes mit der Hauptstadt Jerusalem dargestellt. Im Untergeschoss: Mineraliensammlung.

Eröffnet: 1893

208 Streichinstrumentensammlung

Kloster Einsiedeln
Postadresse: Kloster Einsiedeln, 8840 Einsiedeln; Tel. (055) 418 61 11, Fax (055) 418 61 12
Geöffnet: Pfingsten–Okt.: Mo–So 13.30–18. Ferner nach Vereinbarung
Betreuer: P. Lukas Helg

Streichinstrumentensammlung des 19. Jh.: Cellos, Violinen, Geigen, Bratschen aus Frankreich, Vogtland, Tirol.

Eröffnet: 1992
Gebäude: Benediktinerkloster, 18. Jh.

ELGG ZH

209 Heimatmuseum

Humperg-Trotte, Trottenacker, östlich des Dorfes
Postadresse: Hedi Jucker, Kirchgasse 9, 8353 Elgg
Geöffnet: Mai–Okt.: 1. So im Monat 14–17. Ferner nach Vereinbarung
Präsidentin des Vereins: Hedi Jucker, Kirchgasse 9, 8353 Elgg; Tel. (052) 364 21 32

Trottbaum, Getreidemühle von 1668; vollständige Landschmiede. Landwirtschaftliche Geräte. Wohn- und Schlafecke, Renaissancekasten; Schlitten; Feuerwehrgeräte. Altes Handwerk, v.a. eine vollständige Kammacherei, Sattlerwerkzeuge, ferner Darstellung des Hafnereigewerbes. Bilder, Pläne und Dokumente zur Lokalgeschichte; Schweizer Chronik von Johannes Stumpf. Grosse Fotosammlung. Wechselausstellungen.

Eröffnet: 1977
Gebäude: Ehem. Trotte, Humpergtrotte, Elgg

ENDINGEN AG

210 Feuerwehrmuseum

Im Weiler Schöntal zwischen Endingen und Lengnau
Postadresse: Walter Huber, Hochstrasse 19, 5452 Oberrohrdorf; Tel. (056) 496 11 29 (Privat) od. 241 01 51 (Geschäft)
Geöffnet: Auf Anfrage
Besitzer: Walter Huber und Angehörige

Diverse Feuerwehrausrüstungen aus der Schweiz und aus dem Ausland. Helme, Abzeichen, Feuerspritzen. Werkzeuge verschiedener Handwerker. 1200 m² Ausstellungsfläche.

Eröffnet: 1992
Gebäude: Wohnhaus und Anbau von 1865

ENGELBERG OW

211 Tal-Museum ⌂

Dorfzentrum
Postadresse: Dorfstr. 6, 6390
Engelberg; Tel. (041) 637 04
14
Geöffnet: Jan.–Apr.: Mi–So
14–18. Mitte Mai–Mitte Okt.:
Mi–So 14–18.
26. Dez.–1. Januarwoche:
Mo–So 14–18. Ferner nach
Vereinbarung: Tel. (041) 637
13 09
Konservator: Markus Britschgi,
Kunsthistoriker

*Szepter, Ende 16. Jh.,
und Richtschwert, um 1510*

Reiche historische Sammlung aus der Region der Herrschaft der
Abtei Engelberg. Staats- und Rechtsaltertümer der Herrschaftsge-
schichte. Freibriefe seit 1413. Sammlung zur Wohnkultur, haus-
wirtschaftliches und bäuerliches Gerät. Bildersammlung. Sammlung
zur Tourismus- und Sportgeschichte. Sammlung zur Geschichte und
Geographie der Alpen: u.a. Familienarchiv Müller: Dokumente von
Joachim Eugen Müller (1752–1833) Reliefbauer, Panoramen,
Reliefs, topographische Ansichten. Wechselausstellungen, Kulturge-
schichte der Region und Schweizer Kunst und Fotografie 19.–20.
Jh.

Eröffnet: 1988
Gebäude: Wappenhaus, 1786–1787

🍵 ♿ 🛗 VMS/AMS

EPTINGEN BL

212 August-Suter-Museum ☐

Im Dachstock des Friedheims, neben Gemeindeverwaltung
Postadresse: Gemeindeverwaltung, 4458 Eptingen; Tel. (061)
299 12 62
Geöffnet: Letzter So im Monat 14–16. Ferner nach Vereinbarung

Werke des Bildhauers August Suter (1887–1965), ca. 40 Skulpturen.

Eröffnet: 1997

ERLENBACH ZH

213 Ortsmuseum

Reformiertes Kirchgemeindehaus (eigener Eingang), Schulhausstrasse 40
Postadresse: Ursula Rentsch, Rietstr. 32, 8703 Erlenbach; Tel. (01) 910 09 31
Geöffnet: 3. So im Monat 10.30–12, 14–16 (ausser während der Sommerferien); Abstimmungssonntage 10–12. Ferner nach Vereinbarung
Leiterin: Ursula Rentsch

Heimatkundliche Sammlung, die in Wechselausstellungen gezeigt wird. Bilder, Stiche, Geräte. Foto- und Diasammlung. Bibliothek mit Dokumenten und Schriften über Erlenbach und das Zürichseegebiet.

Eröffnet: 1966

ERLENBACH IM SIMMENTAL BE

214 Museum der alten Landschaft Niedersimmental

Agensteinhaus im Dorfzentrum
Postadresse: Stiftung Agensteinhaus, Postfach, 3762 Erlenbach i.S.; Tel. (033) 657 21 27 (Konservator), 681 18 44 (Museum, Telefonbeantworter)
Geöffnet: Mai–Okt.: Mi, Sa 14–17. Ferner nach Vereinbarung
Konservator: Max Bratschi-Tschirren, Lehrer, Kapf, 3647 Reutigen; Tel. (033) 657 21 27

Zimmermannskunst, Fleckvieh- und Pferdezucht, Alpwirtschaft, Geologie, Urgeschichte, Geschichte, Simmentaler Käser im Dienste russischer Fürsten. Alte Handwerke wie Küfer, Drechsler, Schindler, Schuster. Webstube, Hausgarten mit Ringzaun.

Eröffnet: 1987
Gebäude: Agensteinhaus, 1765, Arch. Hans Messerli

ERNEN VS

215 Kirchenmuseum

In der Kirche
Postadresse: 3995 Ernen; Tel. (027) 971 11 29
Geöffnet: Wiedereröffnung ca. 1999. Anfrage beim Verkehrsbüro,
Tel. (027) 971 15 62

Paramente, v.a. Kaseln, darunter die Schiner-Kasel aus dem 15. Jh.
Monstranzen, Reliquiare, Prozessionskreuze, Messkännchen und
Kelche aus dem 15.–18. Jh., dabei der Schiner-Kelch. Dokumente.
Exvotos.

Eröffnet: 1975
Gebäude: Ausgrabungsräume, neben der aus dem 15. und 16. Jh. stam-
menden Kirche

216 Museum im Jost-Sigristen-Haus

Im Dorfzentrum
Postadresse: Ulrich Stucky, 3995 Ernen; Tel. (027) 971 23 36
Geöffnet: Mitte Dez.–Apr., Mitte Juni–Okt.: Mi, So 16–18
Leiter: Ulrich Stucky

Wohnkultur und Lebensstil des Ämterpatriziats des 18. Jh.; Jakob
Valentin Sigristen (1733–1808), letzter Landeshauptmann im alten
Wallis: sein Leben und seine Zeit. Hauswirtschaft; Landwirtschaft
(Viehzucht und Ackerbau).

Eröffnet: 1995
Gebäude: Blockhaus mit Mauersockel (1581), gemauerter Anbau (1598);
Innenausstattung aus dem späten 18. Jh.

217 Museum im Zendenrathaus

Dorfplatz
Postadresse: Gemeindeverwaltung, 3995 Ernen; Tel. (027) 971
14 28
Geöffnet: Juni–Okt.: Di 17 Uhr (Dorfführung). Ferner nach Vereinbarung mit dem Verkehrsbüro, Tel. (027) 971 15 62

Folterkammer mit Werkzeugen. Erinnerung an Kardinal Matthäus Schiner: Möbel, Bilder, Kanne von 1601. Fahnen; reiche Dokumentensammlung, besonders über die 9 Landeshauptmänner der Pfarrei Ernen.

Eröffnet: 1978
Gebäude: Rathaus, 1750–1762

ESCHLIKON TG

218 Ortsmuseum

Blumenaustrasse 7 (Böcklihaus), neben Schulhaus Bächelacker
Postadresse: Peter Jezler, Waldbachstr. 14, 8360 Wallenwil; Tel. (071) 971 10 83
Geöffnet: 1. Sa im Monat 10.30–12. Ferner nach Vereinbarung
Leiter: Peter Jezler. *Betreuerin:* Silvia Oberhänsli

Geräte für Handwerk, Ackerbau und Torfgewinnung; Stickereizubehör; Haushaltgegenstände; Fahnen.

Eröffnet: 1984

ESTAVAYER-LE-LAC FR

219 Musée

Rue du Musée
Adresse postale: Rue du Musée, 1470 Estavayer-le-Lac
Ouvert: Janv., févr.: sa, di 14–17. Mars–juin: ma–di 9–11, 14–17. Juil., août: lu–je 9–11, 14–17; ve, sa 9–11, 14–17; di 9–11, 14–17. Sept., oct.: comme mars. Nov., déc.: comme janv.
Responsable: Marie Ding, Chemin des Cibles 10, 1470 Estavayer-le-Lac; tél. (026) 663 24 48 ou 663 31 05 (privé)

Objets préhistoriques (néolithique et âge du bronze) provenant des stations lacustres de Font et d'Estavayer; monnaies romaines. Armes des guerres de Bourgogne; souvenirs du séjour des soldats spahis internés en 1940/41. Imagerie populaire. Outils de l'artisanat régional. Cuisine du 15e s. avec ustensiles de ménage; mobilier. Grande collection d'anciennes lanternes des CFF. – Histoire naturelle locale. Grenouilles naturalisées formant une série de scènes satiriques (1850).

Ouverture en: 1925
Bâtiment: Maison gothique, 15e s.

ETTINGEN BL

220 Dorfmuseum

Im «Guggerhuus», Ecke Hauptstrasse/Schanzengasse
Postadresse: Dr. Erich Kunz, Eigenrain 20, 4107 Ettingen
Geöffnet: Jeden 1. So im Monat: 10–12 (ausgenommen Ferienzeit). Ferner nach Vereinbarung (nur Gruppen)
Präsident des kulturhistorischen Vereins Ettingen und der Stiftung Dorfmuseum: Dr. Erich Kunz

Dorfgeschichte. Kirchliche Gegenstände: Kirchenuhr von 1530, Taufbecher 1666, Messbuch 1525, Kirchenbücher ab 1700. Weinbau, Berufe und Brauchtum im Dorf.

Eröffnet: 1986
Gebäude: Sog. «Guggerhuus»

ETTISWIL LU

221 Museum Klösterli «Zeichen religiöser Volkskultur»

Schloss Wyher, Bushaltestelle Schloss Wyher, Linie Luzern–Ettiswil
Postadresse: Postfach 560, 6218 Ettiswil; Tel. des Museums (041) 980 01 74
Geöffnet: Letzter So des Monats 14–17; ferner nach Vereinbarung
Leiter: Dr.Lothar Kaiser, Luegetenstrasse 23, 6102 Malters

Objekte der religiösen Volkskultur vor allem des Kantons Luzern, 18. bis 20. Jh.

Eröffnet: 1997
Gebäude: Dachstock Klösterli Schloss Wyher, ehemaliges Wassserschloss, erbaut um 1510

FELDBRUNNEN SO

222 Dorfmuseum

Möslistrasse 7a, beim Waldegghof, Spycher des Waldegghofs
Postadresse: Susi Reinhart, Buchenrain 247, 4524 Günsberg; Tel. (032) 637 32 51
Geöffnet: Mai–Sept.: 1. So im Monat 14.30–16.30. Ferner nach Vereinbarung
Konservatorin: Susi Reinhart

Werkzeuge und Geräteschaften (Landwirtschaft, Steinhauerei, Schule, Schuhmacherei, Heim-Uhrmacher, Schlosser, Schreiner). Bäuerliche Küche und Waschküche. Masse und Gewichte. Ortsgeschichte.

Eröffnet: 1991
Gebäude: Getreidespeicher, 16.–17. Jh. mit späterem Anbau

---

223 **Museum Schloss Waldegg**

Bushaltestelle St. Niklaus Linie 4 oder Haltestelle Feldbrunnen der Solothurn-Niederbipp-Bahn
Postadresse: Dr. André Schluchter, Gallusstrasse 34, 4600 Olten; Tel. des Schlosses (032) 622 38 67, Fax (032) 623 48 32
Geöffnet: Febr.–14. Apr.: Sa 14–17; So 10–12, 14–17. 15. Apr.–Okt.: Di–Do, Sa 14–17; So 10–12, 14–17. Nov.–20. Dez.: wie Febr.
Konservator: Dr. André Schluchter

Wohn- und Repräsentationsräume mit überlieferter Schlossausstattung des 17. bis 19. Jh. (Gemälde, Möbel, etc.) und Dokumenten der Bewohnerfamilien Besenval von Brunnstatt und von Sury Büssy. Patrizische Lebensweise im Barock unter französischem Einfluss. Die Geschichte der französischen Ambassade in Solothurn (1530–1792) an Hand von Porträts, Dokumenten, Medaillen und Gebäudemodellen. Beziehung Solothurn-Frankreich.

Eröffnet: 1991
Gebäude: Barockes Sommerschloss der Familie Besenval von Brunnstatt; Gartenanlage

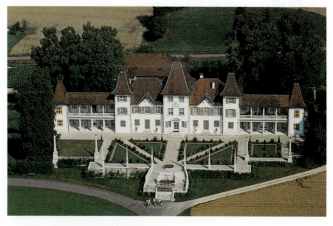

Schloss Waldegg, von Süden

FELDIS / VEULDEN GR

224 Sontg Hippolytus

Dorfplatz / «Tgea da Plaz»
Postadresse: Plasch Barandun, Tgea da Plaz, 7404 Feldis/Veul-
den; Tel (081) 655 10 66
Geöffnet: Nach Vereinbarung
Besitzer: Plasch Barandun

Geräte, Werkzeuge, Geschirr für Käseverarbeitung, Wollverarbei-
tung, Brotgewinnung, antike Schriften, Dorfchronik.

Eröffnet: 1971
Gebäude: Bauernhaus, 14. Jh.

FISLISBACH AG

225 Dorfmuseum

Gemeindehaus Fislisbach
Postadresse: Beat Peterhans, Grabenäckerstr. 6, 5442 Fislisbach;
Tel. (056) 493 21 34
Geöffnet: Abstimmungswochenenden: nach Vereinbarung
Konservator: Beat Peterhans

Ortsgeschichtliche Sammlung. Vereine. Schuhmacherei. Störmetzger. Kunstschlosser. Theatercoiffeur. Landwirtschaft.

Eröffnet: 1991
Gebäude: Ehem. Schulhaus, 1912

FLAWIL SG

226 Ortsmuseum Lindengut

St. Gallerstrasse 81, vis-à-vis Evang. Kirche
Postadresse: St. Gallerstr. 81, 9230 Flawil; Tel. (071) 393 23 29
Geöffnet: So 14–17 (ausser während der Schulferien). Ferner nach
Vereinbarung für Gruppen, Tel. (071) 393 20 64 od. 393 18 25
Präsident des Vereins Ortsmuseum Flawil: Paul Hochuli, Säntis-
strasse 32, 9230 Flawil; Tel. (071) 393 20 61

Ortsgeschichte; altes Handwerk; Stickerei (Handstickmaschine);
Vereinsleben.

Eröffnet: 1989
Gebäude: Herrschaftshaus mit Nebengebäuden, erstmals erwähnt 1804

P

FLIMS GR

227 Hotelmuseum

Pavillon des Park Hotels Waldhaus
Postadresse: Park Hotel Waldhaus, 7018 Flims; Tel. (081) 928
48 48, Fax (081) 928 48 58
E-Mail: phw@bluewin.ch
Geöffnet: Jan.–Mitte Apr., Juni–Mitte Okt., Mitte Dez.–Ende Dez.:
Fr–So 16–17.30
Direktor: Josef Müller

Objekte aus dem Hotelleben um die Jahrhundertwende bis ca.
1945. Dokumentation zur Erweiterung des Hotels (Wettbewerb
1902): Plakate, Architekturpläne. Hotelberufe. Hotelausstattung.
Reisegepäck. Bäckerei von 1904. Historische Schlittenkammer. –
Bündner Olgiati Museum: In dem vom Flimser Architekten Rudolf
Olgiati konzipierten Museum ist ein Teil seiner Sammlung ausge-
stellt: Gegenstände, die bis ins 17. Jh. zurückreichen und aus Häu-
sern von Bündner Tälern stammen. – Kristallsammlung der Walter J.
Koch-Stiftung: Ausstellung der Sammlung des Churer Strahlers Paul
Membrini; die Kristallstufen stammen grösstenteils aus der Surselva
(GR).

Eröffnet: 1992
Gebäude: Pavillon, 1904

P

FRAUENFELD TG

228 Historisches Museum des Kantons Thurgau ⬦

Schloss, im Süden des alten
Stadtkerns
Postadresse: Luzernerhaus,
Freiestr. 24–26, 8510 Frauen-
feld 1; Tel. (052) 724 23 69
(Konservatorin); Tel. des Schlos-
ses: (052) 721 35 91
E-Mail: Margrit.Frueh@ma.tg.ch
Geöffnet: Di–So 14–17
Konservatorin: Dr. Margrit Früh.
Assistent: Heinz Reinhart;
Tel. (052) 724 25 20

Bachmann-Zimmer,
Anfang 19. Jh.

Geschichte, Kunst und Kultur im Kanton Thurgau vom Mittelalter bis
ins frühe 19. Jh. Möblierte Interieurs aus bürgerlichem und bäuerlichem Besitz des 17.–19. Jh. Staatsaltertümer, Waffen, Grossuhren,
Musikinstrumente. Mobiliar, Zinn, Keramik, Ofenkeramik, Glasgemälde. Grössere Sammlung kirchlicher Kunst, bes. des 14.–16. Jh.:
Plastiken, Altäre, Chorgestühl, Goldschmiedekunst.

Eröffnet: 1960
Gebäude: Burg, 13.–15. Jh., von 1534–1798 Sitz der eidgenössischen
Landvögte

229 Museum für Archäologie ⬦

Stadtzentrum, zusammen mit Naturmuseum
Postadresse: Freiestrasse 26, 8510 Frauenfeld; Tel. (052) 724 26
43
E-Mail: jost.buergi@aa.tg.ch
Geöffnet: Di–So 14–17
Konservator: Jost Bürgi

Archäologisches Fundgut aus dem Kanton Thurgau (Neolithikum bis Neuzeit). Schwergewicht: Funde aus Feuchtbodensiedlungen des Neolithikums und römische Epoche. Darstellung der archäologischen Methoden und Techniken.

Eröffnet: 1996
Gebäude: Ehem. Untersuchungsgefängnis

🅿 ▣ ♿

---

230 Naturmuseum des Kantons Thurgau ⬠

Luzernerhaus
Postadresse: Luzernerhaus, Freiestr. 26, 8501 Frauenfeld; Tel. (052) 724 26 43 (Museum) od. 724 23 70 (Konservator), Fax (052) 720 54 84
Geöffnet: Di–So 14–17. Ferner nach Vereinbarung
Konservator: Hannes Geisser

Übersicht über die Geschichte der Erde und des Lebens; Geologie, Fossilien, Pflanzenwelt des Thurgaus: der Teich als Ökosystem, der Wald als Lebensgemeinschaft. Die Tierwelt des Kantons: Stammbaum, Wirbellose, Fische, Amphibien, Reptilien, Säugetiere, ausgestorbene Tiere, Vögel in ihren Lebensräumen; auch lebende Tiere; Mikroskope mit Präparaten; Lernspiele. Entwicklungsgeschichte des Menschen, der Mensch in seiner Umwelt. – Multimedia. Video. Wechselausstellungen.

Eröffnet: 1972
Gebäude: Luzernerhaus, nach dem Stadtbrand 1771 neu errichtet. Unterkunft der Luzerner-Tagsatzungsdelegation.

🅿 ▣ ♿

FRENKENDORF BL

---

231 Ortsmuseum ⌂

Altes Doktorhaus, im Schulareal Mühlacker, Schulstrasse 10a
Postadresse: Fritz Brönnimann, Prattelerstr.30, 4402 Frenkendorf; Tel. (061) 901 83 76; Tel. des Museums (061) 901 87 27
Geöffnet: Jan.–Juni, Sept.–Dez.: 1. So im Monat 10–12, 14–17. Ferner nach Vereinbarung
Präsident des Verkehrs- und Verschönerungsvereins: Heiner Martin

Haus- und landwirtschaftliche Geräte und Werkzeuge; Bandwebstuhl in Betrieb; Baselbieter Trachten; Frenkendörfer Zimmer; Funde aus den Ruinen Alt und Neu Schauenburg. Sonderausstellungen.

Eröffnet: 1978
Gebäude: Arzthaus, um 1890, spätklassizistisch

🅿

FRIBOURG / FREIBURG FR

Sommaire / Übersicht

Espace Jean Tinguely – Niki de Saint Phalle	**232**
Fri-Art Centre d'art contemporain / Kunsthalle	**233**
Jardin botanique de l'Université / Botanischer Garten der Universität	**234**
Musée d'art et d'histoire / Museum für Kunst und Geschichte	**235**
Musée d'histoire naturelle / Naturhistorisches Museum	**236**
Musée suisse de la machine à coudre	**237**
Musée suisse de la marionnette / Schweizer Figurentheatermuseum	**238**
Trésor de la cathédrale Saint-Nicolas	**239**

232 Espace Jean Tinguely – Niki de Saint Phalle ☐

Centre de la vieille ville, bus 1 ou 2, arrêt «Tilleul»
Adresse postale: Musée d'art et d'histoire, Rue de Morat 12, 1700 Fribourg; 026 (305 51 40)
Ouvert: Ma, me 10–17; je 10–17, 20–22; ve–di 10–17
Directrice: Yvonne Lehnherr, Musée d'art et d'histoire

Œuvres de Jean Tinguely de la donation de Niki de Saint Phalle à l'Etat de Fribourg: «Retable de l'abondance et du mercantilisme totalitaire», «L'Avalanche», «La Cascade», «La Mythologie blessée». Relief monumental de Niki de Saint Phalle.

Ouverture en: 1998
Bâtiment: ancien dépôt des tramways construit en 1900

233 Fri-Art Centre d'art contemporain / Kunsthalle □

Adresse postale: Petites-Rames 22, case postale 354, 1701 Fribourg; tél. (026) 323 23 51, fax (026) 323 15 34
E-Mail: fri-art@culture.mcnet.ch
URL: http://www.fri-art.ch
Ouvert: Ma, me 14–18; je 14–18, 20–22; ve 14–18; sa, di 14–17
Directeur: Michel Ritter, rue Guillimann 9, 1700 Fribourg

Centre d'expositions d'art contemporain.

Ouverture en: 1990
Bâtiment: Ancienne fabrique, fin 19e – début 20e s.

234 Jardin botanique de l'Université / Botanischer Garten der Universität ♠

Quartier des Pérolles
Adresse postale: 3, rue Albert-Gockel, 1700 Fribourg; tél. (026) 300 88 86, fax (026) 300 97 40
E-Mail: jardin-botanique@unifr.ch
URL: http://www.unifr.ch/plantbio/bota/garden.html
Ouvert: Janv.-mars: lu–ve 8–17; sa, di 10–16. Avr.–sept.: lu–ve 8–18; sa, di 8–17. Oct.–déc.: comme janv.
Directeur: Jean-Pierre Métraux. *Direction technique:* Susanne Bollinger-Kobelt

Plantes alpines de Suisse, plantes médicinales, plantes aquatiques, plantes utiles et jardin systématique, géophytes; verger avec anciennes variétés locales, arboretum, roseraie.

Ouverture en: 1937

235 Musée d'art et d'histoire / Museum für Kunst und Geschichte ▽□

Hôtel Ratzé et ancien abattoir municipal, 12, rue de Morat, à 300 m de la cathédrale
Adresse postale: 12, rue de Morat, 1700 Fribourg; tél. (026) 305 5140 ou 305 51 67 (renseignements), fax (026) 305 51 41
Ouvert: Ma, me 10–17; je 10–17, 20–22; ve–di 10–17
Directrice: Dr Yvonne Lehnherr. *Conservatrice:* Dr Verena Villiger.
Archéologue: Dr François Guex

Salle d'exposition

Trouvailles préhistoriques, romaines et du haut moyen âge faites sur le territoire cantonal (série de plaques de ceinturons burgondes). – Sculpture et peinture du 11e au 20e s., d'origine fribourgeoise, notamment œuvres de Hans Fries, Martin Gramp, Hans Geiler et Hans Gieng, Pierre Wuilleret, Jean-François Reyff, Joseph Sautter et Gottfried Locher. Objets ayant trait à la vie politique, militaire et économique du canton. Ameublement du 15e au 19e s., étains , faïences, porcelaines, orfèvrerie, tapisseries. Nombreux vitraux du 15e au 18e s. Dessins et aquarelles des 18e et 19e s., œuvres d'artistes fribourgeois, dont Joseph-Emanuel Curty, Joseph de Landerset, Philippe de Fégeli, Joseph-Auguste Dietrich, François Bonnet, Joseph Reichlen et la duchesse Adèle de Castiglione-Colonna (née d'Affry), qui s'adonna à la sculpture et à la peinture sous le pseudonyme de Marcello (1836–1879). Quelques peintures étrangères (collections Marcello et René de Weck). Sculptures d'André Ramseyer, Alfred Hofkunst, Bernhard Luginbühl, Jean Tinguely, Niki de Saint Phalle. – Médaillier cantonal (monnaies fribourgeoises et suisses, trouvailles monétaires fribourgeoises, monnaies d'or romaines, collection de coins et de poinçons). Salles d'expositions temporaires.

Ouverture en: 1823
Bâtiment: Hôtel Ratzé, 16e s., et ancien abattoir de la Ville (1834–36).

---

236 **Musée d'histoire naturelle / Naturhistorisches Museum** ♦

Pérolles, bâtiment de la Faculté des sciences, Université
Adresse postale: Chemin du Musée 6, 1700 Fribourg; tél. (026) 300 90 40, fax (026) 300 97 60
Ouvert: Lu–di 14–18. Ouvert aussi pour les écoles, ma–ve 8–12
Directeur: André Fasel. **Adjoint:** Emanuel Gerber

Rollier d'Abyssinie

Sciences de la Terre: exposition thématique. – Minéralogie (systématique, formes, couleurs, fissure alpine, pétrographie, volcanisme). – Histoire de la Terre (fossiles). – Géologie/Paléontologie (géologie du canton, fossiles, relief).

Zoologie: – Faune régionale (surtout oiseaux et petits mammifères). – Dioramas d'oiseaux. – Collection générale (salle systématique des vertébrés, faune des divers continents, baleine naturalisée, squelettes). – Systématique des insectes. – Systématique des invertébrés. – Systématique des poissons, reptiles et batraciens. – Exposition thématique consacrée aux oiseaux: «Et l'Ecaille devint plume». Expositions temporaires.

Ouverture en: 1826
Bâtiment: Ancienne fabrique de wagons

---

237 **Musée suisse de la machine à coudre**

Grand'Rue 58
Adresse postale: Edouard Wassmer, Le Château 1, 1782 Belfaux; tél. (026) 475 24 33; Fax (026) 457 24 34
Ouvert: Sur demande
Propriétaire: Edouard Wassmer

Collection de machines à coudre et de fers à repasser (16e–20e s.). Instruments de chapeliers et de cordonniers. Aspirateurs mécaniques (1890–1919).

Ouverture en: 1975
Bâtiment: Maison de Diesbach, 18e s. Musée dans les caves du 13e s.

238 Musée suisse de la marionnette / Schweizer Figurentheatermuseum

Derrière les Jardins 2 (face à l'usine électrique de l'Oelberg)
Adresse postale: Nicolas Bindschedler, Samaritaine 34, 1700 Fribourg; tél. (026) 322 85 13
Ouvert: Févr.–déc.: di 14–17. En outre sur rendez-vous (groupes à partir de 20 personnes)
Conservateur: Nicolas Bindschedler. *Adjoint:* Jean Bindschedler

Collection en évolution permanente de marionnettes suisses et étrangères, notamment indiennes, indonésiennes et européennes, à tiges, à fils, à tringle et à gaine, du 17e au 20e s. Ombres articulées, décors, castelets.

Ouverture en: 1983
Bâtiment: Atelier «Art nouveau» construit vers 1880, agrandi en 1904

239 Trésor de la cathédrale Saint-Nicolas

Au premier étage de la tour occidentale de la cathédrale
Adresse postale: Chapitre de Saint-Nicolas, rue des Chanoines, 1702 Fribourg; tél. (026) 347 10 40
Ouvert: Sur demande, lu–sa 9–17 (groupes seulement)

Pièces d'orfèvrerie et ivoires, 15e–20e s.: calices, ostensoirs, reliquaires, statuettes d'argent, chandeliers et divers accessoires du culte.

Ouverture en: 1992
Bâtiment: Cathédrale, ancienne chapelle Saint-Michel

FRICK AG

240 Saurier-Museum

Primarschulhaus
Postadresse: Schulstrasse, 5070 Frick
Geöffnet: 1. und 3. So im Monat 14–17. Führungen nach Vereinbarung. Auskunft bei Kurt Wettstein, Tel. (062) 871 18 54 od. Info-Telefon (062) 871 02 70
Betreuer: Kurt Wettstein

Wirbellose Fossilien aus der Tongrube Frick. Ammoniten aus dem Eisenerzbergwerk Herznach. Plateosaurier-Skelett vollständig, Skelett-Teile, Knochen, Mineralien. Informationstafeln, Video-Schau.

Eröffnet: 1978
Gebäude: Schulhaus, 1912

GANDRIA, CANTINE DI TI

241 **Museo doganale svizzero**

Sull'opposta costiera di Gandria, nel posto guardie di confine.
Accessibile solo via lago da Gandria e da Lugano.
Indirizzo postale: Museo nazionale svizzero, c.p. 6789, 8023
Zurigo; tel. (01) 218 65 11; tel. del museo: (091) 923 98 43;
tel. del posto di confine a Gandria: (091) 971 27 46
URL: http://www.slmnet.ch
Aperto: Domenica delle Palme–15 ott.: lu–do 14.30–17.30
Direttore: Dott. Andres Furger. **Conservatore:** Dott. Matthias Senn
(Museo nazionale svizzero)

Museo doganale svizzero, visto dal lago

Ricostruzione di quattro locali di un posto di dogana ticinese verso
il 1900: ufficio doganale, posto di guardia doganale, stanza di
soggiorno e dormitorio. Oggetti e documenti riferentesi al servizio
doganale ed al contrabbando: uniformi, armi e merci dei con-
trabbandieri, battello di contrabbando, trappole ed armi di bracconaggio, insegne di dogana. Storia della dogana confederale
ed informazioni sui servizi doganali attuali. Mortuario. Programma
audiovisivo.

Aperto nel: 1949
Edificio: Edificio doganale, 1856

GENEVE GE

Sommaire

Bibliothèque publique et universitaire	**242**
Cabinet des estampes	**243**
Collection de la Fondation in memoriam Comtesse Tatiana Zoubov	**244**
Collections Baur	**245**
Institut et Musée Voltaire	**246**
Maison Tavel	**247**
MAMCO / Musée d'art moderne et contemporain	**248**
Musée Ariana	**249**
Musée Barbier-Mueller	**250**
Musée d'art et d'histoire	**251**
Musée d'ethnographie	**252**
Musée d'histoire des sciences	**253**
Musée de l'horlogerie	**254**
Musée de l'Institut Henry Dunant	**255**
Musée international de la Croix-Rouge et du Croissant-Rouge (MICR)	**256**
Musée Jean Tua	**257**
Musée philatélique des Nations Unies	**258**
Muséum d'histoire naturelle	**259**
Petit Palais / Musée d'art moderne	**260**
GENEVE – CHAMBESY Musée militaire genevois	**261**
Conservatoire et jardin botanique	**262**
Musée des Suisses à l'étranger	**263**
GENEVE – LE GRAND-SACONNEX Musée international de l'automobile	**264**
GENEVE – PLAN-LES-OUATES Musée des téléphones de Genève	**265**

242 Bibliothèque publique et universitaire

Salle Ami Lullin, promenade des Bastions, près de l'Université
Adresse postale: Case postale, 1211 Genève 4; tél. (022) 418
28 00, fax (022) 418 28 01
E-Mail: danielle.buyssens@bpu.ville-ge.ch
URL: http://www.unige.ch/biblio/bpu/
Ouvert: Lu–ve 9–12, 14–17; sa 9–12 (s'adresser à l'huissier)
Conservateurs: Danielle Buyssens, Philippe Monnier (manuscrits),
Charles Wirz (collection Rousseau), Michel Piller (portraits)

Collection concernant l'histoire de la Réforme et l'écrivain Jean-
Jacques Rousseau (1712–1778). Manuscrits médiévaux et portraits
de Genevois illustres. Collection historique de la Réforme: documents iconographiques, manuscrits, imprimés et souvenirs des réfor-
mateurs. Collection Jean-Jacques Rousseau: éditions, traductions et
manuscrits de ses œuvres. Gravures, peintures et sculptures représentant l'écrivain, ou inspirées par son œuvre. Souvenirs personnels. Expositions temporaires.

Ouverture en: 1905

243 Cabinet des estampes

5, promenade du Pin, près du Musée d'art et d'histoire
Adresse postale: 5, promenade du Pin, 1204 Genève; tél. (022)
418 27 70, fax (022) 418 27 71
E-Mail: cde@ville-ge.ch
URL: http://www.ville-ge.ch/musinfo/mahg/cde/estampes.htm
Ouvert: ma–di 10–12, 14–18
Directeur: Cäsar Menz (Musée d'art et d'histoire). *Conservateur:*
Rainer Michael Mason. *Assistants:* Christophe Cherix, John-Séba-
stien Sattentau

Œuvres anciennes: italiennes, allemandes, hollandaises, françaises, anglaises et espagnoles. Estampes russes 1910–1924.
Œuvres contemporaines. Expositions temporaires.

Ouverture en: 1952

244 Collection de la Fondation in memoriam Comtesse Tatiana Zoubov □

2, rue des Granges, en Vieille Ville
Adresse postale: 2, rue des Granges, 1204 Genève; tél. (022) 311 92 55 (répondeur)
Ouvert: Janv.–14 juin (sauf semaine avant et après Pâques): je 18, sa 14.30, 15.30 (visites guidées). 15 juin–30 sept.: lu, ma, me, je, ve 15.45 (visites guidées). A 17.00, départ de l'Hôtel de Ville, dans le cadre du «tour de la Vieille Ville». Oct.–mi-déc.: je 18.00, sa 14.30, 15.30 (visites guidées). En outre sur rendez-vous avec la gérante
Gérante: Nadia Bot, 1, rue Frédéric-Amiel, 1203 Genève; tél. (022) 340 48 64

Intérieurs meublés (Régence, Louis XV et Louis XVI; Chippendale). Portraits, entre autres d'Elisabeth-Louise Vigée-Lebrun, Jean-Baptiste Lampi père et fils, François Gérard. Objets d'art du 18e s.; bustes, vases, porcelaines, tapisseries, lustres; objets de Chine, en particulier émaux de Canton.

Ouverture en: 1973
Bâtiment: Hôtel particulier, 18e s., esthétique classique, style français

245 Collections Baur □ ✆

8, rue Munier-Romilly, proche de l'Eglise russe
Adresse postale: 8, rue Munier-Romilly, 1206 Genève; tél. (022) 346 17 29, fax (022) 789 18 45
E-Mail: email@collections-baur.ch
URL: http://www.collections-baur.ch
Ouvert: ma–di 14–18
Conservateur: Frank Dunand

Objets d'art asiatique. Chine: céramique des époques Tang, Song, Ming et Qing. Jades de l'époque Qing. Japon: céramique des 18e et 19e s., laques, netsuke, ornements de sabres.

Ouverture en: 1964

246 Institut et Musée Voltaire

25, rue des Délices
Adresse postale: 25, rue des Délices, 1203 Genève; tél. (022) 344 71 33
Ouvert: Musée: lu–ve 14–17. Bibliothèque: lu–ve 14–17 (le matin sur rendez-vous)
Conservateur: Charles Wirz

Collection en souvenir du philosophe Voltaire (1694–1778): manuscrits, imprimés, documents iconographiques; objets (en particulier meubles) ayant appartenu à Voltaire.

Ouverture en: 1954
Bâtiment: Villa «Les Délices», résidence principale de Voltaire de mars 1755 à l'automne de 1760, en sa possession jusqu'en 1765

247 Maison Tavel

6, rue du Puits-Saint-Pierre, en Vieille Ville
Adresse postale: 6, rue du Puits-Saint-Pierre, 1204 Genève; tél. (022) 310 29 00
Ouvert: Ma–Sa 12–17; di 10–17
Directeur: Cäsar Menz (Musée d'art et d'histoire). *Conservateurs:* Livio Fornara, Annelise Nicod

L'histoire de Genève, du moyen âge au 19e s. Relief Magnin: maquette de Genève en 1850. Mobilier, argenterie, étains, costumes dans le cadre d'un ancien appartement du 18e s. Eléments d'architecture: menuiserie, ferronnerie, serrurerie. Plans et vues de Genève. Monnaies, poids et mesures. Objets historiques et archéologiques. Expositions temporaires.

Ouverture en: 1986
Bâtiment: Hôtel particulier, 14e s.

248 MAMCO / Musée d'art moderne et contemporain □

10, rue des Vieux-Grenadiers
Adresse postale: 10, rue des Vieux-Grenadiers, 1205 Genève;
tél. (022) 320 61 22, fax (022) 781 56 81
Ouvert: Ma 12–21; me–di 12–18. Commentaires du musée: ma
18.30
Directeur: Christian Bernard. *Conservatrice:* Françoise Nyffeneg-
ger. *Relations extérieures:* Arielle Mollof Wagner

Collection d'art contemporain.

Ouverture en: 1994
Bâtiment: Ancien bâtiment de la Société des instruments de physique

Mamco: vue extérieure

249 Musée Ariana □

10, avenue de la Paix, près du Palais des Nations
Adresse postale: 10, avenue de la Paix, 1202 Genève; tél. (022)
418 54 50, fax (022) 418 54 51
E-Mail: danielle.carbonatto@ari.ville-ge.ch
URL: http://www.ville-ge.ch/geneve/musees/ariana.htm
Ouvert: Lu, me–Sa 11–17; di 10–17
Directeur: Cäsar Menz (Musée d'art et d'histoire). *Conservateur:*
Roland Blaettler. *Assistant-conservateur:* Anne-Claire Schumacher.
Bibliothécaire: Anne-Marie Kuffer. *Restauratrice:* Betty Hakkak

Grand hall

Musée suisse de la céramique et du verre: porcelaines, faïences et poteries des manufactures suisses et européennes, principalement du 16e au 19e s. Porcelaines de Chine et du Japon. Faïences islamiques. Céramique moderne. Verre du 16e au 20e s.

Ouverture en: 1884
Bâtiment: Musée Ariana, 1877–1883, construite par le collectionneur Gustave Revilliod pour abriter sa collection

---

250 **Musée Barbier-Mueller**

10, rue Jean-Calvin, en Vieille Ville
Adresse postale: 10, rue Jean-Calvin, 1204 Genève; tél. (022) 312 02 70, fax (022) 312 01 90
E-Mail: musée@barbier-mueller
Ouvert: Lu–di 11–17
Propriétaires: Jean-Paul Barbier et Monique Barbier-Mueller. *Direction administrative:* Laurence Mattet

Art primitif d'Afrique, d'Océanie, de Mélanésie et d'Amérique. La recherche esthétique plastique et artistique prime sur la recherche ethnographique didactique dans le choix des objets, qui sont montrés lors d'expositions permanentes et temporaires.

Ouverture en: 1977

251 Musée d'art et d'histoire

2, rue Charles-Galland
Adresse postale: Case postale 3432, 1211 Genève 3; tél. (022) 418 26 00, fax (022) 418 26 01
URL: http://www.ville-ge.ch/musinfo/mahg
Ouvert: ma–di 10–17
Directeur: Cäsar Menz. *Administrateur:* Eric Burkhard. *Conservateurs:* Jacques Chamay (département d'archéologie grecque et romaine), Matteo Campagnolo (numismatique), Claire Stoullig et Claude Ritschard (département des beaux-arts), Marielle Martiniani-Reber (département des arts appliqués), Annelise Nicod (mobilier, étains, dinanderie, argenterie), José Godoy (armes), François Schweizer (conservateur laboratoire et ateliers de restauration), Jeanne Pont (accueil des publics), Isabelle Naef Galuba (inventaire et documentations scientifique), Sylvie Clément Gonvers (promo-

Jean-Etienne Liotard: Nature morte au jeu de loto, vers 1771–1773

tion), Cathy Savioz (service de presse), Paul Pasquier (sécurité et entretien), Véronique Goncerut Estèbe (Bibliothèque d'art et d'archéologie)

Département d'archéologie: préhistoire régionale et européenne; antiquités orientales (tablettes à écritures cunéiformes; cylindres-sceaux mésopotamiens; céramique, argenterie et orfèvrerie iraniennes; importante collection de bronzes du Louristan; céramique et statuaire de Chypre et de Palmyre); antiquités égyptiennes (statuaire, bas-reliefs, objets funéraires et de la vie quotidienne); antiquités grecques (importante collection de vases, bon ensemble de sculptures); antiquités étrusques et romaines (sculpture, céramique, bronzes, intailles); collection lapidaire (inscriptions de Genève et des environs, de l'Antiquité au 16e s.). – Département des Beaux-Arts: peinture suisse, principalement genevoises, du 15e au 20e s.: retable de la cathédrale de Genève par Konrad Witz, œuvres de Jean-Etienne Liotard, Adam Wolfgang Töpffer, Jacques-Laurent Agasse, Alexandre Calame, François Diday, Jean-Pierre Saint-Ours, Robert Gardelle, Pierre-Louis De la Rive, Barthélemy Menn, Ferdinand Hodler, Félix Vallotton, etc. Ecoles étrangères: quelques primitifs allemands et flamands; peinture italienne, hollandaise et flamande 16e–18e s.; belle collection de peinture française du 18e au 19e s.: Maurice Quentin-de-la Tour, Camille Corot, Gustave Courbet. Peinture impressionniste, notamment Pissarro, Monet, Cézanne, Renoir. Art moderne suisse et étranger. Sculptures, en particulier Auguste Rodin, James Pradier, Rodo de Niederhäusern. Collection de sculptures modernes (Jean Arp, Alberto Giacometti, Henri Laurens, Henry Moore, Nouveaux Réalistes). Cabinet de dessins.- Département des arts appliqués: importante collection d'argenterie byzantine. Tissus, objets et sculptures coptes. Orfèvrerie et argenterie européenne, du 16e au 19e s., émaux du Moyen-Age et de la Renaissance. Armes, armures, uniformes et drapeaux du 15e au 18e s. Etains. Meubles et intérieurs meublés, 16e–19e s. (en particulier chambres du château de Zizers, GR, 17e s.). Tapisseries flamandes et françaises 15e–18e s. Vitraux du 12e–17e s., dont ceux de la cathédrale de Genève. – Numismatique: collection universelle, monnaies antiques, poids byzantins, monnaies et médailles suisses, principalement genevoises et savoyardes, sur consultation. – Des expositions temporaires sont organisées dans les locaux du Musée d'art et d'histoire et au Musée Rath (place Neuve).

Ouverture en: 1910
Bâtiment: Edifice construit entre 1904 et 1910 pour abriter le musée, arch. J. et M. Camoletti

252 Musée d'ethnographie

Boulevard Carl-Vogt 65–67.
Annexe d'expositions temporaires: Chemin Calandrini 7 à Conches
Adresse postale: Boulevard Carl-Vogt 65–67, case postale 191, 1205 Genève; tél. (022) 418 45 50, fax (022) 418 45 51. *Annexe d'expositions temporaires:* Chemin Calandrini 7, 1231 Conches; tél. (022) 346 01 25, fax (022) 789 15 40
E-Mail: musee.ethno@ville-ge.ch
URL: http://www.ville-ge.ch/musinfo/ethg/index.htm
Ouvert: ma–di 10–17
Directeur: Louis Necker. *Administrateur:* André Walther.
Responsable des manifestations publiques: Christine Détraz. *Conservateurs:* Laurent Aubert (ethnomusicologie), Bernard Crettaz (Europe), Jérôme Ducor (Asie), René Fuerst

Mâts-totem des Indiens Tsimshian (Alaska)

(Océanie), Claude Savary (Afrique), Daniel Schoepf (Amérique).
Bibliothécaire: Bernadette Chevalier

Ethnographie régionale (collection Amoudruz). Afrique de l'Ouest, du Centre et du Sud, Amérique précolombienne et Amazonie, Inde, Chine, Japon, Australie et Océanie en général. Instruments de musique. Poterie populaire. Le musée est aussi le siège de la Société suisse des Américanistes (bibliothèque publique spécialisée) et des Archives internationales de musique populaire.

Ouverture en: 1901
Bâtiment: Ancienne école, boulevard Carl-Vogt, 1895–1899, arch. Etienne Poncy. Villa Calandrini

253 Musée d'histoire des sciences

Villa Bartholoni, 128, rue de Lausanne
Adresse postale: 128, rue de Lausanne, 1202 Genève; tél. (022) 731 69 85, fax (022) 741 13 08
Ouvert: Avr.–oct.: lu, me–di 13–17
Directeur: Cäsar Menz (Musée d'art et d'histoire). *Conservatrice:* Margarida Archinard

Astronomie: instruments de l'ancien observatoire fondé en 1772, télescopes, lunettes, planétaires, astrolabes, cadrans solaires. Arpentage: graphomètres, théodolites, alidades. Navigation: sextants, octants, boussoles. Physique: instruments des anciens Cabinets de physique de Pictet, Chapeaurouge et Senebier, appareils électrostatiques et électromagnétiques, piles, machines pneumatiques, collection de microscopes. Collection de Saussure. Météorologie: hygromètres de Saussure et de De Luc, collection de baromètres, dont le baromètre portatif de De Luc. Médecine: stéthoscope de Laënnec, aiguilles de Reverdin, trousses de chirurgie, modèles anatomiques.

Ouverture en: 1964
Bâtiment: Villa Bartholoni, de style palladien, début 19e s.

---

254 Musée de l'horlogerie

15, route de Malagnou, près du Muséum d'histoire naturelle
Adresse postale: 15, route de Malagnou, 1208 Genève; tél. (022) 418 64 70, fax (022) 418 64 71
E-Mail: mhe@mah.vill-ge.ch
URL: http://www.ville-ge.ch
Ouvert: Lu, me–Sa 12–17; di 10–17
Directeur: Cäsar Menz (Musée d'art et d'histoire). *Conservatrice:* Fabienne Xavière Sturm.
Horloger-restaurateur: Richard Rod

*Montre émaillée par
Jean Pierre Huaud, 1700*

Montres genevoises et européennes du 16e au 20e s. Pendulerie européenne du 15e au 20e s. Bijoux genevois et européens du 18e au 20e s. Outillage d'horloger, d'émailleur, de miniaturiste des 18e et 19e s. Emaux peints, du 17e au 20e s. Tabatières et accessoires (petite orfèvrerie).

Ouverture en: 1972
Bâtiment: Villa Bryn Bella, de style palladien, vers 1840, dans un parc

255 Musée de l'Institut Henry Dunant

114, rue de Lausanne, parc Mon-Repos
Adresse postale: 114, rue de Lausanne, 1202 Genève; tél. (022) 731 53 10, fax (022) 732 02 33
E-Mail: institut.henry-dunant@itu.ch
URL: http://henrydunant.org
Ouvert: Lu–ve 9–12, 14–17
Directeur: Jiri Toman

Collection en souvenir d'Henry Dunant (1828–1910), philanthrope et écrivain. Documents, iconographie, publications, diagrammes philosophiques et souvenirs personnels de Dunant. Documentation sur le développement de la Croix-Rouge, entre autres affiches de la commune concernant le service de santé, décorations et souvenirs de Frédéric Ferrière, un des pionniers de la Croix-Rouge, instruments de médecine militaire.

Ouverture en: 1974
Bâtiment: Maison de maître

256 Musée international de la Croix-Rouge et du Croissant-Rouge (MICR)

17, avenue de la Paix, à proximité du Palais des Nations Unies (entrée Nord)
Adresse postale: 17, avenue de la Paix, 1202 Genève 2; tél. (022) 733 26 60 (renseignements) ou 734 52 48 (administration), fax (022) 734 57 23
E-Mail: admin@micr.ch
URL: http://www.micr.ch
Ouvert: Lu, me–di 10–17
Directeur: Roger Marcel Mayou. *Conservateur:* Philippe Mathez

Collection iconographique sur l'histoire de la Croix-Rouge et du Croissant-Rouge, notamment photographies (environ 10 000 documents de 1864 à nos jours), documents audiovisuels, affiches, médailles, décorations, insignes, objets de prisonniers, fonds d'archives familiales (Dunant, Ador, Bouvier, Oltramare), philatélie. Expositions temporaires, cycle de conférences mensuelles d'octobre à mai, concerts en été.

Ouverture en: 1988
Bâtiment: Musée enterré dans la Colline du Petit Morillon, sur laquelle s'élève le siège du CICR (ancien hôtel Carlton)

Atrium, 1989

---

257 **Musée Jean Tua**

28–30, rue des Bains
Adresse postale: 28–30, rue des Bains, 1205 Genève; tél. (022)
321 36 37, fax (022) 321 83 84
Ouvert: Me–di 14–18. En outre sur rendez-vous pour groupes dès
20 personnes
Directeur: Jean Tua

Musée de l'automobile, de la moto et du cycle. Collection comprenant plus de 140 véhicules (voitures, motos, side-cars, vélos,
camions, etc.) du début du siècle à 1939.

Ouverture en: 1994
Bâtiment: Ancien bâtiment de la Société des instruments de physique

---

258 **Musée philatélique des Nations Unies**

ONU, entrée Pregny, porte 39
Adresse postale: Administration postale des Nations Unies, Palais
des Nations, 1211 Genève 10; tél. (022) 907 48 82, fax (022)
917 00 24
Ouvert: Lu–ve 9–12, 14–16.30
Secrétaire-conservateur: Wilhelmina G. Wezenberg

Timbres-poste et documents philatéliques relatifs au Congrès de la Paix à Versailles. Timbres dits «de service» de la Société des Nations, du Bureau International du Travail (Genève) et de la Cour Internationale de Justice (La Haye). Emissions des Nations Unies (New York, Genève et Vienne) et des organisations affiliées. Programme de multivision: «Apprendre en collectionnant». – En préparation: timbres des administrations postales nationales sur les thèmes relatifs à l'Organisation des Nations Unies.

Ouverture en: 1962
Bâtiment: Nouvelle aile du Palais des Nations

---

259 Muséum d'histoire naturelle

1, route de Malagnou
Adresse postale: Case postale 6434, 1211 Genève 6; tél. (022) 418 63 00, fax (022) 418 63 01
E-Mail: volker.mahnert@mhn.ville-ge.ch
URL: http://www.ville-ge.ch/musinfo/mhng/index.htm
Ouvert: ma–di 9.30–17
Directeur: Volker Mahnert (zoologie). *Administrateur:* Christian Wyler. *Bibliothécaire:* Anne-Marie Deuss. *Conservateurs:* François Baud (mammalogie et ornithologie), Jean Mariaux (herpétologie et ichtyologie), Ivan Löbl (entomologie), Bernd Hauser (arthropodes et insectes), Claude Vaucher (invertébrés), Louis Chaix (archéozoologie), Danielle Decrouez (géologie et paléontologie), Halil Sarp (minéralogie et pétrographie)

Dinosaure carnivore. Megalosaurus sp. 170 mio. a.

Collections générales et régionales, présentées notamment sous forme de dioramas. Zoologie: mammifères, oiseaux, insectes, amphibiens, reptiles, invertébrés, poissons, mollusques. Importantes collections de Jean-Baptiste de Lamarck, Perceval Loriol, Horace-Bénédict de Saussure, Auguste Forel, Benjamin Delessert, etc. Paléontologie: riches collections de fossiles vertébrés et invertébrés, notamment important matériel des pampas d'Argentine. Géologie et minéralogie: collections de stratigraphie, pierres précieuses, minéraux luminescents.

Ouverture en: 1820

---

260   Petit Palais / Musée d'art moderne   ☐

Petit Palais, 2, terrasse Saint-Victor
Adresse postale: 2, terrasse Saint-Victor, 1206 Genève; tél. (022) 346 14 33; fax (022) 346 53 15
E-Mail: petitpalais@vtx.ch
Ouvert: Lu–ve 10–18; sa–di 10–17
Président-fondateur: Dr Oscar Ghez

Peinture française de 1880 à 1930. Impressionnisme (Gustave Caillebotte, Paul Cézanne, Armand Guillaumin, Edouard Manet, Auguste Renoir, etc.). Néo-impressionnisme (Charles Angrand, Henri-Edouard Cross, Maximilien Luce, Theo van Rysselberghe, Henri van de Velde, Achille Laugé, Henri Martin, etc.), Nabis (Edouard Vuillard, Maurice Denis, Paul Gauguin, Emile Bernard, Paul Sérusier, Jacques Lacombe, Paul Ranson, etc.), Fauves (Charles Camoin, Emile-Othon Friesz, Henri-Charles Manguin, Jean Puy, Louis Valtat, Kees van Dongen, Nicolas Tarkhoff, Friedrich Karl Gotsch). Peintres de Montmartre (Marcel François Leprin, Alphonse Léon Quizet, Maurice Utrillo, Suzanne Valadon, etc.). Ecole de Paris (Tsugouharu Foujita, Moïse Kisling, André Lhote, Albert Gleizes, Jean Metzinger, etc.). Peintres naïfs (Le Douanier Rouseau, André Bauchant, Camille Bombois, Ferdinand Desnos, etc.). Peintres suisses (Théophile-Alexandre Steinlen, Rodolphe-Théophile Bosshard, Félix Vallotton, Wilhelm Gimmi, Maurice Barraud, etc.).

Ouverture en: 1968
Bâtiment: Hôtel particulier, Second Empire

GENEVE – CHAMBESY GE

261 Musée militaire genevois

Château de Penthes, Prégny-Chambésy
Adresse postale: Richard Gaudet-Blavignac, 18, ch. des Hauts-Crêts, CP 51, 1223 Cologny; tél. (022) 735 24 06
Ouvert: Me–di 10–12, 14–18
Conservateur: Richard Gaudet-Blavignac

Histoire militaire de Genève de 1814 à nos jours.

Ouverture en: 1984
Bâtiment: Anciennes écuries du domaine de Penthes

262 Conservatoire et jardin botaniques ⚲

1, chemin de l'Impératrice (entrées Place Albert Thomas et avenue de la Paix), près de l'O.N.U.
Adresse postale: Case postale 60, 1292 Chambésy; tél. (022) 418 51 00, fax (022) 418 51 01

Jardin d'hiver

E-Mail: @cjb.unige.ch
URL: http://wwwcjb.unige.ch
Ouvert: Jardin: janv.–mars: lu–di 9.30–17. Avr.–sept.: lu–di 8–19.30. Oct.–déc.: comme janv. – Serres: lu–je, sa, di 9.30–11, 14–16.30. Bibliothèque: lu–je 10–12, 13.30–16.30, ve 10–12, 13.30–16
Directeur: Prof. Rodolphe Spichiger. *Sous-directeur:* Hervé Maurice Burdet (conservateur de la bibliothèque). *Administrateur-conservateur:* Pierre-André Loizeau. *Conservateurs:* Patricia Geissler, Philippe Clerc (collections cryptogamiques); Fernand Jacquemoud, David Aeschimann, Daniel Jeanmonod, Marc-André Thiébaud, Catherine Lambelet, Laurent Gautier, Alain Chautems, Lorenzo Ramella (collections phanérogamiques); Adélaïde Stork, David Aeschimann (collection vivante, Jardin); Didier Roguet (floristique appliquée et éducation); Denise Gautier (PSR).

Conservatoire: herbiers formés de plus de 5 millions d'échantillons (planches d'herbier et collections carpologiques) provenant du monde entier, bibliothèque de systématique végétale (200 000 volumes). Patrimoine d'importance internationale. – Jardin: environ 10 000 espèces étiquetées, arboretum, rocailles, plantes alpines du monde entier, plantes tropicales et méditerranéennes, plantes utilitaires et officinales, Jardin des senteurs et du toucher, présentations horticoles saisonnières, serres, volières. Conservatoire de races animales domestiques suisses (Pro Specie Rara). Centre de recherche de botanique systématique et de floristique appliquée. Expositions de vulgarisation scientifique et artistiques (Villa «Le Chêne»). Interprétation et salle de projection (Botanic Show). Tour audio-guidé au Botanic Shop. – Collection de plantes alpines du monde entier au Jardin botanique alpin «Flore-Alpe» de Champex (VS); tél. (026) 83 12 17.

Ouverture en: 1818
Bâtiment: Bâtiments: Villa Le Chêne; serre tropicale (jardin d'hiver: 1902); serres Rotschild

---

263 Musée des Suisses à l'étranger

Prégny-Chambésy, Château de Penthes
Adresse postale: 18, chemin de l'Impératrice, 1292 Prégny-Chambésy; tél. (022) 734 90 21, fax (022) 734 47 40
Ouvert: ma–di 10–12, 14–18
Conservateur et directeur de l'Institut national de recherches historiques sur les relations de la Suisse avec l'étranger: Jean-René Bory, Villa Le Port, Grand-Rue, 1296 Coppet; tél. (022) 776 22 52.

Le château de Penthes

Histoire politique, militaire, littéraire, artistique et scientifique du 15e au 20e s. concernant les Suisses à l'étranger. Documents originaux, livres, décorations, médailles commémoratives, portraits, bustes, meubles, gravures, gouaches, argenterie, maquettes, figurines, armes, uniformes, drapeaux.

Ouverture en: 1960
Bâtiment: Château de Penthes, première mention au 14e s. (maison forte), transformation totale en 1870; quelques modifications au 20e s.

GENEVE – LE GRAND-SACONNEX GE

264 Musée international de l'automobile ✿

Halle 7 du Palexpo, près de l'aéroport Genève-Cointrin
Adresse postale: Voie-des-Traz 40, 1218 Le Grand-Saconnex; tél. (022) 788 84 84, fax (022) 788 84 81
URL: http://www.fastnet.ch/LSNE/ARTCUL/MUSEE/musau
Ouvert: ma–di 10–19
Conseil d'administration: Nicolas Gagnebin. *Direction:* Domenico de Bernardinis

Environ 400 véhicules. Les plus grands constructeurs sont représentés par leurs modèles les plus célèbres. Expositions temporaires.

Ouverture en: 1995

GENEVE – PLAN-LES-OUATES GE

265 Musée des téléphones de Genève ✿

3, route du Camp
Adresse postale: Marc Corbat, 9, rue des Moraines, 1227
Carouge; tél. (022) 300 00 53
Ouvert: Sur demande (max. 10 pers.); tél. (022) 300 00 53 entre
12 et 14 h
Responsable: Marc Corbat

Appareils téléphoniques, notamment suisses et français. Accessoires
divers, sonneries, commutateurs, centraux, boîtes à relais, indica-
teurs de taxe. Documentation en rapport avec les téléphones.

Ouverture en: 1980
Bâtiment: Ancien central téléphonique, vers 1930

GENEVEZ, LES JU

266 Musée rural jurassien ⌂

Haut du village, 9
Adresse postale: Case postale 41, 2714 Les Genevez; tél. de la
gardienne: (032) 484 97 88
Ouvert: 15 Mai–mi oct.: sa, di 13.30–17.30. En outre sur rendez-
vous
Président: Daniel Gerber; tél. (032) 484 93 69. *Gardienne:*
Simone Voirol

Aménagement intérieur d'époque, meubles; outils; machines et
instruments agricoles.

Ouverture en: 1982
Bâtiment: Maison rurale, 16e s.

GERSAU SZ

267 Ortsmuseum ⌂

Im alten Rathaus beim Rathausplatz
Postadresse: Altes Rathaus, Dorfstr. 14, 6442 Gersau; Tel. (041)
828 19 74
Geöffnet: Apr.–Okt.: Di, Sa 15–17; So 10.30–11.30
Leiter: Josef Baggenstoss; Tel. (041) 828 19 74

Heimatkundliche Sammlung. Sammlung von Stradivari-Instrumenten.

Eröffnet: 1984
Gebäude: Rathaus der «altfryen Republik», der einst kleinsten Republik der Welt, 1745

GINGINS VD

268 **Fondation Neumann** ▫

Ecuries du château, au centre du village
Adresse postale: 1276 Gingins; tél. (022) 369 36 53, fax (022) 369 31 72
Ouvert: Je, ve 14–17; sa, di 10.30–17. En outre sur rendez-vous
Conservateur: Helen Bieri

Exposition permanente de verre Art Nouveau. Artistes verriers de la fin du 19e s., tels que Gallé, Daum, Tiffany, Loetz, Argy-Rousseau. Expositions temporaires consacrées aux beaux-arts et aux arts apliquées de la fin du 19e et début deu 20e siècle.

Ouverture en: 1994
Bâtiment: Anciennes écuries du château, reconstruites vers 1846, transformées en 1994

P **N** VMS/AMS

269 **Musée romand de la machine agricole** ⊞

Moulin de Chiblins. Autoroute N1 Genève–Lausanne, sortie Nyon/St-Cergue
Adresse postale: Centre historique de l'agriculture, Moulin de chiblins, 1276 Gingins; tél. (022) 753 15 82; tél. du musée: (022) 369 33 11
Ouvert: Avr.–sept: je, di 14–17. En outre sur demande de Victor Bertschi, tél. (022) 753 15 82; René Gobalet, tél. (021) 801 37 47
Conservateur: Victor Bertschi

Histoire et évolution de la mécanisation de l'agriculture: véhicules, machines, outils. Moulin. Animations: moissons à l'ancienne, travaux saisonniers, activités et métiers liés aux travaux de la terre. Expositions temporaires.

Ouverture en: 1991
Bâtiment: Moulin de Chiblins, attesté dès 970

P

GIORNICO TI

270 Museo di Leventina ⌂

Casa Stanga, nella parte bassa del villaggio
Indirizzo postale: Casella postale, 6745 Giornico; tel. (091) 864
25 22 (museo), 864 12 16 (curatore) o 865 12 43 (custode)
Aperto: Apr.–ott.: ma–do 14–17. Fuori orario per appuntamento:
Cancelleria comunale, tel. (091) 864 13 36, curatore, tel. (091)
864 12 16 o custode (091) 865 12 43
Curatore: Mario Lucchini

Oggetti della vita in Leventina: arnesi, utensili agricoli e casalinghi,
modelli di legno, tradizione ed arte popolare, immagini votive,
artigianato, costumi, tessuti, pesi e misure, monete, documenti.
Ambiente tipico del passato.

Aperto nel: 1966
Edificio: Antica locanda. Casa Stanga, facciata affrescata nel 1589, con
blasoni degli ospiti illustri

P **⋔** ▦

271 Museo Hans Josephsohn ☐

All'entrata nord del villaggio, tra il fiume Ticino e la ferrovia
Indirizzo postale: Scultore: Hans Josephsohn, Burstwiesenstr. 26,
8055 Zurigo; tel. (01) 462 66 94 o (01) 364 34 25. Fondazione: La Congiunta, 6745 Giornico. Architetto: Peter Märkli, Hardstr.
322a, 8005 Zurigo; Tel. (01) 273 51 30
Aperto: Lu, ma, gio–do. Ritirare la chiave al Ristorante Giornico,
tel. (091) 864 22 15
Segretariato della fondazione: Christof Süss, Rebbergstr. 35,
8037 Zurigo; tel. (01) 271 12 23

Rilievi e sculture 1950–1991 dell'artista Hans Josephsohn (Zurigo).

Aperto nel: 1992
Edificio: Museo, 1992, Arch. Peter Märkli

GLARUS GL

272 Kunsthaus

Im Volksgarten (zusammen mit den Naturwissenschaftlichen Sammlungen des Kantons Glarus)
Postadresse: Postfach 665, 8750 Glarus; Tel. (055) 640 25 35, Fax (055) 640 25 19
E-Mail: office@kunsthausglarus.ch
URL: http://www.kunsthausglarus.ch
Geöffnet: Di, Mi 14–17; Do 14–21; Fr 14–17; Sa, So 11–17
Konservatorin: Beatrix Ruf. Betriebsleitung: Astrid Rüegg. **Assistenz:** Stefan Wagner. **Hauswart:** Hanspeter Rüegg

Kunsthaus Glarus, 1952, Architekt Hans Leuzinger

Gemälde und Plastiken von Schweizer Künstlern des 19. und 20. Jh., u.a. Cuno Amiet, René Auberjonois, Maurice Barraud, Paul Basilius Barth, Hedwig Braus, Christine Gallati, Max Gubler, Ferdinand Hodler, Ernst Ludwig Kirchner, Urs Lüthi, Ernst Morgenthaler, Fritz Pauli, Gustav Schneeli, Alexander Soldenhoff, Balz Stäger, Johann Gottfried Steffan, Annelies Strba, Johann von Tscharner, Lill Tschudi, Félix Vallotton, Karl Jakob Wegmann, Jürgen Zumbrunnen. Stiftung Othmar Huber (Picasso, Cobra Gruppe). Bei Wechselausstellungen wird die Sammlung zum grossen Teil magaziniert.

Eröffnet: 1952
Gebäude: Museumsbau, 1952, Arch. Hans Leuzinger

273 Naturwissenschaftliche Sammlungen

Kunsthaus, im Volksgarten
Postadresse: Roland Müller, Am Linthli 30, 8752 Näfels; Tel.
(055) 612 49 49 (Geschäft)
Geöffnet: Bei Wechselausstellungen im Kunsthaus: Di, Mi 14–17;
Do 14–21; Fr 14–17; Sa, So 11–17
Konservator: Roland Müller

Naturgeschichtliche Sammlung der Fauna (Vögel und Säuger) des
Kt. Glarus im Diorama sowie allg. biologische Sammlung, insbesondere Systematik der Vögel der Schweiz. Geologie: in der Kantonsschule Glarus; Tel. (055) 645 45 45; geöffnet während Schul-
öffnungszeiten. Erdgeschichtliche Sammlung in Geologie, Paläontologie und Mineralogie, weltweit mit Schwergewicht Kanton Glarus.

Eröffnet: 1955

274 Suworow-Museum ⌂

Am Landsgemeindeplatz, Schwertgasse 2
Postadresse: Schwertgasse 2, 8750 Glarus; Tel. (055) 640 62
33, Fax (055) 640 64 50
Geöffnet: Di–Fr 14–17; So 14–17. Ferner nach Vereinbarung
Eigentümer: Walter Gähler, Schwertgasse 2, 8750 Glarus

Sammlung zur Erinnerung an fremde Heere, welche im Jahre 1799
in der Schweiz gekämpft haben, hauptsächlich über den Alpenzug
der russischen Armee unter General-Feldmarschall Alexander Suworow (1730–1800). Bodenfunde aus den Kämpfen im Glarnerland,
Bilder, Bücher, Medaillen, Strassenschilder, Suworow-Tradition.

Eröffnet: 1986
Gebäude: Ehem. Restaurant Schwert

GLATTFELDEN ZH

275 Gottfried-Keller-Zentrum / Dichtermuseum ⊞

Gottfried-Keller-Strasse 8, bei der reformierten Kirche
Postadresse: Gottfried-Keller-Str. 8, 8192 Glattfelden; Tel. (01)
867 28 04 od. 867 22 32
Geöffnet: Jan.–Juni, Sept.–Nov.: Sa, So: 14–16. Ferner nach Vereinbarung, auch für Führungen und Veranstaltungen, Tel. (01) 867
22 32
Leitung: Museumskommission der Stiftung Gottfried-Keller-Zentrum

Sammlung zur Erinnerung an Gottfried Keller (1819–1890). Dokumente, Fotos, Erinnerungsgegenstände, Möbel, Ehrengeschenke, Video-Porträt, Lesestube mit Keller-Literatur, hist.-kritische Gesamtausgabe auf CD-Rom. Erlebniswandern auf dem Dichterweg. Sonderausstellungen.

Eröffnet: 1985
Gebäude: «Graues Haus», 16. Jh.

---

276 | Stromhaus Burenwisen

Turbinenstrasse, unterhalb Bahnhof Glattfelden
Postadresse: EKZ-Museum Glattfelden, Netzregion Oberland, PF, 8623 Wetzikon 3; Tel. (01) 867 46 33, Fax (01) 930 34 85
E-Mail: info@ekz.ch
URL: http://www.ekz.ch
Geöffnet: Mo–Sa nach Vereinbarung (nur Gruppen ab 12 Pers.)
Leitung: J.Walty, EKZ, Dreikönigsstr. 18, 8021 Zürich

Elektrotechnik: Erzeugung, Verteilung und Anwendung. Historische Kaplan-Turbine, Sammlung von Elektromotoren, Transformatoren, Zähler, Schalter, Sicherungen, Glühlampen, Messgeräten. Gegenüberstellung von historischen und modernsten Apparaten. Diaschau.

Eröffnet: 1983
Gebäude: Stillgelegtes Kleinkraftwerk

GOLDAU SZ

277 | Bergsturz-Museum

Beim Eingang zum Tierpark
Postadresse: Patrick Kaufmann, Postfach 104, 6410 Goldau; Tel. (041) 855 15 46 oder 855 20 32
Geöffnet: Mai–Okt.: Di–So 13.30–17. Ferner nach Vereinbarung
Verwalter: Patrick Kaufmann

Sammlung zum Goldauer Bergsturz (1806). Ausgrabungsgegenstände, Reliefs, Ikonographie, Literatur. Dorfgeschichte. Bergsturzlandschaft im Natur- und Tierpark.

Eröffnet: 1956

278 Natur- und Tierpark

Parkstrasse
Postadresse: Parkstr. 40, Postfach 161, 6410 Goldau; Tel. (041) 855 15 10, Fax (041) 855 15 20
Geöffnet: Jan., Febr.: Mo–So 9–17. März: Mo–So 8–18. Apr.–Sept.: Mo–So 8–19. Okt.: wie März. Nov., Dez.: wie Jan.
Tierparkdirektor: Dr. Felix Weber

Einheimische Tiere wie Hirsche, Steinböcke, Wasservögel, Eulen und Geflügel. Luchs und europäische Wildkatze. Tierarten, die hier einmal heimisch waren: Bär, Waldrapp.

Eröffnet: 1925
Gebäude: Bergsturzlandschaft mit Felsbrocken, Mischwald und zwei natürlichen Weihern

GONTENSCHWIL AG

279 Dorfmuseum

Im alten Pfarrhaus neben der Kirche
Postadresse: Kurt Gautschi-Fretz, Egg 798, 5728 Gontenschwil; Tel. (062) 773 17 04
Geöffnet: Feb.–Juli, Sept.–Dez.: 1. So im Monat 14–17. Ferner nach Vereinbarung (nur Gruppen) mit Kurt Gautschi-Fretz
Präsident der Museumskommission: Kurt Gautschi-Fretz

Tabakverarbeitung im Wynental, Küfer- und Zimmermannswerkzeuge. Bilddokumentation Alt-Gontenschwil; Rechnungen, Dokumente. Teile der Gebrüder-Zschokke-Sammlung (Möbel, Zinn, Porzellan, Tabakpfeifen, Glas, Messing, Waffen) als Leihgaben des Historischen Museums Lenzburg. Alte Bauernstube. Tonbildschau. Wechselausstellungen.

Eröffnet: 1972
Gebäude: Pfarrhaus, 1498

GOSSAU SG

280 Motorradmuseum

Kirchstrasse 43 und 43a
Postadresse: Josef Hilti, Kirchstr. 43, 9200 Gossau; Tel. (071)
385 16 56
Geöffnet: Sa 10–16; 2.–5. So im Monat 11–16
Eigentümer: Josef Hilti

Motorräder aus der Pionierzeit. Umfangreiche Schweizer Sammlung. Internationale Militärmaschinen. Berühmte Rennmaschinen.
Grosse Motorensammlung. Kindertretautos. «Alltagstöff» von gestern
und heute. Seltene Gespanne. Wechselnde Exponate.

Eröffnet: 1973

GRÄCHEN VS

281 Heimatmuseum

Altes Gemeindehaus
Postadresse: Stiftung «Grechu, ischi Heimat», 3925 Grächen
Geöffnet: am Montag, im Zusammenhang mit dem Dorfrundgang
des Tourismus-Vereins oder auf Anfrage für Gruppen; Tel. (027)
956 27 27
Leiter: Sternau Williner; Tel. (027) 956 10 70

Ortsgeschichte. Geschichte des Strassenbaus. Transport mit Maul-
tieren. Tourismus. Schulbücher. Kleine Schuhmacherei. Holzbearbeitung, Sammlung alter Handwerkzeuge.

Eröffnet: 1991
Gebäude: Ehem. Gemeindehaus

GRAND-SAINT-BERNARD, LE VS

282 Musée de l'Hospice

Adresse postale: Hospice du Grand-Saint-Bernard, 1946 Bourg-
Saint-Pierre; tél. (027) 787 12 36
Ouvert: Juin: lu–di 8–12, 13–18. Juil., août: lu–di 8–19. Sept.:
comme juin
Conservateur: Jacques Clerc; tél. 0033 450 26 33 65

*Statuette de Jupiter poenin,
bronze romain*

Antiquités romaines trouvées au col du Grand-Saint-Bernard: statues, inscriptions votives; collection de monnaies gauloises et romaines. Documents iconographiques sur la région, l'Hospice et son histoire. Collection de minéraux et d'insectes de la région.

Ouverture en: 1987

283 Trésor de l'Hospice ◻

Adresse postale: Hospice du Grand-Saint-Bernard, 1946 Bourg-Saint-Pierre; tél. (027) 787 12 36, fax (027) 787 11 07
Ouvert: Juin: lu–di 8–12, 13–18. Juil., août: lu–di 8–19. Sept.: comme juin
Responsable: Chanoine Bernard Gabioud

Ciboires, calices, reliquaires, statues, ornements, manuscrits (bréviaire du Mont-Joux de 1475), le buste-reliquaire de Saint Bernard (13e s.), la croix patriarcale de style byzantin d'Aymon de Séchal (14e s.).

Ouverture en: 1989
Bâtiment: Hospice

GRANDSON VD

284	**Château**	

Adresse postale: 1422 Grandson; tél. (024) 445 29 26, fax (024) 445 42 89
URL: http://www.swisscastles.ch/vaud
Ouvert: Janv.–févr.: sa 13–17; di 9–17 (en outre sur demande). Mars–oct.: lu–di 9–18. Nov., déc.: comme janv.
Directrice: Johanna Ehrenberg-Wenger

Château-musée, collection d'histoire locale et d'automobiles anciennes. Intérieurs du 13e au 16e s. Vestiges de l'époque lacustre. Salle des chevaliers, armes et armures, chambre de torture; documents sur la bataille de Grandson en 1476 (diorama); le butin des guerres de Bourgogne. Chapeau du Duc Charles le Téméraire (1476). Diaporama: «Du ‹carré savoyard› au ‹carré suisse››».

Ouverture en: 1983
Bâtiment: Château, 13e s., résidence des baillis bernois et fribourgeois après les guerres de Bourgogne

GRANDVAUX VD

285	**Maison Buttin-de Loës**	

Adresse postale: Michel et Eliane Py, Maison Buttin-de Loës, 1603 Grandvaux; tél. (021) 799 14 12
Ouvert: Rameaux–oct.: sa, di et jours fériés 14–18. En outre sur demande

Collection d'histoire locale. Ameublement et objets de la vie quotidienne du 17e au 19e s., en grande partie d'origine régionale.

Ouverture en: 1941
Bâtiment: Maison vigneronne

GRÄNICHEN AG

286 Museum Chornhuus 🏠

Chornhuus
Postadresse: 5722 Gränichen; Tel. (062) 855 88 77 (Gemeindekanzlei)
Geöffnet: Febr.–Juni, Aug.–Nov.: letzter So im Monat 15–17. Ferner nach Vereinbarung (nur Gruppen)

Bilder eines zur Neige gehenden Jahrhunderts. Ur- und Frühgeschichte. Mittelalter. Berner Herrschaft. Bauernkrieg. Wässern der Felder. Geschichte des Waldes. Landwirtschaft. Haushaltung. Gewerbe.

Eröffnet: 1976

🅿

GRENCHEN SO

287 Kunsthaus ☐

Bahnhofstrasse 53, Girardhaus
Postadresse: Freiestr. 2, 2540 Grenchen; Tel. (032) 652 50 22; Fax (032) 652 33 08
Geöffnet: Di, Mi 14–17; Do 17–20; Fr–So 14–17
Konservator: Gerald Lechner, Marktplatz 16, 2540 Grenchen; Tel. (032) 652 33 08

Über 8000 Werke der Gegenwartskunst: Malerei und Plastik (seit etwa 1950), Original-Druckgraphik nationaler und internationaler Künstlerinnen und Künstler. Spezialsammlung: Solothurnische Original-Druckgraphik, Bilder und Zeichnungen regionaler Künstlerinnen und Künstler. Wechselausstellungen nationaler und internationaler Gegenwartskunst.

Eröffnet: 1984
Gebäude: «Girardhaus», 1860

288 Mazzini-Gedenkstätte

Bachtelenstrasse 24
Postadresse: Mazzinistiftung, Bachtelenstr. 24, Postfach 664,
2540 Grenchen; Tel. (032) 654 85 11, Fax (032) 654 85 86
Geöffnet: Mo–Fr 16–18. Ferner nach Vereinbarung
Konservator: Dr. Anton Meinrad Meier, Zaunweg 8, 2502 Biel;
Tel. (032) 342 10 78

Sammlung zur Erinnerung an den italienischen Freiheitskämpfer Giuseppe Mazzini (1805–1872) und seinen Aufenthalt im Bachtelenbad (1835–1837). Dokumente, Stiche, Werke, Publikationen und Texte. Gedenkzimmer mit Mobiliar.

Eröffnet: 1992
Gebäude: Wohnhaus, 1805 erbaut, 1825 als Bachtelenbad erweitert,
heute Kinderheim Bachtelen

GRINDELWALD BE

289 Heimatmuseum

Talhaus, bei der Kirche
Postadresse: Samuel Michel, Oberisch, 3818 Grindelwald; Tel.
(033) 853 22 26; Tel des Museums: (033) 853 43 02
Geöffnet: Febr., März: Di, Do 15–18. Juni-Sept.: Di, Do, Sa
15–18; So 10.30–12, 15–18
Verwalter: Samuel Michel, Lehrer

Möbel, Handwerksgerät. Dokumentation zur Alpwirtschaft, zum Alpinismus und zum Wintersport; Fotosammlung; Stiche.

Eröffnet: 1963

GRÜNINGEN ZH

290 Imkereimuseum Müli

Ca. 300 m vom Restaurant Bahnhof (Parkplatz)
Postadresse: Paul Reutimann, Fuchsrüti, 8626 Ottikon; Tel. (01)
935 36 10
Geöffnet: April–Okt.: 1. und 3. So im Monat 14–17. Ferner nach
Vereinbarung (nur Gruppen)
Leiter: Paul Reutimann, Beauftragter des Imkervereins Bezirk Hinwil

Imkerkultur früher und heute. Übergang vom Korb zum Kasten, gefördert durch die Erfindung der Schleuder (ca. 1860). Entwicklung der einzelnen Biene und des Volkes, Entstehung des Produktes, Krankheiten und ihre Bekämpfung.

Eröffnet: 1991
Gebäude: Alte Scheune, umgebaut

291 Ortsmuseum

Im Schloss
Postadresse: Jürg Brunner, Talacher 34, 8627 Grüningen; Tel. (01) 935 27 39
Geöffnet: Apr.–Juni, Mitte Aug.–Okt.: So 14–17
Konservator: Jürg Brunner, Reallehrer

Darstellung der Geschichte der Landvogtei Grüningen mit ausgewählten Objekten. Modelle, Urkunden, Graphik; einheimisches Gerät.

Eröffnet: 1947
Gebäude: Landvogteischloss, 13. Jh., Sitz der Zürcher Landvögte von 1442–1798

292 Zinnfigurenmuseum Müli

In der Müli
Postadresse: Jürg Brunner, Talacher 34, 8627 Grüningen; Tel. (01) 935 27 39
Geöffnet: Apr.–Juni, Mitte Aug.–Okt.: So 14–17
Konservator: Jürg Brunner, Reallehrer

Kulturgeschichte en miniature vom 1.–20. Jh. Rund 50 Dioramen mit militärischen und zivilen Themen. Alte Spielzeugfiguren, Papiersoldaten; Herstellung der Zinn- und Bleifiguren. Sammlung P. und E. Vogelbach.

Eröffnet: 1988
Gebäude: Mühle

GRÜSCH GR

293 Heimatmuseum Prättigau ⌂

Haus zum Rosengarten
Postadresse: Haus zum Rosengarten, Postfach 123, 7214 Grüsch;
Tel. (081) 325 16 82
Geöffnet: Apr.–Nov.: Sa, So 14–17, parallel zu Rosengartenaus-
stellungen. Ferner nach Vereinbarung mit Georg Jenny; Tel. (081)
325 16 82
Präsident: Dr. Hansluzi Kessler, Schiers. *Konservator:* Stefan Nig-
gli, Grüsch

Urgeschichtliche Funde, Werkzeuge, Mobiliar, haus- und landwirtschaftliches Gerät aus dem Prättigau. Wechselausstellungen.

Eröffnet: 1971
Gebäude: Haus zum Rosengarten

[VMS AMS]

GRUYERES FR

294 Château ▽

Adresse postale: Château de Gruyères, 1663 Gruyères; tél. (026)
921 21 02, fax (026) 921 38 02
Ouvert: Janv, févr.: lu–di 9–12, 13–16.30. Mars–mai: lu–di
9–12, 13–17. Juin–sept.: lu–di 9–18. Oct.: lu–di 9–12, 13–17.
Nov., déc.: comme janv.
Conservateur: Etienne Chatton

Appartements comtaux, mobilier, tapisseries, vitraux. Armes et butin
des guerres de Bourgogne (chapes de Charles le Téméraire, drapeaux). Salle des baillis avec vitraux héraldiques. Salon décoré par
les peintres Camille Corot, Henri-Charles-Antoine Baron, François
Furet et Barthélemy Menn. Piano-forte de Liszt. Tapisseries: Flandres,
1525: Esther et suite de Samson; 17e s.: Guerre de Troie, Aubus-
son: Triomphe d'Alexandre; 18e s.: Beauvais: Verdures. Œuvres et
collection personnelle de monnaies et médailles du sculpteur et
médailleur Antoine Bovy, peintures d'Auguste Baud-Bovy, cycle de
peintures murales de Daniel Bovy. Galerie d'art fantastique (expositions temporaires). En préparation, collection permanente d'art
fantastique contemporain.

Ouverture en: 1939
Bâtiment: Château des comtes de Gruyère, 13e–15e s.

GUTTANNEN BE

295 Kristallmuseum

Wirzen
Postadresse: Familie Ernst Rufibach-Boss, Wirzen, 3861 Guttannen; Tel. (033) 973 12 47
Geöffnet: Juni–Sept.: Mo–Fr 8–17. Ferner nach Vereinbarung
Eigentümer: Familie Ernst Rufibach-Boss, Bergführer

Reichhaltige Mineraliensammlung. Rund 2000 Mineralstufen aus dem Grimselgebiet und den angrenzenden Fundgebieten. Auserlesene Sammelstücke: Rauchquarz, Rosafluorit, u.a. Schwerste Rauchquarzstufe: etwa 300 kg.

Eröffnet: 1975

HÄGGENSCHWIL SG

296 Ortsmuseum

In Lömmenschwil (Ortsteil von Häggenschwil), Alte Konstanzer Strasse 7, in den Schutzräumen des Feuerwehrdepots
Postadresse: Museumskommission, Edwin Germann, Agenstrasse 7, 9312 Häggenschwil; Tel. (071) 298 10 90
Geöffnet: Nach Vereinbarung
Kustos: Edwin Germann

Archäologische Funde aus dem Umfeld der Ruine Ramschwag. Gewerbe; Ortsgeschichte; Landwirtschaft; Hauswirtschaft. Religiöse Volkskunst.

Eröffnet: 1997

HALLAU SH

297 Heimatmuseum

Kirchschulhaus, bei der Dorfkirche
Postadresse: Anton Stählin, Zur Elfenau 448, 8215 Hallau; Tel. (052) 681 33 42
Geöffnet: Nach Vereinbarung
Verwalter: Anton Stählin, Lehrer

Einige ur- und frühgeschichtliche Funde, u.a. römische Münzen und Ziegel. Dokumente zur Ortsgeschichte. Münzen, Waffen, Trachtenschmuck. Bäuerliches Handwerksgerät und Gebrauchsgegenstände des bürgerlichen Alltags. Feuerwehr seit 150 Jahren. 100 Jahre Wasser- und Elektrizitäts-Werk (WEH).

Eröffnet: 1900
Gebäude: Ehemaliges Schulhaus, 1923

298 Schaffhauser Weinbaumuseum

Zur Krone, Hauptstrasse
Postadresse: Jakob Walter, Hohlweg 8, 8224 Löhningen; Tel. (052) 685 14 71
Geöffnet: Mai–Juli: So 13.30–17. Aug.–Okt.: Sa, So 13.30–17. Ferner nach Vereinbarung (nur Gruppen) mit Maria Auer; Tel. (052) 681 34 35

Schaffhauser Rebbaugemeinden, Kleingegenstände der Rebbauern, Winterwerkstatt, Bodenbearbeitung, Pflanzenschutz, Traubenverarbeitung, Kellergeschirr, Brennerei, Küferwerkstatt, Weinkeller.

Eröffnet: 1983

HALTEN SO

299 Museum Wasseramt

Turm
Postadresse: Alois Müller, Grossacker 11, 4566 Halten; Tel. (032) 675 25 04 (privat) u. 626 07 00 (Geschäft)
URL: http://www.cyberweb.ch/halten/
Geöffnet: Mai, Juni, Aug., Sept.: So 14–17. Ferner nach Vereinbarung mit der Turmwartin Emma Wagner, Halten, Tel. (032) 675 50 49 od. Patricia Ziegler, Tel. (032) 626 07 24
Präsident der Stiftung Museum Wasseramt: Alois Müller

Kleines Freilichtmuseum: Burgstelle mit Wohnturm des kyburgischen Dienstadelsgeschlechts, Gruppe von Speichern (16.–19.Jh.) und Ofenhaus. Gefängnis: thematische Präsentation. Wohnkultur des Bezirkes Kriegstetten. Textilien, Trachten und Trachtenschmuck. Landwirtschaftliche Geräte, Kornverarbeitung. Werkzeuge und Geräte verschiedener Handwerke: Metall-, Holz- und Lederverarbeitung. Masse und Gewichte. Keramik. Ziegel. Beleuchtungsgeräte.

Eröffnet: 1962
Gebäude: Burgstelle mit Wohnturm, fünf Speicher und Ofenhaus. Der Wohnturm gehörte dem kyburgischen Dienstadelsgeschlecht, ging 1466 in den Besitz von Solothurn über und wurde im 16. Jh. zum Gefängnis umgebaut.

HEGI ZH

300 Schloss

Hegifeldstrasse 125
Postadresse: Hegifeldstr. 125, 8409 Winterthur; Tel. (052) 242 38 40, Fax (052) 242 58 30
Geöffnet: März–Okt.: Di–Do, Sa 14–17; So 10–12, 14–17
Konservator: Alfred Bütikofer, Stadtarchivar, Stadthaus, 8400 Winterthur; Tel. (052) 267 51 16

Bürgerliche und bäuerliche Kultur der Ostschweiz, Interieurs des 15.–18. Jh., Waffen.

Eröffnet: 1947
Gebäude: Ehem. «Weiherhaus», um 1200, Ausbau um 1496

HEIDEGG LU

301 Schloss

2 km oberhalb von Gelfingen
Postadresse: Dieter Ruckstuhl-Bättig, Schloss Heidegg, 6284 Gelfingen; Tel. (041) 917 13 25; Fax (041) 917 13 08
Geöffnet: Schlossmuseum: Apr.–Okt.: Di–Fr 14–17; Sa, So 10–17. Rosengarten: Apr.–Okt.: Mo–So 9–18
Konservator: Dieter Ruckstuhl-Bättig, lic.phil.

Wohnkultur der letzten Pfyffer von Heidegg; Festsaal mit Deckenfresko des Tessiners Francesco Antonio Giorgioli (1702). Museum für das Amt Hochdorf; Spiel- und Leseecke; Tonbildschau und Ausstellung zur Schlossgeschichte; Wechselausstellungen.

Eröffnet: 1951
Gebäude: Schloss Heidegg, 13.–16. Jh erbaut, 17.Jh. aufgestockt, 1995–98 renoviert

HEIDEN AR

302 Heimatmuseum

Postgebäude, gegenüber der reformierten Kirche
Postadresse: Rudolf Rohner, Lehrer, 9410 Heiden; Tel. (071) 891
19 56
Geöffnet: Jan.–März: So 14–16. Apr., Mai: Mi 14–16; Fr
10–12; So 10–12, 14–16. Juni–Sept.: Mi 14–16; Fr 10–12; Sa
14–16; So 10–12, 14–16. Okt.: wie Apr. Nov., Dez.: wie Jan.
Ferner nach Vereinbarung mit dem Verkehrsbüro; Tel. (071) 891
10 60
Präsident der Museumskommission: Rudolf Rohner

Dokumente zur Dorfgeschichte, Wohnmobiliar-Sammlung von Sängervater Dr. h.c. Alfred Tobler, Osterschriften, Gebrauchsgegenstände, Hausorgel, Waffen und Uniformen, Stickerei. – Naturhistorische Sammlung: Sing- und Raubvögel, Wild- und Raubtiere,
Schmetterlinge; Geologie des Alpsteins. – Kleine ethnographische
Sammlung (Indonesien).

Eröffnet: 1874

303 Henry-Dunant-Museum

Pflegeheim Weidstrasse
Postadresse: Verkehrsbüro, Seeallee 2, 9410 Heiden; Tel. (071)
891 10 60
Geöffnet: Mo–So 9–17
Administration: Verein Henry-Dunant-Museum, Geschäftsstelle der
Sektion SRK Appenzell A.Rh., PF 104, 9104 Herisau; Tel. und Fax
(071) 352 11 50

Sammlung zur Erinnerung an den Gründer des Roten Kreuzes und
Schriftsteller Henry Dunant (1828–1910). Dokumente, Fotos, persönliche Gegenstände.

Eröffnet: 1969
Gebäude: Spital, in dem Henry Dunant die letzten 18 Jahre seines Lebens
verbrachte

HEIMISBACH BE

304 Simon-Gfeller-Gedenkstube

Im alten Schulhaus Thal
Postadresse: Walter Herren, Kreuzwegacker 18, 3110 Münsingen; Tel. (031) 721 13 50, Fax (031) 721 85 33
Geöffnet: 8. Apr.–31. Okt.: Mo–So 8–18. Ferner nach Vereinbarung mit Paul Probst, Kramershaus, 3453 Heimisbach, Tel. (034) 431 27 25, od. mit Walter Herren
Präsident der Simon Gfeller Stiftung: Walter Herren, eidg. dipl. Berufsschullehrer

Sammlung zur Erinnerung an den Emmentaler Dichter Simon Gfeller (1868–1943). Manuskripte (Briefe, Tagebücher, Entwürfe, Notizen), gedruckte Werke, Briefe von Freunden, Ehrungen; Fotos, Dokumente. Aquarelle und Pastellbilder von S. Gfeller; Porträts des Schriftstellers. Einige Gegenstände aus der Gegend.

Eröffnet: 1970
Gebäude: Ehem. Schulhaus Thal, in dem Simon Gfeller 1875–1884 zur Schule ging

HERGISWIL NW

305 Glasmuseum ☼

5 Min. vom Bahnhof und vom Schiffs-Steg Hergiswil
Postadresse: Hergiswiler Glas, Seestr. 12, 6052 Hergiswil; Tel. (041) 630 12 23, Fax (041) 630 21 57
URL: http://www.glasi.ch
Geöffnet: Mo–Fr 9–12, 13.30–17.30; Sa 9–16
Leiter: Robert Niederer

Geschichte des Glases mit Schwergewicht der Geschichte der Hergiswiler Glashütte. Technische, wirtschaftliche und soziale Entwicklung. Licht- und Tonspektakel: Die Kunst des Glasblasens. – Glasproduktion: Besichtigung der handwerklichen Glasherstellung. – Ausstellung «Phänomenales Glas»: ca. 70 manipulierbare Experimente mit Glas, Park mit Murmelbahn, Murmelspielfedern und Quarzsandkasten; aktive Wasserspiele. – Archiv: Systematische Sammlung von Hergiswiler Glas seit 1817, mit Schwergewicht Seriengläser 1900–1974. Komplette Sammlung Roberto Niederer.

Eröffnet: 1992
Gebäude: Glasfabrik

HERISAU AR

306 Historisches Museum ⌂

Altes Rathaus, am Dorfplatz
Postadresse: Dr. Peter Witschi,
Haldenweg 57, 9100 Herisau;
Tel. (071) 352 48 23 (privat)
und (071) 353 61 11
(Geschäft)
Geöffnet: Apr.–Okt.: So
10.30–12. Ferner nach Verein-
barung (werktags)
*Präsident der Museumskommis-
sion:* Dr. Peter Witschi

*Conrad Stark: Empire-Schrank,
1819*

Appenzeller Volkskunst, Bauernmalerei, Stickerei und Weberei.
Funde aus den Burgruinen Rosenberg und Rosenburg. Waffensammlung. Fossilien. Gemäldegalerie. Porzellan-Malerei-Samm-
lung. Hausorgel und Musikdosen.

Eröffnet: 1947
Gebäude: Altes Rathaus, 1828, bis 1876 Tagungsort des Grossen Rates
von Appenzell AR und der Gemeinde-Vorsteherschaft. Diente auch als Pfarr-,
Messmer- und Schulhaus

HINWIL ZH

307 Ortsmuseum ⌂

Oberdorfstrasse 11/13
Postadresse: Gesellschaft Ortsmuseum Hinwil, Oberdorfstr. 11,
Postfach 272, 8340 Hinwil
Geöffnet: März–Dez.: 1. So im Monat 14–17. Ferner nach Ver-
einbarung mit A.Weiss, Tel. (01) 937 34 42
Präsident: Léon Kaelin, Riedmattstr. 12, 8342 Wernetshausen; Tel.
(01) 937 29 52

Heimatkundliche Sammlung. – Wohnhaus: Wohnen und Leben im Flarzhaus im 19. Jh. Möblierte Räume, Stube, Küche, Schlafkammer, Webkeller und Winde, Korbflechter-Werkstatt. Uniformen und Waffen; Ortsgeschichte von Hinwil, Bibliothek, Chronikstube. – Scheune: Landwirtschaft und Handwerk in Hinwil bis 1900. Darstellung der bäuerlichen Arbeiten im Jahresablauf. Handwerksgeräte von Zimmerleuten, Wagnern, Schreinern, Drechslern und Teuchel-Bohrern. – Turpenschopf: Torfstechen. Wechselausstellungen.

Eröffnet: 1925
Gebäude: Vierteiliges Flarz-Riegelhaus, 18. Jh., mit Scheune, Remise und Turpenschopf

HIRZEL ZH

308 Johanna-Spyri-Museum

Bei der reformierten Kirche, an der alten Dorfstrasse
Postadresse: Doris Sameli, Chalbisauweg 9, 8816 Hirzel; Tel. (01) 729 97 14; Tel. des Museums (01) 729 95 66; Führungen: Tel. (01) 729 91 57
Geöffnet: So 14–16 (ausser an Feiertagen). Ferner nach Vereinbarung
Leiterin: Doris Sameli

Sammlung zu Herkunft, Leben und Werk von Johanna Spyri (1827–1901). Fotos, Bilder, Handschriften und Erinnerungsstücke Johanna Spyris und ihrer Hirzler Vorfahren; sämtliche Werke von Johanna Spyri und Meta Heusser-Schweizer; Puppenszene «Heidi auf der Alp». Bibliographie. Dokumentation zum Thema «Heidi». Die Sammlung ist Teil und Ergänzung des Johanna-Spyri-Archivs Zürich.

Eröffnet: 1981
Gebäude: Ehem. Schulhaus, 1660 erbaut, 1980 renoviert, wo Johanna Spyri selbst und ihre Mutter noch die Schule besuchten

HITZKIRCH LU

309 Schatzkammer

Im Kirchturm
Postadresse: Römisch-katholisches Pfarramt, 6285 Hitzkirch; Tel. (041) 917 12 45, Fax (041) 917 12 74
Geöffnet: Nach Vereinbarung mit Sigrist Sepp Thali, Tel. (041) 917 15 15

Kelche, Kreuze und Kerzenstöcke (17.–19. Jh:). Gotische Turm- und barocke Strahlenmonstranz. Zwei silberne Prozessionsstatuen (1700/1740) und zwei barocke Prozessionsfiguren (Holz, versilbert und vergoldet, um 1740). Kaseln.

Eröffnet: 1977
Gebäude: Ehem. Deutschordenskirche, 1679/1680

HOCHFELDEN ZH

310 Parfummuseum   ⊞

Postadresse: Marianne Maag-Riesen, Chäslenstr. 7, 8182 Hochfelden; Tel. (01) 860 80 08, Fax (01) 860 80 01
Geöffnet: 1. So im Monat 9–12. Ferner nach Vereinbarung
Eigentümerin: Marianne Maag-Riesen

«L'Univers du parfum»: Parfumflaschen und Objekte in Zusammenhang mit Parfum.

Eröffnet: 1995

[P] [♿] [VMS/AMS]

HOMBRECHTIKON ZH

311 Dorfmuseum «Stricklerhuus»   ⌂

Langenrietstrasse 6
Postadresse: Therese Schmid, Eichwisrain 14, 8634 Hombrechtikon; Tel. und Fax (055) 244 19 30
Geöffnet: 1. So im Monat 14–17. Ferner nach Vereinbarung. Längere Öffnungszeiten bei Wechselausstellungen
Präsidentin: Therese Schmid. *Hauswart:* Albert Bühler; Tel. (055) 244 12 85

Wechselausstellungen zu geschichtlichen, naturkundlichen und kulturellen Themen.

Eröffnet: 1990
Gebäude: Zürichsee-Bauernhaus, 1690

[VMS/AMS]

HORGEN ZH

312 Bergbaumuseum ⚙

Bergwerkstrasse 29–31
Postadresse: Postfach, 8810 Horgen 1; Tel. (01) 725 39 35
(Sekretariat)
Geöffnet: Apr.–Nov.: Sa 14–16.30 (Treffpunkt: 14 Uhr). Gruppenführungen täglich auf Voranmeldung
Betreuer: Walter Balsiger

Geschichte des Bergwerks: Werkzeug, Bergwerklampen, Einrichtungsgegenstände, Geschichte des Sprengens. Paläontologische Fundstücke. Stollenanlage.

Eröffnet: 1989
Gebäude: Kohlenmagazin des ehem. Bergwerkes

313 Ortsmuseum Sust ⌂

Sust, Bahnhofstrasse 27, am See (Nähe Bahnhof Horgen-See, Schiffstation, Postauto)
Postadresse: Bahnhofstr. 27, 8810 Horgen; Tel. (01) 725 15 58
od. 725 44 61 (Kurator Hans Georg Schulthess)
Geöffnet: So 14–17
Präsidentin der Stiftung für das Ortsmuseum und die Chronik der Gemeinde Horgen: Helen Maag-Renz, Püntstr. 24, 8810 Horgen;
Tel. (01) 725 55 69, Fax (01) 725 55 36

Darstellung der Horgener-Kultur (Pfahlbauepoche / Neolithikum, ca. 3000 v.Chr.). Darstellung der Ortsgeschichte mit Sust (Warenumsatzplatz) und dem entsprechend ausgeschilderten Saumweg Horgen-Sihlbrugg des Warentransportweges aus dem süddeutschen Raum-Innerschweiz-Gotthard-Italien und umgekehrt. Darstellung des lokalen Verkehrs, des lokalen Handwerks, der Textilindustrie und des Kohlenbergwerkes Käpfnach. Küche, kleine Waffensammlung des 18.–20. Jh.

Eröffnet: 1958
Gebäude: Sust, ca. 1552 erstellt, 1780 umgebaut, auf dem ehem. Handelsweg von Deutschland über den Gotthard nach Italien

HÜNEGG BE

314 Martin-Lauterburg-Stiftung □

Schloss Hünegg, Hilterfingen (zusammen mit dem Museum des
Historismus und des Jugendstils)
Postadresse: Kunstmuseum Bern, Postfach, 3000 Bern 7; Tel.
(031) 311 09 44; Tel. des Schlosses: (033) 243 19 82
Geöffnet: Mitte Mai–Mitte Okt.: Mo–Sa 14–17; So 10–12,
14–17
Verwalter: Dr. Sandor Kuthy, Kunstmuseum Bern

Sammlung von Gemälden und Zeichnungen des Berner Malers
Martin Lauterburg (1891–1960). Die Sammlung ist nicht permanent
ausgestellt; für Anfragen, Tel. (033) 243 19 82

Eröffnet: 1974
Gebäude: Schloss Hünegg, 1861–1863 für den kgl. preussischen Kam-
merherrn Albert Otto von Parpart-von Bonstetten erbaut, um 1900 teilweise
umgestaltet

315 Schloss Hünegg / Museum für Wohnkultur der Neurenaissance und des Jugendstils □

Bei Hilterfingen am Thunersee
Postadresse: Stiftung Schloss Hünegg, Staatsstr. 52, 3652 Hilter-
fingen; Tel.: (033) 243 19 82, Fax (033) 243 18 82
Geöffnet: Mitte Mai–Mitte Okt.: Mo–Sa 14–17; So 10–12,
14–17
Konservator (ehrenamtlich): Hermann von Fischer. *Schlosswartin:*
Heidi Waehrer-Urfer

Originale Ausstattung des Schlosses: Wohn-, Schlaf- und Essräume
mit Mobiliar des Historismus (Neurenaissance, um 1860) und des
Jugendstils (um 1900). Anrichteküche, Badezimmer. Im Soussol
Schlossküche, Angestellten-Esszimmer, Bügelraum und Diensten-
Badezimmer.

Eröffnet: 1966
Gebäude: Schloss Hünegg, 1861–1863 für den kgl. preussischen Kam-
merherrn Albert Otto von Parpart-von Bonstetten erbaut, um 1900 teilweise
umgestaltet

HÜNTWANGEN ZH

316 Dorfmuseum

Dorfstrasse 19, gegenüber Restaurant Morgensonne
Postadresse: Dorfmuseumskommission, 8194 Hüntwangen; Tel
(01) 869 12 22/23, Fax (01) 869 20 30
Geöffnet: Mai–Okt.: 1. So im Monat 14–17. Ferner nach Vereinbarung mit dem Präsidenten (nur Gruppen); Tel. (01) 869 12
22/23
Präsident der Dorfmuseumskommission: Hans Schneider

Landwirtschaft. Rebbau. Wohnen. Kochen. Chronik des Dorfes von
der Eiszeit bis heute (Pläne, Stiche, alte Fotos). Chronik der Hutfa-
brik Ritz & Söhne (1890–1956) mit Werkzeugen, Fotos, Werbematerial. Wechselausstellungen.

Eröffnet: 1988

HUTTWIL BE

317 Museum Salzbütte

Spitalstrasse 14
Postadresse: Rosmarie Burkhardt-Aebi, Wiesenstr. 12, 4950 Huttwil; Tel. (062) 962 23 24 od. 962 20 79; Tel. des Museums:
(062) 962 25 05
Geöffnet: Nach Vereinbarung
Geschäftsführerin: Rosmarie Burkhardt-Aebi. *Konservator:* Jürg Ret-
tenmund, Schultheissenstr. 2, 4950 Huttwil; Tel. (062) 962 21 49
(privat) oder 962 10 51 (Geschäft)

Handwerksgerät, Trachten, Uniformen und Waffen. Dokumente zur
Geschichte Huttwils.

Eröffnet: 1959

ILANZ / GLION GR

318 Museum Regiunal Surselva «Casa Carniec»

Neben der Casa Gronda in der Altstadt
Postadresse: 7130 Ilanz/Glion; Tel. (081) 925 41 81 od. 353
22 04 (Direktion/Administration); Tel. (081) 925 43 23 od. 925
35 20 (Führungen)
Geöffnet: 27. Dez.–19. Apr., Juni–Okt.: Di, Do, Sa und 1. So im
Monat 14–17. Ferner nach Vereinbarung (nur Gruppen)
Konservator: Prof. Dr. Alfons Maissen. *Wissenschaftliche Assistentin:* lic. phil. Marianne Fischbacher

Handwerk-Bauernwerk. Werkzeuge und Einrichtungen auf fünf
Stockwerken. Einige Wohnräume, verschiedene alte Handwerke,
Spinn- und Webstuben, bäuerliche und handwerkliche Verrichtungen.

Eröffnet: 1988
Gebäude: Patrizierhaus der Familie Schmid von Grüneck, 1611

INTRAGNA TI

319 Museo regionale delle Centovalli e del Pedemonte

Dietro la chiesa parrocchiale
Indirizzo postale: Casella postale, 6655 Intragna; tel. (091) 796
25 77
Aperto: Pasqua–ott.: ma–do 14–18
Presidente: Corrado Cavalli, c.p. 332, 6601 Locarno; tel. (091)
752 22 02. *Curatore:* Mario Manfrina, c.p. 1209, 6601 Locarno; tel. (091) 751 29 38

Attrezzi ed utensili agricoli e dell'artigianato; arredo domestico;
costumi; lavorazione manuale e artigianale dei peduli; lavorazione
della canapa; emigrazione (spazzacamini); forno a legna con cottura del pane e degustazione di vini locali; torchio per le noci. Sculture di Ettore Jelmorini, Intragna (1909–1968). Apparecchi e fotografie di Angelo Monotti, Cavigliano (1835–1915); archivio fotografico di Rico Jenny (1896–1961).

Centro documentazione regionale; esposizioni temporanee; visite
guidate per gruppi; programmi didattici per le scuole

Aperto nel: 1989
Edificio: Casa patriziale, 17 sec.

ISERABLES VS

320 Musée

Station du téléphérique
Adresse postale: 1914 Isérables
Ouvert: Lu–di 14–16. Sur rendez-vous avec la gardienne Mme Fort, tél. (027) 306 23 42 ou Mme Vouillamoz, tél. (027) 306 27 62
Présidente de la Société de développement d'Isérables: Simone Gillioz

Outils et ustensiles relatifs à l'artisanat et à l'agriculture. Cristaux valaisans.

Ouverture en: 1967

ISLIKON TG

321 Museum im Greuterhof

Ortsausfahrt Islikon-Winterthur
Postadresse: Stiftung Bernhard Greuter für Berufsinformation, 8546 Islikon; Tel. (052) 375 12 35
E-Mail: greuterhof@leunet.ch
URL: http://www.greuterhof.ch
Geöffnet: Nach Vereinbarung
Stiftungspräsident: Hans Jossi, 8546 Islikon. *Leiterin des Museums:* Silvia Segmüller. *Archivar:* Charles E. Stäheli, Ringstr. 9, 8575 Bürglen. *Wiss. Beratung:* Historisches Museum des Kantons Thurgau, Frauenfeld

Sammlung zur Fabrikgeschichte (im Aufbau). Fabrikdokumentation, Landkauf- und Dienstverträge, Rezept- und Musterbücher, Stoffdruckentwürfe, Hauptbücher, Versicherungsstatuten, Protokollbücher und Bilder dieser Pioniere der schweizerischen Volkswirtschaft. Gedenkzimmer des Dichters Alfred Huggenberger (1863–1960). Gedenkzimmer des Bundesrats Ludwig Forrer (1845–1921).

Eröffnet: 1983
Gebäude: Ehem. Stoffdruckerei, Ende 18. Jh.

322 Telefonmuseum im Greuterhof

Greuterhof
Postadresse: Hauptstr. 15, 8546 Islikon; Tel. (052) 375 27 27,
Fax (052) 375 25 95
Geöffnet: So 14–17 (ausser Feiertage). Führungen nach Vereinbarung
Leiter: Max Bollhalder

Das Museum zum Sehen und Hören: Telefonapparate und -einrichtungen aus den letzten 100 Jahren.

Eröffnet: 1995
Gebäude: Ehem. Stoffdruckerei, 1777

Innenansicht

ITTINGEN TG

323 Ittinger Museum

Im ehem. Kartäuserkloster (zusammen mit dem Kunstmuseum)
Postadresse: Kartause Ittingen, 8532 Warth; Tel. (052) 748 41
20 (Sekretariat) od. 748 44 11 (Führungen), Fax (052) 747 26
57
Geöffnet: Mo–Fr 14–17; Sa, So 11–17
Konservatorin: Dr. Margrit Früh. *Assistent:* Heinz Reinhart

Sammlung zur Kulturgeschichte der Kartäuser. Modell und Abbildungen Ittingens, eingerichtetes Mönchshäuschen, Bilder, Möbel, Öfen, Glasgemälde und Kunstgegenstände aus Ittingen oder andern Kartausen; Hinweise auf die Geschichte und die Restaurierung Ittingens, den Gründer des Ordens, das Leben der Kartäuser und andere Kartausen.

Eröffnet: 1983
Gebäude: Ehem. Klosteranlage, 15.–18. Jh.

---

324 Kunstmuseum des Kantons Thurgau □

Im ehem. Kartäuserkloster (zusammen mit dem Ittinger Museum)
Postadresse: Kartause Ittingen, 8532 Warth; Tel. (052) 748 41 20 (Sekretariat) od. 748 44 11 (Führungen), Fax (052) 740 01 10
E-Mail: kunstmuseum.thurgau@bluewin.ch
URL: http://www.kunstmuseum.ch
Geöffnet: Mo–Fr 14–17; Sa, So 11–17
Konservator: Markus Landert

Kartause

Thurgauer Künstler des 20. Jh. Werkgruppen von Ernst Kreidolf, Adolf Dietrich, Hans Brühlmann, Helen Dahm und Carl Roesch. Internationale Naive, u.a. Bauchant, Bombois, Fejes, Spilbichler, Trillhase und Vivin. Wechselausstellungen zur Kunst des 20. Jh.

Eröffnet: 1983
Gebäude: Ehem. Klosteranlage des Kartäuser-Ordens

JEGENSTORF BE

325 Schloss

Postadresse: General Guisan-Str. 5, 3303 Jegenstorf; Tel. (031)
761 01 59 (Schlosswart Peter Wieland)
URL: http://www.swisscastles.ch/bern/jegenstorf
Geöffnet: Mitte Mai–Mitte Okt.: Di–So 10–12, 14–17
Leiter: Heinz Witschi, 3860 Meiringen

Bernische Wohnkultur vom 17.–19. Jh.: reich möblierte Interieurs
von der Renaissance bis ins 19. Jh., bes. aber des 18. Jh.; Öfen,
Uhren, Porträts usw. Kleine Sammlung zur Erinnerung an den Dichter Rudolf von Tavel (1866–1934), Gedenkzimmer an den Päd-
agogen und Ökonomen Philipp Emanuel von Fellenberg
(1771–1844). Dokumente der Ökonomischen Gesellschaft von
Bern (1759–1860). Waschhaus mit alten Utensilien über
Waschen/Bügeln etc. Sonderausstellungen zu bernischen Themen.
– Dorfmuseum in der Schlossscheune (Mai–Okt.: an 10 Sonntag-
nachmittagen offen; Tel. (031) 761 25 65).

Eröffnet: 1940
Gebäude: Mittelalterliches Schloss, 1720 renoviert

JERISBERGHOF BE

326 Bauernmuseum Althus

2 km südlich von Gurbrü, 5 Gehminuten von der Bahnstation Feren-
balm-Gurbrü an der Linie Bern-Neuenburg
Postadresse: Elisabeth und Peter Bucher, Jerisberghof, 3208 Gur-
brü; Tel. und Fax (031) 755 53 26
Geöffnet: Di–So 9–18. Ferner nach Vereinbarung. Schlüssel bei
Familie Bucher vis-à-vis
Leitung: Elisabeth und Peter Bucher

Bauernhaus von 1703, Hochstudkonstruktion mit geschindeltem
Vollwalmdach; Rauchküche mit hauswirtschaftlichem Gerät,
möblierte Stuben und Kammern, Ställe, Bühne. Geräte für die Tierhaltung, den Acker- und Futterbau und zur Verarbeitung von Hanf,
Flachs, Wolle. Werkzeuge des ländlichen Handwerks. Nebengebäude wie Remise, Speicher, Ofenhaus. Wechselnde Kunst- und
thematische Ausstellungen.

Bauernmuseum Althus

Touristisches Zusatzangebot: Zwei hauskundliche Wanderwege, Radweg «Gemüselehrpfad» im Grossen Moos, Besichtigung Bio-Bauernhof, Kulturlandschaftsweg (in Vorbereitung).

Eröffnet: 1970
Gebäude: Hochstudhaus, 1703, Stammhaus des Weilers Jerisberghof, seit 1837 nicht mehr bewohnt; Speicher, 1725

JONA SG

327 Ortsmuseum

Neuhof
Postadresse: Christopher Ammann, Lenggiserstr. 27, 8645 Jona; Tel. (055) 210 49 25 (Geschäft) od. 210 65 52 (privat), Fax (055) 210 65 52
Geöffnet: Nach Vereinbarung
Leiter: Christopher Ammann

Heimatkundliche Sammlung. Schuhmacherwerkstatt, landwirtschaftliche Geräte, alte Schriften, Öfen, Bienenkörbe, Eissägen, Kücheneinrichtungen.

Gebäude: Wohnhaus, 17 Jh., umgebaut

KALTBRUNN SG

328 Ortsmuseum

Rickenstrasse 8
Postadresse: Wilhelm Alexander Kunz, Bahnhofstr., 8722 Kaltbrunn; Tel. (055) 283 22 88
Geöffnet: Mai–Juli, Sept., Okt.: 1. So im Monat 10–11.45. Ferner nach Vereinbarung
Leiter: Wilhelm Alexander Kunz

Geräte für die Haus- und Landwirtschaft sowie zur Verarbeitung von Hanf und Flachs, Webstuhl. Werkzeuge des Schuhmachers sowie zur Holz- und Metallbearbeitung. Einige kirchliche Altertümer. Wenige Ausgrabungsstücke aus der Ruine Bibiton. Geräte für den Kohlenbergbau. Kaltbrunner Chläuse sowie weitere Gegenstände aus der Vergangenheit des Dorfes.

Eröffnet: 1977

KIESEN BE

329 Milchwirtschaftliches Museum

Bernstrasse, unterhalb des Schlosses
Postadresse: Schweizerischer Milchwirtschaftlicher Verein, Postfach, 3001 Bern; Tel. (031) 311 31 82 u. 781 18 44 (Museum)
Geöffnet: Apr.–Okt.: Mo–So 14–17. Ferner nach Vereinbarung
Präsident: Dr. Heinz Röthlisberger, Molkereischule Rütti, 3052 Zollikofen; Tel. (031) 919 31 11

Wiedereinrichtung einer alten Talkäserei; Tonbandgespräch über die Talkäserei. Wechselausstellungen rund um Milch, Käse, Milchprodukte und die ländliche Kultur.

Eröffnet: 1973
Gebäude: Erste Talkäserei, 1815, Küherstock des Schlossgutes in Kiesen; altes Gebäude von ca. 1770

P VMS/AMS

KILCHBERG ZH

330 Ortsmuseum

Alte Landstrasse 170, im Conrad Ferdinand Meyer-Haus
Postadresse: Hans Peter Gilg, Weinbergstr. 39, 8802 Kilchberg; Tel. (01) 715 31 40 (Museum) od. 715 16 51 (privat)
Geöffnet: Di, Sa, So 14–16 (ausser Schulferien). Ferner nach Vereinbarung
Konservator: Hans Peter Gilg, lic. phil. I

Conrad Ferdinand Meyer-Studierzimmer (1825–1898) im Origi-
nalzustand mit Mobiliar, Handbibliothek, Bildern und persönlichen
Utensilien des Dichters. Porzellansammlung aus der Schooren-
Manufaktur Kilchberg, 1763–1791; Geschirr des Einsiedler Servi-
ce, Figuren, u.a.; Fayencen aus dem 19. Jh. Ortsgeschichtliche
Sammlung. Zürichseefischerei und Rebbau.

Eröffnet: 1945
Gebäude: Zürcher Landguthaus mit Parkanlage, 1785. 1877–1898
Wohnhaus von C.F. Meyer.

KIPPEL VS

331 | **Lötschentaler Museum**

50 m nördlich der Pfarrkirche
Postadresse: Postfach, 3917 Kippel; Tel. (027) 939 18 71
Geöffnet: Mitte Juni–Mitte Okt.: Di–So 10–12, 14–18. Im Winterhalbjahr auf Anfrage. Gruppen ausserhalb der Öffnungszeiten auf
schriftliche Anmeldung
Präsident des Stiftungsrates: Marcus Seeberger, a. Gymnasialleh-
rer, Chavezweg 2, 3900 Brig; Tel. (027) 923 21 27. *Konservator:* Eric Roulier

Lötschentaler Museum

Objekte, Fotografien, Archivalien und Literatur zu Geschichte und Gegenwart der lokalen Kultur in Alltag und Fest: Landwirtschaft (Ackerbau, Alp- und Milchwirtschaft), Bauen und Wohnen (Blockbau, Küche, Stube, Möbel, Hausrat), Handwerk (Störhandwerk, Holzbearbeitung, Giltstein), Textilien (Alltagskleidung, Trachten) und Textilherstellung (z.B. Flachs), Geologie und Bergbau, Geschichte und Archäologie, Brauchrequisiten (Masken, Uniformen «Herrgottsgrenadiere»), religiöse Kultur (z.B. Ex Votos), Tourismus und Alpinismus. Wechselausstellungen.

Eröffnet: 1982
Gebäude: Neubau im Stil eines Walliser Blockbaus, 1981

KLOSTERS GR

332 Heimatmuseum Nutli-Hüschi

Monbielerstrasse
Postadresse: Cordula Hitz-Walser, 7250 Klosters; Tel. (081) 422 21 53
Geöffnet: Jan.–Ostern: Mi, Fr 16–18. Ende Juni–Mitte Okt.: Mi, Fr 16–18
Konservatorin: Cordula Hitz-Walser

Wiedereingerichtetes Bauernhaus von 1565: Küche, Stube, Vorhaus, Keller, Gebrauchsgegenstände aus der Zeit vor 1850; Möbel, Textilien, Hausrat. Alter Prättigauerstall: Landwirtschaftliche Geräte, alte Schreinerei, Bergsteigerstübli, Wechselausstellungen.

Eröffnet: 1953
Gebäude: Bauernhaus, 16. Jh.; 200jähriger Prättigauer Stall

KLOTEN ZH

333 Ortsmuseum Büecheler-Hus

Dorfstrasse 47/49
Postadresse: Forst- und Unterhaltsbetriebe der Stadt Kloten, Sekretariat Ortsmuseum, Flughafenstrasse 25, 8302 Kloten; Tel. (01) 815 15 47; Tel. des Museums: (01) 814 09 18
Geöffnet: Apr.–Okt.: jeden 1. und 3. So im Monat 14–17. Ferner nach Vereinbarung mit dem Abwart René d'Hooghe; Tel. (01) 813 55 14
Kommission Ortsmuseum Kloten: Paul Hug, Stadtrat

Leben in einem Bauernhaus, etwa Ende des 19. Jh. Land- und Forstwirtschaft, Handwerk und Gewerbe, Kirche, Schule, Dorfkultur, Wasserversorgung, Waffenplatz, Flughafen. Wechselnde Szenen aus dem bäuerlichen und gewerblichen Leben. Ortsgeschichte. Tonbildschau zur Entstehung des Flughafens Zürich-Kloten. Fotosammlung.

Eröffnet: 1983
Gebäude: Bauernhaus, 1548

KÖLLIKEN AG

334 Strohhaus und Dorfmuseum

Hauptstrasse 43
Postadresse: Hauptstr. 43, 5742 Kölliken; Tel. (062) 723 84 07
Geöffnet: April–Juni, Mitte Aug.–Okt: So 15–17. Ferner nach Vereinbarung, Tel. (062) 723 80 72 od. 723 20 76
Präsident der Museumskommission: Peter Diem, Landhausweg 3, 5742 Kölliken; Tel. (062) 723 20 76

Bäuerliches Wohnmuseum mit Salzkammer. Geräte von Land- und Forstwirtschaft, Bienenzucht und Handwerk (Strohdachdecker, Wagner, Feilenhauer, Zimmermann, Schreiner, Tüchelbohrer, Schuhmacher, Schmied, Zigarrenmacher, Störmetzger). Lokale urgeschichtliche Sammlung. Göpel, Bauerngarten, Obstgarten. Wechselausstellungen.

Eröffnet: 1987
Gebäude: Bauernhaus, 1802, Ständerbau mit vier Hochstüden, früher Stroh-, heute Schilfdach

Strohhaus, 1802: Ständerbau

KONOLFINGEN BE

335 Dorfmuseum ⌂

In Konolfingen-Dorf, im alten Gasthof Bären, Burgdorfstrasse 85
Postadresse: Heinz Bhend, Bahnhofstr. 8, 3076 Worb; Tel. (031) 839 45 26
Geöffnet: 1. und 3. So im Monat 14–17. Ferner nach Vereinbarung; Tel. (031) 791 02 10 (Arnold Hunziker) od. (031) 839 45 26 (Heinz Bhend)
Präsident der Kommission Dorfmuseum: Heinz Bhend

Haus- und landwirtschaftliche Geräte, Wäsche, Büro-Einrichtungen, Handwerksgeräte, Modell eines Emmentaler Hofes, kleine Waffensammlung, Feuerwehr, Kinderspielzeuge, Küchen- und Käserei-Einrichtung, Schnaps-Brennerei, Apotheke des Landarztes Dr. W. Schüpbach. Bilddokumente über Konolfingen. Sonderausstellungen.

Eröffnet: 1978
Gebäude: Restaurant alter Bären, Fachwerkbau, Hochstudhaus

🅿 ♿

KRADOLF TG

336 Feuerwehrmuseum ⊞

Bahnhofstrasse 19, im Feuerwehrdepot der Gemeinde Kradolf-Schönenberg
Postadresse: Stiftung Feuerwehrmuseum Kradolf-Schönenberg, Bahnhofstrasse 19, 9214 Kradolf; Tel. (071) 642 44 92, Fax (071) 642 34 79
Geöffnet: Apr.–Okt.: So 13.30–17. Ferner nach Vereinbarung
Präsident der Stiftung: Melchior Kamm, Wartenweilerweg 5, Postfach 10, 9214 Kradolf; Tel. (071) 642 31 52. *Führungen:* Edwin Dünner, Hauptstr. 51, 9214 Kradolf; Tel. (071) 642 13 67 od. 642 31 52

Über 2000 Dokumente, Uniformen, Ausrüstungsgegenstände, Werkzeuge, Geräte und Fahrzeuge der Feuerwehr; 18., 19., 20. Jh. Fahrsaugspritzen, Schlauchwagen, Leitern, Strahlrohre, Wassereimer, Lampen und Signalhörner.

Eröffnet: 1990
Gebäude: Umbau 1991

🅿 ♿

KRAUCHTHAL BE

337 **Gemeindemuseum**

Altes Schulhaus Krauchthal
Postadresse: Ulrich Zwahlen, Birbach, 3326 Krauchthal; Tel.
(034) 411 10 40
Geöffnet: 1. So im Monat 10–11.30. Ferner nach Vereinbarung
Konservator: Ulrich Zwahlen

Bäuerliche Gerätschaften, Handwerk im Dorf, Haushalt, Schule,
Anstalt Thorberg (Foto-Negative auf Glasplatten aus den Jahren
1920–1930). Sandsteinlehrpfad. Wechselausstellungen.

Eröffnet: 1981
Gebäude: Schulhaus, 19. Jh.

P

KREUZLINGEN TG

Übersicht

Feuerwehrmuseum	**338**
Hausmuseum Kloster Kreuzlingen	**339**
Heimatmuseum	**340**
Puppenmuseum	**341**
Seemuseum in der Kornschütte	**342**

338 **Feuerwehrmuseum**

im Rathaus
Postadresse: Feuerwehr Kreuzlingen, Nationalstr. 27, 8280
Kreuzlingen; Tel. (071) 677 63 70
Geöffnet: Jeden ersten So im Monat 14–16. Ferner nach Verein-
barung (Gruppen)
Eigentümer: Stiftung Feuerwehrmuseum Kreuzlingen. *Konservator:*
Werner Ilg

Trag- und fahrbare Hand- und Motorspritzen des 19. und 20. Jh.
Helme aus aller Welt, Beile, Strahlrohre, Lampen, Feuerlöschbom-
ben. Bilder, Dokumente.

Eröffnet: 1956

339 Hausmuseum Kloster Kreuzlingen

Kloster und katholische Pfarrkirche, Hauptstrasse
Postadresse: Katholisches Pfarramt St. Ulrich, Hauptstrasse 96,
8280 Kreuzlingen; Tel. (071) 672 22 18
Geöffnet: Nach Vereinbarung

Fotografien und Dokumentation (Pläne, Werkstücke, Bilder) zur
Geschichte des Klosters mit Schwerpunkt Baugeschichte, Brand und
Wiederaufbau. Pinakothek.

Eröffnet: 1993
Gebäude: Ehem. Kloster, heute Lehrerseminar, und Pfarrkirche, 18. Jh.

340 Heimatmuseum

Roseneggschulhaus, Bärenstrasse 6
Postadresse: Heidi Hofstetter-Sprunger, Präsidentin, Gottfried Keller-
Strasse 16, 8598 Bottighofen; Tel. (071) 688 31 27
Geöffnet: Mai–Okt.: 1. So im Monat 14–16
Konservator: Georg Strasser, Fachlehrer, Gütlistr. 2, 8280 Kreuz-
lingen; Tel. (071) 672 54 91

Waffen, Bilddokumente über Kreuzlingen und Umgebung, Handwerksgeräte, Möbel.

Eröffnet: 1938
Gebäude: Villa, 18. Jh., klassizistisch

341 Puppenmuseum

Pächterhaus des Schlossgutes Girsberg
Postadresse: Schlossgut Girsberg, 8280 Kreuzlingen; Tel. (071)
672 46 55 od. 672 59 14
Geöffnet: März–6.Jan. So 14–17. Ferner nach Vereinbarung

Eigentümer: Jolanda u. Kurt Schmid-Andrist. *Patronat:* Heidi Baro-
nin von Koenig-Warthausen

Über 500 Puppen aus verschiedenen Epochen und Ländern. Automaten und weitere antike Gegenstände. Weihnachtsbaum mit
1001 alten Gegenständen in der Adventszeit. Graf-Zeppelin-
Erinnerungszimmer.

Eröffnet: 1973

342 Seemuseum in der Kornschütte

Am Ostrand des Seeburgparks
Postadresse: Stiftung Seemuseum, Seeweg 3, Postfach 111, 8280
Kreuzlingen; Tel. (071) 688 52 42, Fax (071) 688 52 43
URL: http://www.de1.emb.net/seemuseum/
Geöffnet: Jan.–März: So 14–17. Apr.–Okt.: Mi, Sa, So 14–17.
Nov., Dez.: wie Jan. Ferner nach Vereinbarung (nur Gruppen)
Leiter: Dr. Hans-Ulrich Wepfer, Seeweg 3, 8280 Kreuzlingen

Geschichte der Schiffahrt und der Fischerei auf dem Bodensee
(Ober- und Untersee) und dem Hochrhein. In Planung: Ausstellungen
über Bereiche Seenforschung, Gewässerschutz und Fischkunde,
über den Wandel von Ortsbild und Landschaft, über Landschaftsmalerei am Bodensee. Wechselausstellungen.

Eröffnet: 1993
Gebäude: Ehemalige Kornschütte mit Weinkeller des Augustiner-Chorher-
renstifts Kreuzlingen, 1894 zum landwirtschaftlichen Gutsbetrieb umgebaut

KRIENS LU

343 Museum im Bellpark

Buslinie 1, Haltestelle Hofmatt-Bellpark
Postadresse: Luzernerstr. 21, Postfach 90, 6011 Kriens; Tel. (041)
310 33 81, Fax (041) 310 93 81
Geöffnet: Mi–Sa 14–17; So 11–17
Konservator: Hilar Stadler

Forum für Geschichte, Kunst, Fotografie und Video. Geschäftssitz
Stiftung Fotodokumentation Kanton Luzern: Fotodokumentation, die
den Wandel des Kantons Luzern festhält. Im Aufbau: Zeitgenössische Schweizer Zeichnungen, Schweizer Videokunst (Tapes).
Wechselausstellungen.

Eröffnet: 1991
Gebäude: Ehemalige Villa «Florida» (1911) der Familie Bell, Arch. Emil
Vogt (1863–1936)

KÜSNACHT ZH

344 Ortsmuseum

Tobelweg 1
Postadresse: Tobelweg 1, 8700 Küsnacht; Tel. (01) 910 59 70,
Fax (01) 910 18 80
E-Mail: ch.schweiss@ortsmuseum-kuesnacht.ch
URL: http://www.ortsmuseu-kuesnacht.ch
Geöffnet: Mi, Sa, So (ausser Feiertage) 14–17. Ferner nach Vereinbarung (für Schulen und Gruppen)
Präsident der Museumskommission: Peter E.Kramer, Lärchenweg
6, 8700 Küsnacht; Tel. (01) 910 87 00. *Konservator:* Christoph
A. Schweiss-Locher, Bergstr. 10, 8700 Küsnacht; Tel. (01) 910 17 77

Ortsgeschichte und Dokumentation, Modell der Johanniterkomturei
Küsnacht; Dorfmodell vor Überschwemmung; Küche 19. Jh. (zum
Gebrauch), Tante-Emma-Laden, ca.1930, Textilien, Trachten und
Kleider 19. u. 20.Jh; Modelle und Funde der Burgruine Wulp
sowie Ritterehepaar (Herr und Frau Ritter) um 1250 in Originalgrösse. Wechselausstellungen.

Eröffnet: 1983
Gebäude: «Obere Mühle» beim Tobelausgang, vor 1616

KÜSSNACHT AM RIGI SZ

345 Heimatmuseum

Beim Kirchturm
Postadresse: Wolfgang Lüönd, Haldenweg 12, 6403 Küssnacht
am Rigi; Tel. (041) 850 44 82 (privat) od. 854 02 14 (Geschäft)
Geöffnet: Pfingsten–Mitte Sept.: So 10–17
Leiter: Wolfgang Lüönd

Urgeschichte. Kirchliche Kunst. Brauchtum. Diaschau: Sännechilbi,
Chlausjagen. Dokumentation zur Hohlen Gasse, Tellskapelle und
Gesslerburg, zum Unfalltod der belgischen Königin Astrid.

Eröffnet: 1951
Gebäude: Ehem. Feuerwehrhaus

KYBURG ZH

346 Schloss

Postadresse: 8311 Kyburg; Tel. (052) 232 46 64 (Verwalter: Peter Meierhans, Tel. (01) 259 33 68)
Geöffnet: Jan., Febr.: Di–So 10–12, 13–16. März–Okt.: Di–So 9–12, 13–17.30. Nov.: wie Jan.
Betreuung: Kantonale Liegenschaftenverwaltung Zürich, Waltersbachstr. 5, 8090 Zürich; Tel. (01) 259 33 68

Dokumente zur Geschichte der Kyburg und ihrer Bewohner. Burgkapelle. Möblierte Interieurs (Ausstattung aus Beständen des Schweizerischen Landesmuseums). Waffen des 15.–18. Jh. aus dem Zürcher Zeughaus. Neue Ausstellung zur Geschichte der Burg.

Eröffnet: 1931
Gebäude: Burg, 11.–13. Jh., von 1424–1425 bis 1798 Sitz der Zürcher Landvögte

VMS
AMS

LAAX GR

347 Ortsmuseum / Museum local

Via Principala 62
Postadresse: Center Communal, 7031 Laax; Tel. (081) 921 51 51
Geöffnet: Jan.–15. Apr.: Di, Do 14–17. Juli–Okt.: Mo–So 15–18. Ferner nach Vereinbarung (nur Gruppen)
Konservator: Augustin Killias; Tel. (081) 921 53 66. *Aufsicht:* Theresia Gliot; Tel. (081) 921 47 02

Wohnkultur, Handwerk, Landwirtschaft, Sport.

Eröffnet: 1980
Gebäude: Stall, 1696, ausgebaut

VMS
AMS

LANDERON, LE NE

348 Musée

Hôtel de Ville
Adresse postale: Administration communale, 2, rue du Centre, 2525 Le Landeron; tél. (032) 752 35 70; fax (032) 752 35 71
Ouvert: 1er sa et di du mois 15.30–17.30 (tous les sa et di en juil. et août). En outre sur rendez-vous (groupes à partir de 15 pers.)

Poteries, fin de l'âge du bronze. Armes anciennes: armure milanaise et arbalètes du 15e s., orfèvrerie bourgeoisiale et objets de culte dès le 16e s. Coupe du butin de Bourgogne. Rosace armoriée. Fresques et mobilier dès 15e s. Gravures anciennes. Salles anciennes. Expositions temporaires. Diaporama «Le Landeron au coin du feu» (en français et en allemand).

Ouverture en: 1981
Bâtiment: Hôtel de Ville

LANDSHUT BE

349 | **Schloss Landshut /**
Schweizer Museum für Wild und Jagd

Schloss, nördlich der Strasse Utzenstorf–Bätterkinden
Postadresse: Stiftung Schloss Landshut, Schlossstr. 17, 3427 Utzenstorf; Tel. (032) 665 40 27; Fax (032) 665 40 33. Naturhistorisches Museum, Bernastr. 15, 3005 Bern; Tel. (031) 350 71 11; Fax (031) 350 74 99
Geöffnet: Mitte Mai (Muttertag)–Mitte Okt.: Di–Sa 14–17; So 10–17
Konservatoren: Hermann von Fischer, a. kant. Denkmalpfleger (Historische Räume); Dr. Peter Lüps, Naturhistorisches Museum Bern der Burgergemeinde Bern (Jagdmuseum)

Schloss: Wohnkultur des 17. Jh., geschnitztes Landshutzimmer, Festsaal, ehem. Esszimmer und Kabinett des Landvogtes, von Sinner-Zimmer (19. Jh). – Schweizer Museum für Wild und Jagd: Wild und Mensch in der Kulturlandschaft. Einheimische Säugetiere mit ihren Schädeln und Fährten. Flugwild systematisch gruppiert: Rabenvögel, Greifvögel, Eulen und andere. Spuren der Jagd in der Schweiz. Jagdhistorischen Sammlung La Roche: über 700 Objekte aus dem 15. bis 19. Jh. (unter anderem Hirschfänger, Saufedern, Armbrüste, Feuerwaffen, Windbüchsen, Jagdbestecke). Das Jagdhorn: Vom jagdlichen Verständigungsmittel zum Konzertinstrument. Falknerei – ein Greif auf meiner Hand (die Jahrtausende alte Kunst, mit Vögeln zu jagen). Lockenten.

Eröffnet: 1968
Gebäude: Ehem. bernisches Landvogteischloss, 1624–1630

LANGENDORF SO

350 Dorfmuseum

Schulhausstrasse 2, im Gemeindehaus
Postadresse: Fritz Breiter, Sagackerstr. 17, 4513 Langendorf; Tel. (032) 622 09 04
Geöffnet: Fr 17–19. Ferner nach Vereinbarung mit dem Präsidenten oder Anton Zappa; Tel. 032 (623 39 91
Präsident der Museumskommission: Fritz Breiter

Wechselausstellungen

Eröffnet: 1984

LANGENTHAL BE

351 Museum

Bahnhofstrasse 11, im Alten Amthaus
Postadresse: 4900 Langenthal; Tel. (062) 922 71 81
Geöffnet: Mi 14–16; So 14–17. Ferner nach Vereinbarung
Präsident der Stiftung: Samuel Herrmann, Schützenstrasse 15 A, 4900 Langenthal. *Gestalter des Museums:* Beat Gugger, Kirchbühl 12, 3400 Burgdorf

Die Geschichte der oberaargauischen Leinwandweberei von den Anfängen bis heute. Geräte, Spinnräder, Zettel und Webstühle. Geschichte Langenthals und des Oberaargaus von der Urgeschichte bis heute; insbesondere Kloster St. Urban (Baukeramik). Landarztapotheke aus dem späten 18. Jh. Geographisch-geologische Sammlung; insbesondere Versteinerungen Wischberg/Lätti (Sammlung Friedrich Brönnimann). Dokumente zur Erdgeschichte, Natur- und Kulturgeographie des Oberaargaus. Sonderausstellungen.

Eröffnet: 1984
Gebäude: Ehem. Zollhaus/Amthaus

LANGNAU IM EMMENTAL BE

352 Heimatmuseum Chüechlihus

Bärenplatz 2a
Postadresse: Kurt Zutter,
Oberstr. 37A, 3550 Langnau
i.E.; Tel. (034) 402 24 63,
Tel. des Museums: (034) 402
18 19
Geöffnet: Apr.–Okt.: Di–So
13.30–18
Konservator: Kurt Zutter

Chüechlihus, um 1530

Reicher Bestand von Alt-Langnauer Keramik, Waldglas Flühli und
Schangnau. Werkstätten: Töpferei, Langnauer Örgeli, Schuhma-
cherei. Webstube, Schlafstube, Alpkäserei. Emmentaler Orgel. –
Erinnerungsstücke an den «Wunderdoktor» Micheli Schüppach, den
«Mechanikus» Christian und den «Physikus» Ulrich Schenk sowie an
Bundesrat Carl Emanuel Schenk. – Landschaft Emmental (Obrigkeit
und Selbstverwaltung). Bäuerliche Selbstversorgung. Wechselaus-
stellungen.

Eröffnet: 1930
Gebäude: Chüechlihus, anf. 16. Jh.

LAUFEN BL

353 Museum Laufental

Helias Helyeplatz 59, neben der Katharinenkirche, beim Untertor
Postadresse: Laufentaler Museumsverein, Postfach, 4242 Laufen;
Tel. (061) 761 41 89; Verwalter: G. Meury, 4223 Blauen; Tel.
(061) 761 58 55
Geöffnet: Jan.–Juni, Sept.–Dez.: 1. und 3. So im Monat
14–16.30. Ferner nach Vereinbarung
Präsident: Robert Kamber, Wahlenstrasse 37, 4242 Laufen; Tel.
(061) 761 50 42

Kultur und Geschichte des Laufentals. Steinzeit des Laufentals. Geologie, grosse Fossiliensammlung. Römische Archäologie. Grabkreuze, Urkunden zur Laufener Geschichte, Ansichten. Einige Möbel, Ofen. Zwei gotische Holzstatuen aus der Martinskirche. Religiöse Volkskunst, bes. Krippensammlung von Pfr. Anton Bürge. Gemälde und Holzschnitte von August Cueni (1883–1966). Keramik, Flaschen, Trinkgefässe. Masse und Gewichte, Siegel. Schmiedeeisen, Uhrwerke; Feuerspritze. Einige Militaria. Vereinsfahnen. Erinnerung an den Buchdrucker Helias Helye (gest. 1475). Haus- und landwirtschaftliche Geräte; Steinhauerwerkzeuge; eingerichtete Küferwerkstatt und Schuhmacher-Werkstatt.

Eröffnet: 1950
Gebäude: Ehem. Schulhaus

LAUFENBURG AG

354 Museum «Schiff»

Ecke Fischergasse/Fluhgasse, im gleichen Haus wie das Gasthaus «Schiff», Nähe Zollstation
Postadresse: Museumsverein Laufenburg, Fluhgasse 156, Postfach 26, 5080 Laufenburg; Tel. des Museums: (062) 874 22 43
Geöffnet: Jan.–Mitte Apr., Mitte Mai–Dez.: Mi–Fr 14–16; Sa, So 14–17. Ferner nach Vereinbarung (nur Gruppen)
Präsident des Museumsvereins: Dr.Hans J.Köhler, Herrengasse 109, 5080 Laufenburg; Tel. (062) 874 23 36. *Archivar:* Dr. Bernhard Benninger, Trottmatt 111, 5274 Mettau; Tel. (062) 875 10 68

Gemälde und Stiche, die den Rhein in seiner ursprünglichen Gestalt zeigen (Laufen-Stromschnellen);Keramik, Möbel; Persönlichkeiten aus Laufenburg: Hermann Suter, Komponist; Erwin Rehmann, Bildhauer; Louis Saugy, Maler. Wechselausstellungen.

Eröffnet: 1978
Gebäude: Altes Wohn- und Gasthaus mit Tavernenrecht seit dem 17. Jh.

LAUSANNE VD

Sommaire

Cabinet des médailles	**355**
Collection de l'art brut	**356**
Fondation de l'Hermitage	**357**
Musée cantonal d'archéologie et d'histoire	**358**
Musée cantonal des beaux-arts	**359**
Musée de l'Elysée	**360**
Musée de la main	**361**
Musée de la pipe et des objets du tabac	**362**
Musée des arts décoratifs de la Ville	**363**
Musée et jardin botaniques cantonaux	**364**
Musée géologique cantonal	**365**
Musée historique de Lausanne	**366**
Musée Olympique	**367**
Musée zoologique cantonal	**368**
LAUSANNE–VIDY Musée romain	**369**

355 Cabinet des médailles

Palais de Rumine, place de la Riponne
Adresse postale: Palais de Rumine, place de la Riponne 6, 1014 Lausanne; tél. (021) 316 39 90, fax (021) 316 39 66
E-Mail: anne.geiser@SAC.vd.ch
URL: http://www.lausanne.ch/musees/medaille.htm
Ouvert: ma–je 11–18; ve–di 11–17. Bibliothèque: ma–ve 8–12, 13.30–17. Consultation des collections: sur rendez-vous
Directrice: Anne Geiser. *Bibliothécaire:* Cosette Lagnel

Sigillographie, poids et mesures, glyptique. Monnaies et médailles de l'Evêché de Lausanne, du canton de Vaud, de la Suisse et des pays environnants. Monnaies grecques, romaines et gauloises. Trouvailles monétaires du canton de Vaud. Papiers-valeurs. Objets à fonction monétaire.

Ouverture en: 1779
Bâtiment: Palais de Rumine, 1898–1906, construit sur les plans de Gaspard André pour abriter divers musées et la Bibliothèque cantonale et universitaire

356 Collection de l'art brut ▫

11, avenue des Bergières, près
du Comptoir suisse
Adresse postale: 11, avenue
des Bergières, 1004 Lausanne;
tél. (021) 647 54 35,
fax (021) 648 55 21
Ouvert: ma–di 11–13, 14–18
Conservateur: Michel Thévoz
Conservatrice-assistante:
Geneviève Roulin

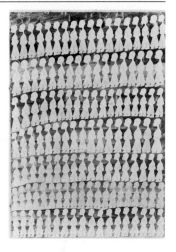

Carlo: sans titre, 1963

Art pratiqué par des personnes qui ont échappé au conditionne-
ment culturel et au conformisme social: solitaires, inadaptés, pen-
sionnaires d'hôpitaux psychiatriques, détenus, marginaux de toutes
sortes; ils ont produit pour eux-mêmes, sans se préoccuper de la cri-
tique et du public, et sans intention commerciale. La collection, dont
le noyau fut constitué par Jean Dubuffet, comporte quelque 20'000
œuvres de 300 auteurs des 19e et 20e s., parmi lesquelles Aloïse,
Carlo, Henry Darger, Gaston Duf, Madge Gill, Laure Pigeon,
Augustin Lesage, Reinhold Metz, Heinrich Anton Müller, le Prison-
nier de Bâle, Guillaume Pujolle, Emile Ratier, Jeanne Tripier, August
Walla, Josef Wittlich et Adolf Wölfli. La collection Neuve invention
est consacrée à des auteurs à mi-chemin entre l'art brut et l'art culturel, notamment Gaston Chaissac, Schröder-Sonnenstern, Louis
Soutter. Expositions temporaires.

Ouverture en: 1976
Bâtiment: «Château de Beaulieu», maison de maître du 18e s.

 ![VMS AMS]

357 Fondation de l'Hermitage ▫

Route du Signal 2
Adresse postale: Route du Signal 2, case postale 38, 1000 Lau-
sanne 8; tél. (021) 320 50 01 (secrétariat), 312 50 13 (renseig-
nements généraux), fax (021) 320 50 71
E-Mail: info@fondation-hermitage.ch
URL: http://www.fondation-hermitage.ch
Ouvert: Horaires variables. Se renseigner au (021) 312 50 13
Directrice: Juliane Cosandier

Expositions temporaires d'art. Collection de peintures, sculptures, dessins et gravures d'artistes vaudois (Bocion, Bosshard, etc.) et étrangers (Magritte, Sisley, etc.). En dépôt: collection de la Fondation pour l'Art et la Culture consacrée aux artistes vaudois du 20e s. La collection n'est pas exposée en permanence.

Ouverture en: 1984
Bâtiment: Maison de maître, 19e s., arch. Louis Wenger

---

358 Musée cantonal d'archéologie et d'histoire

Palais de Rumine, place de la Riponne
Adresse postale: Palais de Rumine, place de la Riponne, 1014 Lausanne; tél. (021) 316 34 30, fax (021) 316 34 31
E-Mail: gilbert.kaenel@iaha.unil.ch
Ouvert: ma–je 11–18; ve–di 11–17
Directeur: Gilbert Kaenel. *Conservateur:* Pierre Crotti

Torque en or, période Hallstatt, vers 530 av. J.-C.

Objets provenant des fouilles exécutées dans le canton de Vaud. Riche collection de l'époque néolithique, de l'âge du bronze et de l'âge du fer. L'époque romaine est représentée par quelques objets d'Avenches, de Vidy et des villae du canton. Remarquable série d'objets provenant de nécropoles burgondes. Collections médiévale et historique. Les monnaies se trouvent au Cabinet des médailles.

Ouverture en: 1852
Bâtiment: Palais de Rumine, 1898–1906, construit sur les plans de Gaspard André pour abriter divers musées et la bibliothèque cantonale et universitaire

359 Musée cantonal des beaux-arts

Palais de Rumine, place de la
Riponne 6
Adresse postale: Case postale
403, 1000 Lausanne 17;
tél. (021) 312 83 32/33,
fax (021) 320 99 46
Ouvert: Ma, me 11–18; je
11–20; ve–di 11–17
Directeur: Jörg Zutter. *Conservateurs:* Catherine Lepdor,
Patrick Schaefer

*Félix Vallotton: L'Espérance
(triptyque), 1915*

Peintures, dessins, sculptures et petite collection d'estampes d'artistes suisses et surtout vaudois du 18e s. à nos jours, principalement les frères Sablet, Abraham-Louis-Rodolphe Ducros, Jean-Pierre Saint-Ours, François Diday, A. Calame, Charles Gleyre (très important ensemble), Alfred van Muyden, E. David, René Auberjonois, Gustave Buchet, Ernest Biéler (L'eau mystérieuse, 1911), François Bocion (plus de 80 œuvres), Benjamin Vautier, Albert Anker, Marius Borgeaud, Alfred Chavannes, Emile-François David, Ferdinand Holder, Giovanni Giacometti, Théophile-Alexandre Steinlen, Abraham Hermanjat, Louis Soutter, Félix Vallotton (des œuvres de toutes les périodes), Alice Bailly, Rodolphe-Théophile Bosshard, Charles Rollier, Daniel Spoerri, Luciano Castelli, Rolf Iseli, Miriam Cahn, Martin Disler, Thomas Huber, etc. Legs Widmer: petite collection d'art français (Paul Cézanne, Edgar Degas, Auguste Renoir, Pierre Bonnard, Albert Marquet, Henri Matisse, Maurice Utrillo). Fonds d'art contemporain suisse et étranger (A. Rainer, M. Merz, L. Ikemura, D. Oppenheim, M. Verjux, B. Nauman, Chr. Boltanski, etc.). Sculptures d'artistes suisses et français des 19e et 20e s. Présentation régulière mais partielle de la collection.

Ouverture en: 1906
Bâtiment: Palais de Rumine, 1898–1906, construit sur les plans de Gaspard André pour abriter divers musées et la Bibliothèque centrale et universitaire

360 Musée de l'Elysée ☐

18, avenue de l'Elysée
Adresse postale: 18, avenue de l'Elysée, 1006 Lausanne; tél.
(021) 617 48 21, fax (021) 617 07 83
Ouvert: ma–di 10–18; je 10–21
Directeur: William A. Ewing. *Conservateur:* Daniel Girardin. *Conservateur-adjoint:* Christophe Blaser

Consacré à la photographie mondiale, des origines à aujourd'hui, le Musée de l'Elysée présente en parallèle plusieurs expositions temporaires. Il possède un fonds de photographies contemporaines suisses et étrangères ainsi qu'une collection de photographies vaudoises remontant au début de cet art (collections du musée, de la Fondation de l'Elysée, Internationale Polaroid, FIAP, Ch. Favrod).

Ouverture en: 1985
Bâtiment: Demeure patricienne, 18e s.

361 Musée de la main ⊞

«Le Champ de l'Air», 21, rue du Bugnon (Bus no 5 et 6, arrêt Monagibert ou CHUV
Adresse postale: 21, rue du Bugnon, 1005 Lausanne; tél. (021) 314 49 75; fax (021) 314 49 63
E-Mail: mmain@hospvd.ch
URL: http://verdan.hospvd.ch
Ouvert: Ma, me 13–19, je 13–20, ve–di 13–19
Président de la fondation Claude Verdan: Prof. Daniel-Vincent Egloff. *Directeur:* Ninian Hubert van Blyenburgh. *Conservatrice:* Pascale Perret

La main à travers un parcours à la fois scientifique et ludique. La découverte de ses origines et une réflexion sur la transformation de son usage dans nos sociétés contemporaines. Expositions temporaires sur le thème de la main ou sur des thèmes scientifiques et médicaux.

Ouverture en: 1997
Bâtiment: «Le Champ de l'Air», ancien Hopital Cantonal Universitaire

362 Musée de la pipe et des objets du tabac

7, rue de l'Académie, quartier de la Cité, entre la cathédrale et le château
Adresse postale: 7, rue de l'Académie, 1005 Lausanne; tél. (021) 323 43 23
Ouvert: Jan., févr.: lu 14–17. Mars–juin: lu 10–12, 15–18. Juill., aôut: lu 10–12, 15–18; me, ve 15–18. Sept., oct. comme mars. Nov., déc. comme janv.
Co-propriétaire et conservatrice: Antoinette Schmied

L'histoire de la pipe, de l'expression populaire à la plus grande recherche artistique. Plus de 3000 pièces (pipes de toutes matières et techniques, accessoires variés) en provenance du monde entier.

Ouverture en: 1979

363 Musée des arts décoratifs de la Ville

4, avenue de Villamont
Adresse postale: 4, avenue de Villamont, 1005 Lausanne; tél. (021) 323 07 56, fax (021) 323 07 21
Ouvert: Ma 11–21 (été: 11–18); me–di 11–18
Conservatrice: Rosmarie Lippuner

Arts appliqués contemporains. Très importante collection de sculptures de verre contemporaines d'artistes européens, américains, canadiens, japonais et australiens; céramique contemporaine internationale, masques de théâtre, œuvres en papier. Petite collection d'art textile contemporain et de bijoux. Expositions temporaires.

Ouverture en: 1862

364 Musée et jardin botaniques cantonaux

Montriond / Place de Milan. Bus 1 direction Maladière, arrêt Beauregard
Adresse postale: 14 bis, avenue de Cour, 1007 Lausanne; tél. (021) 616 24 09, fax (021) 616 46 65
E-Mail: gino.muller@dipc.unil.ch
URL: http://www.lausanne.ch/musees/botaniq.htm
Ouvert: Jardin botanique: Mars: lu–di 10–12, 13.30–17.30. Avril–sept.: lu–di 10–12, 13.30–18.30. Oct.: comme mars. – Musée: sur rendez-vous
Directeur: Gino Müller. *Musée:* Jean-Louis Moret (conservateur). *Jardin botanique:* Stéphan Cottet (chef-jardinier). *Bibliothécaire:* Joëlle Magnin-Gonze

Jardin botanique: jardin alpin comprenant une collection de plantes de rocaille provenant du monde entier. Jardin pharmaceutique. Plantes carnivores. Plantes protégées. Serre chaude: plantes tropicales, utilitaires, épices, collection d'orchidées. Serre à plantes succulentes. Arboretum. – Musée: herbier vaudois, suisse, général. Herbiers historiques (J. Gaudin, J.C. Schleicher, C. Meylan, P.J. Müller). Herbiers peints (Rosalie de Constant, Marie Mousson, Jakobus Landwehr, Pierre Boven, Jean-Louis Nicod). Collections de mousses, lichens, bois, graines, fruits, pollens, macrorestes.

Ouverture en: 1946
Bâtiment: Conception générale du jardin due à l'architecte Alphonse Laverrière

365 Musée géologique cantonal

Exposition: Palais de Rumine, place de la Riponne. ***Administration et collection:*** UNIL – BFSH2,1015 Lausanne
Adresse postale: UNIL-BFSH 2, 1015 Lausanne; tél. (021) 692 44 70, fax (021) 692 44 75
E-Mail: aymon.baud@sts.unil.ch
URL: http://www.sst.unil.ch/museum.htm
Ouvert: ma–je 11–18; ve–di 11–17
Directeur: Aymon Baud. ***Conservateurs:*** Michel Septfontaine (paléontologie), Nicolas Meisser (minéralogie)

Paléontologie stratigraphique (env. 20'000 pièces): échantillons de différents pays, représentatifs de toutes les périodes géologiques. Paléontologie systématique (env. 150'000 pièces). Géologie régionale (env. 250'000 pièces): échantillons de toutes les unités géologiques et de tous les gisements fossilifères de la région, du Jura aux Alpes. Géologie de l'étranger (env. 10'000 pièces). Géologie appliquée (env. 20'000 pièces): forages vaudois, tunnels vaudois et suisses, mines vaudoises suisses et étrangères. Pétrographie (env. 30'000 pièces). Minéralogie (env. 20'000 pièces). Le musée possède en outre environ 10'000 doubles à la disposition des écoles, ainsi que plusieurs milliers de documents d'archives et une bibliothèque.

Ouverture en: 1908
Bâtiment: Palais de Rumine, 1898–1906, construit sur les plans de Gaspard André pour abriter divers musées et la Bibliothèque centrale et universitaire

366 Musée historique de Lausanne

Ancien-Evêché, place de la Cathédrale
Adresse postale: 4, place de la Cathédrale, 1005 Lausanne; tél.
(021) 331 03 53, fax (021) 312 42 68. *Informations sur les
expositions:* tél. (021) 312 13 68
E-Mail: museehistoric@vtx.ch
URL: http://www.lausanne.ch/pages/musees/hist.htm
Ouvert: Ma, me 11–18; je 11–20; ve–di 11–18
Conservateur: Olivier Pavillon. *Conservateurs-adjoints:* Catherine
Kulling (arts appliqués), Jean-Claude Genoud (iconographie), Alojz
Kunik (archives photographiques)

Maquette de la ville de Lausanne (état début 17e siècle)

Les collections de l'Association du Vieux-Lausanne, gérées par le
musée, comprennent une iconographie lausannoise (peintures, dessins, gravures, photographies) et des objets évocateurs du passé
de la ville (mobilier, étains, armes, vêtements, jouets, objets ménagers, outils, argenterie «Vieux-Lausanne», etc.). Le musée présente
une partie de ses collections dans un parcours permanent consacré
à l'histoire de Lausanne. Expositions temporaires.

Ouverture en: 1918
Bâtiment: Ancien-Evêché, 11e–15e s.; profondes modifications aux
18e–19e et 20e s.

367 Musée Olympique

Quai d'Ouchy, 1
Adresse postale: Quai d'Ouchy 1, case postale 1121, 1000 Lausanne 1; tél. (021) 621 65 11, fax (021) 621 65 12
URL: http://www.museum.olympic.org
Ouvert: Jan.–avr.: ma, me 10–18, je 10–20, ve–di 10–18.
Mai–sept.: lu-me 9–19, je 9–20, ve–di 9–19. Oct.–déc.: comme janv.
Directrice: Françoise Zweifel. *Conservateur:* Jean-François Pahud.
Technique: Michel Progin

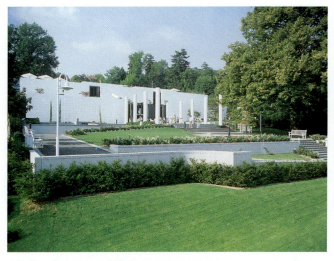

Musée olympique, 1993

L'histoire du Mouvement olympique, illustrée au travers de documents variés: œuvres d'art, collections philatéliques et numismatiques, photographies, films, bandes magnétiques, disques, cassettes vidéo, vêtements, documents papier, affiches, parchemins. Collections d'objets originaux (torches olympiques, médailles, monnaies officielles, affiches, diplômes, autographes, équipements d'athlètes). La vie et l'œuvre du Baron Pierre de Coubertin. Les Jeux Olympiques de la Grèce antique. Présentations multimédia (vidéos, grands écrans, bornes interactives).

Ouverture en: 1982
Bâtiment: Architecture muséale, 1993

368 Musée zoologique cantonal

Palais de Rumine, place de la Riponne
Adresse postale: Palais de Rumine, place de la Riponne 6, case
postale 448, 1000 Lausanne 17; tél. (021) 312 83 36/37, fax
(021) 323 68 40
E-Mail: dcherix@izea.unil.ch; michel.sartori@izea.unil.ch
Ouvert: ma–je 11–18, ve–di 11–17
Directeur: Prof. Dr Pierre Goeldlin. *Conservateurs:* Dr Daniel Che-
rix, Dr Michel Sartori

Galerie générale: animaux du monde entier. Quelques pièces très
rares, en particulier cinq espèces d'oiseaux disparues. Galerie de
la faune régionale: collection presque complète des vertébrés de la
Suisse. Galerie d'anatomie comparée comprenant entre autres
l'ostéologie. Collections scientifiques comprenant surtout des
animaux de la faune régionale; environ 4000 cadres d'insectes.

Ouverture en: 1909
Bâtiment: Palais de Rumine, 1898–1906, construit sur les plans de
Gaspard André pour abriter divers musées et la Bibliothèque centrale et uni-
versitaire

LAUSANNE – VIDY VD

369 Musée romain

2 km à l'ouest de la gare de Lausanne, chemin du Bois-de-Vaux 24
Adresse postale: Case postale 115, 1000 Lausanne 3; tél. (021)
625 10 84, fax (021) 625 11 35
E-Mail: mnv@lausanne.ch
Ouvert: ma–di 11–18; je 11–20
Conservatrice: Nathalie Pichard Sardet. *Responsable des collec-
tions numismatiques:* Anne Geiser, Cabinet des médailles, Palais
de Rumine, 1014 Lausanne

Inscriptions, objets en bronze, monnaies, céramiques, peintures
murales, mosaïque, etc. provenant des fouilles de Lousonna. Promenade archéologique (ruines du vicus).

Ouverture en: 1936
Bâtiment: Vestiges d'habitation d'époque romaine

LAUTERBRUNNEN BE

370 Heimatmuseum der Talschaft

In der ehemaligen Mühle unterhalb der Kirche
Postadresse: Peter Brunner, Im Gärtli, 3823 Wengen; Tel. (033)
855 26 77 (privat) od. 855 29 33 (Geschäft)
Geöffnet: Mitte Juni–Mitte Sept.: Di, Do, Sa, So 14.30–17.30
Leiter: Peter Brunner

Wohnen und Werken einst: Lauterbrunnerstube und -küche, Alpkü-
che, Holzbearbeitung, Frauenfleiss; Alpinismus, Tourismus, u.a. Ski-
sammlung von den Anfängen bis zur Gegenwart; Eisen-, Bleiglanz-
und Kalkgewinnung, Geologie. Tonbildschau.

Eröffnet: 1976
Gebäude: Mühle, 16.Jh.

LENS VS

371 Musée du Grand-Lens

Au centre du village
Adresse postale: Sylvie Doriot, Val-Centre, 3962 Montana; tél.
(027) 481 69 49 (privé) ou 483 24 51 (Commune de Lens)
Ouvert: Di 16–18. En outre sur rendez-vous
Responsable: Sylvie Doriot

Habitat rural local, mobilier. Ateliers de cordonnier. Expositions
temporaires.Tableaux d'Albert Muret et René Auberjonois. Audiovisuel sur C.F. Ramuz.

Ouverture en: 1992
Bâtiment: Maison rurale

LENZBURG AG

372 Historisches Museum Aargau

Schloss
Postadresse: Schloss, 5600 Lenzburg; Tel. (062) 888 48 40,
888 48 56 (Museumspädagogik) od. 888 48 80 (Schlosswart),
Fax (062) 888 48 41
Geöffnet: Apr.– Okt.: Di–So 10–17
Leiterin: Dr. Daniela U. Ball

Schloss Lenzburg: Ansicht von Süden

Wohnmuseum mit historischen Interieurs vom 16.–19. Jh. Sach-
gruppen mit: Gefängnis (Recht und Gericht); stilgeschichtliche Abfol-
ge anhand der bedeutendsten Sammlungsobjekte (Jugendstil bis
Romanik); Waffen und animierte Waffenschau. Kindermuseum mit
Aktionsräumen. Wechselausstellungen.

Eröffnet: 1987
Gebäude: Burganlage mit Gebäuden aus dem 11.–19. Jh., Hof- und Gartenanlage. Bis 1173 Sitz der Lenzburger Dynastie, dann Eigentum der
Kyburger und Habsburger, 1433/42–1798 bernischer Landvogteisitz.
1803 im Eigentum des Kantons Aargau, dann Weiterverkauf an Privat

---

373 Museum Burghalde

Alte Burghalde, Schlossgasse 23
Postadresse: Alfred Huber, Stadtbibliothek, 5600 Lenzburg; Tel.
(062) 891 75 65 (privat) od. 891 40 41 (Stadtbibliothek); Tel.
des Museums: (062) 891 66 70
Geöffnet: Di–Sa 14–17; So 10–12, 14–17
Konservator: Alfred Huber, Kulturpfleger. *Urgeschichtswerkstätte:*
Max Zurbuchen, Seengen; Tel. (062) 777 26 36

Ur- und frühgeschichtliche Funde aus dem Seetal (u.a. jungsteinzeitliche Grossgrabanlage vom Goffersberg bei Lenzburg, bronzezeitliche Höhensiedlung Möriken, Kestenberg); römische Funde aus dem Vicus Lenzburg. Dokumente zur Stadtgeschichte. Keramik der Region von der Jungsteinzeit bis zur Gegenwart (Vatto, J.J. Frey, Hemmann, E. Eberhardt, M. Mieg, A. Hünerwadel, E. Häusermann). Silber, Zinn, Kupfer, Uhren, Glasgemälde; Trachten, Kostüme; Wohnkultur (Barocksaal mit Stuckdecke, um 1715); Handwerks- und bäuerliche Geräte; frühe Industrie. Urgeschichtswerkstätte (Führungen auf Anfrage).

Eröffnet: 1937
Gebäude: Wohnhaus mit Treppenturm und Ökonomiegebäude, 17. Jh.; klassizistische Villa, 18. Jh.

LEUK VS

374 Heimatmuseum

Bischofsschloss, genannt «Schälmuturu»
Postadresse: Victor Matter, Kaufmann, 3953 Leuk-Stadt; Tel. (027) 473 12 23
Geöffnet: Juli–Sept.: Sa 14–16; Führung durch Leuk mit Museumsbesuch jeweils Di 14.30 Uhr. Ferner nach Vereinbarung (nur Gruppen)
Konservator: Victor Matter

Landwirtschaftliches Gerät, Werkzeuge, Haus- und Sennereieinrichtungen aus dem alten Leuk. Küche, Kammer. Bischofszimmer.

Eröffnet: 1977
Gebäude: Schloss, 13.–15. Jh., Sitz der lokalen Verwaltung des Bischofs von Sitten

LICHTENSTEIG SG

375 Toggenburger Museum

Beim Rathaus
Postadresse: 9620 Lichtensteig; Tel. (071) 988 81 81
E-Mail: hans.buechler@bluewin.ch
Geöffnet: Apr.–Okt.: Di–So 13–17. Ferner nach Vereinbarung (Gruppen)
Kurator: Dr. Hans Büchler, Kantonsschullehrer, Büelstr. 25, 9230 Wattwil; Tel. (071) 988 35 85

Wirtshausschild «Zum Mohren» in Wattwil, 1798

Regionalmuseum für die Landschaft Toggenburg. Alpwirtschaft und Hirtenkultur des Toggenburgs; ländliche Wohnkultur, bäuerliche Musikinstrumente, Volkskunst, Trachten. Kleine Waffensammlung; Glasgemälde. Dokumente zur Regionalgeschichte; einige urgeschichtliche Funde (Wildmannlisloch) und Burgenfunde (Neutoggenburg).

Eröffnet: 1896
Gebäude: Herrschaftliches Bürgerhaus

LIESBERG BL

376 Ortsmuseum

Im ehemaligen Pfarrhaus, Postautostation «Restaurant Ochsen»
Postadresse: Ernest Meier, Ammonitenweg 13, 4253 Liesberg; Tel. (061) 771 07 54
Geöffnet: Jan.–Juni, Sept.–Dez.: 1.So im Monat 14–16
Kustos: Ernest Meier

Sakrale Kunst: Skulpturen, Gemälde, vorwiegend aus dem 19. Jh. aus Liesberg und Roggenburg stammend.

Eröffnet: 1997
Gebäude: ehemaliges Pfarrhaus, 1620

LIESTAL BL

Übersicht

Dichtermuseum / Stadtmuseum / Herwegh-Archiv	**377**
Erzgebirgisches Spielzeugmuseum	**378**
Harmonium-Museum	**379**
Kantonsmuseum Baselland	**380**

377 Dichtermuseum / Stadtmuseum / Herwegh-Archiv

Rathaus, 3. Stock
Postadresse: Rathausstr. 36, 4410 Liestal; Tel. u. Fax (061) 927 52 99
Geöffnet: 1. Sa im Monat 10–12. Ferner nach Vereinbarung
Direktor: Dr. Hans R. Schneider, Brüelmatten 21, 4410 Liestal; Tel. (061) 901 39 78. *Kustos:* Heini Schaffner

Herwegh-Archiv: Nachlass von Georg Herwegh (1817–1875): Briefe, Manuskripte, Dokumente, Bilder. Dichterstube mit Erinnerungsstücken an Josef Viktor Widmann, Carl Spitteler, Theodor Opitz, Jonas Breitenstein, Hugo Marti, u.a. Bibliothek mit Werken der «Liestaler Poeten». Ausstellung zur Stadtgeschichte im Aufbau.

Eröffnet: 1946
Gebäude: Rathaus

VMS AMS

378 Erzgebirgisches Spielzeugmuseum

Seltisbergerstrasse 18, 600 m vom Liestaler Stadttor (ca. 15 Min. vom Bahnhof)
Postadresse: Zum Bunten S, Seltisbergerstr. 18, 4410 Liestal; Tel. (061) 922 23 24, Fax (061) 922 23 04
Geöffnet: Regelmässig 1 Wochenende pro Monat (Auskunft (061) 922 23 24). Im Advent und vor Ostern: Di–So. Ferner auf Anfrage
Leiterin: Kathrin Grauwiller-Straub

Spielzeug aus der Gegend um Seiffen in Sachsen. «Lebende» kleine Stadt (durch Keilriemen bewegte Objekte). Darstellung und Dokumentation des Reifendrehens. Fotografien, Kataloge und Literatur zur Spielzeugproduktion im Erzgebirge. Wechselausstellungen. Schauwerkstatt (in Betrieb vor Ostern und Weihnachten)

Eröffnet: 1994
Gebäude: Ehem. Pferdestall, 1942

379 Harmonium-Museum

Widmannstrasse 9A
Postadresse: Widmannstr. 9A, 4410 Liestal; Tel. (061) 921 64 10
E-Mail: dstalder@datacomm.ch
URL: http://www.datacomm.ch/~dstalder/harmoniummuseum.html
Geöffnet: Nach Vereinbarung (nur Gruppen)
Eigentümer: Dieter Stalder

Gegen 140 Instrumente: alte Vorformen des Harmoniums (ab 1840), verwandte Zungeninstrumente, Drucklufharmonien, Sauglufharmonien, Kombinationsharmonien, Sonderformen des Harmoniums, Kunstharmonien, Automaten-Harmonien, Pedalharmonien, andere Tasteninstrumente wie Orgel, Tafelklaviere, Celestas. Originale Baupläne, Konstruktionszeichnungen.

Eröffnet: 1992

380 Kantonsmuseum Baselland

Zeughausplatz
Postadresse: Rathausstr. 2, 4410 Liestal; Tel. (061) 925 50 90 (Informationsband); Tel. (061) 925 59 86, 925 50 88 od. 925 51 11, Fax (061) 925 69 60
URL: http://www.baselland.ch.
Geöffnet: Di–Fr 10–12, 14–17; Sa, So 10–17
Leiter: Dr. Jürg Ewald (ab 1.1.99: Pascale Meyer). *Konservator-Innen: Naturwiss. Sammlung:* Pascal Favre. *Volkskundliche Sammlung:* Therese Schaltenbrand. *Grafische Sammlung:* Dr. Hildegard Gantner

Sodbrunnen von Arboldswil mit den Originalfunden von 1898

Drei Hauptausstellungen: Steinbruch, Wald und Magerwiese als Lebensgemeinschaften von Pflanzen, Tieren, Mensch. Vogelstimmenquiz, «Fühlpfad», Bodenlebewesen unter dem Mikroskop, Bildabruf für 20 Steinbrüche, Mager- und Fettwiesen-Puzzle, Höhenstufen-Baumsetzspiel. – Spuren von Kulturen. – Archäologie als «Wissenschaft vom Abfall». Archäologie und Tod. Wasser und Abwasser früher und heute. Essen und Vorratshaltung. Faustkeil von Pratteln (ältestes Werkzeug aus Schweizer Boden). Frühlatène-Vorratsgrube. Röm. Delphinbrunnen. Mittelalterliche Tafel nach dem Essen. Ein Sodbrunnen als Abfallgrube um 1900. Zeit-Treppe. – Seidenbandweberei in Industrie und Heimarbeit im 19. und 20 Jh. – Von der Raupe zur Seide. Export. Färberei und Basler Chemie. Heimarbeit-Fabrikarbeit. Die Bandweberei prägt Dorf, Mensch und Familie. Wie die «Seidenherren» wohnten. Bandwebstühle in Betrieb. Schau von Hunderten von Seidenbandkreationen, -qualitäten, -mustern und -farben aus der Zeit von 1880–1920. Webstuhlmodelle zum Bedienen. Spielecke.

Eröffnet: 1837
Gebäude: Ehem. Korn- und Zeughaus der Stadt Basel, erbaut zwischen 1513–1530, restauriert 1979–81

LIGERZ BE

381 Rebbaumuseum am Bielersee / Musée de la vigne au lac de Bienne

Hof, am südwestlichen Dorfausgang
Postadresse: Postfach, 2514 Ligerz. Reservationsstelle: Tel. (032) 315 21 32, bedient Mo–Mi 9–11, Do 9–11, 19–21, Fr 13–15
Geöffnet: Mai–Okt.: Mi, Sa, So 14–17. Ferner nach Vereinbarung
Präsident des Museumsvereins: Urs Wendling

Rebbaugeräte: Werkzeuge zur Bearbeitung des Rebberges. Kellergeräte: Pressen, Pumpen, Zuber, Bottiche, Fässer, Abfülleinrichtungen, Zapfmaschinen, Flaschen; Brennerei. Land- und hauswirtschaftliche Geräte. Küferei-Werkzeuge. Karren und Wagen.

Eröffnet: 1973
Gebäude: Herrschaftshaus, 1545, ehem. Stammsitz der Herren von Ligerz

LIGORNETTO TI

382 Museo Vela ▢

Indirizzo postale: C.p. 8, 6853 Ligornetto; tel. (091) 647 32 68;
fax (091) 647 32 41
E-Mail: gianna.mina@bak.admin.ch
Aperto: Per ristrutturazione chiuso fino al 2000
Conservatrice: Dr. Gianna A. Mina

Casa-museo. Collezione di opere e ricordi degli scultori Vincenzo
Vela (1820–1891) e Lorenzo Vela (1812–1897) e del pittore
Spartaco Vela (1854–1895).

Aperto nel: 1898
Edificio: Villa d'abitazione di Vicenzo Vela, 1863–1865, arch. Isodoro
Spinelli; anche atelier e luogo di esposizione delle opere del maestro

P **⋔** VMS/AMS

LOCARNO TI

383 Museo civico e archeologico ⬠

Castello Visconteo, Piazza Castello 2
Indirizzo postale: Ufficio musei e cultura, via B. Rusca 5, 6600
Locarno; tel. (091) 756 31 70, fax (091) 751 98 71; tel. del
museo: (091) 756 31 80
Aperto: Apr.–ott.: ma–do 10–17
Conservatore: Riccardo Carazzetti

*Coppa degli uccelli,
20–50 d.C.*

Museo archeologico: archeologia del Locarnese dalla tarda età del bronzo all'alto medioevo. Importante collezione di vetri di epoca romana scoperti nel Cantone Ticino; ceramiche dell'Italia meridionale sec. VII–II a.C. (lascito Carlo Rossi); bassorilievi romanici. – Museo civico: esposizione documentaria sul Patto di Locarno (1925); costumi del XVIII sec.; porcellane di Nymphenburg attribuite a Francesco Antonio Bustelli. Esposizioni temporanee: nella palazzina cinquecentesca denominata Casorella.

Aperto nel: 1920
Edificio: Palazzo medievale dei Visconti, sede dei landfogti federali dal 1513 al 1798

---

384 Pinacoteca comunale ☐

Casa Rusca, Piazza S. Antonio
Indirizzo postale: Ufficio musei e cultura, via B. Rusca 5, 6600 Locarno; tel. (091) 756 31 70, fax (091) 751 98 71; tel. del museo: (091) 756 31 85
Aperto: Ma, me 10–12, 14–17; gio 10–12, 14–22; ve–do 10–12, 14–17
Direttore: Pierre Casè

Donazione Jean e Marguerite Arp; pitture e sculture di J. Arp e di artisti contemporanei e amici. Donazione Nesto Jacometti: dipinti e opere grafiche di circa 150 artisti che collaborarono all'«Oeuvre gravée» («Ecole de Paris», 1920–1970). Donazione Giovanni Bianconi (1891–1981): tutta l'opera di silografia dell'artista ticinese. Importante collezione di Filippo Franzoni (1857–1911). Donazione Rudolf Mumprecht (grafica). Donazione Emilio Maria Beretta. Attività espositiva.

Aperto nel: 1987
Edificio: Costruzione settecentesca

LOCLE, LE NE

385 Moulins souterrains du Col-des-Roches ⊞

A l'ouest de la ville du Locle, à 1,5 km du centre-ville, au lieu-dit Le Col-des-Roches. Bus toutes les heures depuis La Chaux-de-Fonds ou depuis Le Locle, sur la ligne en direction de la Brévine
Adresse postale: Fondation des Moulins souterrains du Col-des-Roches, Col-des-Roches 23, 2412 Le Col-des-Roches; tél. (032) 931 89 89, fax (032) 931 89 15

Ouvert: Mai–15 juin, 16 Sept.–oct.: lu–di 10–12, 14–17.30. 16 juin–15 sept.: lu–di 10–17.30 (visites commentées, dernier départ 17). En outre sur rendez-vous pour groupes de plus de 10 personnes, toute l'année. Température de la grotte: 7, se munir d'un lainage

Conservateur: Orlando Orlandini, Roches-Houriet 2, 2412 Le Col-des-Roches; tél. (032) 931 89 88 (ligne directe), 931 89 89 ou 931 44 20 (privé)

Dans une grotte, vestiges d'aménagements et d'installations datant des 16e, 17e et 18e s. Reconstitution d'un moulin à farine souterrain, sur plusieurs étages, fonctionnant à l'énergie hydraulique. Exemple unique en Europe. Exposition sur les cultures céréalières, l'énergie hydraulique, la meunerie et la boulangerie. Actuellement en préparation: rénovation du bâtiment, nouvelle présentation des collections et adjonction d'une exposition permanente des fours et machines de boulangerie.

Ouverture en: 1987

Bâtiment: ancien moulin (construction 1830), transformé en complexe industriel entre 1890 et 1915 pour y abriter un abattoir-frontière.

---

386 Musée d'horlogerie

Château des Monts, 65, Monts
Adresse postale: Château des Monts, 2400 Le Locle; tél. (032) 931 16 80; fax 931 16 70
Ouvert: Janv.–avr.: ma–di 14–17. Mai–oct.: ma–di 10–12, 14–17. Nov., déc.: ma–di 14–17. En outre sur rendez-vous

Pendule neuchâteloise Louis XV (Jacquet-Droz, La Chaux-de-Fonds/Thuilliers, Genève), fin 18e siècle

Conservateur: Pierre Buser, horloger, 4, chemin des Bosses, 2400 Le Locle; tél. (032) 931 19 67

Evolution de l'horométrie de ses origines à nos jours: montres, horloges, outils d'horloger, instruments astronomiques provenant de la Suisse et de l'étranger. Collections Maurice et Edouard Marcel Sandoz: automates et montres du 16e au 19e s. Histoire

de la montre à remontage automatique, électrique et électronique.
Collections de pendules F. Savoye, H. Jeanmaire, A. Huguenin.

Ouverture en: 1959
Bâtiment: Château des Monts, grande demeure bourgeoise de la fin du
18e s.

---

387 Musée des beaux-arts

6, rue Marie-Anne-Calame, près du Temple
Adresse postale: 6, rue Marie-Anne-Calame, 2400 Le Locle; tél.
(032) 931 13 33
Ouvert: ma–di 14–17. En outre sur rendez-vous
Conservateur: Claude Gfeller

Peinture neuchâteloise et suisse: Edouard et Jules Girardet, Edouard
Jeanmaire, Charles L'Eplattenier, les frères Barraud, Charles-Edou-
ard Dubois, Louis de Meuron, François Bocion, Cuno Amiet, Edouard Vallet; fondation Jean-Pierre Lermite. Sculptures de Léon Perrin,
Rodo de Niederhäusern, Charles-Albert Angst, Hilde Hess, Edouard Spörri, Marcel Mathys. Cabinet des estampes: Giovanni Battista Piranesi, Camille Corot, Auguste Renoir, Henri Toulouse-Lautrec,
Théophile-Alexandre Steinlen, Georges Rouault, Pablo Picasso,
Georges-Henri Adam, Alfred Manessier, Jacques Villon, André
Dunoyer de Segonzac, Käthe Kollwitz, Karel Appel, Sam Francis et
graveurs suisses contemporains, Antoni Clavé; gravures esquimau-
des sur pierre du Cap Dorset (Canada). Atelier d'impression de
1827. Pendant les expositions temporaires, les collections sont en
partie mises en réserve.

Ouverture en: 1880
Bâtiment: Edifice construit en 1913 pour abriter le musée, agrandi en
1933

LOCO TI

388 Museo Onsernonese

Casa Geo De Giorgi e mulino, strada cantonale
Indirizzo postale: 6611 Loco; custode Giuseppina Ghizzardi: tel.
(091) 797 18 79; tel. del museo (091) 797 10 70
Aperto: Museo: Apr.–ott.: ma–do 14–17; mulino: Apr.–ott.: me
14–17; gio, do 10–12, 14–17
Presidente: Riccardo Carazzetti, Via Varesi 1, 6600 Locarno; tel.
(091) 751 70 31

Costumi onsernonesi. Attrezzi valligiani, mobili; cucina. Utensili e documenti inerenti alla lavorazione della paglia. Cimeli (come uniformi, gonfalone e fucili) della Compagnia Vallona. Opere del pittore locale Carlo Agostino Meletta (1800–1875). Raccolta di exvoto. – Mulino: documenti e utensili inerenti alla coltivazione e alla trasformazione dei cereali. Produzione di farina per polenta e di «farina bona», specialità della Valle Onsernone.

Aperto nel: 1966
Edificio: Casa d'abitazione, 19 sec., e mulino da grano

LOTTIGNA TI

389 Museo di Blenio

Casa dei Landfogti
Indirizzo postale: Patrizia Pusterla-Cambin, Via Colombara, 6853 Ligornetto; tel. (091) 647 32 42; *tel. del museo:* (091) 871 19 77
Aperto: Pasqua–2 nov.: ma–ve 14–17; sa, do 10–12, 14–17. Oppure previo appuntamento (min. 10 pers.): Ente turistico di Blenio, 6716 Acquarossa; tel. (091) 871 17 65
Direttrice e conservatrice: Patrizia Pusterla-Cambin

Casa dei landfogti

Sezione etnografica: artigianato rurale. Agricoltura, vinificazione, casearia, apicoltura, foreste. Trasporti. Costumi. Emigrazione. Arte sacra. Arte contemporanea: Giovanni Genucchi, scultore. Milizie della valle. Armeria: importante collezione di armi da fuoco dal Quattrocento ad oggi.

Aperto nel: 1979
Edificio: Casa dei Landfogti. Palazzo dell'inizio 16 sec., facciata affrescata, cortile posteriore e torretta

LOURTIER VS

390 Musée des glaciers

Maison Jean-Pierre Perraudin, au centre du village
Adresse postale: 1948 Lourtier; tél. (027) 778 12 88 (Marguerite Perraudin) ou 777 11 00 (commune)
Ouvert: Juil.–sept.: Je 13.30–17.30. En outre sur demande
Gardienne: Marguerite Perraudin

Histoire du glacier du Giétroz et de la débâcle de 1818. Collection à la mémoire de Jean-Pierre Perraudin (1767–1858), inventeur de la théorie des glaciers.

Ouverture en: 1993
Bâtiment: Maison de Jean-Pierre Perraudin, 1826

LÖWENBURG JU

391 Museum / Musée

Hofgut Löwenburg (2 km nordwestlich von Ederswiler)
Postadresse: Christoph Merian Stiftung, St. Alban-Vorstadt 5, 4052 Basel; Tel. (061) 271 12 88
Geöffnet: Jan.–Apr.: 8–20. Mai–Okt.:9–18. Nov., Dez.: wie Jan. Schlüssel bei Betriebsleiter Rolf Bolliger nach tel. Anmeldung: (032) 431 12 20

Fundgegenstände von Ausgrabungen in Ruine, Hof und Kirche Löwenburg sowie in der näheren Umgebung. Versteinerungen aus der Sekundär- und Tertiärzeit. Paläolithische und neolithische Funde. Mittelalterliche und neuzeitliche Geschichte des Territoriums Löwenburg. Information über die Restaurierung der historischen Bauten.

Eröffnet: 1970
Gebäude: Ehem. Käserei des Gutshofes

LUGANO TI

Sommario

Fondazione Galleria Gottardo	**392**
Museo cantonale d'arte	**393**
Museo cantonale di storia naturale	**394**
Museo civico di belle arti (Fondazione A. Caccia)	**395**
Museo d'arte moderna	**396**
Museo di Santa Maria degli Angioli	**397**
LUGANO–CASTAGNOLA Archivio storico	**398**
Fondazione Thyssen-Bornemisza	**399**
Museo delle culture extraeuropee	**400**

---

392 Fondazione Galleria Gottardo ☐

Viale Stefano Franscini 12
Indirizzo postale: Viale Stefano Franscini 12, 6900 Lugano; tel.
(091) 808 19 88, fax (091) 923 94 33
E-Mail: galleria@gottardo.ch
URL: http://www.gottardo.ch
Aperto: Ma–sa 10–17
Curatore: Luca Patocchi. *Art Director:* Alberto Bianda

Regolarmente mostre temporanee di arte, arti applicate, fotografia, etnografia, archeologia in collaborazione con musei, associazioni e fondazioni culturali.

Aperto nel: 1989
Edificio: Banca del Gottardo, 1988, arch. Mario Botta

[I] [VMS AMS]

---

393 Museo cantonale d'arte ☐

Via Canova 10 (centro storico)
Indirizzo postale: Piazza Manzoni 7, c.p. 3084, 6900 Lugano;
tel. (091) 910 47 80, fax (091) 910 47 89
Aperto: Ma 14–17; me–do (e lunedì di Pasqua) 10–17
Direttrice: Manuela Kahn-Rossi. *Conservatore:* Marco Franciolli.
Collaboratrice scientifica: Lidia Zaza-Sciolli

Oskar Schlemmer:
Elisabeth, 1923

Principalmente arte dei secoli XIX e XX con una parentesi sui secoli XV, XVI e XVII. Accanto agli artisti ticinesi troviamo gli artisti italiani e più in generale stranieri che hanno influenzato l'evolversi della storia dell'arte in Ticino o che hanno soggiornato nel Cantone. Tra gli artisti presenti: Maestro di Lonigo, Giampietrino, P.F. Mola, J. M.W. Turner, A. Catenazzi, A. Rinaldi, C. Bossoli, A. Ciseri, V. Vela, A. Feragutti-Visconti, L. Rossi, F. Franzoni, E. Berta, A. Sartori, E. Degas, A. Renoir, C. Pissarro, A. Rodin, C. Despiau, J.B. Jongkind, C. Guys, C. Tallone, F. Carcano, M. Rosso, F. Hodler, C. Amiet, P. Klee, H. Richter, F. Glarner, J. Bissier, M. von Werefkin, J. Arp, O. Morach, H. Scherer, P. Camenisch, A. Müller, W. Neuhaus, W. K. Wiemken, O. Nebel, O. Schlemmer, B. Nicholson, M. Oppenheim, M. Bill, R. Schürch, I. Epper, M. Sulzbachner. B. Nizzola, A. Balmelli, M. Uehlinger, C. Cotti, F. Boldini, I. Valenti, C. Carrà, F. Casorati, A. Funi, M. Marini, R. Birolli, S. Brignoni, U. Monico, I. Reiner, E. Dobrzansky, M. Marioni, R. Rossi. Importante nucleo di opere d'arte contemporanea: M. Cavalli, P. Selmoni, F. Paolucci, N. Toroni, G. Camesi, C. Lucchini; César; J. Beuys; E Cucchi; R. Morris, R. Therrien, R. Horn, L. Carroll, F. Beckman, B. X Ball e altri. Collezione di fotografie: R. Donetta, A. Flammer, F. Gerevini, L. Rigolini; F. Henri, L. Feininger, T. Struth, B. e H. Becher. Importante attività espositiva. Durante le mostre temporanee la collezione si presenta ridotta.

Aperto nel: 1987
Edificio: Ex stabili Reali, composto di tre palazzi del Quattrocento con strutture aggiunte nel Cinquecento e nell'Ottocento

394 Museo cantonale di storia naturale

Viale Cattaneo 4, presso Palazzo degli Studi, Parco civico
Indirizzo postale: Viale Cattaneo 4, 6900 Lugano; tel. (091) 911
53 80, fax (091) 911 53 89
E-Mail: dt.mcsn@ti.ch
URL: http://www.ti.ch/DT/DA/MUSEO/p1.Frame/html
Aperto: Ma–Sa 9–12, 14–17
Direttore: Filippo Rampazzi. *Conservatori:* Alessandro Fossati
(zoologia), Gianfelice Lucchini (micologia), Paolo Oppizzi (minera-
logia), Pia Giorgetti (botanica), Markus Felber (geologia e paleon-
tologia)

Fossili, rocce e minerali del Ticino. Fauna e flora del Cantone in
diorami e vetrine tematiche. Grande esposizione di funghi liofiliz-
zati. Mostre temporanee. Importanti collezioni di studio nell'Istituto
(ca. 200'000 pezzi: botanica, micologia, zoologia, geopaleon-
tologia, mineralogia). Pubblicazioni scientifiche sul Ticino.

Aperto nel: 1979

*Ceresiosaurus calcagnii (dei giacimenti triassici del Monte San
Giorgio)*

395 Museo civico di belle arti (Fondazione A. Caccia) □

Villa Ciani, Parco civico
Indirizzo postale: Dicastero attività culturali, Città di Lugano, viale
Franscini 9, 6900 Lugano; tel. (091) 800 72 01/02, fax (091)
800 74 97; tel. del museo: (091) 800 71 96
E-Mail: info@musei-lugano.ch
URL: http://www.musei-lugano.ch
Aperto: Ma–do 10–12, 14–18
Direttore: Dott. Rudy Chiappini.
Collaboratore scientifico: Dott. Simone Soldini

Giovanni Serodine:
Ritratto del padre, 1628 ca.

Opere di autori esteri e svizzeri dal Quattrocento al Novecento. Marco Palmezzano, Francesco Salviati, Giambattista Piazzetta. Lucas Cranach il Vecchio, Giovanni Serodine, Massimo Stanzione, Pier Francesco Mola, Francesco Innocenzo Torriani; Giuseppe Antonio Petrini, Carlo Bossoli, Antonio Ciseri, Vincenzo Vela, Antonio Rinaldi, Edoardo Berta, Filippo Franzoni, Adolfo Feragutti-Visconti, Carlo Cotti, Edmondo Dobrzansky, Felice Filippini, Massimo Cavalli.

Aperto nel: 1933
Edificio: Villa Ciani, 1840 ca., in stile neoclassico, arch. Luigi Clerichetti

396 Museo d'arte moderna   ◻

Villa Malpensata, riva A. Caccia 5
Indirizzo postale: Dicastero Attività culturali, Città di Lugano, c.p. 260, 6906 Lugano; tel. (091) 800 72 01/02, fax (091) 800 74 97; tel. del museo: (091) 994 43 70
E-Mail: info@musei-lugano.ch
URL: http://www.musei-lugano.ch
Aperto: Ma–ve 10–12, 14–18; sa, do (e festivi) 10–18
Direttore: Dott. Rudy Chiappini. *Collaboratrice scientifica:* Dott. Barbara Paltenghi

Henri Matisse: Nudo

Collezioni della Città di Lugano: Eugène Boudin, Johann B. Jong-kind, Cammille Pissarro, Claude Monet, Henri Rousseau, Edouard Vuillard, Umberto Boccioni, Henri Matisse, Charles Despiau, André Derain, E. Othon Frisez, Ferdinand Hodler, Cuno Amiet, Giovanni e Augusto Giacometti, Wilhelm Schmid. Sculture di Marino Marini, Arturo Martini, Francesco Messina, Jean Arp, Ossip Zadkine, Max Bill. Opere premiate alle Biennali internazionali del Bianco e del Nero.

Aperto nel: 1973
Edificio: Costruzione tardo settecentesca, ristrutturata negli anni Settanta dall'arch. Gianfranco Rossi

---

397   Museo di Santa Maria degli Angioli   ◻

Chiesa Santa Maria degli Angioli, via Nassa, lungolago
Indirizzo postale: Don Isidoro Marcionetti, Piazza Luini, 6900 Lugano; tel. (091) 922 01 12
Aperto: Previo appuntamento
Parroco della chiesa: Don Isidoro Marcionetti

Quadri di Giuseppe Antonio Petrini e del Morazzone. Croce del Cinquecento, antifonari del Seicento; candelieri, reliquiari, incensieri, calici. Mobili di sagrestia.

Aperto nel: 1974
Edificio: Sagrestia della chiesa francescana (consacrazione nel 1515)

LUGANO – CASTAGNOLA TI

398 Archivio storico ▽

Archivio storico: Strada di Gandria 4 (Casa Carlo Cattaneo) e
Museo storico: Viale Stefano Franscini 9, Lugano (Villa Saroli)
Indirizzo postale: Strada di Gandria 4, 6976 Lugano-Castagnola; tel. (091) 971 02 71, fax (091) 970 38 25
Aperto: Archivio: me-gio 9–12, 14–17
Villa Saroli: lu–ve 14–18
Direttore: Dott. Antonio Gili

Sale con esposizione documentaria permanente sulla figura e l'opera del pensatore italiano Carlo Cattaneo (1801–1869), che abitò questa casa durante il suo esilio nel Ticino (1849–1869). Sale con esposizione documentaria permanente sulla figura e l'opera dei poeti lettoni Janis Rainis (1865–1929) e moglie Aspazija (1869–1943), che frequentarono questa casa durante il loro esilio nel Ticino (1906–1920). Nei locali di Villa Saroli a Lugano vengono allestite delle esposizioni temporanee.

Aperto nel: 1980
Edificio: Casa Carlo Cattaneo

399 Fondazione Thyssen-Bornemisza ☐

Villa Favorita
Indirizzo postale: Villa Favorita, 6976 Castagnola; tel. (091) 972 17 41, fax (091) 971 61 51
E-Mail: ftb.ch@mail.swissonline.ch
Aperto: Pasqua-ott: Ve–do 10–17
Curatrice: Maria de Peverelli

Dipinti e acquarelli europei e americani dell'Otto e Novecento. Circa 50 opere appartengono alla pittura americana del XIX secolo. Vi sono incluse opere eseguite da esponenti della scuola luminista e della Hudson River School, nonché da impressionisti americani e pittori della Frontiera (fra gli altri Bierstadt, Church, Cole, Hassam, Heade, Kensett, Robinson, Twachtman e Whittredge). Attraverso esempi illustrativi di ogni stile (Arman, Chasnik, de Chirico, Ernst, Freud, Itten, Kandinsky, Larionov, Léger, Macke, Malevich, Marc, Masson, Munch, Nolde, Picabia, Rozanova, Schiele, Schmidt-Rottluff, Severini, Benton, Davis, Demuth, Estes, Henri, Homer, Hopper, Marin, Parrish, Pollock, Ray, Shahn, Sheeler, Weber, Wesselmann e Wyeth), il centinaio di opere rimanenti documenta gli sviluppi dell'arte del nostro secolo al di quà e al di là dell'Atlantico.

Aperto nel: 1948
Edificio: Villa Favorita, 1932–1937

400 Museo delle culture extraeuropee ☎

Villa Heleneum, via Cortivo 24, Castagnola, lungo il sentiero per Gandria
Indirizzo postale: Dicastero Attività culturali, Città di Lugano, viale Franscini 9, 6900 Lugano; tel. (091) 800 72 01/02, fax (091) 800 74 97; tel. del museo: (091) 971 73 53
E-Mail: info@musei-lugano.ch
URL: http://www.musei-lugano.ch
Aperto: Marzo–ott: me–do 10–17
Direttore: Dott. Rudy Chiappini. *Collaboratore scientifico:* Dott. Ilario Rossi

600 oggetti della collezione di Serge e Graziella Brignoni, in prevalenza sculture in legno provenienti dalle culture etniche dell'Oceania, dell'Asia e dell'Africa. Oceania: figure di culto, amuleti, maschere, appendi-crani, frammenti di case di culto, strumenti musicali, scudi, provenienti dalla Nuova Guinea (Sepik Maprik, Asmat, Golfo di Papua); Nuova Irlanda (Malanggan e Uli provenienti dalla regione centrale e settentrionale dell'isola); ben rappresentate anche le altre isole della Melanesia (Nuova Britannia, Isole Salomone, Vanuato, Nuova Caledonia); Polinesia: bastoni rituali delle Isole Figi, Tonga e Marchesi; Asia: oggetti provenienti dalle culture tribali indonesiane di Nias, Sumatra, Kalimantan (Hampatong, delle etnie Dayak), Sulawesi, Flores, Timor. Africa: alcune belle maschere lignee provenienti soprattutto dalle regioni occidentali subsahariane.

Aperto nel: 1989
Edificio: Villa Heleneum, in stile tardo neoclassico

[ıl] [VMS/AMS]

LÜTZELFLÜH BE

401 Gotthelf-Stube ⊞

Speicher beim Pfarrhaus
Postadresse: Martin Fankhauser, Waldhaus, 3432 Lützelflüh; Tel. (034) 461 27 41; Auskunft: Gemeindeverwaltung; Tel. (034) 460 16 11
Geöffnet: Mitte Apr.–Okt.: Mo 14–17; Di–Sa 10–11.30, 14–17; So 10.30–11.30, 14–17
Präsident des Vereins Gotthelfstube: Pfr. Hans Künzi, pens., Teussenrain 21, 3454 Sumiswald; Tel. (034) 431 33 60. *Betreuer der Büchersammlung:* Martin Fankhauser, Sekundarlehrer i.R., Waldhaus, 3432 Lützelflüh; Tel. (034) 461 27 41

Sammlung zur Erinnerung an den Schriftsteller Jeremias Gotthelf (1797–1854). Handschriftliche Dokumente von J.Gotthelf, Erstausgaben, Übersetzungen, Literatur über J. Gotthelf und sein Werk, Illustrationen, persönliche Effekten (Kleider, Besteck, Möbel).

Eröffnet: 1954
Gebäude: Speicher von 1733, der zum Pfarrhaus gehört (Albert Bitzius war von 1832 bis 1854 Pfarrer in Lützelflüh)

LUZERN LU

Übersicht

Alpineum	**402**
Bourbaki-Panorama	**403**
Gletschergarten	**404**
Historisches Museum	**405**
Kunstmuseum	**406**
Natur-Museum	**407**
Picasso-Museum	**408**
Verkehrshaus der Schweiz	**409**
LUZERN–TRIBSCHEN Richard Wagner-Museum	**410**

402 Alpineum

Denkmalstrasse 11, vis-à-vis Löwendenkmal
Postadresse: Denkmalstrasse 11, 6006 Luzern; Tel. (041) 410 40 64 od. 410 74 62, Fax (041) 410 35 57
Geöffnet: Apr.–Okt.: 9–12.30, 13.30–18. Ferner nach Vereinbarung (nur Gruppen)
Eigentümer und Leiter: Daniel E.Hodel

Fünf historische Grossgemälde mit plastischem Vordergrund, sog. Dioramen; die schönsten Gebirgsregionen der Schweiz um die Jahrhundertwende geschaffen von den Malern Ernst Hodel sen. und Ernst Hodel jun.

Eröffnet: 1900
Gebäude: Museumsbau zum Löwendenkmal

403 Bourbaki-Panorama

Löwenstrasse 18, am Löwenplatz
Postadresse: Stiftung Bourbaki-Panorama, Geschäftsstelle, Stadthaus, Postfach, 6002 Luzern; Tel. (041) 208 82 02, Fax (041) 208 82 04; Tel. Baubüro: (041) 410 01 15
E-Mail: habegger@pilatusnet.ch
URL: http://www.bourbaki.ch
Geöffnet: Wegen Bauarbeiten bis ca. 1999 geschlossen
Stiftungsratpräsident: Dr. Hans-Jörg Merz, 6062 Wilen bei Sarnen. *Geschäftsleiter:* Dr. Ueli Habegger, Kulturbeauftragter, Stadthaus, 6002 Luzern

Das Panorama zeigt den Grenzübertritt der französischen Ostarmee unter General Bourbaki bei Les Verrières während des Deutsch-Französischen Krieges 1870/71.

Eröffnet: 1889
Gebäude: Rundgebäude, 1889

404 Gletschergarten ♦

Denkmalstrasse 4, beim Löwendenkmal
Postadresse: Stiftung Amrein-Troller, Denkmalstr. 4, 6006 Luzern; Tel. (041) 410 43 40, Fax (041) 410 43 10
E-Mail: wick@gletschergarten.ch
URL: http://www.gletschergarten.ch
Geöffnet: Jan.–Febr.: Di–So 10–17. März: Mo–So 10–17. Apr.–Okt.: Mo–So 9–18. Nov., Dez.: wie Jan.
Direktor: Peter Wick, dipl. phil. II

Geologische und heimatkundliche Sammlung. Darstellung des Wandels von einer Palmenküste (subtropische Miozänzeit) zur Gletscherwelt der Eiszeit im Zusammenhang mit dem Gletschergarten; Fossilien, Mineralien, Gesteine, Paläontologie. Kleine urgeschichtliche Sammlung, u.a. Höhlenbärenfunde der Steigelfadbalm. Reliefsammlung mit dem ältesten Relief der Urschweiz von General Franz Ludwig Pfyffer von Wyher (ohne Kartengrundlage und nach eigenen Vermessungen 1766–1785 hergestellt). Modell der Schlacht im Muotatal zwischen Franzosen und Russen (1799). Kartensammlung. Modelle schweizerischer Bauernhäuser. «Alt-Luzern» mit Bildern, Plänen und Interieurs; Modell der Stadt im Jahre 1792. Tonbildschau. – Ausserhalb des Museums, Naturdenkmal, entdeckt 1872: Gletschergarten (Gletschertöpfe und -schliffe sowie versteinerte Palmblätter und Muscheln aus dem Miozän); alte Klubhütte mit Gletscherdiorama; Luzerner Diopstone (2,5 t. schweres Eisdriftgeschiebe aus dem eiszeitlichen Vierwaldstättersee); Spiegelsaal (für die Landesausstellung 1896 in Genf erstellt).

Eröffnet: 1873
Gebäude: Wohnhaus, 1874, «Schweizerhausstil, Laubsägearchitektur»

405 Historisches Museum

Im alten Zeughaus, Pfistergasse 24, bei der Spreuerbrücke
Postadresse: Postfach, 6000 Luzern 7; Tel. (041) 228 54 24;
Sekretariat: Tel. (041) 228 54 22, Fax (041) 228 54 18
E-Mail: jbruelisauer@hmluzern
URL: http://www.hmluzern.ch
Geöffnet: Di–Fr 10–12, 14–17; Sa, So 10–17
Direktor: Dr. Josef Brülisauer (Militaria). **Konservatoren:** Ursula Karbacher, lic.phil. (Textilien), Claudia Hermann, lic.phil. (Kunst, Kunsthandwerk). Ruedi Meier, lic.phil. Museumspädagoge (Graphik, Fotografie)

Ehemalige Rüstkammer des Zeughauses mit Waffen, Fahnen und Uniformen seit dem Spätmittelalter: sog. Panzerhemd Leopolds III., Mailänder Rundschilde, Beutefahnen, Luzerner Standes-, Aemter- und Militärbanner. Ratsaltertümer: Glasgemälde, Zinnkannen, Urmasse. Kunsthandwerk: Gold- und Silberschmiedearbeiten von Hanspeter Staffelbach (1657–1736) und aus dem Atelier Bossard (um 1900), Weinmarktbrunnen von Conrad Lux (1481) und St. Michael von der Hofkirche von Niklaus Geisler (1639), Stadtansichten von Xaver Schwegler (1897), kleine Sammlung von Flühliglas. Luzerner, Innerschweizer und Schweizer Trachten (Sammlung Angélique Sophie Panchaud de Bottens, ehem. Trachtenmuseum Utenberg). Münz- und Medaillensammlung, Luzerner Fundmünzen und Münzstempel. Multivision. Wechselausstellungen.

Eröffnet: 1877
Gebäude: Zeughaus des Standes Luzern, 1567/68, ursprünglich z.T. auch als Korn- und Salzhaus genutzt

Das Historische Museum im alten Zeughaus, 1568

406 Kunstmuseum

Ausstellungshalle: Tribschenstrasse 61
Postadresse: Administration, Unter der Egg 10, 6004 Luzern; Tel.
(041) 410 90 40, Fax (041) 410 90 92
E-Mail: kunstmuseum@centralnet.ch
URL: http://www.centralnet.ch/kultur/kunstmuseum
Geöffnet: Mi 12–20; Do–So 12–17. (Bis zur Eröffnung des neuen
Museums im «Kunst- und Kongresszentrum Luzern» Ende 1999
Wechselausstellungen zeitgenössischer Kunst in der provisorischen
Ausstellungshalle Zwischen Raum 96–99 an der Tribschenstrasse
61)
Direktor: Dr. Ulrich Loock. *Konservator Sammlung:* André Rogger,
lic.phil.

Schweizerische Malerei und Plastik seit dem Mittelalter mit Schwerpunkt Schweizer Landschaftsmalerei des 19. Jh. Kleine Sammlung
europäischer Malerei des frühen 20. Jh. sowie internationaler und
Schweizer Nachkriegskunst.

Eröffnet: 1933
Gebäude: Neubau: Arch. Jean Nouvel

407 Natur-Museum

Kasernenplatz 6, bei der Spreuer-
brücke
Postadresse: Kasernenplatz 6,
6003 Luzern; Tel. (041) 228 54
11, Fax (041) 228 54 06
E-Mail: natur@centralnet.ch
URL: http://www.naturmuseum.ch
Geöffnet: Di–Sa 10–12, 14–17;
So und Feiertage 10–17
Direktor: Dr. Peter Herger. *Kon-
servatoren:* Dr. Ladislaus Reser
(Entomologie), Dr. Engelbert Ruoss
(Stv. Direktor, Botanik), dipl.
Natw. ETH Benedict Hotz (Erdwis-
senschaftliche Abteilung)

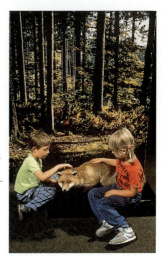

Streichelfuchs: Natur begreifen

Erdkunde: Die Erde vom Urmeer zu den Alpen, Gesteine, Mineralien, Fossilien, v.a. aus der Zentralschweiz; Demonstrationsgeräte und Videofilm. Biologie: Fauna und Flora der Zentralschweiz, zahlreiche Aquarien und Terrarien mit lebenden Tieren, Insekten-Drehwände, Tierstimmen, Streicheltiere, Arena mit Videofilmen, Pilzcomputer, Waldlehrpfad. Archäologie: Luzern von der Steinzeit bis zum Frühmittelalter, Funde europäischer Bedeutung aus den jungsteinzeitlichen Ufersiedlungen von Egolzwil LU. Sonderausstellungen.

Eröffnet: 1978
Gebäude: Rekonstruktion des alten «Waisenhauses» von J. Singer, Neubau 1975/76, Fassaden nach den Plänen des Originalbaus von 1808/1811

408 Picasso-Museum □

Am Rhyn-Haus, neben dem Rathaus, Eingang Furrengasse 21
Postadresse: Furrengasse 21, 6004 Luzern; Tel. (041) 410 35 33 od. 410 17 73
Geöffnet: Apr.–Okt.: Mo–So 10–18. Nov.–März.: Mo–So 11–13, 14–16. Ferner nach Vereinbarung
Leiterin: Heidi Rothen, Rathaus Luzern; Tel. (041) 410 35 33

Sammlung von bedeutenden Werken des Malers, Graphikers und Bildhauers Pablo Picasso (1881–1973). Gemälde, Gouachen, Zeichnungen, Graphik, sowie eine Eisenblech-Skulptur und eine Original-Keramik aus den letzten Jahrzehnten des Künstlers. – Permanente Sonderausstellung: Picasso, fotografiert von David Douglas Duncan.

Eröffnet: 1978
Gebäude: Renaissance-Bau, 1616–1618, Wohnhaus der Patrizierfamilie Am Rhyn

409 Verkehrshaus der Schweiz

Lidostrasse 5
Postadresse: Lidostr. 5, 6006 Luzern; Tel. (041) 370 44 44, Fax (041) 370 61 68; Info- und Ticketline: Tel. 0848 85 20 20
URL: http://www.verkehrshaus.ch
Geöffnet: Jan.–März: Mo–So 10–17. April–Okt.: Mo–So 9–18. Nov., Dez.: wie Jan.
Direktor: Fredy Rey, dipl. Ing. EPFL. *Konservatoren:* Henry Wydler, Kilian T. Elsasser, M.A., This Oberhänsli. *Leiterin Verkehrsarchiv:* Daniela Walker. *Leiter ZEISS Planetarium Longines:* Daniel Schlup. *Leiter Schuldienst:* Christian Scheidegger. *Leiter IMAX Filmtheater:* Peter Hauri. *Leiter Marketing & PR:* Claudio Rossetti.

Luftaufnahme: Ausstellung Verkehrshaus

Abteilung Luft- und Raumfahrt: 40 Originalflugzeuge, ca. 150 Motoren, Propeller und weitere Objekte sowie ca. 250 massstäbliche Modelle von Fahrzeugen «Leichter-» und «Schwerer als Luft». Die Originale dokumentieren die Entwicklung der Zivilluftfahrt, vom Pionierflugzeug über die Verkehrsflugzeuge der Zwischenkriegszeit bis zum viermotorigen Düsenjet für den Langstreckenluftverkehr. Zu den zahlreichen Schweizer Konstruktionen gehören die Pionierflugzeuge «Dufaux» 1910 und «Rech» 1912/13, das Passagierflugzeug «Comte» AC–4 1930, das Kampfflugzeug K+W C–3603 1944, der Versuchsjet «Arbalète» N–20 1951 und das Muskelkraftflugzeug «Pelargos» 1983. Verschiedene Originalfluggeräte zu den Bereichen Segelflug, Sportluftfahrt, Militäraviatik, Rettungsfliegerei (Helikopter) und Sonderkonstruktionen. – Cosmorama: Multimediaschau zur Geschichte der amerikanischen und russischen Raumfahrt. – Abteilung Strassenverkehr: Hauptsächlich Transportmittel des 20. Jahrhunderts. Je ca. 80 Fahr- und Motorräder und rund 100 Automobile und Lastwagen, zum grössten Teil Fahrzeuge aus Schweizer Produktion oder solche, die in der Schweiz im Betrieb waren. Motoren und Ausrüstungsgegenständen. Kutschensammlung. – Abteilung Schiffahrt: ca. 150 Modelle 1:100 von Schiffen des öffentlichen Verkehrs auf Schweizer Seen. Sammlung Philipp Keller: rund 250 Modelle, reiche maritime Bibliothek. Sammlung Kahl: bedeutende Kollektion von rund 100 Modellen von Schiffstypen aus aller Welt. Darstellungen über die historische und moderne maritime Seefahrt mit zahlreichen Originalfahrzeugen. Multimedia-Erlebnisraum zum Thema Binnenschiffahrt. – Nautirama: ein multimedialer Erlebnisrundgang, welcher die Entwicklung vom Lastschiff zum Lustschiff auf dem Vierwaldstättersee erfahren lässt. – Abteilung Schienenverkehr: rund ein Dutzend Dampflokomotiven. Pionierfahrzeuge der Elektrifizierung wie erstes elektrisches Triebfahrzeug der Schweiz von 1888, erste elektrische normalspurige Lokomotive in Europa von 1899, erste schweizerische Lokomotive für hochgespannten Wechselstrom von 1904. Elektrische Lokomotiven bis 1939 (insbesondere die Ae 8/14, die

«Landi-Lok» von 1939), mehrere Fahrzeuge mit Zahnradantrieb (Lokomotive der Vitznau-Rigibahn von 1873, Dampftriebwagen der Pilatusbahn von 1889), Tramwagen verschiedener Schweizer Städte und eine reiche Sammlung von Eisenbahnmodellen in verschiedenen Massstäben. Aspekte der Sicherheit bei den Eisenbahnen von der Vergangenheit bis in die Gegenwart werden mittels interaktiven Spielen, Videos, historischen Objekten und Live-Verbindungen zum Stellwerk Luzern und zu der am Museum vorbeiführenden Gotthardlinie gezeigt. Eine animierte Modellanlage des Streckenabschnitts Erstfeld-Wassen der Gotthardstrecke sowie Lok und Tramführerrstandsimulatoren. Gotthardtunnelschau: Fahrt mit einer Werkbahn in den entstehenden Tunnel und Erlebnis des historischen Geschehens dreidimensional und unmittelbar. – Planetarium: täglich zwei verschiedene Programme, Schul- und Sondervorführungen nach vorheriger Absprache. – Swissorama: 360 -Rundfilm über die Schweiz. – Hans Erni-Museum: Permanente Werkschau mit Bildern, Skulpturen und Plakaten des Künstlers. Wandgemälde «panta rhei». Sonderausstellungen. – Bibliothek, Archiv, Fotothek (auf Anmeldung). – IMAX-Filmtheater: 19x25 m grosse Leinwand mit 70 Milimeter Bildersturm über Natur, Tierwelt, Cosmos, Umwelt, Berge.

Eröffnet: 1959
Gebäude: Ausstellungshallen, 1959 im «Landi 39»-Stil erbaut, Arch. Otto Dreyer. Erweiterungen: 1969/72 Planetarium und Halle Luft- und Raumfahrt, 1979 Hans Erni-Museum, 1982 zweite Halle Schienenverkehr, 1984 Halle Schiffahrt/Seilbahnen/Tourismus

LUZERN – TRIBSCHEN LU

410 Richard Wagner-Museum / Städtische Sammlung alter Musikinstrumente

Richard Wagner-Weg 27, 3 km südöstlich des Hauptbahnhofes Luzern, am See
Postadresse: Richard Wagner-Weg 27, 6005 Luzern; Tel. und Fax (041) 360 23 70
Geöffnet: 15. März–Nov.: Di–So 10–12, 14–17. Ferner nach Vereinbarung
Leiter: Dr. Ueli Habegger, Kulturbeauftragter, Stadtpräsidium, 6002 Luzern. *Museumsbetreuerin:* Esther Jaeger

Erinnerungen an den Komponisten Richard Wagner (1813–1883). Wagner-Gedenkstätte: Porträts (Gemälde, Plastiken, Fotos), Originalpartituren und Autographen. – Musikinstrumente: Aussereuropäische Instrumente aus China und Afrika, v.a. Ägypten. Bedeutende Gruppe von klassischen Saiten- und Blasinstrumenten. Instrumente für Volks-, Jagd- und Militärmusik, bes. aus der Schweiz.

Eröffnet: 1933
Gebäude: Villa am Stadtrand

MAGDEN AG

411 | Museum-Telefonzentrale ☼

Im Sand 4
Postadresse: Peter Vogt, Langweg 11, 4312 Magden; Tel. (061)
285 51 11 (Swisscom N-M-OP-BB–31)
E-Mail: gorg@bluewin.ch
Geöffnet: Nach Vereinbarung. Anmeldung bei der Telecom PTT
Basel, Tel. 113 od. (für Fernanrufe) (061) 285 51 11 (Telefon-
nummer angeben für Rückruf)
Leiter: Peter Vogt

Aussenstelle des PTT-Museums Bern. Telekommunikationsseinrichtun-
gen (Zentraleinrichtungen und Telefonapparate).

Eröffnet: 1994
Gebäude: Ehem. Telefonzentrale, in Gebrauch 1967–1992

MALOJA GR

412 | Atelier Segantini ▫

Gegenüber Hotel Schweizerhaus, hinter Chalet Segantini
Postadresse: Società Atelier Segantini, 7516 Maloja; Tel. (081)
824 32 76 (Florio Fasciati)
Geöffnet: Febr.–Ostern, Juli–15. Okt.: Di–So 15–17
Leiterin: Rosemarie Wyss, Murtaira, 7516 Maloja; Tel. (081) 824
32 03. *Öffentlichkeitsarbeit:* Florio Fasciati, Lehrer, 7516 Maloja

Persönliche Malgegenstände von Giovanni Segantini sowie Skizzenbücher, Diplome, Auszeichnungen, Briefe, Bilder, Reproduktionen, Bücher und eine Büste des Malers. Lithographien von Giovanni Segantini's Sohn, dem Maler Gottardo Segantini. Wechselausstellungen. «Sentiero Segantini», ein mit Schautafeln dokumentierter
Wanderweg zu einigen Standorten von Segantini-Gemälden.

Eröffnet: 1985
Gebäude: Atelier des Künstlers, im ursprünglichen Zustand restauriert

MARBACH SG

413 Oberes Bad

Obergasse 25, im ehemaligen Gasthaus Oberes Bad
Postadresse: Benjamin Ender, Staatsstrasse 22, 9437 Marbach;
Tel. (071) 777 24 86
Geöffnet: Nach Vereinbarung
Konservator: Benjamin Ender

Handwerk, Landwirtschaft und Wohnen aus der Zeit des Kleinbauerntums. Schmiede; Wagnerei; Schuhmacherei; Torkel; Kegelbahn; Gaststube; Wohnzimmer; Brennhäuschen; Brunnen.

Eröffnet: 1985
Gebäude: Ehem. Gasthaus

MARIN NE

414 Papiliorama – Nocturama / Tropical Gardens

Marin-Centre
Adresse postale: Case postale 31, Marin-Centre, 2074 Marin;
tél. (032) 753 43 44 ou 753 43 50, fax (032) 753 46 75
E-Mail: cbijleveld@papiliorama.ch
URL: http://www.papiliorama.ch
Ouvert: Hiver: lu–di 10–17. Eté: lu–di 9–18
Directeur: Dr Maarten Bijleveld van Lexmond

Biosphères reconstituées sous deux coupoles, où la température est maintenue entre 25 et 28 , l'humidité relative à 80%. Papiliorama: papillons, oiseaux, reptiles et poissons, végétation tropicale. Nocturama: dans un espace où le cycle du jour et de la nuit est inversé, faune néo-tropicale nocturne (mammifères, oiseaux, reptiles, poissons, insectes et autres invertebrés).

Ouverture en: 1988 et 1995

MARTHALEN ZH

415 Orts- und Wohnmuseum ⌂

Hirschenplatz, hinter dem ehemaligen Gasthof (heute Gemeinde-
verwaltung)
Postadresse: Ursula Lips-Liechti, Obere Mühle, 8460 Marthalen;
Tel. (052) 319 12 27
Geöffnet: Apr.–Okt.: 1. So im Monat 13.30–17. Ferner nach Ver-
einbarung mit der Präsidentin od. mit der Gemeindekanzlei, Tel.
(052) 305 44 44
Präsidentin der Museumskommission: Ursula Lips-Liechti

Haus- und landwirtschaftliche Geräte, u.a. zur Flachsverarbeitung.
Pflüge, Schlitten, Wagen, u.a. für Langholz mit Wepfe. Baumtrotte
des 18. Jh. und Geräte für den Rebbau. Eingerichtete Schmiede;
Werkzeuge des Holzhauers. Feuerwehrgeräte. Zehntenpläne,
Urkunden. – Im Bokten, am Dorfrand, ist ein Kleinbauernhaus des
17. Jh. mit Küche, Stube und Kammer eingerichtet.

Eröffnet: 1978
Gebäude: Ehem. Ökonomiegebäude und Waschhaus, Wohnmuseum im
Taglöhnerhausteil

MARTIGNY VS

416 Fondation Pierre Gianadda ▽ ☐

Rue du Forum
Adresse postale: 1920 Martigny; tél. (027) 722 39 78, fax
(027) 722 31 63 et (027) 722 52 85
E-Mail: info@gianadda
URL: http://www.gianadda.ch
Ouvert: Janv., fév.: lu–di 10–12, 13.30–18. Mars–mai: lu–di
10–18. Juin–oct.: lu–di 9–19. Nov., déc.: comme janv.
Directeur de la Fondation Pierre Gianadda: Léonard Gianadda,
1920 Martigny; tél. (027) 722 31 13. *Collections archéologiques:* François Wiblé, route du Levant, 1920 Martigny; tél. (027)
722 65 45

Musée gallo-romain: objets archéologiques découverts à Martigny (Octodurus gauloise puis Forum Claudii Vallensium romain): offrandes, monnaies, stèles, poteries, bijoux, grands bronzes découverts en 1883 (tête de taureau) et quelques pièces du trésor de la Délèze. Histoire et développement de Martigny comme étape romaine sur la route du Grand-Saint-Bernard: marché, importations, produits de fabrication locale, mobilier, chauffage, ravitaillement en eau, édilité. Dans les jardins, vestiges gallo-romains et sculptures contemporaines (Brancusi, Rodin, Miró, Dubuffet, Moore, Arp, Penalba, Segal, Rouiller, Tommasini, etc.). – Musée de l'automobile: une cinquantaine de véhicules anciens de 1897 à 1939, notamment des Rolls Royce, Hispano-Suiza et la Delaunay-Belleville du Tsar Nicolas II de Russie ainsi que des véhicules de fabrication suisse. Expositions temporaires (beaux-arts).

Ouverture en: 1978
Bâtiment: Centre culturel construit en 1977 autour des vestiges d'un temple gallo-romain, arch. Léonard Gianadda

MASCHWANDEN ZH

417 Dorfmuseum

Unterdorf, an der Strasse nach Sins
Postadresse: Gemeindeverwaltung, 8933 Maschwanden; Tel. (01) 767 05 55
Geöffnet: Berchtoldstag, Ostermontag, Pfingstmontag, 1. Aug., Chilbisonntag (1. So im Okt.): 14–17. Ferner nach Vereinbarung
Präsidentin der Museumskommission: Liselotte Dietrich, Unterdorf 288, 8933 Maschwanden

Dorfgeschichte. Werkzeuge, haus- und landwirtschaftliche Geräte. Fotos, Pläne und Zeichnungen der ehemaligen Burg, der Mühle/Säge und der Gerberei. Keramik, Ofenkacheln. Wechselausstellungen.

Eröffnet: 1972
Gebäude: Fachwerkbau, 18. Jh. und angebaute Scheune

MATZENDORF SO

418 Maria-Felchlin-Sammlung und Thaler Keramikmuseum □

Pfarreiheim: Maria-Felchlin-Sammlung; Dorfstrasse: Thaler Keramikmuseum
Postadresse: Markus Egli, Steinacker 139, 4713 Matzendorf; Tel.
(062) 394 11 67
Geöffnet: Jan.–Juni, Sept.–Dez.: 1. So im Monat 14–16. Ferner
nach Vereinbarung
Konservator: Markus Egli, Bezirkslehrer

Matzendorfer und Aedermannsdorfer Keramik. Erzeugnisse der
Fabrique (bemalt und weiss): Steingut (1800–1828), Fayence
(1812–45) und feuerfestes Braungeschirr sowie Ofenkacheln
(1800–1959). Laienprodukte, auch Aedermannsdorfer Keramik,
dabei die sogenannte Blaue Familie (1845–1884). Matzendorfer
im Strassburgerstil des Urs Studer (1787–1846). Gebrauchsgeschirr von 1884 bis 1959. Produkte der «Von der Mühll-Aera»
(1927–1959).

Eröffnet: 1968

P VMS AMS

MAUR ZH

419 Herrliberger-Sammlung □ ⌂

Burg, Burgstrasse 8, im obern Dorfteil. Mühle, Burgstrasse 13
Postadresse: Gemeindeverwaltung, 8124 Maur; Tel. (01) 980 22 21
Geöffnet: 1. und 3. Sa im Monat 14–17. Ferner nach Vereinbarung
Kuratorin: Veronica Kurth, Auwisstr. 5a, 8127 Forch; Tel. (01)
980 04 43. **Stellvertretung:** Ernst Bachofen; Tel. (01) 980 06 26

Sammlung von Werken des Zürcher Kupferstechers und Verlegers
David Herrliberger (1697–1777), der 1749–1775 als letzter
Maurmer Gerichtsherr in der Burg residierte. Vom nahezu vollständigen druckgraphischen Werk sind vor allem die den Kanton Zürich
betreffenden Blätter ausgestellt (Burgen und Schlösser, Amtshäuser,
Landgüter am Zürichsee, Trachten, Ausrufer, Brauchtum). Archivbenutzung nach Voranmeldung. Im Burgkeller kleine Kupferstecherwerkstatt mit Walzenpresse zu Demonstrationszwecken. – Ortsmuseum in der nahen Mühle. Barockmöbel und Trachten, Deckfarbenbilder von Salomon Landolt (1741–1818). Sammlung landwirtschaftlicher und handwerklicher Geräte im Aufbau. Neben der
Mühle funktionsfähige Säge mit rekonstruiertem Wasserrad.

Eröffnet: 1976
Gebäude: Meierturm, 13. Jh., der Fraumünsterabtei, im 19. Jh. stark verändert. Mühle, 1701

MEILEN ZH

420 Ortsmuseum ⌂

Kirchgasse 14
Postadresse: Postfach, 8706 Meilen; Tel. (01) 923 47 27
Geöffnet: So 14–17. Zusätzl. Öffnungszeiten während Wechsel-
ausstellungen
Präsident der Stiftung Ortsmuseum: Max Moser. *Kustos:* Adolf
Brupbacher; Tel. (01) 923 22 82

Pfahlbauten Meilen, Burg Friedberg, Kirche Meilen, graphische
Sammlung, Conrad Ferdinand Meyer-Stube. Wechselausstellungen.

Eröffnet: 1985
Gebäude: Biedermeierhaus, 1831–32

MEIRINGEN BE

421 Museum der Landschaft Hasli ⌂

Bei der Kirche, Kappelen
Postadresse: Andreas Würgler, Sekundarlehrer, Wileriweg 2,
Oberstein, 3860 Meiringen; Tel. (033) 971 20 58; Tel. des
Museums: (033) 971 25 01
Geöffnet: Juni–Bettag: Mo–So 14–17
Präsident der Museumskommission: Andreas Würgler

Landwirtschaftliche Geräte, altes Handwerk, Weberei, Haslistube,
Ikonographie des Haslitales, Kristalle, Pässe, Eisenwerk. Wechselausstellungen zur Talgeschichte und Heimatkunde.

Eröffnet: 1983
Gebäude: Altes Oberländer Chalet

422 Naturkundliche Sammlung Oberhasli

Länggasse 19
Postadresse: Vreni Lanz, Kirchbergweg 8, 3860 Meiringen
Geöffnet: Mitte Juni–Mitte Sept.: Di–do 16.30–18; Fr 19–21. Ferner nach Vereinbarung
Betreuung: Vreni Lanz, Kirchbergweg 8, 3860 Meiringen; Tel. (033) 971 17 78. *Konservator:* Bert Inäbnit (Ornithologe), Grindelwald

Einheimische Vogelarten mit ihren Nestern. Insekten. Einheimische Säugetiere. Sonderausstellungen.

Eröffnet: 1983

423 Sherlock-Holmes-Museum

Conan Doyle-Platz
Postadresse: Bahnhofstr. 26, 3860 Meiringen; Tel. (033) 971 42 21, Fax (033) 971 43 00
E-Mail: sauvage@bluewin.ch
URL: http://www.parkhotel-du-sauvage
Geöffnet: Jan.–Apr.: Mi–So 15–18. Mai–Sept.: Di–So 13.30–18; Okt.–Dez.: wie Jan. Ferner nach Vereinbarung
Betreuer: Jürg Musfeld

Wohnzimmer von Sherlock Holmes an der Baker Street, 221 B, London. Objekte, bzw. Kopien, welche Sir Arthur Conan Doyle (1869–1930), Sherlock Holmes und Dr. John H. Watson gehört haben. Kriminal- und Touristenobjekte.

Eröffnet: 1991
Gebäude: Englische Kirche

MELLINGEN AG

424 Ortsmuseum ⌂

Stadtscheune
Postadresse: Gemeindekanzlei, 5507 Mellingen
Geöffnet: Nach Vereinbarung

Objekte aus der Vergangenheit des Städtchens, u.a. Rechtsaltertümer, Lampensammlung.

Eröffnet: 1953
Gebäude: Alte Stadtscheune, 16. Jh.

P

MENDRISIO TI

425 Museo d'arte ☐

Piazza S. Giovanni
Indirizzo postale: C.p. 142, 6850 Mendrisio; tel. (091) 646 76 49; fax (091) 646 56 75
Aperto: Ma–do 14–17. Durante le esposizioni temporanee: ma–do 10–12, 14–18
Presidente: Avv. Alessandro Guglielmetti

Il chiostro dei Serviti

Opere di artisti ticinesi, dal 18 al 20 sec. Opere di autori moderni e contemporanei dell'area lombarda. Opere di scuola tedesca, fiamminga e italiana dei 16 –17 sec. Esposizioni temporanee.

Aperto nel: 1982
Edificio: Convento dei Serviti, fondato nel 13 sec.

MERENSCHWAND AG

426 Ortsmuseum

«Postlonzihus», neben Gasthof Schwanen
Postadresse: Bruno Käppeli, Kulturkommission, 5634 Merenschwand; Tel. (056) 664 32 36 (privat) od. 664 18 94 (Geschäft)
Geöffnet: Mai–Sept.: 3. Sa im Monat 10–14. Ferner nach Vereinbarung
Leiter: Bruno Käppeli

Volkskundliche Sammlung. Typische Freiämter Wohnung aus der ersten Hälfte des 19. Jh.: Stube, Schlafzimmer, Küche, Waschküche, Hausmetzgerei. Landwirtschaftliche Geräte. Handwerk und Gewerbe: Schuhmacherei, Schmiede, Wagnerei, Küferei, Werkzeuge des Sattlers und des Schreiners. Handarbeit: Strohindustrie. Fotografische Dokumentation zur Dorfentwicklung: Vereine, Gebäude, Persönlichkeiten.

Eröffnet: 1987
Gebäude: Tenne und Stall eines spätgotischen Bauernhauses

MERIDE TI

427 Museo dei fossili

Nel centro del villaggio
Indirizzo postale: Comune di Meride, 6866 Meride; tel. (091) 646 37 80
Aperto: Lu–do 8–18
Presidente della commissione per il museo: Alberto Doninelli, 6866 Meride; tel. (091) 646 37 64

Originali, copie ed illustrazioni di sauri, di pesci e d'invertebrati del triassico del Monte San Giorgio. Fotografie degli scavi. Diaporama, italiano e tedesco, durata 20 minuti.

Aperto nel: 1973

MINUSIO TI

428 Museo Elisarion □

Via R. Simen 3
Indirizzo postale: Centro culturale Elisarion, Via R. Simen 3, 6648 Minusio; tel. (091) 743 66 71
Aperto: Febbr.–dic.: lu, ma 14–17 o previo appuntamento telefonico
Custode: Claudio Berger

Sala dedicata a Elisar von Kupffer. Piccola biblioteca con le pubblicazioni che furono alla base del «clarismo», ideologia dualistica sviluppata dal Von Kupffer.

Aperto nel: 1981
Edificio: «Sanctuarium artis Elisarion», costruito nel 1927 del pittore e poeta estone Elisar von Kupffer

429 Museo Fiorenzo Abbondio □

Via G. Motta 19
Indirizzo postale: Via G. Motta 19, 6648 Minusio
Aperto: Su appuntamento con Studio Avv. Milo Caroni; tel. (091) 751 82 22, orari d'ufficio
Presidente della fondazione: Avv. Milo Caroni, Via alla Ramogna 4, 6600 Locarno; tel. (091) 751 82 22

Bronzi e gessi dello scultore Fiorenzo Abbondio (1892–1980).

Aperto nel: 1992
Edificio: Edificio del 1986–1987, arch. Vannini

MÖHLIN AG

430 Dorfmuseum «Melihus»

Bachstrasse 20 (Ecke Bahnhofstrasse; ca. 150 m von der Post)
Postadresse: Gemeindeverwaltung, 4313 Möhlin; Tel. (061) 851 33 55
Geöffnet: Apr.–Nov.: 1. So im Monat 14–16. Ferner nach Vereinbarung (nur Gruppen), Tel. (061) 851 23 46 od. 851 38 75
Betreuerin: Brigitte Müller; Tel. (061) 851 23 46

Hauseinrichtung und Wohnkultur der Jahrhundertwende. Sammlung von Erzeugnissen der 1954 stillgelegten Steinzeugmanufaktur in Möhlin-Riburg; Land- und Forstwirtschaft. Schuhmacher, Sattler, Schreiner, Störmetzger. Entwicklung der Wäscherei. Religiöse

Gegenstände; Ortsgeschichte; kleine ur- und frühgeschichtliche Sammlung. Modell des Dorfteils Riburg um 1900. Sonderausstellungen.

Eröffnet: 1985
Gebäude: Fricktaler Bauernhaus, älteste Bauelemente aus dem 18. Jh.

MOLLIS GL

431 Ortsmuseum 🏠

Altersheim «Im Hof»
Postadresse: Hansruedi Gallati-Berlinger, Seelmessgasse 16, 8753 Mollis; Tel. (055) 612 10 32
Geöffnet: Di 15–17 (ausser während der Schulferien). Ferner nach Vereinbarung mit dem Altersheim, Tel. (055) 612 28 32, od. mit dem Präsidenten der Museumskommission
Präsident der Museumskommission: Hansruedi Gallati-Berlinger

Gegenstände zur Dorfgeschichte, Geräte, Werkzeuge. Fotosammlung über Mollis. Sonderausstellungen.

Eröffnet: 1975
Gebäude: «Hof», erbaut 1786/87 von Zeugherr Caspar Schindler, Arch. Conrad Schindler

MONTAGNOLA TI

432 Museo Hermann Hesse ⊞

Torre Camuzzi
Indirizzo postale: Torre Camuzzi, 6926 Montagnola; tel. (091) 993 37 70 o 993 37 71, fax (091) 993 37 72
Aperto: Gen., febbr.: sa, do 10.30–12.30, 14.30–18.30. Marzo-ott.: ma–do 10–12.30, 14.30–18.30. Nov., dic. come genn. Oppure previo appuntamento
Conservatori: Jean Olaniszyn, Ambrogio Pellegrini

Documenti, lettere, acquarelli, libri e oggetti legati alla vita di Hermann Hesse. Sala video.

Aperto nel: 1997
Edificio: Torre facente parte del complesso storico Casa Camuzzi, ca. 1200

MONTHEY VS

433 Musée du Vieux-Monthey

Nouveau château
Adresse postale: Raphy Vuilloud, 1871 Choëx; tél. (024) 471 26 42 ou 471 27 24
Ouvert: Je 14.30–17
Président de l'Association du Vieux-Monthey: Raphy Vuilloud, ingénieur

Mobilier, documentation iconographique sur Monthey. Industrie et artisanat de la localité.

Ouverture en: 1938
Bâtiment: Château du Vieux-Monthey, 1410

MONTLINGEN SG

434 Heimatmuseum

Schulhaus Bergli
Postadresse: Alois Loser, Bergliweg 14, 9462 Montlingen; Tel. (071) 761 13 11
Geöffnet: Nach Vereinbarung
Leiter: Alois Loser

Kleine archäologische Sammlung. Melauner-, Hallstatt- und La-Tène-Funde aus der Station Montlinger Berg. Funde aus der Pfarrkirche St. Johann.

Eröffnet: 1967

MONTREUX VD

435 Musée du Vieux-Montreux

40, rue de la Gare
Adresse postale: Musée du Vieux-Montreux / Musée historique de la Riviera suisse, case postale, 1820 Montreux 3; tél. (021) 963 13 53
E-Mail: musvm.fsch@urbanet.ch
Ouvert: Avr.–oct.: lu–di 10–12, 14–17. En outre sur rendez-vous
Conservateur: Jean-Pierre Loosli, rue du Pont 33, 1820 Montreux; tél. (021) 963 13 53

Histoire de la Riviera du Léman, du néolitique à l'âge d'or de l'hô-tellerie, en deux secteurs: le terroir (vie rurale, menuiserie, artisanat, numismatique, poids et mesures); l'envol touristique (architecture, images, hôtellerie, littérature, transports, hôtes illustres).

Ouverture en: 1920
Bâtiment: Deux maisons vigneronnes contiguës, 1615 et 1618

MONTREUX – TERRITET VD

436 Musée suisse de l'audiovisuel «Audiorama» ⚙

Dans le Grand Hôtel et Hôtel des Alpes. Depuis la gare de Montreux, bus n° 1 direction Villeneuve
Adresse postale: Domaine de la Gracieuse, chemin des Vignes, 1027 Lonay; tél. (021) 963 22 33 ou (077) 22 89 06, fax (021) 963 02 94
Ouvert: ma–di 13–18
Président de la fondation: Bernard Nicod. *Responsable des collections:* Gilbert de Montmollin. *Responsable de la programmation et de l'animation:* Gilbert Grandchamp

Histoire de la communication audiovisuelle: plus de 500 radios et 600 télévisions, 2700 pièces de radio, 40'000 lampes de radio. Matériel historique de diffusion radio et télévision. Vidéos, livres.

Ouverture en: 1992
Bâtiment: Anciennement Grand Hôtel et Hôtel des Alpes, 19e s.

MORCOTE TI

437 Parco Scherrer □ ◇

A m 300 dal debarcadero in direzione di Figino
Indirizzo postale: Cancelleria comunale, 6922 Morcote; tel.
(091) 996 11 42. **Parco:** tel. (091) 996 21 25
Aperto: 15 mar.–31 ott.: lu–do 10–17. Luglio, ag.: lu–do 10–18
Responsabile: Comune di Morcote

Monumento-parco botanico: Collezione di oggetti d'arte di svariati paesi ed epoche diverse comprendente opere originali e riproduzioni in una cornice unica di alberi di cedro, pini messicani, canfore, magnolie cinesi, eucaliptus, azalee, palme, bambù e molte altre specie.

Aperto nel: 1973
Edificio: Casa d'abitazione e palazzine diverse

MORGES VD

438 Musée Alexis Forel □

54, Grand-Rue
Adresse postale: 54, Grand-Rue, case postale 160, 1110 Morges; tél. (021) 801 26 47, fax (021) 801 26 26
URL: http://www.morges.ch
Ouvert: ma–di 14–17.30 (sauf jours fériés)
Président: Pietro Sarto. **Conservatrices:** Nuria Bosshard-Gorrite, Catherine Reymond

Collections d'art appliqué et beaux-arts: mobilier (15e–19e s.), tapisseries (16e–18e s.), porcelaines de Chine et de Nyon, verrerie. Poupées et jouets du 18e au 20e s. La collection d'estampes d'Alexis Forel est déposée au Cabinet cantonal des estampes de Vevey (musée Jenisch). Expositions temporaires.

Ouverture en: 1915
Bâtiment: Maison bourgeoise, 15e s.

439 Musée militaire vaudois

Château
Adresse postale: Le Château, 1110 Morges; tél. (021) 801 85
56, fax (021) 801 26 21
Ouvert: Févr.–juin: ma–ve 10–12, 13.30–17; sa, di 13.30–17.
Juil.–août: ma–di 10–17. Sept.–15 déc.: comme févr. Visites commentées sur demande.
Conservateur: Albert Dutoit

Armes blanches et armes à feu dès le 15e s. Armures. Uniformes des milices cantonales. Objets relatifs aux régiments suisses au service de Naples et de la France. Drapeaux. Modèles réduits de pièces d'artillerie. Musée de l'artillerie. Musée suisse de la figurine historique (10'000 figurines de la collection Raoul Gérard).

Ouverture en: 1932
Bâtiment: Château-fort construit en 1286 par Louis de Savoie selon le type «carré savoyard»; résidence des baillis bernois 1536–1798

440 Salon Paderewski

Vieille ville, Centre culturel
Adresse postale: Place du Casino 1, 1110 Morges; tél. (021) 804 97 27 et 803 59 26, fax (021) 803 59 26
Ouvert: Ma 14–18 ou sur rendez-vous
Conservatrice: Rita Rosenstiel

Collection consacrée à Ignace-Jean Paderewski, homme politique, compositeur et pianiste d'origine polonaise, qui résida dans la propriété de Riond-Bosson, non loin de Morges, entre 1897 et 1940. Photos, lettres, documents originaux, mobilier et objets personnels.

Ouverture en: 1991
Bâtiment: «Grenier bernois», fin 17e s.

MÖRSBURG ZH

441 Schloss ⌂

2 km nördlich von Stadel
Postadresse: Museum Lindengut, Römerstr. 8, 8400 Winterthur; Tel. des Schlosses: (052) 337 13 96
Geöffnet: Jan., Febr.: So 10–12, 13.30–17.
März–Okt.: Di–So 10–12, 13.30–17. Nov., Dez.: wie Jan.
Konservator: Renato Esseiva, Mittelschullehrer, St.Georgen-Str. 27, 8400 Winterthur; Tel. (052) 242 48 76

Schloss Mörsburg

Ortsgeschichte. Handwerk und Kunstgewerbe des 17.–19. Jh., v.a. Keramik, Öfen, Waffen, Möbel und Uhren. Wappenscheiben aus dem 19. Jh. Bedeutende Burgkapelle des 13. Jh.

Eröffnet: 1900
Gebäude: Wohnturm, Rest einer grossen Festungsanlage

P ⅠⅠ VMS/AMS

MÔTIERS NE

442 Musée Jean-Jacques Rousseau ▤

Maison des Mascarons, rue J.-J. Rousseau, jouxte le Musée régional du Val-de-Travers
Adresse postale: François Matthey, professeur honoraire, Haut-de-Possena, 2115 Buttes; tél. (032) 861 13 18
Ouvert: Avril–oct: ma, je, sa, di 14–17. Toute l'année sur rendez-vous
Conservateur: François Matthey

Riche collection d'iconographie rousseauiste. Exposition permanente et expositions temporaires en relation avec Jean-Jacques Rousseau (1712–1778), écrivain, philosophe et musicien.

Ouverture en: 1969
Bâtiment: Maison habitée par Rousseau entre 1762 et 1765

P VMS/AMS

443 Musée Léon Perrin

Château de Môtiers
Adresse postale: Gilbert Luthi, 22, rue des Musées, 2300 La Chaux-de-Fonds; tél. (032) 913 30 10; tél. du château: (032) 721 13 91
Ouvert: Févr.–déc.: ma–di 9–19. En outre sur demande auprès du tenancier du château
Président de la fondation Léon Perrin: Gilbert Luthi. *Conservatrice:* Marie-Eve Scheurer

Petite collection de sculptures de Léon Perrin (1886–1978). Expositions temporaires de sculpture contemporaine.

Ouverture en: 1975

444 Musée régional d'histoire et d'artisanat du Val-de-Travers

Grand-Rue 14, jouxte le Musée Rousseau
Adresse postale: Case postale 9, 2112 Môtiers; renseignements: tél. (032) 861 35 51
Ouvert: Mai–oct.: ma, je, sa, di 14–17. En outre sur rendez-vous
Conservatrice: Laurence Vaucher, tél. (032) 861 35 51

Reconstitution d'ensembles artisanaux du Val-de-Travers: pendulerie, horlogerie, fromagerie jurassienne, distillerie d'absinthe, dentellerie, indiennerie; cuisine jurassienne. Documentation sur l'histoire régionale. L'histoire de la fabrication de l'absinthe au Val-de-Travers.

Ouverture en: 1971
Bâtiment: Maison des Mascarons, 16e et 18e s.

MOUDON VD

445 Musée du Vieux-Moudon

Château du Rochefort, le Bourg
Adresse postale: Raymond Bosshard, 9, chemin de la Colline, 1510 Moudon; tél. (021) 905 12 26
Ouvert: Fermé jusqu'en 2000 pour rénovation intérieure de l'édifice
Responsable: Raymond Bosshard

Outils et instruments de l'ancien artisanat local, instruments aratoires. Armes et documents militaires vaudois. Gravures et photos sur la région. Bois cloutés pour l'impression d'indiennes.

Ouverture en: 1947
Bâtiment: Château du Rochefort, 16e s.

---

446   Musée Eugène Burnand   □

Le Grand-Air (Ville-Haute)
Adresse postale: Maurice Faucherre, route d'Yverdon 20, 1510 Moudon; tél. (021) 905 24 54 ou 905 33 18 (musée)
Ouvert: Avril–mi-déc.: me, sa, di 13.30–17.30. En outre sur rendez-vous
Responsable: Maurice Faucherre

Collection d'œuvres d'Eugène Burnand (1850–1921). Peintures, dessins et gravures de l'artiste moudonnois. Toiles souvent de grandes dimensions.

Ouverture en: 1959
Bâtiment: Maison de maître «Le Grand-Air», résidence des seigneurs de Denezy

P

MOUTIER BE

447   Musée du tour automatique et d'histoire de Moutier

121, rue Industrielle
Adresse postale: 121, rue Industrielle, 2740 Moutier; tél. et fax (032) 493 68 47
URL: http://www.moutier.ch/UTILPUB.HTM
Ouvert: Ve 14–17. En outre sur rendez-vous
Responsable: Roger Hayoz

Collection consacrée au patrimoine historique et industriel de Moutier. 50 tours automatiques. Histoire locale et régionale. Bibliothèque et archives industrielles.

Ouverture en: 1996
Bâtiment: ancienne villa construite en 1895

448 Musée jurassien des beaux-arts

4, rue Centrale
Adresse postale: Case postale 729, 2740 Moutier 1; tél. (032)
493 36 77, fax (032) 493 36 65
Ouvert: Me 16–20; je–di 14–18
Présidente: Anne Girod Marchand, Industrielle 48, 2740 Moutier;
tél. (032) 493 57 50 (privé) ou 493 63 63 (prof.). *Conservatrice:*
Valentine Reymond

Peintures et gravures d'artistes contemporains jurassiens, suisses et
étrangers.

Ouverture en: 1953
Bâtiment: Villa Bechler

MUHEN AG

449 Strohhaus ⌂

Hardstrasse, Abzweigung von der Hauptstrasse beim Restaurant
Bahnhof
Postadresse: Karl Gautschi, Altersheimstr. 1, 5037 Muhen; Tel.
(062) 723 30 72
Geöffnet: Apr.–Okt.: 1. und 3. So im Monat 14–17. Ferner nach
Vereinbarung mit der Gemeindekanzlei Muhen, Tel. (062) 723 24
35 od. mit K. Gautschi
Betreuer: Karl Gautschi

Wiedereingerichtetes Aargauer Strohdachhaus: Stube, Kammern,
Küche, bäuerlicher Hausrat, Pflüge, Geräte für Landbau, Milchwirtschaft und Waldarbeit, ferner zur Verarbeitung von Flachs und
Wolle, Webstuhl, Winterarbeit des Bauern, v.a. in der Schnefel-
kammer (Spycher).

Eröffnet: 1963
Gebäude: Hochstudhaus, 16. Jh.; Spycher, 1716

MÜHLEBERG BE

450 Museum der BKW ☼

Wasserkraftwerk der BKW FMB Energie AG
Postadresse: Museum der BKW/FMB Energie AG, 3203 Mühleberg; Tel. (031) 751 13 36 od. 330 51 11
Geöffnet: Mo–Fr 8–11.30, 13.30–16. Ferner nach Vereinbarung
Leitung: Richard Stauber, Elektroingenieur HTL, BKW Bern; Tel.
(031) 330 52 05; *Konservator:* Markus Mörgeli, Mühleberg; Tel.
(031) 751 13 36

Objekte aus der Frühzeit der Elektrotechnik; Turbinen, Generatoren, Regulatoren aus alten Wasserkraftwerken; Demonstrationsapparate zur Vermittlung von Grundlagenkenntnissen der Elektrophysik; Dokumente zur Geschichte der Bernischen Kraftwerke AG. Objekte der Alternativenergie (Sonne, Wind, Biogas).

Eröffnet: 1982
Gebäude: Wasserkraftwerk Mühleberg, 1917–1920, einheitliches Gebäudeensemble als Beispiel früher Kraftwerksarchitektur

P 🖳 ♿

MÜMLISWIL SO

451 Schweizer Kamm-Museum ⊞

Im Dorf
Postadresse: Brüggliweg 724,
4717 Mümliswil; Tel. (062)
391 29 01
Geöffnet: 1. und 3. So im
Monat 14–17. Ferner nach Vereinbarung (nur Gruppen) mit
Ludwig Baschung, Mattenweg
583, 4717 Mümliswil;
Tel. (062) 391 43 09
od. 391 29 01 (Museum)
Präsident: Mario Albani, Lehrer,
Weihermatt 749, 4717 Mümliswil; Tel. (062) 391 17 84

*Nackenzierkamm,
grün-schwarz, Feld mit Simili
garniert, Handarbeit
(ca. 1923)*

Kämme und Haarschmuck von der Antike bis in die Gegenwart. Rolle des Kammes in der Kulturgeschichte, Mode und Kunst. Handwerkliche und gewerbliche Herstellung des Kammes. Geschichte der Kammfabrik in Mümliswil.

Eröffnet: 1991

MÜNCHENSTEIN BL

Übersicht

Elektrizitätsmuseum	**452**
Froschmuseum	**453**
Kutschen- und Schlittensammlung	**454**
Mühlenmuseum Brüglingen	**455**

452 Elektrizitätsmuseum

Areal der Elektra Birseck, Weidenstrasse 8, gegenüber Bahnhof
Postadresse: Elektra Birseck, Weidenstr. 27, 4142 Münchenstein 2; Tel. (061) 415 41 41; Fax (061) 415 46 46
Geöffnet: Mi, Do 13–17, jeden letzten So im Monat 10–16. Ferner nach Vereinbarung (Gruppen)
Leiterin: Gertraud Nowak, lic.phil.

Geschichte der Elektrizität.

Eröffnet: 1997

453 Froschmuseum

Im Gebäude der HandwerkStadt
Postadresse: Grabenackerstrasse 8, 4142 Münchenstein; Tel. (061) 415 81 18 od. 411 77 41 (privat), Fax (061) 411 77 03
Geöffnet: 1. So im Monat 14–17. Ferner nach Vereinbarung
Eigentümer: Elfi Hiss und Rolf Rindlisbacher

Kuriositätenkabinett mit über 9500 Froschfiguren aus verschiedenen Materialien (Porzellan, Glas, Holz, Keramik, usw.) und in allen Formen (u.a. Alltagsgegenstände sowie Kleider und Zierobjekte). Frösche aus Fernost und Südamerika.

Eröffnet: 1990

454 Kutschen- und Schlittensammlung

Scheune Vorderbrüglingen
Postadresse: Historisches Museum, Steinenberg 4, 4051 Basel; Tel. (061) 271 05 05, Fax (061) 271 05 42
Geöffnet: Mi, Sa, So 14–17
Direktor: Dr. Burkard von Roda (Historisches Museum Basel). *Konservatoren:* Dr. Franz Egger, Eduard J. Belser, dipl. Ing. ETH

Minervaschlitten (Basel), zwischen 1890 und 1894

Grösste öffentliche Kutschen- und Schlittensammlung der Schweiz. Coupés, Jagdwagen, Dogcarts, Phaetons, Landauer und Postkutschen, vom fürstlichen Prunkschlitten bis zum Kinderstoss-Schlitten sowie Handwerker-Fuhrwerke und andere Spezialfahrzeuge zeugen von der Kunstfertigkeit der Basler Wagenbauer, vor allem der Jahrhundertwende. Rüstkammer mit bildlichen Darstellungen.

Eröffnet: 1981
Gebäude: Scheune (Rekonstruktion, 20. Jh.)

---

455 Mühlenmuseum Brüglingen

Brüglingerstrasse 6, Zufahrt vom Parkplatz beim Stadion St. Jakob in Basel
Postadresse: Christoph Merian Stiftung, St. Alban-Vorstadt 5, 4052 Basel; Tel. (061) 271 12 88
Geöffnet: Nach Vereinbarung mit Werner Rediger (im Mühlengebäude), Tel. (061) 311 72 14

Alte Brüglinger Mühle, verschiedene kleine Mühlen, Mühlsteine, Werkzeuge, Säcke und Model, Mehlsiebe und -standen, Getreidesorten, Mühlestuhlverzierungen, Modell einer Mühle.

Eröffnet: 1961
Gebäude: Mühle, 1259 erstmals erwähnt, im 16. Jh. neu gebaut

MÜNSINGEN BE

456 Museum

Schloss Münsingen, in der Nähe des Bahnhofs
Postadresse: Museumskommission, 3110 Münsingen; Tel. (031) 721 30 27
Geöffnet: So 14–17. Ferner nach Vereinbarung (nur Gruppen)
Präsident der Museumskommission: Hans Maurer, Rebackerweg 12a, 3110 Münsingen

Heimatkundliche Sammlung, Dokumente aus der Familienkiste von Steiger. Handpuppen aus dem Nachlass von Therese Keller.

Eröffnet: 1984
Gebäude: Schloss Münsingen (12./16. Jh.)

457 Öle

Mühletalstrasse 28
Postadresse: Museumskommission, 3110 Münsingen; Tel. (031) 724 52 00 (Bürozeit)
Geöffnet: Mai–Okt.: 1. und 3. Sa, So im Monat 14–17. Ferner nach Vereinbarung (nur Gruppen)
Präsident der Museumskommission: Hans Maurer, Rebackerweg 12a, 3110 Münsingen

Ölpresse (Vorführungen); Nagelschmiede; Dokumentation Feuer und Licht; altes Handwerk; Schnefelstube.

Eröffnet: 1984
Gebäude: Schloss Münsingen (12./16. Jh.). Öle

MÜNSTER VS

458 Museum

Im Pfarrhaus neben der Kirche
Postadresse: Pfr. Josef Lambrigger, 3985 Münster; Tel. (027) 973 11 62
Geöffnet: Sommersaison: Di 17 Uhr. Wintersaison: Di 16 Uhr (Führungen). Ferner nach Vereinbarung
Konservator: Pfr. Josef Lambrigger

Kirchenschatz: Skulpturen und Gemälde vom Hochmittelalter bis zum 19. Jh. Liturgische Geräte, v.a. Kreuze und Kelche. Paramente, besonders Kaseln aus dem 17. und 18. Jh. Zeugnisse zur Volksfrömmigkeit, v.a. zur Antoniusverehrung. Geschichte der ehemaligen Grosspfarrei Münster: Dokumente, Bücher, Bilder.

Eröffnet: 1969
Gebäude: Pfarrhaus, 1509, Raum des Kellergeschosses mit gotischer Decke

MURI AG

459 Klostermuseum □

Kreuzgang der Klosterkirche
Postadresse: Postfach 313,
5630 Muri; Tel. (056) 664 13
85
E-Mail: allemann.m@freiamt-
online.ch
Geöffnet: Mai–Okt.: 14–17.
Ferner nach Vereinbarung mit
dem Konservator, Tel. (056)
664 46 74 od. mit dem Katholischen Pfarramt, Tel. (056) 664
11 42
Konservator: Martin Allemann

*Silbertabernakel von
Johann Peter Staffelbach und
Hans Georg Ott, 1701–1704*

Kirchenschatz: Kelche des 17.–19. Jh., Platten und Kännchen. Abts-
stab. Altarkreuze u.a. Kristallkreuz (um 1620) und Kerzenstöcke des
17. und 18. Jh. Ziborien, Reliquiare, u.a. 2 Reliquienarme (1611
und 1644), Monstranzen, Silbertabernakel (1700–1704) von
Hans Peter Staffelbach und Hans Georg Ott (Hauptwerk der
Schweizer Goldschmiedekunst des Barocks). Paramente. Im Kreuzgang Glasgemäldezyklus mit 57 Scheiben, v.a. des 16. Jh., hauptsächlich von Carl von Egeri. Im Gewölbekeller: Bilder des Alpen-
malers Caspar Wolf, geboren in Muri (1735–1783),

Eröffnet: 1972
Gebäude: Ehem. Ökonomieraum der Klosterkirche, 1534–35, in den Klo-
stergebäuden

P

MURIAUX JU

460 Musée de l'Automobile ☼

Centre du village
Adresse postale: 2338 Muriaux; tél. (032) 951 10 40
Ouvert: Janv., févr.: sa 10–12, 13.30–18; di 10–18. Mars–
mi-Nov.: lu–sa 10–12, 13.30–18; di 10–18. Fin nov., déc.:
comme janv.
Fondateur et conservateur: Claude Frésard

Voitures de sport, coupés, roadsters, cabriolets et voitures d'exceptions du début du siècle à nos jours. Démonstration de l'unique Peugeot 601 «Coach Eclipse» que se transforme de coupé en cabriolet.

Ouverture en: 1988
Bâtiment: Edifice rappelant l'architecture industrielle du début du 20e s.

MÜRREN BE

461 | Alpines Ballonsport-Museum

Sportzentrum, Galerie über Verkehrsbüro
Postadresse: Verein Alpines Freiballonflug- und Ballonpost-Museum, z. H. Rudolf Meyer, Uf dr Mur, 3825 Mürren; Tel. (033) 855 22 76
Geöffnet: 16–18; während der Öffnungszeiten des Verkehrsbüros, Tel. (033) 856 86 86
Leiter: Rudolf Meyer

Fotos und Trophäen zum Ballonsport, Modelle, 2 alte Ballonkörbe, eine Sammlung alter Stiche von Ballonen; graphische Darstellung einer Ballonfahrt nach Italien. Fahrtbericht der Ballonfahrt Lech–Sardinien. Mit dieser Fahrt gewannen die Schweizer Ballonpiloten Karl Sprenger und Christian Stoll das Gordon-Bennet-Ballonrennen von 1995.

Eröffnet: 1991

MURTEN FR

462 Historisches Museum

In der alten Stadtmühle, unterhalb des Schlosses
Postadresse: Ryf 4, 3280 Murten; Tel. des Museums: (026) 670 31 00
Geöffnet: Jan., Febr.: Sa, So 14–17. März, Apr.: Di–So 14–17. Mai–Sept.: Di–So 10–12, 14–17. Okt.–Dez.: Di–So 14–17. Ferner nach Vereinbarung (nur Gruppen)
Museumsleitung: Gemeinderat und Kulturkommission: Rathaus, 3280 Murten; Tel. (026) 672 62 00 (Sammlung, Leihgaben) und (026) 670 31 00 (Auskunft, Anmeldung, Presse)

Regional- und Stadtgeschichte. Ur- und frühgeschichtliche Funde. Wappen- und Standesscheiben des 16.–20. Jh. Volkskunst und Murtner Kunsthandwerk. Waffensammlung: Murtner Büchsenmacher, eidg. Ordonnanzgewehre 1777–1881, Degen, Dolche, Schwerter, Hakenbüchsen und Geschütze aus der Burgunderschlacht 1476. Fahnen, Staats- und Rechtsaltertümer. Äusseres Regiment. Murtner Ikonographie. Möbel, Schmiedeeisen, Zinn. Ölmühle. Tonbildschau über die Burgunderkriege. Zinnfiguren-Diorama Grünhag 1476. Sonderausstellungen.

Eröffnet: 1978
Gebäude: Stadtmühle, 1390 erstmals erwähnt, 1578 nach der Schlacht wiederaufgebaut, im 18.–19. Jh. erweitert

MÜSTAIR GR

463 Klostermuseum □

Benediktinerinnenkloster, Eingang vom Klosterhof, westlich der Kirche
Postadresse: Kloster St.Johann, 7537 Müstair; Tel. (081) 858 52 65
Geöffnet: Febr.–Mai: Mo–Sa 14–17. Juni–Okt.: Mo–Sa 9–11, 14–17; So 15–17
Konservator: P. Maurus Angehrn

Karolingische Bauplastik (Marmorfragmente), Modell der karolingischen Kirche. 1947–1952 abgelöste romanische Fresken (12. Jh.) aus der Kirche. Bemalte Holzplastiken der Gotik und des Barocks. Reliquiare, Zinngeräte; Hinterglasmalerei. Möblierte Klosterräume, bes. Arvenstube des 17. Jh. (Fürstenzimmer).

Eröffnet: 1978
Gebäude: Geschlossene Klosteranlage, 9.–19. Jh., Weltkulturgut der UNESCO

MUTTENZ BL

464 Bauernhausmuseum

Oberdorf 4, südlich der Dorfkirche St.Arbogast
Postadresse: Jacques Gysin-Stulz, Freidorfweg 8, 4132 Muttenz; Tel. (061) 311 51 50 (privat), 466 62 41 (Geschäft); Tel. des Museums (während der Öffnungszeiten): (061) 461 83 19
Geöffnet: Apr.–Juni, Aug.–Okt.: letzter So im Monat 10–12, 14–17. Ferner nach Vereinbarung (nur Gruppen)
Präsident der Museumskommission: Jacques Gysin-Stulz

Eingerichtetes Mehrzweckhaus für Viehhaltung, Getreide-, Obst- und Weinbau, wie es um 1800–1850 in Betrieb war. Möbel, Geräte für die Hauswirtschaft, die Viehhaltung, den Acker-, Obst- und Weinbau. Dokumente.

Eröffnet: 1984
Gebäude: Bauernhaus, um 1440/1684. Bausubstanz fast vollständig erhalten

---

465 Ortsmuseum

Feuerwehrhaus, Schulstrasse 15, beim Schulhaus Breite
Postadresse: Jacques Gysin-Stulz, Freidorfweg 8, 4132 Muttenz; Tel. (061) 311 51 50 (privat), 466 62 41 (Geschäft); Tel. des Museums (während der Öffnungszeiten): (061) 461 81 82
Geöffnet: Jan.–Juni, Aug.–Nov.: letzter So im Monat 14–17. Ferner nach Vereinbarung (nur Gruppen)
Präsident der Museumskommission: Jacques Gysin-Stulz

Lokalgeschichte: Darstellung der Entwicklung; Funde von den Wartenberg-Burgen; Kirchen-, Schul- und Vereinsgeschichte; Bilder und Ansichten; bäuerlicher Hausrat zur Selbstversorgung; Werkzeuge und Geräte für die Land- und Forstwirtschaft sowie für den Weinbau, ferner zur Flachs-, Holz- und Eisenverarbeitung, Pflüge, Transportmittel; Masse und Gewichte, Militär, Vereinsfahnen, Puppensammlung, Modelle geschichtlicher Gebäude. – Ölbilder, Zeichnungen, Graphiken und Manuskripte des Malers Karl Jauslin (1842–1904), dem Schöpfer der «Bilder aus der Schweizergeschichte». – Aussenstation im Kirchhof der Dorfkirche St. Arbogast (geöffnet täglich 9–18): ca. 140 Güter- und Grenzsteine (grösste Sammlung im Baselbiet), vornehmlich aus dem 17. und 20. Jh. Sonderausstellungen.

Eröffnet: 1972

NÄFELS GL

466 Museum des Landes Glarus

Freulerpalast
Postadresse: Freulerpalast, 8752 Näfels; Tel. (055) 612 13 78, Fax (055) 612 52 32
Geöffnet: Apr.–Nov.: Di–So 10–12, 14–17.30. Ferner nach Vereinbarung
Konservator: Dr. Jürg Davatz

Textildruckmuseum: Druckstube

Historische Räume von 1645: Sala terrena und Palastkapelle mit hervorragenden Stukkaturen, Folge von Täferzimmern mit reichen Intarsien, Winterthurer Kachelöfen und Porträts der Familie Freuler. – Einführende Tonbildschau. Dokumentation der Kantonsgeschichte: ur- und frühgeschichtliche Funde, Staats- und Privataltertümer, Landesbanner; Uniformen, Fahnen, Bildnisse und Erinnerungsstücke von Glarnern in fremden Diensten. Glarner Sennhütte. – Steinmetzarbeiten, Kabinettscheiben, kirchliche Kunst, Goldschmiedearbeiten und Mobiliar aus dem Kanton. Graphische Sammlung mit glarnerischen Ortsansichten und schweizerischen Trachtendarstellungen. – Glarner Textildruckausstellung in zwei Dachgeschossen, Tonbildschau, bedeutende Dokumentation zur Baumwolldruckerei des 18.–20. Jh. mit Entwürfen, Musterbüchern, bedruckten Tüchern und Handdruckmodeln. In den ehemaligen Stallungen: Abteilung Glarner Militär und Waffen im 19. und 20. Jh., Schützenwesen, Modell «Übergang über die Beresina 1812», Fremde Dienste, Uniformen und Waffen der Glarner Infanteriebataillone, Modelle «Patronenfabrikation um 1860», Feuer- und Griffwaffen der Sammlung Böckler. – Wechselausstellungen.

Eröffnet: 1946
Gebäude: Freulerpalast, für den Oberst Kaspar Freuler 1642–1648 erbaut. Einer der schönsten und baulich interessantesten Profanbauten der Schweiz aus dem 17. Jh.

NEFTENBACH ZH

467 Orts- und Weinbaumuseum

Stadt- und Dorftrotte, an der Kreuzung Hub-/Wartgutstrasse (Stadtberg), etwa 1,5 km westlich des Dorfes
Postadresse: Hans Brändle, Wolfzangenstr. 17, 8413 Neftenbach; Tel. (052) 315 18 68
Geöffnet: Apr.–Okt.: 1. So im Monat 14–17. Ferner nach Vereinbarung (nur Gruppen) mit dem Obmann oder mit der Gemeindekanzlei, Tel. (052) 315 15 21
Obmann der Museumskommission: Hans Brändle

Stadttrotte: eingerichtete Küche, möblierte Stuben; bäuerlicher Hausrat; Werkzeuge; Kleider und Handarbeiten. Dokumente zur Lokalgeschichte. Dorftrotte: Geräte für den Weinbau, Spindelpresse, Baumtrotte; landwirtschaftliche Geräte, besonders zur Hanf- und Flachsverarbeitung sowie zum Getreidebau.

Eröffnet: 1971
Gebäude: Stadttrotte, 18 Jh. und Dorftrotte, 17. Jh.

NETSTAL GL

468 Kantonales Fischereimuseum «Mettlen»

Bei der Fischbrutanstalt, zwischen Näfels und Netstal (Wegweiser)
Postadresse: Rudolf Hösli, Kantonaler Fischereiverband des Kantons Glarus, Rosengasse 21, 8750 Glarus; Tel. (055) 640 19 94
Geöffnet: letzter So des Monats: 9–11.30
Fischereiaufseher: Hansruedi Weber, Kantonale Fischbrutanstalt, 8754 Netstal; Tel. (055) 640 33 01 oder 612 10 60

Alte Fischereigeräte der Sport-, See- sowie Berufs- und Laichfischfangfischerei.

Eröffnet: 1996

NEUCHÂTEL NE

Sommaire

Bibliothèque publique et universitaire	**469**
Musée cantonal d'archéologie	**470**
Musée d'art et d'histoire	**471**
Musée d'ethnographie	**472**
Muséum d'histoire naturelle	**473**

469 Bibliothèque publique et universitaire

Salle Rousseau, 3, place Numa Droz (Collège latin)
Adresse postale: Case postale 256, 2001 Neuchâtel; tél. (032) 717 73 10, fax (032) 717 73 09
E-Mail: Maryse.Schmidt-Surdez@bpv.unine.ch
URL: http://www-bpv.unine.ch
Ouvert: Me, sa 14–17. En outre sur rendez-vous
Directeur de la bibliothèque: Michel Schlup. *Conservateur des manuscrits:* Maryse Schmidt-Surdez

Collection en souvenir de Jean-Jacques Rousseau (1712–1778), philosophe et pédagogue. Manuscrits du très riche fonds Rousseau (Rêveries, Confessions, correspondance) qui illustre principalement la période neuchâteloise (1762–1765) de la vie de Jean-Jacques Rousseau. Portraits, gravures, aquarelles, éditions originales.

Ouverture en: 1982
Bâtiment: «Palais de la Culture» ou «Collège latin», 1828–1835, arch. Anton Frölicher

470 Musée cantonal d'archéologie

7, avenue Du Peyrou (cour nord de l'hôtel Du Peyrou)
Adresse postale: 7, avenue DuPeyrou, 2000 Neuchâtel; tél. (032) 889 69 10, fax (032) 889 62 86
E-Mail: service.museearcheologie@acn.etatne.ch
Ouvert: ma–di 14–17
Conservateur: Michel Egloff

*Vases ornés de lamelles d'étain (Hauterive-Champréveyres,
âge du bronze final)*

Objets provenant des fouilles exécutées sur le territoire du canton de
Neuchâtel, en particulier grotte de Cotencher, campements mag-
daléniens de Neuchâtel et Hauterive, stations lacustres, important
matériel trouvé à La Tène. Documents de l'époque romaine et bur-
gonde. Modeste collection d'archéologie classique et de préhistoire européenne.

Ouverture en: 1962
Bâtiment: Annexe de l'Hôtel Du Peyrou, 1764–1771, Arch. E. Ritter

---

471 Musée d'art et d'histoire   ▽ ☐

Esplanade Léopold-Robert 1, à l'est du port
Adresse postale: Esplanade Léopold-Robert 1, 2001 Neuchâtel;
tél. (032) 717 79 20 ou 717 79 25, fax (032) 717 79 29
Ouvert: ma–di 10–17
Directrice: Caroline Junier Clerc (arts appliqués). *Conservateurs:*
Jean-Pierre Jelmini (département historique), Walter Tschopp (arts
plastiques), Marguerite Spoerri (Cabinet de numismatique)

Riches collections d'art et d'histoire du canton de Neuchâtel répar-
ties en quatre départements: Arts plastiques: œuvres d'artistes neuchâtelois, suisses et étrangers. Art neuchâtelois: les Robert, de Meuron, Girardet, Barraud, Bouvier, Röthlisberger, A. Bachelin, A. Blai-
lé, Ch. Ed. DuBois, G. Dessouslavy, A. Evard, G. Froidevaux, Ch.
Humbert, G. Jeanneret, Ch. L'Eplattenier, Ed.de Pury et de nom-

breux autres artistes contemporains. Art suisse: Anker, Auberjonois, Amiet, Blanchet, Bocion, Bosshard, Calame, Giacometti, Hodler, Menn, Vallotton, etc. Art étranger: Carrière, Corot, Courbet, Daubigny, van Dongen, Greuze, Jongkind, Léger, Rouault, Vernet, etc. Legs Yvan et Hélène Amez-Droz (principalement impressionnistes français, notamment: Bonnard, Degas, Marquet, Pissarro, Renoir et Sisley). Les collections ne sont pas toutes visibles en permanence. – Arts appliqués: Céramique et porcelaine suisse et étrangère. Verrerie suisse et étrangère. Jouets. Orfèvrerie. Horlogerie neuchâteloise. Etains. Mobilier. Collection Strubin: remarquable ensemble d'armes et d'uniformes de la Révolution française, du premier Empire, de la Restauration et du second Empire. Célèbres automates des Jaquet-Droz et Leschot: démonstrations le premier dimanche de chaque mois, 14h, 15h, 16h ou sur demande. Clavecin de Johannes Ruckers: concerts-démonstrations le premier mardi de chaque mois, 12.15–13.15. Une bonne partie des collections militaires et la collection des indiennes sont déposées au Château de Colombier. – Cabinet de numismatique: monnaies et médailles neuchâteloises (Thiébaud, J.-P. Droz, H.F. Brandt, F. Landry), collections grecques, celtes et romaines, dont le trésor de Dombresson et plusieurs trouvailles monétaires, collections européennes. – Département historique: archives de la Ville de Neuchâtel jusqu'en 1977. Estampes historiques neuchâteloises (portraits, vues, caricatures, etc.). Documentation générale sur l'histoire de la ville. Archives audiovisuelles locales.

Ouverture en: 1885
Bâtiment: Architecture muséale, 1881–1885, arch. Léo Châtelain. Hall d'entrée orné d'un décor Art Nouveau (Heaton)

Musée d'art et d'histoire

472 Musée d'ethnographie

4, rue Saint-Nicolas, quartier Château-Collégiale
Adresse postale: 4, rue Saint-Nicolas, 2000 Neuchâtel; tél. (032)
718 19 60, fax (032) 718 19 69
E-Mail: men.secr@men.unine.ch
Ouvert: ma–di 10–17
Conservateur: Jacques Hainard. **Conservateurs-adjoints:** François
Borel, Marc-Olivier Gonseth, Roland Kaehr

Afrique: Egypte ancienne (collection Gustave Jéquier). Asie: collection bhoutanaise offerte par les rois et la famille royale du Bhoutan.
– Collections d'étude accessibles aux chercheurs sur rendez-vous:
Afrique: régions sahariennes et sahéliennes (collection Jean Gabus:
Touaregs et Maures), Zaïre, Angola (collections Albert Monard,
Théodore Delachaux et Charles Emile Thiébaud: 1e et 2e missions
scientifiques suisses en Angola 1928–29 et 1932–33) et Afrique
du Sud (collection Henri-A. Junod); bijoux de diverses provenances;
croix chrétiennes d'Ethiopie (collection Jean de Stoutz). Amérique:
Esquimaux de la baie d'Hudson (collection Arsène Turquetil),
Indiens d'Amérique du Nord (seconde moitié du 19e s.) et d'Amérique du Sud (Amazonie et Andes). Océanie: Iles Marquises (collection André Krajewski, avant 1914), Nouvelle-Guinée, Nouvelle-Irlande, Nouvelle-Zélande, Ile de Pâques. Asie: Extrême-Orient,
Afghanistan, Asie du Sud-Est. Collections thématiques: jouets d'Europe (1600 pièces) et instruments de musique extra-européens
(1350 pièces).

Ouverture en: 1904
Bâtiment: Résidence construite pour James-Ferdinand de Pury par Léo Châtelain, 1870–1871; annexes modernes

Masque Yaka (Zaïre)

473 Muséum d'histoire naturelle

14, rue des Terreaux, à l'angle de l'avenue de la Gare et de la rue des Terreaux
Adresse postale: 14, rue des Terreaux, 2000 Neuchâtel; tél. (032) 717 79 60, fax (032) 717 79 69
E-Mail: Christophe. Dufour@cscf.unine.ch
Ouvert: ma–di 10–17
Conservateurs: Christophe Dufour, Jean-Paul Haenni (invertébrés), Jacques Ayer (sciences de la Terre), Blaise Mulhauser (vertébrés)

Mammifères de Suisse dans leurs milieux (dioramas), oiseaux indigènes et oiseaux d'eau (dioramas sonorisés); poissons, batraciens et reptiles partiellement présentés en vivariums; invertébrés. Importantes expositions temporaires. – Les collections de minéralogie, géologie et pétrographie sont en partie conservées à l'Institut de géologie de l'Université. Les collections de botanique se trouvent à l'Institut de botanique. Leur présentation au public est en préparation.

Ouverture en: 1835
Bâtiment: Ancienne école, 1853

NEUHAUSEN AM RHEINFALL SH

474 Fischereimuseum

Rosenbergstrasse 37, Nähe Rosenbergschulhaus
Postadresse: Ruth Schneider, Fröhlichstr. 20, 8008 Zürich; Tel. (052) 672 71 32 od. (01) 383 40 30, Fax (01) 383 93 60
Geöffnet: 2. Sa im Monat 14–17. Gruppen auch nach Vereinbarung
Eigentümerin: Ruth Schneider

Berufs- und Sportfischerei einst und heute. See- und Flussfischerei: Geräte und Modelle. Lachsfischerei bis zu ihrem Ende 1913. Fischbilder.

Eröffnet: 1980

NEUNKIRCH SH

475 Ortsmuseum

Schloss (Oberhof), in der Nordostecke der Stadtanlage
Postadresse: Walter Schutz, Oberhof, 8213 Neunkirch; Tel. (052)
681 13 71
Geöffnet: Apr.–Okt.: 1. So im Monat 14–17. Ferner nach Verein-
barung
Leiter: Walter Schutz, a. Kantonsrichter

Fossilien, Urgeschichte. Dokumente zur Ortsgeschichte, Möbel,
Hausrat, Handwerksgerät, Landwirtschaft, Münzen.

Eröffnet: 1952
Gebäude: Schloss

NEUVEVILLE, LA BE

476 Musée d'histoire

Ruelle de l'Hôtel-de-Ville, Tour Carrée, à côté de l'Hôtel du Faucon
Adresse postale: Case postale 260, 2520 La Neuveville
Ouvert: Pâques-oct.: di 14–17. En outre sur rendez-vous (groupes
seulement)
Commission technique: Marius Andrey, rue du Lac 1, 2520 La
Neuveville; tél. (032) 751 30 17. *Visites:* Marceline Althaus, rue
du Port 14, 2520 La Neuveville; tél. (032) 751 12 36

Objets néolithiques (stations lacustres du lac de Bienne), notamment
une grande pirogue. Collection de canons du 15e s. faisant partie
du butin pris à Charles le Téméraire à Morat en 1476. Riche collection d'armes à feu, couleuvrines des 16e et 17e s. Intérieurs
meublés des 17e et 18e s.; poêles Landolt. Salle du Conseil; portraits des princes-évêques de Bâle. Documents iconographiques.
Objets des anciennes confréries.

Ouverture en: 1877
Bâtiment: Hôtel de ville, 14e s.

NIEDERHELFENSCHWIL SG

477 **Stiftung Wilhelm Lehmann**

Kobesenmühle
Postadresse: Kobesen, 9527 Niederhelfenschwil; Tel. (071) 947
11 15 od. 947 17 16
Geöffnet: Apr.–Nov.: 1. So im Monat 14–17. Ferner nach Ver-
einbarung (nur Gruppen)
Konservatoren: Urban und Verena Lehmann

Werke des Holzbildhauers Wilhelm Lehmann (1884–1974), der
von 1918–1974 in der Kobesenmühle gelebt und gearbeitet hat.
Wurzelskulpturen, Reliefs, Bildhauerarbeiten, Zeichnungen, Holzschnitte und Gebrauchsgegenstände.

Eröffnet: 1987
Gebäude: Getreidemühle mit angebautem Wohnhaus, 1698. Hausgarten
mit Steinskulpturen

NIEDERROHRDORF AG

478 **Museum im Schulhaus** 🏠

Oberdorfstrasse, im alten Schulhaus
Postadresse: Richard Irniger, Mellingerstrasse 3, 5443 Nieder-
rohrdorf; Tel. P. (056) 496 35 75; Tel. G. (056) 496 11 26
Geöffnet: 1. So im Monat 10–12
Obmann: Richard Irniger

Ortsgeschichte: Industrie, Handwerk (Schuhmacherei, Schreinerei,
Metzgerei, Schmiede). Landwirtschaft. Lokale Vereine.

Eröffnet: 1991
Gebäude: Schulhaus, 1896

NOIRMONT, LE JU

479 Musée de l'uniforme

Dans le hameau du Peu-Péquignot (2 km au sud-ouest du Noirmont), au premier étage de l'auberge
Adresse postale: Case postale 44, 2725 Le Noirmont; tél. (032) 953 14 37 (Auberge du Peu-Péquignot)
Ouvert: Lu, me–di 9–11.30, 14–17.30
Propriétaires: Dominique Mettile, 9, rue des Perrières, 2725 Le Noirmont, tél. (032) 953 17 90, fax (032) 953 18 60; Jean-Luc Meusy, 2854 Bassecourt, tél. (032) 466 55 31

Uniformes et casquettes de plusieurs pays provenant du monde policier, des gardes-chasses, des postes, de l'aviation, des pompiers, des pénitenciers, des chemins de fer, des douanes (à l'exclusion des tenues militaires).

Ouverture en: 1994
Bâtiment: Le bâtiment fut d'abord une ferme, puis une école, avant de devenir une auberge

NÜRENSDORF ZH

480 Ortsmuseum

In der Liegenschaft Schloss, Neuhofstrasse 1 und Lebernstrasse 5 (Landwirtschaftliche Geräte)
Postadresse: Ortsgeschichtliche Kommission, Gemeindehaus, 8309 Nürensdorf; Tel. (01) 838 40 50
Geöffnet: Nach Vereinbarung mit der Gemeindekanzlei
Präsident der Ortsgeschichtlichen Kommission: Charles Villa, Maulackerstrasse 1, 8309 Nürensdorf

Dorf- und Schulaltertümer, Ansichten, Erinnerungen an die Schlossbrauerei Nürensdorf (1840–1901). Land- und Hauswirtschaftliche Altertümer. Nachlass der Familie Hess, Zürich, als Depositum. Landwirtschaftliche Geräte.

Eröffnet: 1976
Gebäude: Herrschaftshaus, 1760, früherer Sitz der Gerichtsherren, und Scheune

NYON VD

481 Basilique et musée romains

Rue Maupertuis, près du château
Adresse postale: Service de la Culture de la Ville de Nyon, 5,
place du Château, case postale 265, 1260 Nyon 1; tél. (022)
363 82 82, fax (022) 363 82 86; tél. du musée: (022) 361 75
91
Ouvert: Janv.–mars: ma–Sa 14–17; di 10–17. Avr.–oct.: ma–sa
10–12, 14–17, di 10–17. Nov., déc.: comme janv.
Cheffe de service: Monique Voélin-Dubey. **Conservatrice:** Véronique Rey-Vodoz

*Maquette du forum de la ville romaine de Nyon avec la
basilique*

Objets provenant de la Colonie romaine de Nyon (Colonia Iulia
Equestris): maquettes, éléments d'architecture, milliaires, inscriptions, mosaïques, peintures murales, céramique, amphores, verrerie, monnaies, objets en fer et en bronze, parures, trouvailles de la
villa de Commugny. Musée aménagé dans les fondations de la
basilique (1er s.) et agrandi en 1993.

Ouverture en: 1979
Bâtiment: Fondations d'une basilique romaine. Nouveau bâtiment, 1979,
arch. Gabriel Poncet, agrandi et réaménagé en 1993

482 Musée du Léman

8, quai Bonnard (en face du port de plaisance)
Adresse postale: Service de la Culture de la Ville de Nyon, 5, place du Château, case postale 265, 1260 Nyon; tél. (022) 363 82 82, fax (022) 363 82 86; tél. du musée: (022) 361 09 49
Ouvert: Janv.–mars: ma–Sa 14–17; di 10–17. Avr.–oct.: ma–sa 10–12, 14–17, di 10–17. Nov., déc.: comme janv.
Cheffe de service: Monique Voélin-Dubey. *Conservateurs:* Carinne Bertola Goncerut, Jean-François Rubin.

Musée du site lémanique dans son entité tant naturelle qu'humaine. Origines du lac, flore et faune, principales espèces de poissons du Léman acclimatées en aquariums (25'000, 8'000 et 5'600 l). Histoire des sciences, recherches, manuscrits et instruments de mesure de nombreux savants et notamment de François-Alphonse Forel (1841–1912). Collection de modèles réduits de canots de pêche, barques à voiles latines, yachts de plaisance ou bateaux à vapeur accompagnée de nombreux documents sur la vie des gens du lac. Machine à vapeur de l'Helvétie II, outils de travail de pêcheurs ou constructeurs navals. Œuvres de grands peintres, en particulier d'Abraham Hermanjat (1862–1932), cartes anciennes, gravures, affiches et photographies. Expositions temporaires.

Ouverture en: 1954
Bâtiment: Ancien hôpital, 18e s., rénové en 1988

Salle plaisance

483 **Musée historique et des porcelaines** □ ⌂

Château
Adresse postale: Service des musées de la Ville de Nyon, 5, place du Château, case postale 265, 1260 Nyon; tél. (022) 363 82 82, fax (022) 363 82 86; tél. du musée (022) 361 58 88
Ouvert: Avr.–oct.: ma–sa 10–12, 14–17, di 10–17
Cheffe de service: Monique Voélin. ***Conservateur:*** Vincent Lieber

Moïse Bonnard et sa famille, Manufacture de Nyon,
1781–1813

Céramiques médiévales. Collection de porcelaines et de faïences de Nyon du 18e au 20e s. Majoliques italiennes et collection pharmaceutique de Burkhart Reber. Faïence de Moustiers de la collection Held. Porcelaines contemporaines et photographies. Une restauration du château et une transformation du musée sont prévues, qui permettraient d'ouvrir les anciennes prisons et de présenter les collections historiques régionales.

Ouverture en: 1860
Bâtiment: Château, 12e s., fortement remanié par les Bernois de 1574 à 1583

▮▮ ▭ VMS AMS

OBERBERG SG

484 Burgenkundliche Sammlung

Schloss, 1 km oberhalb Oberdorf SG, östlich von Gossau
Postadresse: Genossenschaft Oberberg, 9200 Gossau; *Tel. des Schlosses:* (071) 385 23 18
Geöffnet: Mo–Mi, Fr–So 11–23
Präsident der Genossenschaft Oberberg: Dr. Urs J. Cavelti

Darstellung der Geschichte des Schlosses Oberberg. Gerichtsstube mit den Wappen der 29 Obervögte der Abtei St. Gallen auf Oberberg. Ferner Folterkammer mit einigen Folterinstrumenten.

Eröffnet: 1972
Gebäude: Schloss, erste Hälfte des 13. Jh., nach Zerstörung im Appenzellerkrieg 1406 wiederaufgebaut, von 1491–1798 äbtischer Vogteisitz

OBERGESTELN VS

485 Kristall-Museum ♦

Bei der Kirche
Postadresse: Familie Senggen-Garbely, 3981 Obergesteln; Tel. (027) 973 18 36
Geöffnet: nach Vereinbarung
Eigentümer: Familie Senggen-Garbely

Kristalle aus dem Aaremassiv, vom Eigentümer selber gesammelt.

Eröffnet: 1989

OBERHASLI ZH

486 Nostalgisches Musikparadies ⊞

Im Industriebereich Nord, Rütisbergstr. 12
Postadresse: Rütisbergstr. 12, 8156 Oberhasli; Tel. (01) 850 49 71 od. 833 43 01 (privat)
Geöffnet: Mi, Fr 14, 15, 16, 17 Uhr; Sa 14, 15, 16 Uhr (Führungen). Ferner nach Vereinbarung (nur Gruppen)
Eigentümer: Adolf Kessler

Über 100 pneumatische und mechanische Musikinstrumente von 1770 bis zur Gegenwart.

Eröffnet: 1992

OBERHOFEN AM THUNERSEE BE

487 Museum für Uhren und mechanische Musikinstrumente

Wichterheer-Gut, im gleichen Haus wie die Sammlung Im Obersteg
Postadresse: Wichterheer-Gut, Staatsstrasse, Postfach, 3653 Ober-
hofen am Thunersee; Tel. (033) 243 43 77, 243 21 20 od. 243
29 58
URL: http://www.horology.com/horology/mumm.html
Geöffnet: Mitte Mai–Mitte Okt.: Di–Sa 10–12, 14–17; So u. allg.
Feiertage 10–17. Ferner nach Vereinbarung (nur Gruppen)
Präsident der Stiftung: Dr. Hans Krähenbühl. *Präsident des
Museumsvereins:* Moritz Baumberger, Tannackerstr. 8, 3653
Oberhofen. *Konservator:* Hans-Peter Hertig, Alter Oberländerweg
40, 3653 Oberhofen

Uhren aus dem 14.–20.Jh.. Musikautomaten und Drehorgeln von
1750 bis 1950. Sonderausstellungen.

Eröffnet: 1995
Gebäude: Anlage aus dem15. Jh. mit Haupthaus, Scheune und Osthaus

488 Sammlung Karl und Jürg Im Obersteg

Wichterheer-Gut, am See, gegenüber dem kommunalen Parkhaus
Postadresse: Wichterheer-Gut, Staatsstrasse, 3653 Oberhofen am
Thunersee; Tel. (033) 243 30 38, Fax (033) 243 30 58
Geöffnet: Mitte Mai–Mitte Okt.: Di–Sa 10–12, 14–17; So 10–17
Kuratorin: Susanne Brenner Kipfer, lic.phil.

Gemälde und Skulpturen der klassischen Moderne. Künstler wie
Picasso, Chagall, Soutine, Jawlensky, Kandinsky, Klee, Maillol u.a.
Die Sammlung wurde nach 1945 weiter mit wichtiger zeitgenössi-
scher Kunst ergänzt, beispielsweise mit Werkgruppen von Tàpies,
Buffet, Clavé und Soutter.

Eröffnet: 1995
Gebäude: Anlage aus dem 16. Jh. mit Haupthaus, Scheune und Osthaus

489 Schloss

Neben der Schiffsstation
Postadresse: Stiftung Schloss Oberhofen, 3653 Oberhofen; Tel. (033) 243 12 35, Fax (033) 243 35 61
Geöffnet: Mitte Mai–Mitte Okt.: Schloss: Mo 14–17; Di–So 10–12, 14–17. Park: 9.30–18
Direktor: lic.phil. Peter Jezler (Bernisches Historisches Museum). **Konservator:** vakant. **Schlosswart:** Rudolf Holzer. **Obergärtner:** Werner Kropf

Sammlung bernischer Wohnkultur mit einer Folge von Interieurs des 15.–19. Jahrhunderts. Bernische Familienporträts. Waffen des 16.–18. Jh. Mittelalterliche Schlosskapelle. Neugotischer Speisesaal. Türkischer Rauchsalon. Billardzimmer. Erinnerungen an die früheren Besitzerfamilien v. Pourtalès und v. Harrach. Im Park Kinderchalet mit Spielzeugsammlung. Kutschenremise.

Eröffnet: 1954
Gebäude: Burganlage und Park am See, Anf. 13. Jh., Landvogteisitz 1652–1798, ab 1849 umgestaltet durch Architekt James Colin

Schloss, älteste Teile aus dem 12. Jh.

OBERRIEDEN ZH

490 Ortsgeschichtliche Sammlung

Schulhaus Pünt, 8
Postadresse: Walter R. Bernhard, Im Bärenmoos 11, 8942 Oberrieden; Tel. (01) 720 28 05
Geöffnet: Nach Vereinbarung. Wechselausstellungen (in der Vitrine der Mehrzweckhalle Pünt): während der Schulzeit
Leiter: Walter R. Bernhard

Sammlung mit Modellen und Gegenständen aus Alt-Oberrieden zu den Themen Weinbau, Land- und Forstwirtschaft, Wohnen im Bauernhaus, Waschen und Glätten, Handwerk, Kirche. Schuhmacherwerkstatt / Schinzenstube. Chronikstube mit lokalgeschichtlichen Büchern und Dokumenten sowie Bildmaterial.

Eröffnet: 1970

OBERRIET SG

491 Gemeindemuseum «Rothus»

Im Ortsteil Eichenwies an der Hauptstrasse, beim Hotel «Rössli».
Postadresse: Peter Zünd-Gmür, Buchenstr. 4, 9463 Oberriet; Tel. (071) 761 17 12
Geöffnet: Mai–Okt.: 2. und 4. So im Monat 14–18. Ferner nach Vereinbarung
Präsidentin des Museumsvereins: Jolanda Baumgartner.
Museumsleiter: Peter Zünd-Gmür

Torfstecherei, Gemeindegeschichte, Wohnkultur 19./20. Jh. Religiöse Volkskunst. Brauchtum. Textil- und Trachtenwesen. Ziegelherstellung. Werkstätten: Holzbearbeitung, Schmiede, Schuhmacherei. Gebäudemodelle. Ackerbau, Getreidemühlen, Mosterei. Wagen, Schlitten, Traggeräte. Öffentliche Dienste: Feuerwehr, Wasserwehr, Bestattungswesen. Mineraliensammlung. Erinnerungen an die Malerin Hedwig Scherrer (1878–1940).

Eröffnet: 1975
Gebäude: «Rothus», 17. Jh., Fachwerkbau, vermutlich ehemaliges Rathaus

OBERUZWIL SG

492 Ortsmuseum

Altes Statthalterhaus, Wilerstrasse 22, Oberuzwil
Postadresse: Johannes P. Gunzenreiner, Sonnenhügelweg 4d,
9242 Oberuzwil; Tel. (071) 951 81 08
Geöffnet: Nach Vereinbarung
Betreuer: Johannes P. Gunzenreiner, Karl Beisbardt, Franz Deiss

Möbel, hauswirtschaftliche Geräte, Werkzeuge, Waffen, Muster
aus Stickerei und Weberei.

Eröffnet: 1959
Gebäude: Ehem. Statthalterhaus

OBERWENINGEN ZH

493 Heimatmuseum

2 km östlich von Niederweningen, 10 Min. ab Bahnhof SBB
Schöfflisdorf-Oberweningen. Im Speicher hinter dem Gemeinde-
haus
Postadresse: Zürcher Unterländer Museumsverein, Postfach, 8165
Oberweningen; Tel. (01) 856 15 94
Geöffnet: April–Okt.: 1. So im Monat 14–17. Ferner nach Verein-
barung
Leitung: Anny Lüthy

Bäuerlicher Haushalt in vier Bereichen: Küche, Vorratskammer,
Stube und Kammer. Wehntaler Trachten, Uniformen, Waffen,
Masse und Gewichte. Kirchliche Altertümer. Geräte für Land- und
Forstwirtschaft, besonders Hanf- und Flachsbearbeitung sowie
Weinbau; Fahrhabe. Werkstatt eines Schuhmachers. Gräber aus
der Jungsteinzeit, römischer Gutshof. Geologie der Lägern.

Eröffnet: 1936
Gebäude: Speicher, 1753, gehörte zu einem Unterländer Bauernhaus

OETWIL AM SEE ZH

494 Ortsmuseum

Chilerain 10, bei der Kirche
Postadresse: Theodor Marty, Schützenhausstr. 19, 8618 Oetwil
am See; Tel. (01) 929 22 58
Geöffnet: Apr.–Nov.: Jeden 1. So im Monat 10.30–12, sowie an
Abstimmungssonntagen 9–12 und an der Dorfchilbi (1. Sa–So im
Oktober) 13.30–16. Ferner nach Vereinbarung mit der Gemeinderatskanzlei, Tel. (01) 929 01 11
Leiter: Theodor Marty

Küche, Schlafkammer und Stube des Seidenwebers, Keller mit
Hausmosterei; Schuhmacherwerkstatt; Schulecke um 1900.
Gedenkzimmer für die Kunstmalerin Helen Dahm (1878–1968).
Landwirtschaftliche Geräte des 19.–20. Jh.. Wechselausstellungen.

Eröffnet: 1983
Gebäude: Kleinbauern- und Heimarbeiterhaus, 1558

495 Weinbaumuseum

im Weiler Holzhausen
Postadresse: Jakob Grimm, Alte Zürichstrasse, Holzhausen, 8616
Oetwil am See; Tel. (01) 929 11 47
Geöffnet: nach Vereinbarung
Besitzer: Jakob Grimm. *Mitarbeiter:* Jörg und Ursula Schenkel; Tel.
(01) 929 19 79

Darstellung des Rebjahres, Weinpflege, Kelterung, Traubenmühle,
Küferartikel, landwirtschaftliche Geräte, hauptsächlich aus der
Region. Grosse Trotte von 1788. Waschküche mit Wasserantrieb.

Eröffnet: 1997
Gebäude: Alte Fahrzeugremise

OFTRINGEN AG

496 Ortsmuseum ⌂

«Alter Löwen» im Dorfkern, zwischen Post und Dorfbach
Postadresse: Museumskommission, 4665 Oftringen
Geöffnet: Mitte Apr.–Okt.: 1. u. 3. So im Monat 10–12. Ferner
nach Vereinbarung
Präsident der Museumskommission: Bruno Schläfli, Gärtnerei,
Baslerstr. 35, 4665 Oftringen; Tel. (062) 797 11 47

Bäuerliches Leben und Arbeiten (Geräte und Werkzeuge). Schuhmacherwerkstatt.

Eröffnet: 1990
Gebäude: Restauriertes Hochstudhaus mit original erhaltener Rauchhütte

P

OLIVONE TI

497 Museo di San Martino ⌂

Cà da Rivöi/Casa d'Olivone, di fronte alla chiesa di San Martino
Indirizzo postale: Avv. Stefano Bolla, Via Canonica 8, 6900 Lu-
gano; tel. (091) 923 25 81; tel. del museo: (091) 871 10 56
Aperto: Pasqua–ott.: ma–ve 14–17; sa, do 10–12, 14–17.
Oppure previo appuntamento (min. 10 pers.)
Presidente: Avv. Stefano Bolla. **Direttrice:** Thea Tibiletti

Mobili ed oggetti della vita quotidiana e tradizioni popolari della
Valle di Blenio: suppellettili ed attrezzi per l'artigianato domestico,
la pastorizia e l'agricoltura; forno del pane; costumi. Arte sacra pro-
veniente principalmente dalle chiese e cappelle appartenenti alla
chiesa matrice d'Olivone e degli oratori dell'Alta Valle: sculture,
quadri, cassoni, oreficeria, paramenti, oggetti di culto, ex voto.

Aperto nel: 1969
Edificio: Antica casa del «beneficio priorile»

OLTEN SO

498 Historisches Museum 🏠

Konradstrasse 7, neben dem
Stadthaus
Postadresse: Konradstr. 7,
4600 Olten; Tel. (062) 212
89 89
Geöffnet: Di–Sa 14–17;
So 10–12, 14–17
Konservator: Hans Brunner,
Fuchsacker 322, 4652 Winz-
nau; Tel. (062) 295 48 21.
Konservator für Ur- und Früh-
geschichte: Dr. Hugo Schnei-
der, Steinbruchweg 2, 4600
Olten; Tel. (062) 212 10 61

Wappenstein 1542
(vom ehem. Obertor,
abgebrochen 1838)

Ur- und Frühgeschichte des Kantons Solothurn. Dokumente aus der
Geschichte der Stadt Olten. Gewerbliche Produktionsstätten. Sammlung Feuer und Licht. Solothurner Geschirrkeramik, Ofenkeramik, St.
Urbaner Backsteine (13. Jh.); europäisches Porzellan des 18. und
19. Jh. Waffen und Uniformen. Trachten und Trachtenschmuck,
Glasgemälde, Zinn, Uhren. Münzen und Medaillen. Oltner Goldschmiedearbeiten (u.a. Bürgerbecher des 17. und 18. Jh.).

Eröffnet: 1901
Gebäude: Ehem. Schulhaus

499 Kunstmuseum ◻

Kirchgasse 8
Postadresse: Postfach 624, 4603 Olten; Tel. und Fax (062) 212
86 76
Geöffnet: Di–Fr 14–17; Sa, So 10–12, 14–17
Konservator: Peter Killer

Schweizer Kunst des 19. und 20. Jh.. Vier Kabinette, die dem
Oltner Künstler Martin Disteli (1802–1844) gewidmet sind.
Wechselausstellungen

Eröffnet: 1901

500 Naturmuseum ♠

Kirchgasse 10
Postadresse: Kirchgasse 10,
4600 Olten; Tel. (062) 212
79 19
Geöffnet: Di–Sa 14–17; So
10–12, 14–17. Für Schulen
auf Voranmeldung auch morgens.
Konservator: Marcel Peltier,
Unterdorf 6, 4634 Wisen; Tel.
(062) 293 30 87

Erdwissenschaftliche Abteilung:
Schädelteile und Stosszähne
des «Mammuts von Olten»
(gefunden 1910 beim Bahnhof)

Geologie und Paläontologie mit regionalen Schwerpunkten, Versteinerungen, Eiszeitfunde (Mammut von Olten), Gesteine und Mineralien. – Amphibien, Reptilien, Fische, einheimische Vögel in ihrem
Lebensraum, Vogelstimmen-Automat, Flugbilder, Vogelschutz. Einheimische Säugetiere, lebende Gespenstschrecken. Sonderausstellungen, Videofilme. – Depot: wichtige Lias- und Eozän-Fossilien der
Region. Vögel, Kolibris, Herbarien, Nachlass Theodor Stingelin.

Eröffnet: 1872
Gebäude: Ehem. Post und Schulhaus

🄷 VMS AMS

OLTINGEN BL

501 Heimatmuseum Oltingen-Wenslingen-Anwil ⌂

Ehemalige Pfarrscheune bei der Kirche
Postadresse: Jürg Lüthy, Langacherweg 90, 4469 Anwil; Tel. und
Fax (061) 991 07 63
Geöffnet: 1. So im Monat: 10–12, 14–17. Ferner nach Verein-
barung (nur Führungen) mit Hans u. Hanny Lüthy, Herrengasse 37,
4494 Oltingen; Tel. (061) 991 08 47
Präsident der Museumskommission: Jürg Lüthy

Seidenbandwebstuhl (in Betrieb während Öffnungszeiten). Dich-
terecke für Hans Gysin (Metzger-Hans), Oltingen, und Traugott
Meyer (Bottebrächt's Miggel), Wenslingen. Wechselausstellungen
zum Dorfleben und Brauchtum, Tier- und Pflanzenwelt.

Eröffnet: 1985
Gebäude: Pfarrscheune und -stall, ca. 1400

🅿 ♿ VMS AMS

OPFIKON ZH

502 Ortsmuseum 🏠

Dorfstrasse 32 (Wegweiser an der Wallisellerstrasse)
Postadresse: Genossenschaft Dorf-Träff, c/o Treuhand Abt AG, Postfach, 8152 Opfikon; Tel. (01) 874 46 46 (Verwaltung)
Geöffnet: 1. So im Monat 14–17. Ferner nach Vereinbarung
Präsident: Hanspeter Friess, Starenweg 52, 8405 Winterthur; Tel. (052) 232 54 13. **Betreuer:** Heinrich Schlatter, Glärnischstrasse 29, 8152 Opfikon; Tel. (01) 810 47 37

Wohnung: Küche, Gaden, Stube, Stübli, 2 Kammern aus Opfikon. Objekte aus Hausrat, Land- und Forstwirtschaft, Handwerk (u.a. Schuhmacherwerkstatt); Dokumente zur Ortsgeschichte, Wechselausstellungen.

Eröffnet: 1986
Gebäude: Wohnhaus, 1640/1766

ORBE VD

503 Musée d'Orbe ▽ 🏠

Rue Centrale 23
Adresse postale: Case postale, 1350 Orbe; tél. (024) 441 13 81 (Vreni Segessenmann)
Ouvert: se renseigner à l'Office du tourisme; tél. (024) 441 31 15
Président: Dr Jean Stockmann, Place du Marché, 1350 Orbe

Mobilier, gravures et objets concernant la région. Documents sur la faune locale. – A Boscéaz: quatre maisons avec mosaïques et objets d'époque romaine (site ouvert de Pâques à oct.: lu–ve 9–12, 13.30–17; sa, di 13.30–17.30. En outre sur demande).

Ouverture en: 1950

ORON-LE-CHÂTEL VD

504 Château ▢ ⌂

1 km à l'est d'Oron-la-Ville
Adresse postale: André Locher, Au Champ-à-la-Meille, Case postale 124, 1608 Oron-le-Châtel; Secrétariat de l'Association: tél.
(021) 907 90 51, fax (021) 907 90 65; tél. du château: (021)
907 72 22
E-Mail: a.locher@bluewin.ch
URL: http://www.swisscastles.ch/Vaud/Oron/Oron.html
Ouvert: Avr.–sept.: sa, di 10–12, 14–18 (toutes les visites sont guidées). En outre sur rendez-vous au (021) 907 90 51 (groupes seulement)
*Président de l'Association pour la conservation du Château
d'Oron:* Jean-Pierre Dresco

Ameublement des 17e et 18e s., peintures, vaisselle. Bibliothèque
ancienne de 20'000 volumes.

Ouverture en: 1934
Bâtiment: Château, 13e s., résidence des baillis bernois de 1557 à 1798

ORSELINA TI

505 Museo Casa del Padre ▢

Santuario Madonna del Sasso, Orselina, sopra Locarno
Indirizzo postale: Santuario Madonna del Sasso, 6644 Orselina;
tel. (091) 743 62 65 (Convento)
Aperto: Pasqua–metà ott.: do e giorni festivi 10–12, 14–17, gior-
ni feriali 14–17
Responsabile: Convento Madonna del Sasso

Tesoro della chiesa: ex voto, paramenti, suppellettili per il culto,
varie raffigurazioni della Madonna del Sasso, una serie di disegni
e quadri del pittore Antonio Ciseri (1821–1891) preparatori del
grande quadro «Il trasporto di Cristo».

Aperto nel: 1982
Edificio: Santuario della Madonna del Sasso

OTTIKON ZH

506 Dürstelerhaus

Grüningerstrasse 340, Ottikon-Gossau
Postadresse: Hanspeter Binder, Tannenbergstrasse 80, 8625 Gossau; Tel. (01) 935 45 35
Geöffnet: Jan.–Juni, Sept.–Dez.: 1. So im Monat 10.30–12, 14–16
Leitung: Hanspeter Binder, Lehrer, und Jakob Zollinger, Lehrer, Chindismüli, 8626 Ottikon-Gossau

Geräte der Landwirtschaft sowie Haushaltsgegenstände aus der Umgebung. Eingerichtete Küche. Kachelofen. Foto- und Diasammlung aus dem Dorf. Wechselausstellungen.

Eröffnet: 1974
Gebäude: Dorfpatrizierhaus, 16. Jh., Bohlenständerbau mit Fassadenmalereien

PAYERNE VD

507 Musée de Payerne et abbatiale

Place du Tribunal
Adresse postale: Administration communale, 1530 Payerne; tél. du musée: (026) 662 67 04
Ouvert: Janv.-avr.: lu–sa 10–12, 14–17; di 10.30–12, 14–17. Mai–oct.: lu–sa 9–12, 14–18; di 10.30–12, 14–18. Nov., déc.: comme janv.
Conservateur et guide de l'Abbatiale: Daniel Bosshard

Collection en souvenir du Général Antoine-Henri Jomini (1779–1869), originaire de Payerne, général de brigade d'Empire puis lieutenant-général russe, grand tacticien, écrivain militaire. Tableaux d'Aimée Rapin, peintre sans bras (1868–1956). Collection de peinture. Collection d'art religieux (Salle capitulaire), objets trouvés lors des fouilles (chapiteaux, monnaies, fragments de vitraux); maquette de l'église romane, photographies. – Abbatiale du 11e s., fresques de la fin du 12e–début du 13e s.

Ouverture en: 1870
Bâtiment: Abbatiale, 11e s.

PERREFITTE BE

508 Musée «Au filament rouge»

Usine, haut du village
Adresse postale: Route des Ecorcheresses 17b, 2742 Perrefitte; tél. (032) 493 57 28 (privé)
Ouvert: Sur demande
Propriétaire: Bertrand Kissling, Courtine 42, 2740 Moutier

Electronique ancienne, basée sur l'utilisation du tube à vide dans les radios, télévisions, les appareils audio (chaînes hi-fi, juke-boxes, instruments) et les applications médicales.

Ouverture en: 1993

🅿 ♿

PFÄFERS SG

509 Altes Bad Pfäfers

Nur zu Fuss, mit Bäderbus oder Pferdekutschen erreichbar ab Bad Ragaz
Postadresse: 7310 Bad Ragaz; Tel. (081) 302 71 61
Geöffnet: Mai–Okt.: 10–17.30. Führungen nach Vereinbarung
Verwaltung: Restaurant Bad Pfäfers; Tel. (085) 302 71 61 (Frau Weber)

Badgeschichte von den Ursprüngen bis heute. Die Entdeckung der Quelle im Mittelalter. Das Pfäferser Heilbad als Humanistentreffpunkt. Die Herausleitung des Wassers aus der Schlucht (1630). Der barocke Bäderbau (1704/16). Die Bedeutung des Bades im 19. Jh. Bad Ragaz wird Badekurort. Valens als Nachfolgekurort. Die Restaurierung. Klostermuseum; die Benediktinerabtei von Pfäfers. Paracelsus-Gedenkstätte, sein Aufenthalt, Leben und Werk. Videofilm «Altes Bad Pfäfers».

Eröffnet: 1985
Gebäude: Monumentales Badhaus mit Kapelle, 1704–1716

PFÄFFIKON ZH

510 Heimatmuseum am Pfäffikersee

Im Kehr, am Seequai
Postadresse: Dr. Bernhard Gubler, Bodenackerstr. 42, 8330 Pfäffikon; Tel. (01) 950 44 37
Geöffnet: März–Okt.: 1. und 3. So im Monat 14–17. Ferner nach Vereinbarung; Tel. (01) 950 44 37 und 950 42 80
Präsident der Antiquarischen Gesellschaft Pfäffikon: Dr. Bernhard Gubler. *Betreuer:* Heinz Kaspar

Urgeschichtliche Funde aus Pfäffikon, Irgenhausen, Robenhausen und Fehraltdorf-Lochweid. Burgenfunde von Werdegg. Sammlung von bäuerlichem Hausrat und landwirtschaftlichen Geräten aus der Gegend. Dokumente zum spätgotischen Kirchenbau in der Zürcher Landschaft. Erinnerungen an den «Züriputsch», 5.–6. September 1839. Werke des Historienmalers Johann Caspar Bossardt (1823–1887).

Eröffnet: 1964
Gebäude: Oberländer Doppelflarzhaus, 19. Jh.

511 Schreibmaschinen-Museum

Industrie Witzberg
Postadresse: Stefan Beck, Speckstr. 3, Postfach 419, 8330 Pfäffikon; Tel. (01) 950 36 00, Fax (01) 950 55 92
E-Mail: STEFAN.BECK@VILLAGE.CH
URL: http://www.Village.ch/~sbeck
Geöffnet: Nach Vereinbarung
Eigentümer: Stefan Beck

Historische, antike, skurrile Schreibmaschinen und Büroapparate. Rechenmaschinen.

Eröffnet: 1992

PLAN-CERISIER VS

512 Mazot-Musée ⌂

4 km au-dessus de Martigny, direction du col de la Forclaz, au centre du vignoble
Adresse postale: Philippe Lugon, Chiésey, 1872 Troistorrents; tél. (024) 477 60 02
Ouvert: Pâques-oct.: di 16–18. En outre sur rendez-vous avec Simone Vouillamoz, tél. (027) 722 87 82
Responsable: Philippe Lugon. **Conservatrice:** Simone Vouillamoz

Viticulture: ustensiles et outils.

Ouverture en: 1978
Bâtiment: Mazot

PONTRESINA GR

513 Museum alpin ⌂

Via Maistra
Postadresse: Mathis Roffler, Chesa Anemona, 7504 Pontresina; Tel. (081) 842 72 73 od. 842 67 16 (privat)
Geöffnet: Jan.–15. Apr., Juni–15. Okt., Dez.: Mo–Sa 16–18, bei schlechter Witterung 15–18. Ferner nach Vereinbarung für Gruppen (mit Führung)
Leiter: Mathis Roffler

Wohnräume eines Engadinerhauses. Diaschau: Alpenpflanzen und Bergblumen. Gesteins- und Mineraliensammlung des Oberengadins, Bergells und Puschlavs. Bergbau Val Minor. Reliefs und Fototafeln. SAC-Hütten-Einrichtung mit Modellen. Vogelsammlung Gian Saratz. Wintersportausstellung: Skis, Schlitten, Stöcke, Schlittschuhe. Panoramen. Bergsteigerausrüstungen aus dem 19. Jh. mit Fototafeln über den Alpinismus sowie den Bergführerverein Pontresina. Tonbildschau «Bergerlebnis». Wechselausstellungen. SAC-Bibliothek der Sektion Bernina. – Stiftung Dr. Sury: weltweite Mineraliensammlung. – Ausstellung Jagd, Wild und Umwelt.

Eröffnet: 1985
Gebäude: Engadinerhaus, 1716, mit Stall und Scheune

PORRENTRUY JU

514 Fonds ancien de la Bibliothèque cantonale jurassienne

Hôtel de Gléresse, 10, rue des Annonciades
Adresse postale: Hôtel des Halles, 2900 Porrentruy 2; tél. (032) 465 74 10; fax (032) 465 74 99
Ouvert: Sur demande. Fermé jusqu'à l'automne 1999 pour rénovation
Bibliothécaire cantonal: Benoît Girard

Collection de livres et de manuscrits (30000 volumes, dont 420 incunables et 330 manuscrits).

Ouverture en: 1963
Bâtiment: Hôtel de Gléresse, seconde moitié 18e s., ayant abrité la préfecture du district de 1816 à 1953

515 Musée de l'Hôtel-Dieu

Ancien Hôpital, 5, Grand-Rue
Adresse postale: 5, Grand-Rue, 2900 Porrentruy; tél. (032) 466 72 72
E-Mail: musée.hoteldieu@span.ch
Ouvert: Pâques à mi-nov.: ma–di 14–17
Conservatrice: Jeannine Jacquat, Achille-Merguin 50, 2900 Porrentruy; tél. (032) 466 56 29

Pharmacie en bois d'érable du second hôpital de Porrentruy, 18e siècle

Pharmacie de l'Ancien Hôpital. Histoire régionale: montres, outillage d'horloger, gravures, affiches, photographies anciennes, livres, journaux et manuscrits se rapportant au Jura (ancien Evêché de Bâle).

Ouverture en: 1973
Bâtiment: Ancien hôpital bourgeois, 1765, style baroque

516 Musée jurassien des sciences naturelles et Jardin botanique ♦

22, route de Fontenais. Jardin extérieur derrière le Lycée cantonal de Porrentruy
Adresse postale: 21 et 22, route de Fontenais, 2900 Porrentruy; tél. (032) 466 68 12 (collections scientifiques) ou 466 30 15 (jardin botanique)
Ouvert: Collections scientifiques: ma–di 14–17. Jardin botanique: lu–ve 8–11.45, 14–17 (serres et jardin); sa, di et j. fériés 14–17 (serres), 10–17 (jardin)
Conservateur: François Guenat. *Chef technique* (Jardin botanique): Alain Mertz

Collections scientifiques: roches, minéraux, fossiles, oiseaux, coléoptères, mammifères, herbiers et autres sujets provenant du monde entier, de l'Europe et du Jura en particulier (80 000 pièces). 1400 champignons lyophilisés provenant du Jura exclusivement. Faune locale. Exposition thématique permanente: «Du Big-Bang à l'Homme». – Jardin botanique: Jardin extérieur contenant les principales familles de plantes et leurs représentants les plus typiques, notamment plus de 650 plantes poussant dans la chaîne du Jura (nombreuses variétés de roses et d'iris, collection de plantes vénéneuses et de légumes anciens; rhododendrons; plantes de tourbières). Les serres abritent un ensemble de plantes tropicales, des plantes carnivores, des orchidées, ainsi que plus de 600 espèces de cactus. D'anciennes variétés d'arbres fruitiers sont conservées dans l'arboretum.

Ouverture en: 1832 et 1983
Bâtiment: Ancienne villa de maître, début 20e s.

POSCHIAVO GR

517 | Museo valligiano poschiavino ⌂

Palazzo Mengotti, Via di Spoltrio
Indirizzo postale: Fondazione Ente Museo Poschiavino, 7742
Poschiavo
Aperto: Metà giu.–30 giu.: ma, ve 15–17. Luglio–ag.: ma 14–
17; ve 15–17. Sett.–metà ott.: ma, ve 15–17
Presidente della Fondazione Ente Museo Poschiavino: Claudio
Gisep, 7742 Poschiavo; tel. (081) 844 31 09

Vita e tradizioni popolari della Valle di Poschiavo. Cucina, stüa e
camera; mobili ed arredamenti domestici. Utensili per l'agricoltura.
Attrezzi da falegname e da macellaio; telaio per tessitura. Armi da
caccia e militari, trappole. Documenti e libri. Emigrazione.

Aperto nel: 1953
Edificio: Palazzo Mengotti, 17–18 sec.

PRANGINS VD

518 | Musée national suisse – Château de Prangins ⛊

Adresse postale: 1197 Prangins; tél. (022) 994 88 90; fax (022)
994 88 98
URL: http://www.slmnet.ch
Ouvert: ma–di 10–17
Directrice: Chantal de Schoulepnikoff. *Conservateur:* François de
Capitani. *Accueil du public:* Valérie Jeanrenaud

Le Château avec le jardin

Histoire de la Suisse aux 18e et 19e siècles, sous ses aspects culturels, politiques, économiques et sociaux: idéaux de la société noble et bourgeoise au 18e siècle, économie rurale de l'Ancien Régime, passage à un Etat fédéral moderne et à une nation urbanisée et industrielle. Jardin potager: conservatoire de fruits et légumes du 18e siècle.

Ouverture en: 1998
Bâtiment: Château construit vers 1730

PRATTELN BL

519 Jacquard-Stübli

Kirschgartenstrasse 4; 5 Minuten ab Bahnhof SBB
Postadresse: Elisabeth Löliger-Henggeler, Kirschgartenstr. 4, 4133 Pratteln, Tel. (061) 821 37 28
Geöffnet: jeden 2. So im Monat 14–17. Ferner nach Vereinbarung.
Besitzerin: Elisabeth Löliger-Henggeler

Gewobene Seidenbilder aus dem 19.u.20. Jh.nach der von Joseph Charles Marie Jacquard erfundenen Lochkartentechnik. Posamenter-Webstuhl aus der Zeit um 1860 (betriebsbereit).

Eröffnet: 1996

520 Museum im Bürgerhaus

Am Schmiedeplatz
Postadresse: Gemeindeverwaltung, 4133 Pratteln; Tel. (061) 825 21 11 od. 821 65 47 (8–9 Uhr).
Geöffnet: Jan.–Juni, Sept.–Dez.: 1. So im Monat 10–12, 15–17. Während Ausstellungen auch: Mi 17.30–19.30; Sa, So 15–17
Präsidentin der Kommission für Kunst und Heimatkunde: Emmy Honegger, Tel. (061) 821 65 47 (Geschäft)

Dorfgeschichte von der Jungsteinzeit (ältestes Artefakt der Schweiz) bis in die Gegenwart. Modell des Dorfes im 18. Jh. (nach Büchel), Brauchtum, Wirtschaftsgeschichte (Rheinsaline, Eisenbahnknotenpunkt, neuere Industrie); Bahnanlage Spur O; Rollmaterial handgefertigt aus Altmaterial. Eingerichtete Küche und Wohnstube. Wechselausstellungen.

Eröffnet: 1987
Gebäude: Bauernhaus, 17. Jh.

PUIDOUX VD

521 | Musée des curiosités horlogères

Au-dessus de la gare CFF
Adresse postale: Chemin de Tagnire, case postale 57, 1604 Puidoux; tél. (021) 946 32 12
Ouvert: Janv.–15 mars: 2e et derniers sa et di du mois 9.30–11.30, 13.30–17.30. 15 mars–sept.: sa, di 9.30–11.30. Oct.–nov.: comme janv. En outre sur demande (groupes à partir de 10 personnes)
Propriétaire: Roger Donzé

Montres et pendules suisses et étrangères (16e–20e s.), outillage d'horloger.

Ouverture en: 1992

PULLY VD

522 Musée

2, chemin Davel
Adresse postale: 2, chemin Davel, case postale 279, 1009 Pully; tél. (021) 729 55 81, fax (021) 729 55 81
Ouvert: ma–di 14–18
Directrice et conservatrice: Claire-Lise Bouaïche, Fau-Blanc 20 B, 1009 Pully; tél. (021) 729 55 81

Présentations liées à la région ainsi qu'à l'art contemporain. Salle C.F. Ramuz. Expositions temporaires.

Ouverture en: 1949
Bâtiment: Maison vigneronne, 1793

523 | Villa romaine

Place du Prieuré, Samson Reymondin 1
Adresse postale: 2, chemin Davel, case postale 279, 1009 Pully; tél. (021) 728 33 04 ou 729 55 81
Ouvert: Janv.-mars: sa, di 14–17. Avr.–oct.: ma–di 14–17. Nov., déc.: comme janv.
Directrice et conservatrice: Claire-Lise Bouaïche, Fau-Blanc 20 B, 1009 Pully; tél. (021) 729 55 81

Ensemble de fondations et de murs en forme de double hémicycle avec portique. Fresque murale d'environ 20 m² représentant une course de chars. Objets de la vie de l'époque, eléments de statues et fragments de mosaïques. Information audiovisuelle.

Ouverture en: 1985

RAFZ ZH

524 **Ortsmuseum** ⌂

Oberdorf 2, bei der Kirche
Postadresse: Ernst Baur, Chnübrächi 6, 8197 Rafz; Tel. (01) 869 10 31 od. 869 00 18
Geöffnet: Apr.–Okt.: 2. So im Monat 14–17
Präsident der Museumskommission: Ernst Baur

Bäuerlicher Hausrat, vollständige Wohneinrichtung (Anf. 19. Jh.). Werkzeuge und landwirtschaftliche Geräte, bes. für den Acker- und Weinbau: eingerichtete Küferwerkstatt und Wagnerei. Flachsverarbeitung. Keller mit Obst- und Weinpresse, Schnapsbrennerei.

Eröffnet: 1966
Gebäude: Bauernhaus, um 1784, Fachwerkbau

RANCATE TI

525 **Pinacoteca cantonale Giovanni Züst** ☐

Piazza S. Stefano
Indirizzo postale: 6862 Rancate; tel. (091) 646 45 65, fax (091) 646 45 65
Aperto: Marzo–giu.: ma–do 9–12, 14–17. Luglio–ag.: ma–do 14–18. Sett.–nov.: ma–do 9–12, 14–17
Conservatore: Dott. Mariangela Agliati Ruggia

Collezione d'arte. Opere di pittori ticinesi dal 17 al 20 secolo: Giovanni Serodine, Giuseppe Antonio Petrini, Luigi Rossi, Ernesto Fontana, Adolfo Feragutti-Visconti, Antonio Rinaldi ed altri artisti dell'Ottocento e del Novecento.

Aperto nel: 1967
Edificio: Ex casa parrocchiale, ristrutturata e ampliata con un'ala nuova dall'architetto Tita Carloni di Rovio

RAPPERSWIL SG

526 Circus Museum

An der Ecke des Fischmarktplatzes, im gleichen Gebäude wie die Tourist Information (Verkehrsbüro)
Postadresse: Circus Museum, Tourist Information, Fischmarktplatz 1, 8640 Rapperswil; Tel. (055) 220 57 57, Fax (055) 220 57 50
Geöffnet: Jan.–März: 13–17. Apr.–Okt.: 10–17. Nov., Dez. wie Jan.
Leiter Tourist Information: Stefan Hantke

Geschichte des Zirkus Knie anhand von Objekten, Videos und Dokumenten (Kostüme, Plakate, Photographien, Briefe).

Eröffnet: 1996

527 Heimatmuseum

Am Herrenberg
Postadresse: Dr. Alois Stadler, Stadtarchiv, Rathaus, 8640 Rapperswil; Tel. (071) 229 23 30 (Geschäft), (055) 284 22 89 (privat); Museumswart: Tel. (055) 210 71 64
E-Mail: alois.stadler@di-vadiana.sg.ch
Geöffnet: Apr.–Okt.: Sa 14–17, So 10–12, 14–17. Ferner nach Vereinbarung mit dem Museumswart (nur Gruppen). Für Führungen: Dr. Alois Stadler
Präsident der Museumskommission: Dr. Alois Stadler

Breny-Haus: Rapperswiler Bau- und Wohnkultur, gotische Halle mit Wandmalereien, Stuben der Renaissance und des 17. Jh., Küche, Schlafzimmer. – Ortsgeschichtliche Sammlung: römische Funde aus dem Vicus Kempraten, Brandgräber, Töpferofen; Lapidarium. Baugeschichte der Stadt, u.a. Stadtmodell. Bedeutende Sammlung sakraler Kunst und Rapperswiler Goldschmiedekunst. Rapperswiler Persönlichkeiten, u.a. die Maler Johann Michael Hunger (1634–1714) und Felix Maria Diogg (1762–1834) sowie die Familien Curti und Greith. Werkzeuge der Schuhmacher, Hafner, Maler, Apotheker.

Eröffnet: 1943
Gebäude: Breny-Haus, mittelalterlich, mit angebautem Wohnturm

528 Polenmuseum

Schloss
Postadresse: Postfach 1251,
8640 Rapperswil; Tel. (055)
210 18 62, Fax (055) 210
06 62
E-Mail: Muzeum-Polskie@Swiss-
online.ch
Geöffnet: März: Sa, So
13–17. Ostern–Okt.: Mo–So
13–17. Nov., Dez.: wie März.
Ferner nach Vereinbarung mit
der Verwalterin Dr. Teresa Sandoz od. dem Konservator

Polnische Tracht aus der Tatra

Konservator: Janusz S. Morkowski, Föhrliweg 8, 8600 Dübendorf;
Tel. (01) 821 14 66 (privat), Fax (01) 821 22 07

Sammlung zur Geschichte und Kulturgeschichte Polens. Darstellung
der Beziehungen zwischen der Schweiz, Polen und den polnischen
Emigranten in Bildern, Dokumenten, Büchern, Trachten und Fahnen.
Erinnerung an bedeutende Polen wie Chopin, Copernicus, Madame
Curie, Sienkiewicz, Paderewski und Pilsudski. Besonders hervorge-
hoben: der polnische Freiheitskampf von Wien 1683 bis Solidar-
nosc. Internierung der 2. Polnischen Schützendivision in der Schweiz
(1940–1945). Polnische Kunst in Bildern, Porzellan und Textilien.
Bedeutende Miniatursammlung des 18. Jhs. (Donation Artur Tar-
nowski) mit Darstellungen hervorragender Gestalten der polnischen
Geschichte. Volkskunst mit Trachten. Maximilian Kolbe-Gedenkstätte.
Wechselausstellungen polnischer Kunst. Vor dem Schlosseingang
Freiheitssäule (1868). Gedenkstätte im östlichen Schlosshof.

Eröffnet: 1990
Gebäude: Schloss, 13. Jh.

RARON VS

529 Museum auf der Burg

Auf dem Burghügel, im Pfarrhaus neben der Burgkirche
Postadresse: Postfach, 3942 Raron; Tel. (027) 934 29 69
(Museum)
Geöffnet: Juni–Sept.: Mo–So 10–16. Ferner nach Vereinbarung
mit der Betreuerin (Gruppen ab 10 Pers.)
Betreuerin: Helen Troger-Glenz, 3942 Raron; Tel. (027) 934 16 20

Der Bau der Burgkirche durch Ulrich Ruffiner. Pfarreialltag um die Mitte des 19. Jh. Christian Gattlen und Leo Luzian von Roten: Zwischen Neuzeit und Moderne. Iris von Roten: Von Haushalt und Politisieren der Frauen, «Frauen im Laufgitter». Rainer Maria Rilke: Auf der Suche nach dem Ort. Melchior Lechter: Einer der ersten «Rilke-Pilger». Dekanatszimmer: Lese- und Konferenzsaal. Sammlung von Materialien über Albert Schweitzer. Wechselausstellungen.

Eröffnet: 1994
Gebäude: Pfarrhaus, 16. Jh.

REBSTEIN SG

530 Ortsgeschichtliche Sammlung

Spritzenhaus, Bergstrasse, bei der evangelischen Kirche
Postadresse: Willi Keel, Marbacherstr. 6, 9445 Rebstein; Tel. (071) 777 17 73
Geöffnet: Mai–Okt.: 3. So im Monat 16–18. Ferner nach Vereinbarung
Leitung: Willi Keel

Handstickmaschine und Stickereizubehör, optische Instrumente, möblierte Bauernstube, Gerätschaften für Rebbau, Landwirtschaft, Waldbau und Handwerk, Fotos, Ölgemälde und Aquarelle von Carlos Schneider (1889–1932). Turmuhr der katholischen Kirche von 1887 in Betrieb.

Eröffnet: 1982

RECLERE JU

531 Préhisto-Parc

Aux grottes de Réclère, à env. 2 km du village
Adresse postale: Les Grottes, 2912 Réclère; tél. (032) 476 61 55, fax (032) 476 62 33 (hôtel-restaurant)
Ouvert: Pâques–nov.: lu–di 10–17.30
Responsable: Eric Gigandet

L'évolution animale sur 500 millions d'années, à travers 45 reproductions à l'échelle 1:1 (premiers poissons, amphibiens, dinosaures, ptérosaures, mammifères disparus).

Ouverture en: 1994

REGENSDORF ZH

532 Gemeindemuseum

Mühlestrasse 20, Speicher an der Strasse nach Dällikon
Postadresse: Dr. Lucas Wüthrich, Rosenstr. 50, 8105 Regensdorf;
Tel. (01) 840 53 44 (privat), (01) 840 00 61 (Geschäft)
Geöffnet: Apr.–Dez.: 1. So im Monat 10–12 (im Pfingstmonat 2.
So)
Leiter des Museums: Dr. Lucas Wüthrich. **Konservator:** Ferdinand
Maag, Adlikerstr. 226, 8105 Regensdorf; Tel. (01) 840 42 70

Objekte zur Dorfgeschichte und Dorfkultur, landwirtschaftliches
Gerät. Temporäre Ausstellungen (von Künstlern aus Regensdorf und
Umgebung).

Eröffnet: 1977
Gebäude: Speicher (wohl einer Mühle), 1722

REIDEN LU

533 Kunstsammlung Robert Spreng

Johanniterschulhaus, im Dorfzentrum
Postadresse: Mattenstrasse 8, 6260 Reiden
Geöffnet: 1.So im Monat 16–18
Betreuer: Robert Käch, Mattenstrasse 8, 6260 Reiden; Tel. (062)
758 23 13

Repräsentativer Querschnitt durch die Schweizer Kunst der ersten
Hälfte des 20. Jahrhunderts. Sammlung mit ca.160 Werken (Ölgemälde, Aquarelle, Collagen, Zeichnungen, Glasmalereien, Plastiken.

Schenkung von Robert Spreng (1890–1969) an die Gemeinde.

Eröffnet: 1969

REIGOLDSWIL BL

534 Historische Ortssammlung

Bauernhaus Auf Feld
Postadresse: Dr. Peter Suter, Stückben 27, 4424 Arboldswil; Tel.
(061) 931 24 61
Geöffnet: Während der Schulzeit: 1. So im Monat 14–17. Ferner
nach Vereinbarung
Konservator: Dr. Peter Suter, pens. Sekundarlehrer

Jagd, Fischerei, Wald, Küche, Posamenterei, Schuster- und Wagnerwerkstatt. Wechselausstellungen.

Eröffnet: 1983
Gebäude: Baselbieter Bauernhaus, 1765

REINACH BL

535 Heimatmuseum

Kirchgasse 9
Postadresse: Fredi Kilchherr, Unterer Rebbergweg 8, 4153 Reinach; Tel. (061) 711 47 57 (Museum)
Geöffnet: Während der Schulzeit Jan.–Mai, Sept.–Nov.: So 14–17. Ferner nach Vereinbarung mit Peter Meier, Tel. (061) 711 98 31, od. Theo Wenger, Tel. (061) 711 43 21
Präsident der Museumskommission: Fredi Kilchherr. **Konservator:** Fritz Wachter

Dokumentation zur Dorf- und Regionalgeschichte. Archäologie: Grubenhaus (1:1) im Museumsgarten. Möbel, Hausrat und Gebrauchsgegenstände aus dem alten Reinach. Landwirtschaftliche Geräte; Werkzeuge, eingerichtete Schmiede und Bäckerei. Dokumentation zu Weinbau, Korbflechterei und Brauerei. Volkskundliche Gegenstände. Thuner Majolika. Brauchtum. Kirche und Religion. Sammlung von ca. 350 Bügeleisen.

Eröffnet: 1962
Gebäude: Bauernhaus

REINACH AG

536 Tabak- und Zigarrenmuseum

Bei der reformierten Kirche
Postadresse: Urs Merz, Sonnenweg 5, 5734 Reinach; Tel. und Fax (062) 771 76 77, Tel. Geschäft (062) 771 21 21
Geöffnet: nach Vereinbarung (Führungen für Gruppen bis 20 Personen)
Besitzer: Urs Merz

Darstellung der aargauischen Zigarrenindustrie. Vom Tabakblatt zur Zigarre: Arbeitsgeräte, Wickeltische, Formen. Verpackung (Etiketten, Schachteln, Zigarrenringe), Werbung (Emailschilder, Plakate, Originalentwürfe, Reklamen). Diverse Dokumente (Preislisten, Fotos, Briefköpfe, Firmengeschichte, Lohnbücher etc.).

Eröffnet: 1991

REUENTHAL AG

537 Festungsmuseum

Eingang im Dorf Reuenthal. Auf dem «Strick», einer Anhöhe ob dem Rhein, zwischen Koblenz und Leibstadt, gegenüber Waldshut (D)
Postadresse: Sekretariat, Postfach 4293, 8052 Zürich-Birchhof; Tel. u. Fax (01) 301 06 16; Tel. des Museums: (056) 245 55 88
URL: http://www.militaria.ch
Geöffnet: Apr.–Okt.: Sa 13.30–17. Ferner nach Vereinbarung (nur Gruppen) Mo–Fr und Sa vormittags
Präsident: Willy Marques. *Präsident Betriebskommission:* Fritz Gehring. *Sekretariat:* Kurt Saugy

Mittleres Artilleriewerk aus der Zeit des Aktivdienstes 1939/45, voll ausgerüstet mit der ursprünglichen Bewaffnung, Magazinen, Sanitätstrakt, Kommandoräumen, Küche, Unterkunft und Essraum. Ausstellung von Festungsgeschützen, Handfeuerwaffen, schweren Waffen der Schweiz, der Achsenmächte und der Alliierten aus der Zeit des 2. Weltkrieges.

Eröffnet: 1989
Gebäude: Festung, ehem. Artilleriewerk Reuenthal, erbaut 1937/38

RHEINFELDEN AG

538 Fricktaler Museum

Haus zur Sonne, Marktgasse 12, neben dem Rathaus
Postadresse: 4310 Rheinfelden; Tel. (061) 831 14 50
Geöffnet: Museum: Mai–Okt.: Mi, Sa, So 14–17. – *Landwirtschaftliche Sammlung:* Mai–Okt.: Sa 14–17
Konservatorin: Kathrin Schöb

Handwerkerschild der Küfer, 18. Jh.

Ur- und frühgeschichtliche Sammlung: Funde aus dem Fricktal, u.a. Wittnauer Horn (Bronze- und Römerzeit), Tegertli (Hallstattgrab) und Betberg (römische Villa); alemannische Gräberfunde. Baugeschichte der Stadt Rheinfelden (Modelle, Ansichten, Pläne). Rechts- und Zunftaltertümer. Dokumentation zum städtischen Handwerk und Gewerbe; vollständige Nagelschmiede aus dem Sulztal. Salmenfischerei. Kirchliche Kunst und Objekte zur Kirchengeschichte Rheinfeldens und des Fricktales (15.–18. Jh.). Mobiliar. Frankfurter Gobelinmalereien aus den 1760er Jahren. Kleine Waffensammlung. Repräsentative Werke des Rheinfelder Kunstmalers Jakob Strasser. Alte Blasinstrumente. Rheinfelder Kadettenwesen. – Landwirtschaftliche Sammlung (Schützenscheune, neben Kapuzinergasse 18): Landwirtschaftliche Geräte und Maschinen, Fahrzeuge, u.a. Postkutsche aus dem Sulztal; Feuerspritze. Rheinfelder Sebastiansbruderschaft.

Eröffnet: 1880
Gebäude: Bürgerhaus zur Sonne

RICHTERSWIL ZH

539 Heimatkundliche Sammlung ⌂

Haus zum Bären, Dorfbachstr. 12
Postadresse: Heinz Jucker, Zugerstr. 29e, 8805 Richterswil
Geöffnet: 1. So im Monat 10–12. Bei Ausstellungen: Sa 14–17, So 10–12. Ferner nach Vereinbarung
Präsident der Heimatkundlichen Sammlung: Heinz Jucker

Dokumente, Bilder, Karten, Bücher, Gegenstände aus dem Dorf; getäferte Bürgerstube mit Fensterbänken, Kachelofen und Barockbuffet mit eingebauter Spieluhr von Frédéric Droz (ca. 1750); alte Dorfapotheke (ca. 1850). Wechselausstellungen.

Eröffnet: 1975
Gebäude: Fachwerkbau, 1749

RICKENBACH ZH

540 Hannseli Spycher

Dorfstrasse
Postadresse: Albert Schmid, Dorfstr. 12, 8545 Rickenbach (ZH);
Tel. (052) 337 16 61
Geöffnet: Apr.–Okt.: 1. So im Monat 14–17
Konservator: Albert Schmid, Arch. HTL

Landwirtschaftliche Geräte, Werkzeuge. Rekonstruiertes Wohnzimmer des 17./18. und wiedereingerichtete Küche des 18./19. Jh. Keller mit Obst- u. Traubenpressen. Feuerwehrspritze des 18. Jh.

Eröffnet: 1967
Gebäude: Fachwerkbau, 1677

RICKENBACH LU

541 Heimatmuseum Spycher

Beim Gasthaus Löwen
Postadresse: Josef Wey-Eiholzer, Wilhelmsweg, 6221 Rickenbach; Tel. (041) 930 25 50
Geöffnet: Nach Vereinbarung, Tel. Gasthaus Löwen (041) 930 12 13 od. Josy Wey-Stähelin, Tel. (041) 930 23 73
Präsident der Personalkorporation Rickenbach: Josef Wey-Eiholzer

Geräte aus Landwirtschaft, Handwerk und Gewerbe; Dokumente zur Gemeindegeschichte.

Eröffnet: 1980
Gebäude: Luzerner Spycher, 1793

RIEDERALP VS

542 Alpmuseum

Auf einer kleinen Anhöhe ob dem Dorf
Postadresse: c/o Verkehrsbüro, 3987 Riederalp; Tel. (027) 927 13 65, Fax (027) 927 33 13
E-Mail: info@riederalp.ch
Geöffnet: Museum: Mitte Juni–Mitte Okt.: Di, Do 14–17. Ferner nach Vereinbarung. – Schaukäsen: Juli–Mitte Okt.: Mi 9.15–12. Mitte Juli–Mitte Aug.: je nach Nachfrage zusätzl. Fr 9.15–12. Ferner nach Vereinbarung
Präsident: Edelbert Kummer, Kurdirektor. **Berater:** Thomas Antonietti, Ethnologe, Walliser Ortsmuseen, 1950 Sion

Alpwirtschaft. Die Hütte präsentiert sich in ihrer ursprünglichen Form und Ausstattung: Küche, Stube, Käsekeller, Stall. Schaukäsen. Im Anbau Fotos, Bilder, Postkarten zum Älplerleben, Handwerk und Brauchtum.

Eröffnet: 1985
Gebäude: Alphütte «Nagulschbalmu», 1606, am oberen Rand der Riederalp

---

RIEHEN BS

Übersicht

Dorf- und Rebbaumuseum	**543**
Fondation Beyeler	**544**
Sammlung Friedhof Hörnli	**545**
Spielzeugmuseum	**546**

---

543 Dorf- und Rebbaumuseum

Baselstrasse 34 (zusammen mit dem Spielzeugmuseum)
Postadresse: Baselstr. 34, 4125 Riehen; Tel. (061) 641 28 29
Geöffnet: Mi–Sa 14–17; So 10–17
Konservatorin: Anne Nagel, lic.phil.; Tel. (061) 641 19 82, Fax (061) 641 26 35

Dorfmuseum: Werkzeuge und Geräte für Landwirtschaft, Gewerbe und Industrie. Küferwerkstatt. Rekonstruiertes Ladengeschäft, Ende 19. Jh. Grosses Dorfmodell. Vereinswesen. Lebenslauf. – Rebbaumuseum: Werkzeuge und Geräte zur Pflege des Rebberges, zur Verarbeitung der Trauben sowie zur Bearbeitung und Aufbewahrung des Weines; Wirtshausecke. Objekte des Museums der Kulturen Basel und der Gemeinde Riehen.

Eröffnet: 1972
Gebäude: Wettsteinhaus, 17. Jh., Landgut des Basler Bürgermeisters Johann Rudolf Wettstein

544 Fondation Beyeler ▫

Im Berowerpark. Ab Bahnhof
SBB Basel Tram Nr.2, umstei-
gen bei Haltestelle «Messe-
platz» auf Tram Nr.6 bis Haltestelle Riehen Dorf
Postadresse: Fondation Beyeler,
Baselstrasse 77, Postfach,
4125 Riehen; Tel. (061) 645
97 00; Fax (061) 645 97 19
E-Mail: fondation@beyeler.com
URL: http://www.beyeler.com

Blick in den Giacometti-Saal

Geöffnet: Winterzeit: Mo, Di 11–17; Mi 11–20; Do–So 11–17.
Sommerzeit: Mo, Di 11–19; Mi 11–20; Do–So 11–19
Künstlerischer Leiter: Dr. Markus Brüderlin

Ca.130 Bilder der Moderne, ausgehend von Spätwerken Cézan-
nes und Monets bis zu Kiefer- und Baselitz-Gemälden aus den acht-
ziger Jahren. 40 Skulpturen, darunter Arbeiten aus Afrika und Ozeanien.

Eröffnet: 1997
Gebäude: Museumsbau, 1997, Arch. Renzo Piano

---

545 Sammlung Friedhof Hörnli ⊞

Friedhof Hörnli, altes Krematorium
Postadresse: Friedhofamt Basel-Stadt, Hörnliallee 70, 4125 Basel;
Tel. (061) 605 21 00, Fax (061) 605 22 00
Geöffnet: 1. u. 3. So im Monat 10–16. Ferner nach Vereinbarung
Leiter: Peter Galler

Sammlung zur Sepulkralkultur und zum Bestattungswesen, u.a. Lei-
chenwagen, Urnen (Keramik, Stein, Holz, Bronze), schmiedeiserne
Kreuze, Grabsteine, Glasperlenkränze.

Eröffnet: 1987

546 Spielzeugmuseum

Wettsteinhaus, Baselstrasse 34 (zusammen mit dem Dorf- und Rebbaumuseum)
Postadresse: Baselstr. 34, 4125 Riehen; Tel. (061) 641 28 29
Geöffnet: Mi–Sa 14–17; So 10–17
Konservatorin: Anne Nagel, lic.phil.; Tel. (061) 641 19 82, Fax (061) 641 26 35

Eine der bedeutendsten Sammlungen von europäischem Spielzeug aller Art: Optisches Spielzeug, Papier-, Schatten- und Figurentheater, Blechspielzeug, Automaten, Dampfmaschinen, Modelleisenbahnen, Zinn- und Bleifiguren, Beschäftigungs- und Gesellschaftsspiele, primitives Spielzeug aus Holz und Ton, Aufstellspielzeug, Miniaturen und Holzspielzeug aus dem Erzgebirge und anderen Regionen, Bau- und Konstruktionsspiele, Puppen, Puppenhäuser, -stuben und -küchen, Stofftiere und Teddys.

Eröffnet: 1972
Gebäude: Wettsteinhaus, 17. Jh., Landgut des Basler Bürgermeisters Johann Rudolf Wettstein

Spielmöglichkeiten im Museum: Anfassen und Anschauen

RIFFERSWIL ZH

| 547 | Telefonzentrale | ☼ |

Gegenüber Restaurant Post, Ober-Rifferswil
Postadresse: Swisscom AG, Network Services Ost, Operations,
z.Hd. P. Zehnder, OP-ZH-EZ, Neugasse 18, PF, 8021 Zürich
Geöffnet: Di–Sa, nur nach Vereinbarung
Leiter: Peter Zehnder

Telefonzentrale, 1955–1984 in Betrieb.

Eröffnet: 1991

RIGGISBERG BE

| 548 | Abegg-Stiftung | ☐ |

Nordöstlich des Dorfes
Postadresse: Werner-Abegg-Str. 67, 3132 Riggisberg; Tel. (031)
808 12 01, Fax (031) 808 12 00. Bibliothek, Tel. u. Fax (031)
808 12 23
E-Mail: abegg@dial.eunet.ch
Geöffnet: 1. So im Mai–1. Nov.: Mo–So 14–17.30
Leiter: Dr. Hans-Christoph Ackermann

*Flügelpferd
(Detail aus einem
koptischen
Behang), 7. Jh.*

Kunstsammlung: Gewebte Textilien und andere Kunstgegenstände aus dem Vorderen Orient und aus Europa. Sammlung grossformatiger Wandbehänge aus der Spätantike. Iranische, ägyptisch-koptische, byzantinische und europäische Sammlungsgruppen. Fresken, Tafelmalerei, Skulpturen, Kunsthandwerk und Textilien aus Hochmittelalter und Gotik. Goldschmiedekunst, Kristallarbeiten und Tapisserien von der Renaissance bis zum Beginn der Industrialisierung. Studiensammlung.

Eröffnet: 1967

RINGGENBERG BE

549 Dorfmuseum Schlossweid

Bei der Kirche
Postadresse: Hans Imboden, Schlossweid, 3852 Ringgenberg; Tel. (033) 822 82 62 oder 822 33 88
Geöffnet: Juli, Aug.: Di, Do 19.30–21.30; Sa 14–17. Ferner nach tel. Vereinbarung (nur Gruppen)
Präsident des Vereins für Dorf und Heimat: Hans Imboden

Geschichtliche Unterlagen, Dokumente, alte Ansichtskarten von Ringgenberg-Goldswil; geschichtliche Zusammenfassung über die Freiherren von Ringgenberg (Vögte von Brienz) von Robert Durrer; Dokumentation über die Burger-Familien von Ringgenberg mit Stammbäumen von 1665–ca.1820; alte Gerätschaften. Wechselausstellungen.

Eröffnet: 1981
Gebäude: Stöckli , Fachwerkbau

ROCHE VD

550 Musée suisse de l'orgue

Centre du village
Adresse postale: 1852 Roche; tél. (021) 960 22 00
Ouvert: Mai–oct.: ma–di 10–12, 14–17. En outre sur rendez-vous (obligatoire pour les groupes, max. 30 personnes)
Conservateur: Jean-Jacques Gramm; tél. (021) 960 36 85. *Secrétariat du musée:* Case postale 125, Av. du Général Guisan 85, 1009 Pully; tél. (021) 721 13 21

Orgues anciennes provenant de toute la Suisse et de l'étranger. Orgues de barbarie, harmoniums, tuyaux, souffleries. L'ensemble des pièces et instruments présentés permet de suivre 23 siècles de l'histoire de l'orgue et de sa technique de l'antiquité à nos jours. Pièce unique: reconstitution grandeur nature du premier orgue (hydraulos) de l'histoire, 246 av. J.-C.

Ouverture en: 1983
Bâtiment: Relais des chanoines du Grand-Saint-Bernard: écuries, halle aux marchandises, locaux d'habitation

ROGGWIL BE

551 Ortsmuseum

Spycher, Sekundarschulstrasse, beim Gemeindehaus
Postadresse: Manuel Schuler, Höhenweg 1, 4914 Roggwil; Tel. (062) 929 26 21 (privat) u. (062) 929 33 90 (Schulhaus)
Geöffnet: Nach Vereinbarung
Präsident der Ortsmuseumskommission: Manuel Schuler, Sekundarlehrer

Gebrauchsgegenstände aus dem Dorf, landwirtschaftliches Gerät, Werkzeuge.

Eröffnet: 1970
Gebäude: Speicher, 18. Jh.

ROMANSHORN TG

552 Kleines Museum am Hafen

Am SBB-Hafen
Postadresse: Museumsgesellschaft, 8590 Romanshorn; Tel. (071) 463 27 04
Geöffnet: Mai–Okt.: So 14–17. Ferner nach Vereinbarung (nur Gruppen)
Präsident der Museumsgesellschaft und Leiter: Johann Müller, pens. Lokführer

Dokumente und Ansichten zur Ortsgeschichte, bes. Berücksichtigung von Eisenbahn- und Schiffahrt, Schiffs- und Dampflokmodelle.

Eröffnet: 1988
Gebäude: Ehem. Güterexpedition SBB

ROMONT FR

553 Musée suisse du vitrail

Château de Romont
Adresse postale: Case postale 150, 1680 Romont; tél. (026) 652 10 95, fax (026) 652 49 17
E-Mail: centre.recherche. vitrail@bluewin.ch
URL: http://www.Romont.ch
Ouvert: Janv.–mars: sa, di 10–12, 14–18. Avril–oct.: ma–di 10–12, 14–18. Nov., déc.: comme janv.
Président: Daniel Zimmermann, Route de Bossens 19, 1680 Romont. *Conservateur:* Stefan Trümpler, tél. (026) 652 18 34

Panorama des vitraux du Moyen Age, de la Renaissance et de l'époque baroque; œuvres modernes des 19e et 20e s.; réalisations contemporaines. Section technique avec outils, instruments et matériaux évoquant la pratique du peintre-verrier. Expositions temporaires thématiques. Centre suisse de recherche et d'information sur le vitrail.

Ouverture en: 1981
Bâtiment: Château de Romont, 13e et 16e s.

Louis Comfort Tiffany (?): Sainte Cécile, vers 1900

RORSCHACH SG

554 Auto-, Motorrad- und Automaten-Museum

SBB-Güterschuppen im Hafen
Postadresse: Kabisplatz, 9400 Rorschach; Tel. (071) 841 66 11
E-Mail: info@alte-garage.ch
URL: http://www.alte-garage.ch
Geöffnet: Mitte März–Juni: Mo–Fr 13.30–17.30, Sa, So 10–18. Juli–Aug.: Mo–So 10–18. Sept.–Okt.: wie März
Präsident des Vereins: Hans Enzler; Tel. (071) 855 22 70

Teil der Grell-Sammlung (Rheinfelden): Automobile und Motorräder. Sammlung von Musik-, Kaugummi- und Schokolade-Automaten. Wechselausstellungen.

Eröffnet: 1995
Gebäude: SBB-Güterschuppen, ca. 1880

---

555 Museum im Kornhaus

Kornhaus am Hafen
Postadresse: Hafenplatz, Postfach 245, 9401 Rorschach; Tel. (071) 841 40 62
Geöffnet: Nach Vereinbarung (nur für Gruppen)
Präsident der Museumsgesellschaft Rorschach: Dr. Ruedi Stambach, Tel. (071) 841 74 64

Urgeschichte: Funde aus der Bodenseegegend, Siedlungs- und Gebäudemodelle. Rekonstruktionen von Hütten der Jungstein- und Bronzezeit. Burgenmodelle. Stadtgeschichte mit Stadtmodell. Möblierte Interieurs des 16. bis 18. Jh. Entwicklung des Leinwandhandels und der Stickereiindustrie. Kornhaus und Kornhandel. Naturkundliche Sammlung: Vogelwelt des Bodenseeraumes. Schloss Wartegg, Familiengeschichte der Bourbon-Parma. Werke des Malers Theo Glinz (1890–1962). Kunstausstellungen in der angeschlossenen Galerie.

Eröffnet: 1935
Gebäude: Kornhaus, 1746–1748, Arch. Kaspar Bagnato

ROTHRIST AG

556 Heimatmuseum

Zehntenhaus, Rössliplatz, Rothrist-Dorf
Postadresse: Gemeindekanzlei, 4852 Rothrist; Tel. (062) 785 36 11
Geöffnet: Letzter So im Monat 10–12. Ferner nach Vereinbarung
Präsident der Museumskommission: vakant

Versteinerungen aus der Gegend. Dokumente zur Lokalgeschichte, Ansichten. Eingerichtete Küche und Stube. Landwirtschaftliche Geräte. Holzbearbeitungswerkzeuge, v.a. Drehbank.

Eröffnet: 1967
Gebäude: Zehntenhaus, 18. Jh.

ROUGEMONT VD

557 Musée minéralogique ♠

Au centre du village, bâtiment communal
Adresse postale: Office du tourisme, Bâtiment communal, 1838
Rougemont; tél. (026) 925 83 33, fax (026) 925 89 67
E-Mail: ot.rougemont@com.menet.ch
URL: http://www.rougemont.ch
Ouvert: Lu–ve 8.30–12, 14–17.30; sa 10–12 (en saison sa
10–12, 14–16). En outre sur rendez-vous

Plus de 2000 minéraux et fossiles provenant en particulier de France et de Suisse.

Ouverture en: 1978

RUPPERSWIL AG

558 Dorfmuseum ⌂

Alter Schulweg, bei VOLG
Postadresse: Hanspeter Ott, Aarauerstr. 43, 5102 Rupperswil
(062) 897 26 27
Geöffnet: Apr.–Okt.: 1. So im Monat 10–12
Präsident der Museumskommission: Hanspeter Ott

Urkunden, Fotos zur Dorf-, Schul- und Kirchengeschichte. Wohnen; landwirtschaftliche und handwerkliche Geräte; Haushaltsgeräte; Leinenunterwäsche mit Spitzen.

Eröffnet: 1984
Gebäude: Bauernhaus

RÜSCHLIKON ZH

559 Ortsmuseum

Nidelbadstrasse 58
Postadresse: Kommission Ortsmuseum, Gemeindeverwaltung, Pilgerweg 29, 8803 Rüschlikon; Tel. (01) 724 72 35
Geöffnet: März.–Nov.: letzter Sa im Monat 10–13. Ferner nach Vereinbarung
Präsidentin der Kommission Ortsmuseum: Gisela Gisel, Alte Landstrasse 81, 8803 Rüschlikon. *Aktuarin:* Franziska Spirig (Gemeindeverwaltung)

Weinbaugerätschaften, ehemaliger Dorfladen, Schuhmacherwerkstatt, Fayencen und Steingutgeschirr aus der Fehrschen Fayencenmanufaktur, Spitzen- und Textiliensammlung, Trachten, Bauernküche. Gemeindebezogene Urkunden. Wechselausstellungen.

Eröffnet: 1980
Gebäude: Weinbauernhaus, um 1750

RÜTI ZH

560 Feuerwehr-Museum

Dorfstrasse, bei der reformierten Kirche
Postadresse: Paul Kluser, Täusistr. 40, 8630 Rüti; Tel. (055) 240 56 87
Geöffnet: Nach Vereinbarung
Präsident der Museumskommission: Paul Kluser

Altes Feuerwehrmaterial, Löschgeräte, Rettungsgeräte, Motorspritzen, Feuerwehrauto, Dokumente.

Eröffnet: 1980
Gebäude: Erstes Feuerwehrdepot, Arrestlokal, erste Rütner «Metzg»

561 Ortsmuseum

Amthaus bei der Kirche
Postadresse: Gemeindechronik Rüti, Amthaus, 8630 Rüti; Tel. (055) 240 27 37 od. 240 81 01
Geöffnet: 1. So im Monat 14–17 (wenn der 1. So ein Feiertag ist, ist das Museum am 2. So im Monat offen)
Konservator, Gemeindechronist: Emil Wüst, Rosenbergstr. 22, 8630 Rüti

Urkunden, Klostermodell, Amtmannscheibe; die ehemalige Prämonstratenerabtei Rüti und ihre Kirche. – Kirchenmuseum auf dem Chor- und Kirchenestrich, u.a. Kirchenausstattung, Grabplatten, Glasscheiben, Sandsteinfragmente.

Eröffnet: 1989
Gebäude: Barockes Wohn- und Amtshaus der Zürcher Amtmänner, 1710

S-CHARL GR

562 Museum Schmelzra

Südlich von Scuol gelegenes Seitental (Val S-charl), ca. 13 km von Scuol; Postautobetrieb
Postadresse: 7550 Scuol. Information und Reservation: Scuol Tourismus; Tel. (081) 861 22 22, Fax (081) 861 22 23
E-Mail: Scuol@spin.ch
URL: http://www.scuol.ch
Geöffnet: Mitte Juni–Mitte Okt.: Di–Fr 14–17, So 14–17
Präsident: Peder Rauch, Chasa du Parc, 7550 Scuol; Tel. (081) 864 05 22; *Museumsleiterin:* Ursina Ganzoni; Tel. (081) 864 85 35

Erdgeschichte, Geologie; Holzwirtschaft und Holzverarbeitung; Köhlerei, Kalkbrennerei; Historischer Bergbau: Gerätschaften und Transportmittel, Erzabbau, Probleme und Krankheiten der Bergleute, Geschichte des Bergbaus, geführte Stollenbesichtigung; Bären-Ausstellung des Schweizerischen Nationalparkes.

Eröffnet: 1997
Gebäude: Im Mittelalter eine Schmelzanlage für Blei- und Silbererz. Ab 1823 Verwaltungsgebäude.

SAAS FEE VS

563 Saaser Museum

Neben der Kirche
Postadresse: 3906 Saas Fee; Tel. (027) 957 14 75
Geöffnet: Jan.–Apr.: Mo–Fr 14–18. Juni–Okt.: Di–So 10–12, 14–18. Dez.: Mo–Fr 14–18
Konservator: Odilo Lochmatter

Möblierte Saaser Wohnung um 1900, Geräte für Haus- und Land-wirtschaft, Einrichtungsgegenstände, Saaser Mineraliensammlung, Sportartikel vom Beginn des Sommer- und Wintertourismus, Saaser Trachten, Speicher, Original Arbeitszimmer des Dichters Carl Zuck-mayer, sakrale Kunstsammlung, Gletschergeschichte des Saastales.

Eröffnet: 1983
Gebäude: Saaser Pfarrhaus, 1732 erbaut, 1982–83 restauriert und erweitert

SACHSELN OW

564 Museum Bruder Klaus

Dorfstrasse 4 (zusammen mit der Sammlung Heinrich Federer)
Postadresse: Urs-Beat Frei, M.A., Habsburgerstr. 3a, 6003 Luzern; Tel. und Fax (041) 210 72 68; Tel. des Museums: (041) 660 55 83
Geöffnet: Palmsonntag-Allerheiligen: Di–So 9.30–12, 14–17. Fer-ner nach Vereinbarung
Leiter: Urs-Beat Frei, M.A.

Votivtafel, 18. Jh. (Detail)

Sammlung von Verehrungszeugnissen für den Mystiker und Politiker Niklaus von Flüe (1417–1487). Die Gestalt des Heiligen in der Literatur, Graphik, Malerei, Skulptur, auf Münzen, Medaillen und in kunstgewerblichen Arbeiten im Wandel der Darstellungsweise und der Bildinhalte durch die Jahrhunderte. Sonderausstellungen

Eröffnet: 1976
Gebäude: Bürgerhaus des Landammans Peter Ignaz von Flüe, 1784

---

565 Sammlung Heinrich Federer

Dorfstrasse 4 (im Museum Bruder Klaus)
Postadresse: Urs-Beat Frei, M.A., Habsburgerstr. 3a, 6003 Luzern; Tel. und Fax (041) 210 72 68; Tel. des Museums: (041) 660 55 83
Geöffnet: Palmsonntag–Allerheiligen: Di–So 9.30–12, 14–17
Konservator: Urs-Beat Frei, M.A.

Sammlung zur Erinnerung an den Schriftsteller Heinrich Federer (1866–1928). Bildnisse, Manuskripte, Werkausgaben.

Eröffnet: 1978
Gebäude: Bürgerhaus des Landammans Peter Ignaz von Flüe, 1784

SAGNE, LA NE

566 Musée régional

Maison communale, Crêt 103 a
Adresse postale: Crêt 103 a, 2314 La Sagne; tél. (032) 931 51 06 (Bureau de la Commune)
Ouvert: 1er di du mois 13.30–17. En outre sur rendez-vous (groupes seulement)
Responsables: Roger Vuille, Crêt 57, 2314 La Sagne; tél. (032) 931 88 75. Pierre Perrenoud, Croix Fédérale 48, 2300 La Chaux-de-Fonds; tél. (032) 968 73 51

Chambre neuchâteloise ancienne, meublée, début 18e s. Gravures et peintures anciennes, objets ménagers du début du 20e s. Oiseaux et mammifères de la région. Anciennes bannières. Pianola en état de marche.

Ouverture en: 1982
Bâtiment: Immeuble, 1923

SAINT-GEORGE VD

567 | **Musée de l'ancienne scierie** ⚙

Au lieu-dit «Les Moulins»
Adresse postale: Paul Monney, Ancienne Poste, 1261 Saint-George; tél. (022) 368 15 27
Ouvert: Sur demande et une visite publique par mois, sa ou di de 14 à 17 (se renseigner)
Président: Paul Monney. **Responsables:** Marianne Grosjean; Fritz Germain, Saint-George, tél. (022) 368 12 20

Ancienne machinerie actionnée par force hydraulique avec salle des transmissions. Scie circulaire, meule; deux scies à cadre. Petit moulin. Batteuse et outillage. Outils de charpentier, de menuisier, de bûcheron. Collection de skis.

Ouverture en: 1989
Bâtiment: Ancienne scierie-moulin avec battoir, en état de marche, exploitée dès 1548. Etang de retenue d'eau et grande roue à eau

SAINT-GINGOLPH VS

568 | **Musée des Traditions et des Barques du Léman** ⌂

Place du Château
Adresse postale: Association des Amis du Musée-Archives du Vieux-Saint-Gingolph, case postale 6, 1898 Saint-Gingolph; tél. (024) 481 82 33
Ouvert: Janv.–juin: 1er sa du mois 14–17. Juil.–août: ma–di 15–17. Sept.–déc.: comme janv. En outre sur rendez-vous (groupes seulement), tél. (024) 481 82 33
Archiviste: Prof. Michel Galliker, Collège de Saint-Maurice. **Secrétaire du musée:** André-François Derivaz, Case postale 1220, 1870 Monthey, tél. (024) 471 66 22

La vie locale et les traditions de Saint-Gingolph et de sa région; renseignements sur la vie au bord du lac Léman et sur l'histoire et l'origine des transports lacustres, en particulier sur les barques du Léman.

Ouverture en: 1982
Bâtiment: Château de Saint-Gingolph, 1585–1588

SAINT-IMIER BE

569 Musée Longines

Au bas du village, au bord de la Suze
Adresse postale: Compagnie des montres Longines, 2610 Saint-Imier; tél. (032) 942 54 25; fax (032) 942 54 29
E-Mail: Longines@dial.ETA.CH
URL: http://www.longines.com.
Ouvert: Sur rendez-vous, lu–ve (horaires de l'usine)
Responsable: Frédéric Donzé

Collection retraçant l'histoire de la Compagnie Longines, de 1832 à nos jours. Montres, chronographes, instruments de navigation, outillage, photographies, médailles.

Ouverture en: 1992
Bâtiment: Fabrique des montres Longines, 1899

SAINT-MAURICE VS

570 Musée cantonal d'histoire militaire / Kantonales Museum für Militärgeschichte

Château
Adresse postale: Direction des musées cantonaux, 15, place de la Majorie, 1950 Sion; tél. (027) 606 46 70, fax (027) 606 46 74; tél. du musée: (024) 485 24 58
Ouvert: ma–di 10–12, 14–18
Directrice: Marie Claude Morand. *Conservateur:* Gérard Delaloye

Armement, uniformes et drapeaux des régiments valaisans de 1815 à nos jours. Evolution des troupes de montagnes jusqu'à nos jours. Collections consacrées aux sociétés de tir, médailles, trophées.

Ouverture en: 1974
Bâtiment: Château de Saint-Maurice

Détail d'une crosse de fusil, 18e siècle
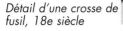

571 Trésor et fouilles archéologiques de l'Abbaye ▽

Dans la basilique
Adresse postale: Chancellerie, Abbaye de Saint-Maurice, case postale, 1890 Saint-Maurice; tél. (024) 485 11 81 ou 485 16 72, fax (024) 485 32 59
Ouvert: Janv.–avr.: ma–sa 15. Après Pâques, mai, juin: ma–sa 10.30, 15, 16.30; di 15, 16.30. Juil., août: ma–di 10.30, 14, 15.15, 16.30; di 14.30, 15.30, 16.30. Sept., oct.: comme mai. Nov., déc.: comme janv. (visites guidées). En outre sur rendez-vous pour groupes seulement
Conservateur: Gabriel Stucky, Chancelier de l'Abbaye de Saint-Maurice

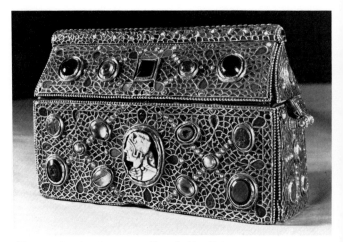

Cloisonné mérovingien: coffret de Teudéric

L'une des plus importantes collection d'orfèvrerie médiévale d'Europe. Reliquaires et objets liturgiques du haut moyen âge: vase antique de sardonyx transformé en reliquaire mérovingien, coffret de Teudéric, aiguière dite de Charlemagne. Buste de saint Candide, châsse de saint Maurice, châsse de saint Sigismond, 12e s. Châsses, crosses, ostensoirs, reliquaires, ciboires, croix, chandeliers, etc. du 13 au 15 s. Objets liturgiques, reliquaires, statues du 16e au 20e s. Tissus médiévaux (seulement sur rendez-vous). – Fouilles archéologiques du Martolet.

Bâtiment: Abbaye et basilique

SAINT-PREX VD

572 Musée du verrier

Zone industrielle (verrerie)
Adresse postale: Rue de la Verrerie, 1162 Saint-Prex; tél. (021) 823 13 13, fax (021) 823 25 71 (bureau de l'entreprise)
Ouvert: Févr.–mi-déc.: lu–ve sur rendez-vous (visites guidées, groupes seulement)
Responsable: Frund Léonie

Outils du verrier, vases, bouteilles. Collections anciennes: Bassin méditerranéen (1er s. av. J.C. – 5e s. ap. J.C.); collection provenant de Saint-Prex et de Semsales (de 1800 à nos jours); livres de comptes.

Ouverture en: 1982
Bâtiment: Site industriel, 1911

SAINT-SULPICE NE

573 Ecomusée de la Haute-Areuse

A la sortie ouest du village, près des sources de l'Areuse. Centrales «Immobil 1» et «Immobil 2»
Adresse postale: Electricité neuchâteloise, Usine électrique, 2123 Saint-Sulpice; tél. et fax (032) 861 33 16 ou 0800 550 900 (information, numéro gratuit)
E-Mail: info@ensa.ch
URL: http://www.ensa.ch
Ouvert: Centrales et sentier didactique: 1er sa d'avril–dernier di d'oct.: lu–di 9–16 (uniquement sur rendez-vous)
Responsable: Francis Guye. *Service communication:* Claude Comte

Deux centrales hydroélectriques (vers 1850), remises en état de marche. Sentier didactique de douze stations sur le passé industriel de Saint-Sulpice.

Ouverture en: 1994
Bâtiment: Deux centrales hydroélectriques, vers 1850, sur un site industriel au pied des sources de l'Areuse

SAINT-URSANNE JU

574 Musée lapidaire □

Attenant à la Collégiale
Adresse postale: Bernard Kummer, rue du 23 juin 96, 2882 Saint-Ursanne
Ouvert: Sa, di 10–12, 14–18
Président de la Commission du musée: Bernard Kummer

Sarcophages monolithiques mérovingiens et carolingiens. Eléments d'architecture et de sculpture provenant des anciennes constructions de Saint-Ursanne.

Ouverture en: 1982
Bâtiment: Ancienne église Saint-Pierre, démolie en 1898, reconstruite en 1982 au fond du cloître (14e s.) de la Collégiale

SAINTE-CROIX VD

575 Centre international de la Mécanique d'Art (CIMA) ☼

Rue de l'Industrie 2 (à l'entrée du village en venant d'Yverdon, à 2 min. à pied de la gare)
Adresse postale: Case postale, 1450 Sainte-Croix; tél. (024) 454 44 77, fax (024) 454 32 12
Ouvert: Janv.–mai: ma–di 13.30–18 (1ère visite guidée à 14.00, dernière visite à 17.00). Juin–août: lu, visite guidée à 15.00; ma–di 10.30–12, 13.30–18. Sept.–déc.: comme janv. En outre sur demande (groupes à partir de 15 personnes seulement)
Président du Comité-directeur du CIMA: Hugues Gander. **Conservatrice:** Jocelyne Bauhofer

Automates mécaniques, orgues de barbarie, orchestrions, boîtes à musique; ancien atelier de décolletage. Démonstration et audition des automates et instruments de musique mécanique. Radios Thorens, Paillard. Du grammophone au tourne-disque. Machines à écrire. Horloges et montres.

Ouverture en: 1985
Bâtiment: Anciennement usine Paillard (confection de boîtes à musique)

576 Musée des arts et des sciences

10, avenue des Alpes
Adresse postale: 10, avenue des Alpes, 1450 Sainte-Croix
Ouvert: Fermé pour réorganisation. Expositions temporaires dans les locaux du CIMA (rue de l'Industrie 2). Réouverture prévue pour 2000
Président: Marc Hösli. **Conservateur:** Daniel Glauser

Industries locales du 18e s. à nos jours: dentelles, horloges, boîtes à musique, phonographes, grammophones, caméras, machines à écrire, armes anciennes. Peintures de la collection Dr Camille Jaccard et de l'Ecole de Sainte-Croix. Minéralogie, paléontologie.

Ouverture en: 1872
Bâtiment: Architecture muséale, 1906

SAMEDAN GR

577 Plantahaus / Chesa Planta

Neben dem Gemeindehaus/Chesa cumünela am Plazzet
Postadresse: Fundaziun Planta, Postfach 323, 7503 Samedan; Tel. Plantahaus: (081) 852 52 68
Geöffnet: Museum: Juli–Aug.: Mo–Fr 9.30 und 16.30 Uhr (Führungen). Regelmässige Führungen auch im Okt., Jan.–Juni (Anfrage beim Verkehrsverein). Bibliothek: Juli–Sept.: Mo–Fr 10–12, 14–16
Bibliothekarin/Archivarin: Silke Redolfi, 7425 Masein; Tel. (081) 651 48 19

Patrizierhaus mit reicher Innenausstattung. Bemalte Türen, Täfer, Möbel und Winterthurer Öfen. Waffen und Kostüme der Familie Planta. «Stüva da Sent» mit Schnitzdecke und Intarsien. Patrizier Wohnkultur des 18. und 19. Jh. Hausbibliothek der Familien Salis und Planta. Archiv mit Manuskriptsammlung. Öffentliche rätoromanische Bibliothek mit Rätica und Helvetica.

Eröffnet: 1946
Gebäude: Engadiner Patrizierhaus mit reicher Innenausstattung, Ende 16. Jh.

SAMNAUN GR

578 Talmuseum

Samnaun-Plan, Chasa Retica
Postadresse: Chasa Retica, Plan, 7562 Samnaun Compatsch; Tel.
(081) 868 58 58 (Führungen durch den Samnaun Tourismus)
E-Mail: info@samnaun.ch
URL: http://www.samnaun.ch
Geöffnet: Mi 16 Uhr (Führungen, Anmeldung beim Touristikverein).
Ferner nach Vereinbarung für Gruppen ab 5 Pers.
Präsident der Museumskommission: Theo Zegg, 7562 Samnaun
Compatsch; Tel. (081) 868 54 54. *Leiter:* Christian Jenal, 7562
Samnaun Compatsch; Tel. (081) 868 52 86

Typisches Engadinerhaus, beeinflusst durch die Bauweise des Tiroler Oberlandes. Ländliche Wohnkultur, landwirtschaftliche Gebrauchsgegenstände und Geräte. Leben und Werk des Benediktiner Paters und Dichters Maurus Carnot (1865–1939), Samnaun. Wechselausstellungen über talbezogene Themen.

Eröffnet: 1988
Gebäude: Engadiner Bauernhaus, 1658

SAMSTAGERN ZH

579 Genossenschaft Pro Sagi

Bei der Bushaltestelle «Sagenbach», ZVV Linie 170 Richterswil–Samstagern
Postadresse: Hans Grämiger, Schönauweg 58, 8805 Richterswil;
Tel. (01) 784 09 70
Geöffnet: Apr.–Okt.: 2. Sa im Monat (Schausägen) 9–16. Ferner
nach Vereinbarung
Leiter: Hans Grämiger

Ehemalige Wasser-Sägerei. Rekonstruktion des oberschlächtigen Wasserrades. Knochenstampfe sowie reichhaltiger Maschinenpark (u.a. sog. Einfach-Gattersäge aus dem Jahr 1905, Mehrfach-Gattersäge, Spundmaschine, Knochenstampfe). Kleines Museum mit Rechenmacherwerkstatt.

Eröffnet: 1991
Gebäude: Sägerei, urkundlich 1656 erstmals erwähnt

SAN GOTTARDO TI

580 Museo nazionale del San Gottardo ⌂

Vecchia Sosta
Indirizzo postale: 6780 Airolo-San Gottardo; tel. (091) 869 15 25
Aperto: Giu.–ott.: lu–do 9–18
Direttore: Carlo Peterposten, 6780 Airolo-Madrano; tel. (091) 869 14 30

Una sosta al passo del San Gottardo, 1900 ca

Ricostituzioni, rilievi, modelli plastici, documenti, armi ed uniformi, opere d'arte, minerali, oggetti rari, veicoli antichi. Diaporama, esposizioni temporanee. Didascalie in quattro lingue.

Aperto nel: 1986
Edificio: Vecchia sosta, 1834, usata come dogana ed albergo per i passeggeri che transitavano con le diligenze

SAN VITTORE GR

581 Museo moesano

Palazzo Viscardi
Indirizzo postale: Palazzo Viscardi, 6534 San Vittore. *Oppure:*
Segretariato Museo Moesano, c/o Sezione Moesana della Pro
Grigioni Italiano, Ca'Rossa, 6537 Grono; tel. (091) 827 20 35
Aperto: Marzo–ott.: me, sa 14–17
Conservatrice: Armanda Zappa; tel. (091) 827 20 25. *Segretariato:* Sezione Moesana P61

Esposizione permanente sui magistri moesani (architetti e stuccatori
che nei secoli XVI e XVII operarono nell'Nord Europa). Raccolta di
documenti della storia vallerana.

Aperto nel: 1949
Edificio: Palazzo Viscardi, 17 sec.

SANKT BEATUS-HÖHLEN BE

582 Höhlenmuseum ♤

Waldhaus St. Beatus-Höhlen am Thunersee
Postadresse: St. Beatus-Höhlen, Geschäftsleitung, 3800 Sundlauenen; Tel. (033) 841 16 43 od. 841 16 12, Fax (033) 841 10 64
E-Mail: sundlauenen@beatushoehlen.ch
URL: http://www.beatushoehlen.ch
Geöffnet: Palmsonntag–3. So im Okt.: Di–So 12–17.30
Konservator: Hans Schild, Geschäftsführer der Beatushöhlen-Genossenschaft

Geschichte und Entwicklung der St. Beatus-Höhlen und der Höhlenforschung in der Schweiz. Speläologie, Geologie, Karsthydrologie.
Höhlen der Schweiz: Häufigkeit und Verteilung. Höhlenkartographie, Befahrungstechnik und Geräte, Höhlentauchen. Lebensraum
Höhlen: Fledermäuse, Höhlenbären usw. Wechselausstellungen.

Eröffnet: 1984
Gebäude: St. Beatus-Höhlen und Waldhaus

SANKT GALLEN SG

Übersicht

Botanischer Garten	**583**
Historisches Museum	**584**
Kunstmuseum	**585**
Lapidarium	**586**
Museum im Kirchhoferhaus	**587**
Museum im Lagerhaus	**588**
Naturmuseum	**589**
Sammlung für Völkerkunde	**590**
Stiftsbibliothek	**591**
Textilmuseum / Textilbibliothek	**592**

583 Botanischer Garten

Stephanshornstrasse 4
Postadresse: Stephanshornstr. 4, 9016 St. Gallen; Tel. (071) 288
15 30
Geöffnet: Freiland: Mo–So 8–12, 13.30–17. *Gewächshäuser:*
Mo–So 9.30–12, 14–17
Leiter: Hanspeter Schumacher

Fläche 2 ha, 8000 Pflanzenarten. – Freiland: Nutz- und Zierpflan-
zenabteilungen: Kulturpflanzen, Gift- und Heilpflanzen, Mähwiese,
div. Sortimentsabteilungen wie Ahorngarten, Zierkirschen, Rosen,
Berberitzen, Narzissenrabatte, Steingarten, Wassergarten, Kübel-
pflanzen, Irisgärtchen, Farngarten, Wechselthemen. Geographische Abteilungen: Asien, Amerika, Europa, Alpinum Alpstein. Schul-
abteilungen: Biologie, Genetik, System. – Abteilungen unter Glas:
Tropischer Regenwald, Sukkulenten, tropische Nutzpflanzen, Orchi-
deensammlung, Alpinenhaus.

Eröffnet: 1945

584 Historisches Museum ▽⌂

Museumstrasse 50, im Stadtpark
Postadresse: Museumstr. 50, 9000 St. Gallen; Tel. (071) 244 78
32, Fax (071) 244 73 81
Geöffnet: Di–Sa 10–12, 14–17; So 10–17
Konservatoren: Dr. Louis Specker (Geschichte), Dr. Irmgard Grü-
ninger, Kantonsarchäologin (Ur- und Frühgeschichte), Lämmlibrun-
nenstr. 62, 9000 St. Gallen; Tel. (071) 229 31 11

*Bemalte Türfüllung eines
Appenzeller Jahreszeiten-
schrankes aus Gais:
Der Sommer, 1802*

Ur- und Frühgeschichte des Kantons (die Bestände aus der Altstein-
zeit sind im Museum im Kirchhoferhaus ausgestellt). – Stadtmodell
und Stadtgeschichte. Zunftaltertümer, Erzeugnisse des im Kanton
ausgeübten Handwerks (Kunstschlosserei, Zinn). Kirchliche Kunst
des 14.–18. Jh., Glasgemälde. Abteilung Beleuchtunsgeräte. Reiche Möbelsammlung mit bedeutender Gruppe von eingebauten
bürgerlichen und ländlichen Zimmern des 15.–19. Jh., Textilien,
Volkskunst. Porzellansammlung (u.a. der Zürcher Manufaktur
Schooren). Bedeutende Beutestücke (Fahnen) aus den Burgunder-
kriegen. Musikinstrumente. Leinwand und Textilsaal. Spielzeug. Die
Silberarbeiten und Münzen sind im Museum im Kirchhoferhaus ausgestellt. Sonderausstellungen.

Eröffnet: 1921
Gebäude: «Neues Museum», 1921, Arch. Otto Bridler und Lebrecht Völki

585 Kunstmuseum □

Museumstrasse 32 (mit Naturmuseum)
Postadresse: Museumstr. 32, 9000 St. Gallen; Tel. (071) 245 22 44, Fax (071) 245 97 51
Geöffnet: Di–Sa 10–12, 14–17; So 10–17
Konservator: Roland Wäspe

Malerei und Plastik des 17. und 20. Jh.; Niederländische Malerei des 17. Jh.; Werkgruppen von Anton Graff, Ferdinand Georg Waldmüller, Carl Spitzweg; Malerei des deutschen Idealismus (Böcklin, Feuerbach, Marées) und des französischen Realismus und Impressionismus (Courbet, Corot, Pissarro, Sisley, Monet, Redon). Bedeutende Sammlung der Otto Fischbacher Giovanni Segantini Stiftung. Malerei der Jahrhundertwende mit Werken von Ferdinand Hodler. Beispiele der klassischen Moderne (Kirchner, Klee, Sophie Taeuber-Arp, Julius Bissier). Zeitgenössische Plastik (Jean Tinguely, Mario Merz, Wolfgang Laib, Richard Serra, Nam June Paik) und Malerei (Imi Knoebel, Helmut Federle, Joseph Marioni). Spezialsammlung Ostschweizer Bauernmalerei. Aufgrund der Platzverhältnisse ist die permanente Sammlung nur in Teilen zu sehen.

Eröffnet: 1877
Gebäude: Neoklassizistischer Museumsbau, 1877, Architekt Johann Christoph Kunkler

586 Lapidarium □

Klosterhof, beim Westeingang der Kathedrale
Postadresse: Stiftsbibliothek, Klosterhof 6d, 9000 St. Gallen; Tel. (071) 227 34 16, Fax (071) 227 34 18
E-Mail: ill.sgst@kk-stibi.sg.ch
Geöffnet: Mitte Juni–Okt.: Mi, Sa 14–16. Ferner nach Vereinbarung.
Betreuer: Prof. Dr. Peter Ochsenbein

Sammlung mittelalterlicher Architekturplastik mit Werkstücken aus Kirche und Konventbauten des frühmittelalterlichen und spätgotischen Klosters St. Gallen. Karolingische und ottonische Kapitelle, Säulenbasen und Spolien aus Kirchenbauten des 9. und 10. Jahrhunderts. Spätgotische (15.–17. Jh.) Spolien aus Chor, Lettner und Kreuzgang sowie aus dem Bibliotheksbau von 1551/1553.

Eröffnet: 1982
Gebäude: Kellergewölbe des Klosters (Westflügel)

587 Museum im Kirchhoferhaus ▽ □

Museumstrasse 27, beim Stadt-
theater
Postadresse: Historisches
Museum, Museumstr. 50, 9000
St. Gallen; Tel. (071) 244 78
32, Fax (071) 244 73 81;
Tel. des Kirchhoferhauses:
(071) 244 75 21
Geöffnet: Di–Fr 7.30–11.30
(Telefonische Anmeldung erfor-
derlich)
Konservator: Dr. Louis Specker
(Historisches Museum)

**Teekessel mit Rechaud von
Johann Ulrich III. Fechter, Basel,
um 1760**

Silbersammlung Giovanni Züst: Basler, Berner, Neuenburger, Sitte-
ner, Winterthurer, Zürcher und Zuger sowie Augsburger und Nürn-
berger Arbeiten des 16.–18. Jh. Münzkabinett: Eidgenössische
Gold- und Gedenkmünzen, auch Probe- und Fehlprägungen (Sammlung Werner Burgauer). Münzen der Abtei, der Stadt und des Kantons St. Gallen. Frühe Notenemissionen. Ostschweizer Künstler.
Bauernmalerei. Paläolithische Funde der alpinen Höhlen Wildkirchli, Drachenloch und Wildenmannlisloch.

Eröffnet: 1911
Gebäude: Spätklassizistisches Wohnhaus

588 Museum im Lagerhaus □

Beim Schulhaus St. Leonhard
Postadresse: Davidstr. 44, 9000 St. Gallen; Tel. (071) 223 58
57 od. 222 26 01, Fax (071) 223 58 12
Geöffnet: Jan.–Juni, Sept.–Dez.: Di–So 14–17. Ferner nach Ver-
einbarung (nur Gruppen)
*Stiftungsrat der Stiftung für schweiz. naive Kunst und art brut,
Präsident:* Peter Schaufelberger, Redaktor, Buchstr. 35, 9000 St.
Gallen

Schweizerische naive Kunst und art brut, Outsider und bäuerliche
Naive.

Eröffnet: 1988
Gebäude: Städtisches Lagerhaus, 1899

589 Naturmuseum

Museumstrasse 32 (mit Kunstmuseum)
Postadresse: Museumstr. 32, 9000 St. Gallen; Tel. (071) 245 22
44, Fax (071) 245 97 51
Geöffnet: Di–Sa 10–12, 14–17; So 10–17
Konservator: Dr. Toni Bürgin

Einheimische Wildtiere und ihre Lebensräume. Das Leben im Gartentümpel. Ussuriland. Geologie der Region. Erdwärmenutzung mit Erdsonde und Wärmepumpe. Lebende Waldameisen. Das Leben der Vorzeit. Dinosaurier und Flugsaurier.

Eröffnet: 1877
Gebäude: Neoklassizisticher Museumsbau, 1874–1877, Arch. Johann Christoph Kunkler

590 Sammlung für Völkerkunde

Museumstrasse 50, im Stadtpark
Postadresse: Museumstr. 50, 9000 St. Gallen; Tel. (071) 244 88
02, Fax (071) 244 73 81
Geöffnet: Di–Sa 10–12, 14–17; So 10–17
Konservator: Roland Steffan

Totenkult und Schriftzeugnisse aus Altägypten; Masken und Skulpturen aus West- und Zentralafrika; Bronzearbeiten aus dem Königreich Benin; kultische Objekte aus dem Pazifikraum und Australien; die nordamerikanischen Indianer- und Inuitkulturen; präkolumbische Kulturen Mittel- und Südamerikas; islamische Kulturen Nordafrikas und Vorderasiens; Keramik von der Steinzeit bis zur letzten Kaiserdynastie und religiöse Kunst aus China; Kunstgewerbe in Lack und Metall, Nô-Masken und Figuren aus Japan. Sonderausstellungen

Eröffnet: 1877
Gebäude: Sog. «Neues Museum», 1921

591 Stiftsbibliothek

Klosterhof 6 d, Barocksaal
Postadresse: Klosterhof 6 d, Postfach, 9004 St. Gallen; Tel. (071)
227 34 16, Fax (071) 227 34 18
E-Mail: ill.sgst@kk-stibi.sg.ch
Geöffnet: Jan.–März: Mo–Sa 9–12, 13.30–16. Apr.–Okt.:
Mo–Sa 9–12, 13.30–17; So 10–12, 13.30–16. Nov.:
geschlossen. Dez.: wie Jan.
Stiftsbibliothekar: Prof. Dr. Peter Ochsenbein

Bedeutender autochthoner Handschriftenbestand mit etwa 2000 Bänden, einzigartige Sammlung karolingischer Handschriften; u.a. 15 irische Manuskripte des 7.–12. Jh., Folchart-Psalter und Goldener Psalter (um 864–900), Evangelium Longum mit Elfenbeintafeln von Tuotilo (um 894), reichilluminierte Renaissancecodices. St. Galler Klosterplan (um 830). 1000 Inkunabeln.

Eröffnet: 1805
Gebäude: Teil des ehem. Klosters, 18. Jh., barocker Bibliothekssaal von 1758/1767

[❘❙] [VMS AMS]

---

592 Textilmuseum / Textilbibliothek ▫

Vadianstrasse 2
Postadresse: Vadianstr. 2, 9000 St. Gallen; Tel. (071) 222 17 44, Fax (071) 223 42 39
Geöffnet: Jan.–März: Mo–Fr 10–12, 14–17. Apr.–Okt.: Mo–Sa 10–12, 14–17. Nov., Dez.: wie Jan. (jeden 1. Mi im Monat 10–17)
Konservatorinnen: Marianne Gächter-Weber (Spitzen, Gewebe); Dr. Anne Wanner-JeanRichard (Stickereien, Druckstoffe). *Bibliothekarin:* Monica Strässle

Textilmuseum: Historische Stickereien ab 14. Jh., ostschweizerische Handstickereien und Weissstickereien aus dem 19. Jh.; farbige völkerkundliche und ostasiatische Stickereien. Textile ägyptische Grabfunde aus dem 4.–12. Jh. und Abschnitte historischer Gewebe. Druckstoffe. Handgearbeitete Spitzen, ausgeführt in verschiedenen Techniken von den bedeutenden europäischen Spitzenzentren des 16.–20. Jh., Maschinenstickereien und Maschinenspitzen ab Mitte des 19. Jh. Näh-Utensilien. – Textilbibliothek: Musterbücher aus der

Ausschnitt aus Taschentuch, hergestellt für die Weltausstellung Paris 1889 durch die Firma E. Sturzenegger, St. Gallen

Maschinenstickerei, Weberei und des Textildruckes; Textilentwürfe; Modezeichnungen und -fotografien. Ausleihe: umfangreiche Dokumentation der textilen Fach- und Randgebiete in Form von gedruckten Büchern und Loseblatt-Vorlagen.

Eröffnet: 1886
Gebäude: Schule und Museum, 1886, Arch. G. Gull und K.E. Wild, Neu-Renaissance Stil

SANKT JOSEFEN SG

593 Ortsmuseum Gaiserwald

Im alten Pfarrhaus
Postadresse: Beat Haefelin, Vollmoosstr. 20, 9030 Abtwil; Tel. (071) 311 32 90; Tel des Museums: (071) 278 51 71
Geöffnet: Letzter So im Monat 10–12. Ferner nach Vereinbarung
Präsident der Arbeitsgruppe: Beat Haefelin

Gegenstände und Dokumente aus der Gemeinde. Landwirtschaft, Handwerk (z.B. Schuhmacher, Schmied, Schreiner etc.), Haushalt.

Eröffnet: 1994
Gebäude: Pfarrhaus

SANKT MARGRETHEN SG

594 Festungsmuseum Heldsberg

Felsausläufer zwischen St. Margrethen und Au. Ab Bahnhof St. Margrethen und Ausfahrt N1 St. Margrethen markiert. Rheintal-Bus, fak. Haltestelle Heldsberg
Postadresse: Alois Stähli, Sonnenstr. 1, 9444 Diepoldsau; Tel. (071) 744 82 08 (Festung) od. 733 40 31 (Führungen u. Auskunft)
Geöffnet: April–Okt.: Sa 13–18. Ferner nach Vereinbarung (ohne Sonntage, nur Gruppen). Innentemperatur: ca. 12
Präsident Verein Festungsmuseum Heldsberg: Alois Stähli

Das Artilleriewerk Heldsberg, gebaut 1939–1941, war Teil der Grenzbefestigung im St. Galler Rheintal während dem Zweiten Weltkrieg und bis in die 80er Jahre. Das Museum umfasst das ganze Werk mit Bewaffnung (4 Geschütze und 7 Maschinengewehre) und Infrastruktur (unterirdische Kaserne mit Spital, eigene Strom- und Wasserversorgung etc). Zusätzliche Sammlungen von Geschützen, leichten Waffen, Munition, technischen Hilfsgeräten, Übermittlungsgeräten.

Eröffnet: 1993
Gebäude: Artillerie-Kasemattenwerk, 1938 geplant, 1941 fertiggestellt

SANKT MORITZ / SAN MUREZZAN GR

595 Engadiner Museum / Museum engiadinais ⌂

Badstrasse / Via del Bagn
Postadresse: Via dal Bagn 39, 7500 St. Moritz; Tel. (081) 833 43 33
Geöffnet: Jan.–Apr.: Mo–Fr 10–12, 14–17; So 10–12. Juni–Okt.: Mo–Fr 9.30–12, 14–17; So 10–12. Dez.: wie Jan.
Konservator: Ernst Fasser, Via Tinus 50, 7500 St. Moritz; Tel. (081) 833 50 07

Gruppe von möblierten Interieurs aus dem 16.–19. Jh., u.a. Prunkzimmer aus Grosio (Veltlin), 17. Jh.; Küche. Möbel, Hausrat, Stickereien, Trachten. Kleine ur- und frühgeschichtliche Sammlung von Ausgrabungsmaterialien aus dem Engadin. Neolithische und bronzezeitliche Funde (Einfassung der Mauritiusquelle). Römische Funde vom Julier- und Septimerpass.

Eröffnet: 1906
Gebäude: Museumsbau, 1906, Engadiner Stil, Architekt Nicolaus Hartmann

VMS
AMS

596 Mili Weber-Stiftung ▢

Via Dimlej 35, zwischen Bahnhof und Meierei
Postadresse: Marcella Maier, Via Spelma 6, 7500 St. Moritz; Tel. des Museums: (081) 833 31 86
Geöffnet: Führungen nach Vereinbarung; Tel. (081) 833 42 95, 833 33 09 od. 833 31 86
Präsident des Stiftungsrats: Albert Scheuing, Via Quadrella, St. Moritz; Tel. (081) 833 31 70

Lebenswerk der Kunstmalerin Mili Weber (1891–1978), Gemälde in Öl und Aquarell, Bildgeschichten (Aquarelle mit Texten), Fresken, Decken- und Wandmalereien, Texte, Kompositionen sowie Gemälde und Aquarelle der Halbschwester von Mili Weber, Anna Haller (1872–1924).

Eröffnet: 1979
Gebäude: Wohnhaus der Künstlerin, 1917, ausgemalt mit Fresken, Decken- und Wandmalereien

597 Segantini Museum

Dorfrand von St. Moritz (Richtung Suvretta)
Postadresse: Via Somplaz 30, 7500 St. Moritz; Tel. (081) 833
44 54, Fax (081) 832 24 54
Geöffnet: bis 99 wegen Umbau und Sanierung geschlossen
Konservator: Dr. Beat Stutzer, Direktor Bündner Kunstmuseum

Sammlung von ca. 55 Gemälden, Zeichnungen und Skulpturen von
Giovanni Segantini (1858–1899). Ölbilder, Bleistift-, Pastell- und
Kohlezeichnungen aus der Italien-, Savognin- und Malojazeit.
Schwerpunkt bildet das grosse Alpentriptychon «Werden», «Sein»,
«Vergehen», für welches das Museum eigentlich gebaut wurde.

Eröffnet: 1909
Gebäude: Kuppelbau, Arch. Nicolaus Hartmann. Der Standort wurde dort
gewählt, wo sich von Segantinis Sterbehütte auf dem Schafberg aus
betrachtet beim Sonnenuntergang die Strahlen schneiden.

SANKT STEPHAN BE

598 Ortsmuseum

Im «Kuhnenhaus» (Wegweiser bei der Post)
Postadresse: Samuel Kuhnen, Styg, 3772 St. Stephan; Tel. (033)
722 17 48 od. (033) 722 27 50
Geöffnet: Mai–Okt.: Mi 14–16. Ferner nach Vereinbarung
Leiter: Samuel Kuhnen. *Sekretär/Kassier:* Kilian Gobeli

Volkskundliche Sammlung (ca. 350 Gegenstände): Obersimmen-
taler Trachten und Fäckerröcke, Militäruniformen; landwirtschaftliche Geräte; Käserei; Handwerk; Alpwirtschaft; Dokumente, Fotos.
Rekonstruktion alter Zäune.

Eröffnet: 1993
Gebäude: Simmentaler Wohnhaus, 18. Jh., restauriert

P

SARGANS SG

599 Gonzen-Museum ⚙

St.-Gallerstrasse 76
Postadresse: Verein Pro Gonzenbergwerk, St.-Gallerstr. 76, 7320
Sargans; Tel. (081) 723 12 17, Fax (081) 723 04 92
Geöffnet: Nach Vereinbarung, Führungsdauer ca. 1 Std. Führungen untertag im Bergwerk ca. 3½ Std.
Leiter: Karl Glaser

Objekte aus dem Bergwerk. Die Arbeit der Bergwerkleute. Mineralien. Bergwerkfahrzeuge, insb. eine Elektrogyro-Lokomotive.

Eröffnet: 1994
Gebäude: Knappenhaus

600 Historicum ⚙

Zürcherstrasse 5
Postadresse: Garage Hartmann, Zürcherstr. 5, 7320 Sargans; Tel.
(081) 723 14 42, Fax (081) 723 79 50
Geöffnet: Nach Vereinbarung
Eigentümer: Andy und Felix Hartmann

Fahrzeug-Sammlung. Automobile und Fahrräder der Jahre
1817–1956 u.a. Bentley 1924, Alfa Romeo 1934 mit Schweizer
Carrosserie, Vale Special 1932. Zahlreiche Fahrräder. Umfangreiche Velo- und Autozubehörsammlung. Tanksäulen und Garagenwerkzeuge.

Eröffnet: 1975

601 Museum Sarganserland ⌂

Im Bergfried des Schlosses
Postadresse: Historischer Verein Sarganserland, Schloss, 7320
Sargans; Tel. (081) 723 65 69, Fax (081) 735 26 37
Geöffnet: 21. März–11. Nov.: 9.30–12, 13.30–17.30
Leitung: Historischer Verein Sarganserland. **Präsident:** Mathias
Bugg, Badstubenstr. 13, 8880 Walenstadt; Tel. (081) 735 26 37

Baugeschichte der Burg mit Modellen, Karten und Ansichten. Überblick über die Geschichte der Region. Ur- und frühgeschichtliche
Funde (Neolithikum bis Frühmittelalter). Geologie / Mineralogie
des Sarganserlandes. Flora und Fauna (Präparatesammlung). Biographien von Persönlichkeiten der Region mit Fotos, Ansichten und
Gegenständen. Kirchliches Brauchtum. Thema «Recht und Gericht».
Bilddokumente und Karten. Dokumentation zu Holz- und Schmiede-

*Geschichte und Kultur des Sarganserlandes, dargestellt im
alten Schlossturm*

handwerk. Darstellung des Erzabbaus im Gonzenbergwerk. Volkskundliche Ausstellung zum Alltag des 18.–19. Jh. (Wohnung, Nahrung, Bekleidung, Spiel). Alpwirtschaft, Senn- und Brauchtum.
Wald- und wasserwirtschaftliche Geräte. Zwei Tonbildschauen
(Geschichte und Brauchtum). Möblierte, historische Räumlichkeiten.

Eröffnet: 1983
Gebäude: Burganlage, 13. Jh., im 15./16. Jh. nach Einsturz des Palas
wiederaufgebaut, bis 1798 Sitz der eidgenössischen Landvögte

SARNEN OW

602 Heimatmuseum

Brünigstrasse 127
Postadresse: Brünigstr. 127, Postfach, 6061 Sarnen; Tel. (041)
660 65 22
Geöffnet: 15. Apr.–Nov.: Mo–Sa 14–17. Ferner nach Vereinbarung
Präsident der Museumskommission: Hans Geser, Bau- und Lie-
genschaftsverwalter, im Dörfli 9, 6061 Ramersberg. *Konservatorin:* Dr. Liselotte Andermatt

Ur- und Frühgeschichte, u.a. Funde aus der römischen Siedlung in Alpnach. Waffen und Uniformen 16.–19. Jh., Staatsaltertümer (Juliusbanner, Amtstrachten, Münzen, Medaillen, Masse und Gewichte). Kirchliche Kunst 14.–18. Jh. (Tafelbilder, Statuen, Hungertuch), Dokumente der Volksfrömmigkeit (Votivgaben, kleine Andachtsbilder 17.–19. Jh.). Mobiliar, Trachten, haus- und alpwirtschaftliche Geräte (Alphütte).

Eröffnet: 1928
Gebäude: Zeughaus, 1599, später umgebaut

---

603 Sammlung Meinrad Burch-Korrodi ☐

Altes Kollegium, Brünigstrasse 178
Postadresse: Erziehungsdepartement des Kt. Obwalden, Brünigstr. 178, 6060 Sarnen; Tel. (041) 666 62 43
Geöffnet: Okt.–Apr.: nach Vereinbarung mit dem Erziehungsdepartement
Präsident der Stiftung Meinrad Burch-Korrodi: Hans Hofer, Regierungsrat

Gold- und Silberschmiedearbeiten von Meinrad Burch-Korrodi (1897–1978). Graphik und historische Fotos Innerschweiz, v.a. Obwalden. Porträtsammlung des Obwaldner Malers Franz Andreas Heymann (1798–1873). Landschaftsbilder und Holzschnitte von Giuseppe Haas-Triverio (1889–1963).

Eröffnet: 1989
Gebäude: Altes Kollegium

SARRAZ, LA VD

604 Château de La Sarraz / Musée Romand ⌂

Adresse postale: 1315 La Sarraz; tél. (021) 866 64 23
URL: http://www.swisscastles.ch/vaud/sarraz.htm
Ouvert: Avr., mai: sa, di 10–17. Juin–août: ma–di 10–17. Sept., oct.: comme avr.
Conservatrice: Catherine Saugy, tél. (079) 219 45 63. *Informations, visites et réservation de salles:* tél. (021) 866 6118 ou (079) 416 23 89, fax (021) 866 11 80

Château-musée et collection d'histoire régionale. Ensemble des objets rassamblés par une famille patricienne au fil des générations et témoignant de l'art de vivre dans nos régions du 16e au 20e s.: mobilier, surtout d'origine française et bernoise; galerie de portraits; collection d'argenterie, de porcelaine, de pendules, bibelots. Vitraux (13e au 15e s.). Galerie «Maison des Artistes»: œuvres offertes à la dernière châtelaine, Hélène de Mandrot, par ses hôtes Le Corbusier, Schlemmer, von der Mühll, etc. entre 1922 et 1948. Collection d'œuvres des peintres suisses de Rome (19e s). Dans la chapelle du Jaquemart, cénotaphe de François 1er de La Sarraz (1363).

Ouverture en: 1922
Bâtiment: Château, 11e, 13e et 15e s, resté propriété de la même famille jusqu'en 1948. Travaux de restauration depuis 1988

---

605 Musée du cheval

Château
Adresse postale: Château, 1315 La Sarraz; tél. (021) 866 64 23
E-Mail: horsemuseum@yahoo.com
Ouvert: Avr., mai: sa, di 10–17. Juin–août: ma–di 10–17. Sept., oct.: comme avr.
Conservatrice: Barbara Walt, L'Arzillier, 1302 Vufflens-la-Ville; tél. (021) 701 05 13, Natel (079) 660 14 45

Véhicules hippomobiles et harnais de trait; ronde des métiers: maréchal-ferrant, charron, sellier-bourrelier; art vétérinaire et élevage; le cheval à la ferme, à l'armée, à la ville. Iconographie.

Ouverture en: 1982
Bâtiment: Ferme, 18e s., du château de La Sarraz

SAVOGNIN GR

---

606 Museum Regiunal

Sot Curt
Postadresse: 7460 Savognin
Geöffnet: Jan.–Ostern, Juli–Aug.: Di 19.30–21, Do 15–17; Sept.–Mitte Okt.: Di 19.30–21. Ferner nach Vereinbarung (nur Gruppen ab 10 Pers.)
Konservator: Victor Signorell, Veia Strada 6, 7460 Savognin; Tel. (081) 684 27 13

Eingerichtetes Oberhalbsteiner Bauernhaus mit Wohnteil, Ökonomiegebäude und Holzbearbeitungswerkstätte. Haushaltsgegenstände, landwirtschaftliche Geräte und Transportmittel, Werkzeuge.
Kleine Wechselausstellungen.

Eröffnet: 1982
Gebäude: Oberhalbsteiner Bauernhaus mit Wohn- und Ökonomiegebäude

SAXON VS

607 Musée «Vieux-Saxon»

Bâtiment scolaire de la commune, rue du Collège
Adresse postale: Raymond de Regibus, 1907 Saxon; tél. (027)
744 15 19
Ouvert: Sur rendez-vous
Conservateurs: Raymond de Regibus, Gaby Pillet. *Secrétaire:* Ruth
Dill

Cuisine, salle à manger et chambre aménagées. Ustensiles pour la
fabrication du pain, du fromage et du vin; outils du cordonnier et
du menuisier. Armes du 19e s. Objets religieux. Documents sur le
vieux bisse de Saxon, la famille Fama et le casino ainsi que sur la
fabrique de conserve Doxa. Salle de classe ancienne avec son
matériel d'enseignement. Oiseaux et animaux de la région.

Ouverture en: 1967

SCHAAN FL

608 Museum

Im Rathaus, Landstrasse 19
Postadresse: 9494 Schaan; Tel. (075) 237 72 71, Fax (075)
237 72 09
Geöffnet: Fr–So 14–18
Leiterin: Eva Pepić lic.phil.

Historische Ausstellung über die Gemeinde Schaan; Wechselausstellungen zu Siedlungs-, Kirchen-, Brauchtums-, Wirtschafts-, Ver-
kehrs- und Industriegeschichte; Tonbildschau; Kunstgalerie mit
Wechselausstellungen heimischer Künstlerinnen und Künstler.

Eröffnet: 1982

609 Rechenmaschinen-Museum

Reberastrasse 5, beim alten Kirchturm St. Lorenz
Postadresse: Treuhand- und Verwaltungsbüro Walter Beck, Rebe-
rastr. 5, 9494 Schaan; Tel. (075) 232 11 23
Geöffnet: Mo–Fr 8–12, 14–17 (nach Voranmeldung)
Leiter: Walter Beck, In der Stein-Egerta 20, 9494 Schaan FL

Ca. 120 historische Rechenmaschinen, vorwiegend 2. Hälfte 19.
Jh. und Jahrhundertwende; grösstenteils funktionsbereit.

Eröffnet: 1990

SCHAFFHAUSEN SH

Übersicht

Hallen für neue Kunst	**610**
Museum Stemmler	**611**
Museum zu Allerheiligen	**612**
Waffenkammer im Munot-Turm	**613**

610 Hallen für neue Kunst

Baumgartenstrasse 23
Postadresse: Baumgartenstr. 23, 8200 Schaffhausen; Tel. (052)
625 25 15, Fax (052) 625 84 74
E-Mail: hfnk@modern-art.ch
URL: http://www.modern-art.ch
Geöffnet: Jan.–Apr.: nach Vereinbarung. Mai–Okt.: Sa 14–17,
So 11–17 od. nach Vereinbarung. Nov., Dez.: nach Vereinba-
rung.
Direktor: Urs Raussmüller. *Öffentlichkeitsarbeit und Vermittlung:*
Dr. Kira van Lil

Werkgruppen internationaler Kunst der sechziger und siebziger
Jahre (Carl Andre, Joseph Beuys, Dan Flavin, Donald Judd, Jannis
Kounellis, Sol LeWitt, Richard Long, Robert Mangold, Mario Merz,
Bruce Nauman, Robert Ryman und Lawrence Weiner), z.T. von
den Künstlern selbst eingerichtet, u.a. Joseph Beuys vielteiliges
Hauptwerk «Das Kapital»

Eröffnet: 1984
Gebäude: Ehem. Textilfabrik

611 Museum Stemmler ♤

Sporrengasse 7
Postadresse: Sporrengasse 7, 8200 Schaffhausen; Tel. (052) 625
88 46. Wenn keine Antwort 633 07 77
Geöffnet: So 10–12, 13.30–17. Ferner nach Vereinbarung (nur
Gruppen)
Konservator: Markus Huber, dipl.nat. *Direktion:* Museum zu Aller-
heiligen, Tel. (052) 633 07 77, Fax (052) 633 07 88

Vögel aus Europa und Sibirien, v.a. Greifvögel und deren Nester;
Vogeleier. Europäische bes. einheimische Säugetiere. Bescheidene
Sammlung von Ammoniten. Studiensammlung (Vogelbälge).
Kürschner-Atelier. Schädel- und Fellsammlung.

Eröffnet: 1962

612 Museum zu Allerheiligen ▽ ☐

In der ehemaligen Benediktinerabtei Allerheiligen, Klosterplatz 1
Postadresse: Baumgartenstraße 6
8200 Schaffhausen; Tel.
(052) 633 07 77; Ausstellungs-
programm: (052) 633 07 66;
Fax (052) 633 07 88
Geöffnet: Di–So 10–12,
14–17 (Mai bis Okt. Sa, So
10–17). *Schatzkammer:*
10.30, 14.30, 15.30 od.
nach Vereinbarung

*Der Onyx von Schaffhausen,
römische Gemme, 1. Jh. (Gold-
schmiedefassung um 1250)*

Direktor: Dr. Gérard Seiterle. *Konservatoren:* Dr. Tina Grütter
(Kunstabteilung), Peter Bretscher, lic.phil. (Historische Abteilung),
Markus Huber (Naturkundliche Abteilung), Peter Im Obersteg
(Archäolog. Restaurator)

Kulturgeschichtliche Sammlung. Ur- und Frühgeschichte: Funde aus
dem Kanton Schaffhausen. Paläolithische Materialien von Kessler-
loch-Thayngen (mit Diorama) und Schweizersbild-Schaffhausen.
Inventar von Thayngen-Weier (Michelsbergerkultur). Hallstattzeitliche Gräberfelder am Hochrhein. Römische Funde von Schleitheim
(Juliomagus) und Burg/Stein am Rhein. Alemannische Gräberfelder
von Hebsack-Schleitheim und Löbern-Beggingen. Archäologische

Sammlung (Sammlung Ebnöther). Historische Sammlung: teils in den mittelalterlichen Räumen des Klosters, Handschriften aus der Klosterbibliothek, romanische Plastik, Stiftergrabmal, Onyx von Schaffhausen. Religiöse und profane Goldschmiedekunst. Sammlungen von Keramik, Glas, Zinn. Schaffhauser Glasmalerei des 16. und 17. Jh. Anzahl historischer Räume aus Schaffhauser Bürgerhäusern (15.–19. Jh.). Kostüme. Waffen, Fahnen und Uniformen. Staats- und Zunftaltertümer. Dokumente zur Geschichte der Stadt Schaffhausen. – Darstellung der Entwicklung der Industrie in Schaffhausen, anhand von graphischen Dokumenten, Modellen, Maschinen und Erzeugnissen. – Kreuzgang mit Epitaphien, Klostergarten nach Kräuterbüchern des 16. Jh. angepflanzt. – Kunstsammlung: Gemälde und Skulpturen von der Gotik bis zur Gegenwart. Werke von Lukas Cranach d.Ä., Tobias Stimmer (Porträt Conrad Gessner, Selbstporträt sowie Originale der Fresken vom Haus zum Ritter), Daniel Lindtmayer, Alexander Trippel, Joh. Jak. Schalch, Schweizer Maler des 19./20. Jh., darunter Albert Anker, Ferdinand Hodler, Albert Welti, Félix Vallotton; Maler des 20. Jh. aus der Region (Otto Dix) und der Schweiz: René Auberjonois, Hans Brühlmann, Adolf Dietrich, Max Gubler, Karl Geiser, Carl Roesch, Werner Schaad, Hermann Knecht, Wilfried Moser, Rolf Iseli, Varlin u.a. Graphisches Kabinett. – Naturkundliche Abteilung: Geologie und Biologie der Region Schaffhausen. Veranstaltung von Wechselausstellungen zeitgenössischer Kunst (Kunstverein) und von internationalen vorwiegend kulturhistorischen Ausstellungen. Naturkundliche Ausstellungen.

Eröffnet: 1938
Gebäude: Ehem. Benediktiner-Kloster, 11.–16. Jh.

613 Waffenkammer im Munot-Turm

Festung Munot
Postadresse: Munotverein Schaffhausen, Postfach 981, 8201 Schaffhausen
Geöffnet: Nach Vereinbarung
Konservator: Martin Huber-Tissi, Geissbergstrasse 148, 8200 Schaffhausen; Tel. (052) 643 56 07 (privat)

Halbarten, Partisanen, Spontons und Streitäxte aus dem 15. bis 17. Jh.

Eröffnet: 1906
Gebäude: Festung Munot, 1564–1589

SCHÄNIS SG

614 Ortsmuseum

Dorfzentrum, vis-à-vis Rathausplatz
Postadresse: Politische Gemeinde Schänis, 8718 Schänis; Tel.
(055) 619 61 61, Fax (055) 619 61 69
Geöffnet: Do 18.30–20; So 9.45–11.30 (ausser während der
Schulferien)
Leiter: Fritz Schoch, Unterdorf 10, 8718 Schänis; Tel. (055) 615
26 93 (privat) od. (055) 293 34 34 (Geschäft)

Ortsgeschichte und Ortskunde. Kunstgeschichte im Dorf. Persönlichkeiten, Familien. Handwerk, Gewerbe, Industrie. Natur.

Eröffnet: 1992
Gebäude: Wohnhaus

SCHELLENBERG FL

615 Wohnmuseum

«Haus Nr. 12», Landstrasse 12, oberhalb des Gemeindezentrums
Postadresse: Liechtensteinisches Landesmuseum Vaduz, Postfach
1216, 9490 Vaduz; Tel. (075) 236 75 50; Tel. des Museums:
(075) 373 44 34
Geöffnet: April–Okt.: 1. und letzter So im Monat 14–17. Ferner
nach Vereinbarung (nur Gruppen)
Direktor: Norbert W. Hasler, lic.phil. (Liechtensteinisches Landesmuseum)

Wohnmuseum. Sammlung zur kleinbäuerlichen Wohnkultur und
Arbeitswelt Liechtensteins um 1900.

Eröffnet: 1994
Gebäude: Ehem. «Haus Biedermann», 1518, weitgehend im Originalzustand erhaltener Holzbau

SCHINZNACH-DORF AG

616 Heimatmuseum

Speicher in der Nähe des Gemeindehauses
Postadresse: c/o Gemeindekanzlei, 5107 Schinznach-Dorf; Tel.
(056) 463 63 15, Fax (056) 463 63 10
Geöffnet: Mai–Nov.: 1. So im Monat 10–12. Ferner nach Ver-
einbarung, Tel. (056) 443 21 54
Leiter: Dr.sc.nat. Bruno Mühlethaler-Buob

Ländliche Kultur des Schenkenbergtales und des Aargaus: Land- und Hauswirtschaft, Weinbau, Strohflechterei, Ofen- und Bauernkeramik, Schulwesen.

Eröffnet: 1961
Gebäude: Doppelspeicher, 1647

SCHLEITHEIM SH

617 Ortsmuseum

Altes Schulhaus bei der Kirche
Postadresse: Willi Bächtold, im Espili, Postfach 79, 8226 Schleitheim; Tel. (052) 680 13 47
Geöffnet: 1.So im Monat 14–17 (ausser Juli/August) oder nach Vereinbarung mit dem Betreuer od. mit der Gemeindekanzlei, Tel. (052) 680 11 29
Betreuer: Willi Bächtold, Zivilstandsbeamter

Archäologie: wenige urgeschichtliche Funde, Kleinfunde aus dem römischen Vicus Iuliomagus sowie aus dem alemannischen Gräberfeld «Hebsack». Geologie der Region. Dokumentation zur Dorfgeschichte. Kirchliche Gegenstände. Alte Schule. Volkskunde: Tracht, Hauszeichen, Handwerk (spez. Wannenmacher, Sackdrucker). Feuerwehr. Verkehrsgeschichte: Strassenbahn Schaffhausen–Schleitheim, STSS 1905–1964.

Eröffnet: 1972
Gebäude: Schulhaus, 1780

618 Thermenmuseum Juliomagus

Beim Salzbrunnen
Postadresse: Gemeindekanzlei, 8226 Schleitheim; Tel. (052) 680 11 29
Geöffnet: durchgehend
Präsidentin des Vereins «PROJULIOMAGO»: Helga Altorfer-Worm, Rosenbergstr.115, 8212 Neuhausen a.Rhf. *Kustos:* Hans J. Eckhardt, Lehrer, Lendenbergstr. 47, 8226 Schleitheim

Reste der ausgegrabenen Thermen der römischen Siedlung Juliomagus.

Eröffnet: 1977
Gebäude: Römische Siedlung

SCHLEITHEIM – OBERWIESEN SH

619 **Gipsmuseum / Gipsbergwerk** ♠

Oberwiesen, 2 km westlich von Schleitheim, am Waldrand, bei der Zivilschutzanlage
Postadresse: Urs Bollinger, Bachstr. 18a, 8226 Schleitheim; Tel. (052) 680 18 05 od. (052) 680 11 29 (Gemeindeverwaltung)
Geöffnet: Apr.–Okt.: 1. So im Monat 14–16. Ferner nach Vereinbarung (nur Gruppen)
Betreuer: Urs Bollinger

Dokumentation der Geologie sowie zur Geschichte des Abbaus und der Verarbeitung von Gips in Schleitheim. Gipsmühle (1810) und Mahlstuhl. Bergwerkstollen (250 m).

Eröffnet: 1967

SCHLIEREN ZH

620 **Ortsmuseum** ⌂

Badenerstrasse 15
Postadresse: Heinrich Meier, Schürrain, 8952 Schlieren; Tel. (01) 730 05 02
Geöffnet: Jan.–15. Juli, Sept., Nov., Dez.: 1. und 3. So im Monat 10–12. Ferner an Abstimmungssonntagen und nach Vereinbarung (nur Gruppen)
Präsident der Vereinigung für Heimatkunde: Heinrich Meier

Urkunden, Zeichnungen, Pläne, Ansichten. Sammlungen von Werkzeugen, landwirtschaftliche Geräte, Haushaltartikel. Baufragmente. Wechselausstellungen.

Eröffnet: 1953
Gebäude: Wohnhaus, 19. Jh.

SCHMIEDRUED AG

621 Weberei- und Heimatmuseum Ruedertal

Altes Schulhaus, Hauptstrasse, vis-à-vis Restaurant Sternen
Postadresse: Verein Weberei- und Heimatmuseum Ruedertal, Postfach 13, 5044 Schlossrued
Geöffnet: März–Nov.: 1. So im Monat 14–16.30. Ferner nach Vereinbarung (nur Gruppen)
Präsident: Kuno Matter, Schürstr. 565, 5046 Walde; Tel. (062) 726 17 33. *Konservator:* Paul Steffen, Längenthal, 5044 Schlossrued; Tel. (062) 721 35 32

Webmaschinen (mit Demonstrationen), Webstühle; heimatkundliche Gegenstände; Schuhmacherwerkstatt. Stickereiausstellung (mit Demonstration). Fotografische Dokumentation der Heimweberei im Ruedertal.

Eröffnet: 1981

SCHMITTEN GR

622 Ortsmuseum

Im alten Schulhaus, am Fusse des Kirchhügels
Postadresse: Heinrich Balzer-Lechthaler, Hauptstr. 22, 7493 Schmitten; Tel. (081) 404 11 52. Oder: Sigi Bergamin, Scalettastr. 8, 7270 Davos Platz; Tel. (081) 416 44 48
Geöffnet: Juli–Okt.: Mi, Sa 17–18.30. Ferner jederzeit nach Vereinbarung mit Tel. (081) 404 11 52, 404 11 85 od. 416 44 48
Betreuer: Heinrich Balzer, Sigi Bergamin

Heimatkundliche Sammlung. Küche, landwirtschaftliches Gerät, Webstube, Werkzeuge, Bergbau. Fotoausstellung. Tonbildschauen: «Die Bibel der Armen», die Freskenmalereien in der Luziuskapelle; das Dorf, zwischen Vergangenheit und Gegenwart.

Eröffnet: 1988

SCHÖNENWERD SO

623 Bally Schuhmuseum

Haus zum Felsgarten, Gösgerstrasse 15
Postadresse: Haus zum Felsgarten, 5012 Schönenwerd; Tel. (062)
858 26 41, Fax (062) 858 20 84
Geöffnet: Jan.–Juni, Aug.–Nov.: Letzter Fr im Monat 14.30, 16
(Führungen). Ferner nach Vereinbarung
Leiterin: Nicole Appenzeller; Tel. (062) 858 26 82

Fussbekleidung von der Antike bis zur Gegenwart aus allen Erdteilen. Dokumente zur Herstellung von Schuhen: Werkzeuge, Einrichtungen; frühe Schuhindustrie. Der Schuhmacher (Zünfte, Brauchtum
usw.). Sammlung antiker Gegenstände in Schuhform (aus Ton, Bronze und Eisen) mit religiös-magischem Charakter sowie Gefässe,
Dosen und Nippsachen aus Porzellan, Fayence, Glas, Holz, Horn
und Edelmetall vom Barock bis zur Neuzeit. Gemälde und Graphik
zum Thema Schuh und Schuhmacher.

Eröffnet: 1942
Gebäude: Haus zum Felsgarten

VMS
AMS

624 Paul Gugelmann-Museum

Bei der Stiftskirche
Postadresse: Schmiedengasse 37, 5012 Schönenwerd; Tel. (062)
849 65 40
Geöffnet: Jan.–Mitte Juli: Mi, Sa, So 14–17. Mitte Aug.–Dez. : Mi,
Sa, So 14–17. Besichtigung nur mit Führung
Eigentümer: Paul Gugelmann-Stiftung. **Präsidentin des Förderver-
eins:** Esther Gassler.

«Poetische» Maschinen, humorvolle meist bewegliche Skulpturen
aus Metall.

Eröffnet: 1995
Gebäude: Kornschütte des ehemaligen Stiftes

P ♿ 🄝

625 Schweizerisches Meteoriten- und Mineralienmuseum

Oltenerstrasse 80
Postadresse: Rolf W. Bühler, Postfach 126, 8750 Glarus; Tel.
(077) 57 26 01 (Geschäft); Tel. des Museums: (062) 849 22 13,
Fax (055) 640 86 38
Geöffnet: Neueröffnung 1999
Konservator: Rolf W. Bühler

Mineralogische Sammlung. Paläontologie. Mineralien der Schweiz, u.a. Präsentation von Kleinmineralien aus Alpen und Jura. Meteoritenkunde, grösste Meteoritensammlung der Schweiz mit rund 500 Proben. Das Planetensystem mit Darstellungen aller Planeten, deren Ringsystemen und Monden. Internetcafé.

Eröffnet: 1910
Gebäude: Neoklassizistischer Bau, 1910, Architekt Schweizer

SCHÖTZ LU

626 Museum zu Ronmühle

Ronmühle, an der Ron, nordwestlich der Strasse Schötz-Egolzwil
Postadresse: Paul Würsch, Postfach, 6247 Schötz; Tel. (041) 980 29 64, Fax (041) 980 37 22
Geöffnet: Mai–Okt.: 1. So im Monat 14–17. Ferner nach Vereinbarung
Eigentümer: Paul Würsch, alt Posthalter

Bauernstube und Bauernschlafzimmer (Biedermeier); eingerichtete Küche. Bäuerliche Geräte; Werkzeuge. Zeugnisse von Volksfrömmigkeit und Aberglaube. Waffen. Dorfaltertümer. Eingerichtete Schulstube (Anfang 19. Jh.). Uhren; Spielzeug. Chirurgische Instrumente; technische Altertümer. Kramladen 19. Jh.; Schneiderwerkstatt; Apotheke usw.

Eröffnet: 1972
Gebäude: Ehem. Mühle, 1598

627 Pfahlbausammlung

Burghalde 7, südwestlich des Zentrums
Postadresse: Josef Bossart-Amrein, Burghalde 7, 6247 Schötz; Tel. (041) 980 15 18
Geöffnet: Nach Vereinbarung (Mai–Okt.)
Eigentümer: Josef Bossart-Amrein

Meso- und neolithische Kleinfunde aus dem Wauwilermoos (Pfeilspitzen, Steinbeile, Keramik, Knochen- und Hirschhorngeräte). Nachbildungen steinzeitlicher Geräte.

Eröffnet: 1960

628 Wiggertaler Museum

Im Verwaltungsgebäude neben der Kirche
Postadresse: Postfach, 6247 Schötz
Geöffnet: 2. So im Monat 14–16. Ferner nach Vereinbarung mit dem Konservator
Konservator: Hansjörg Luterbach-Renggli, Bleikimatt 5, 6130 Willisau; Tel. (041) 970 28 54

Bodenfunde aus der Ur- und Frühgeschichte (Steinzeit, Bronzezeit, Eisenzeit, Römer, Mittelalter) des Wiggertales und des Wauwilermooses.
Arbeitsproben, rekonstruierte Werkzeuge und Waffen sowie Modelle. Miniauditorium mit Videovorführungen.

Eröffnet: 1937

SCHÜPFHEIM LU

629 Entlebucher Heimatmuseum

Entlebucher-Haus, Kapuzinerweg 5
Postadresse: 6170 Schüpfheim
Geöffnet: So 14–17. Ferner nach Vereinbarung (nur Gruppen), Tel. (041) 484 22 24 od. 484 15 55
Museumsverwalter: Ernst Scherer, Unterdorf 8, 6170 Schüpfheim.
Präsident: Manfred Aregger, 6166 Hasle; Tel. (041) 480 19 69

Wohnen: antike Räume und Einrichtungen; Handwerk: Schuhmacher, Schmied, Schreiner, Köhler, Tierstopfer, Drechsler, Bäcker, Schneider, Sattler u.a.; Landwirtschaft: Geräte, Maschinen, Alpwirtschaft; Brauchtum: Amts- und Wyberschiesset, Wintersport, Wilderei; Schule und Kirche: altes Schulzimmer, sakrale Gegenstände; Geschichte, Fauna, Flora, Geografie des Entlebuchs; Flühli-Glas; Tonbild zum Bauernkrieg von 1653.

Eröffnet: 1995
Gebäude: Ehem. Kinderheim, 1914

SCHWANDEN GL

630 Dorfmuseum

Im Pulverturm
Postadresse: Ernst Güttinger, Grundstrasse 13, 8762 Schwanden;
Tel. (055) 644 14 21 (Gemeindeverwaltung)
Geöffnet: Chilbisonntag (4. So im Sept.). Ferner nach Vereinbarung
Konservator: Ernst Güttinger

Dokumente zur Lokalgeschichte. Kirchen- und Feuerwehraltertümer;
Waffen, Uniformen. Objekte zum Bergbau (Guppen), Industrie.
Auswanderung nach New Glarus.

Eröffnet: 1952
Gebäude: Turm, 1756 als Aufbewahrungsort des «reformierten Pulvers»
erbaut

SCHWARZENBURG BE

631 Heimatmuseum der Region Schwarzwasser

Leimern 5, Dorfzentrum, hinter Gemeindeverwaltung
Postadresse: Verein Heimatmuseum der Region Schwarzwasser,
Postfach 107, 3150 Schwarzenburg; Tel. (031) 731 16 77 (Telefonbeantworter Museum) od. 731 13 91 (Verkehrsbüro)
Geöffnet: Mai–Nov.: So 14–17. Für Gruppen nach Vereinbarung
mit dem Verkehrsbüro (täglich Mai–Nov.)
Museumsleiter: Peter Steiner, Galgenzelg 25, 3150 Schwarzenburg

Volkskundliche Sammlung der Region Schwarzwasser, 19. Jh. und
frühes 20. Jh.: Alpwirtschaft, Holzbearbeitung, Haushaltsgegenstände, Tourismus (Gurnigelbad), Geschichte (Grasburg, Kloster
Rüeggisberg, Alemannengräber), landwirtschaftliche Geräte,
Maschinen, Wagen, Schlitten; ein Keller zu Grossmutters Zeiten.
Jährliche Wechselausstellung. – Dokumentationsstelle zur Geschichte der Region Schwarzwasser.

Eröffnet: 1990
Gebäude: Wohnstock für zwei Familien, um 1850

SCHWEIZERHALLE BL

632 Salzkammer

Bushaltestelle «Saline», Rheinstrasse
Postadresse: Schweizer Rheinsalinen, Salzkammer, Schweizerhalle, PF, 4133 Pratteln 1
E-Mail: info@saline.ch
Geöffnet: Mo, Mi, Fr 9–12, 13.30–17; Di, Do 9–12, 13.30–17, 19–21; 1. Sa im Monat 9–12, 13.30–17
Leiter: Dr. Jürg Lieberherr und Dr. Armin Roos, Schweizer Rheinsalinen; Tel. (061) 825 51 51 und (061) 821 51 66

Modelle, Mineralien, Werkzeuge, schematische Darstellungen, Inszenierungen, Gebrauchsgegenstände zum Thema Salz und Salzgewinnung. Geologie und Technik. Objekte zur Firmengeschichte. Verschiedene Formen und die Geschichte der Salzgewinnung weltweit und in der Region. Demonstrationslabor

Eröffnet: 1997
Gebäude: Ehemalige Direktorenvilla, direkt am Rhein gelegen

SCHWYZ SZ

Übersicht

Bundesbriefmuseum	**633**
Forum der Schweizer Geschichte	**634**
Ital Reding-Hofstatt	**635**
Schatzturm zu Schwyz	**636**

633 Bundesbriefmuseum

Bahnhofstrasse 20
Postadresse: Bahnhofstr. 20, Postfach 357, 6431 Schwyz; Tel. (041) 819 20 64/65, Fax (041) 819 20 89
Geöffnet: Mo–So 9.30–11.30, 14–17
Staatsarchivar: Dr. Josef Wiget

Sammlung von Urkunden und Bannern. Bundesbriefe von 1291 bis 1513 (dreizehnörtige Eidgenossenschaft bis 1798) sowie weitere Dokumente zur schweizerischen Geschichte bis ins 16. Jh. Einziges erhaltenes Exemplar des Bundesbriefes von 1291 (Erneuerung

*Bundesbrief von
1291 zwischen Uri,
Schwyz und
Unterwalden*

eines älteren Bundes zwischen Uri, Schwyz und Nidwalden). –
Wertvolle Sammlung von Landes- und Kriegsfahnen des Standes
Schwyz.

Eröffnet: 1936

---

634 Forum der Schweizer Geschichte

Dorfzentrum, Bushaltestelle Schwyz Post
Postadresse: Hofmatt, Postfach 140, 6431 Schwyz; Tel. (041)
819 60 11, Fax (041) 819 60 10
URL: http://www.slmnet.ch
Geöffnet: Di–So 10–17
Leiter: Stefan Aschwanden, lic. phil. *Konservatorin:* Dr. Margrit
Wick-Werder. *Direktion:* Schweizerisches Landesmuseum (Dr.
Andres Furger)

Innenansicht

Thematische Darstellung der Schweizer Geschichte vom 13. bis 18. Jh.: Mensch und Kulturraum, Menschen mit Menschen, Historische Werkstatt. Wechselausstellungen zu kulturhistorischen Themen. Aussenstelle des Schweizerischen Landesmuseums.

Eröffnet: 1995
Gebäude: Ehem. Kornhaus, 1711, Zeughaus ab 1802; Innenausbau 1992–95

635 Ital Reding-Hofstatt

Rickenbachstrasse 24
Postadresse: Postfach 357, 6431 Schwyz; Tel. (041) 811 45 05, Fax (041) 811 45 07
Geöffnet: Mai–Okt.: Di–Fr 14–17; Sa, So 10–12, 14–17
Präsident der Betriebs- und Museumskommission: Dr. Josef Wiget. *Verwalterin:* Anita Wiget

Hauptgebäude: Wohnkultur des 17. Jh. und Erinnerungsstücke an die Familie von Reding. Haus Bethlehem: Baudenkmal aus der Zeit der Gründung der Eidgenossenschaft (1287), ältestes, datiertes Holzhaus der Schweiz. Wohnräume vom 13.–18. Jh., bemalter Festsaal des 16. Jh.; Wechselausstellungen.

Eröffnet: 1982
Gebäude: Ital Reding-Haus, erbaut 1609 für den späteren Landammann Ital Reding

636 Schatzturm zu Schwyz

Archivgasse, Metzghofstatt, hinter dem Rathaus
Postadresse: Schwyzer Museumsgesellschaft, PF 357, 6431 Schwyz; Tel. (041) 811 17 24
Geöffnet: Mitte Mai–Mitte Okt.: Di–Fr 14–17; Sa, So (sowie Feiertage) 10–12, 14–17
Präsident: Markus Bamert, lic.phil., Nümattli 10, 6432 Rickenbach; Tel. (041) 819 20 60

Der Schwyzer Münzschatz: Kabinett der Schwyzer Münzen; Landessiegel etc. Werk des Medailleurs Johann Carl Hedlinger (1691–1771). Viertel- und Zunftschätze: Becher, Trinkgefässe und Schalen aus dem profanen Bereich; Wappen und Familienscheiben. Sakrale Schatzkammer: Der Schwyzer Kirchenschatz, ergänzt durch wesentliche Stücke aus schwyzerischen Pfarreien und Klöstern. Schwyzer Gechichte: Geschichtliche Bezüge zu den einzelnen Bereichen; Darstellung der neueren Kantonsgeschichte nach 1798.

Eröffnet: 1953
Gebäude: Mittelalterlicher Wohnturm, bis 1936 Archiv des Landes Schwyz

SCHYNIGE PLATTE BE

637 Alpengarten

Bergstation der Schynige Platte-Bahn
Postadresse: Alpengarten Schynige Platte, 3801 Interlaken; Tel.
(033) 822 28 35 (Juni–Sept.). Dr. Denis Forter, Farbstr. 33d,
3076 Worb; Tel. Geschäft (031) 390 32 10 (Okt. bis Mai)
Geöffnet: Mitte Juni–10.Sept (je nach Witterungs- und Schneever-
hältnissen): Mo–So 8–18
Präsident des Vereins Alpengarten Schynige Platte: Dr. Denis
Forter. **Wissenschaftlicher Berater:** Prof. Dr. Otto Hegg, Landorf-
strasse 55, 3098 Köniz

Grösse: 8300 m², Höhe: 1950 m über Meer. Blüten-Pflanzen und
Farne der alpinen und subalpinen Stufe (520 Arten). Ökologie der
alpinen und subalpinen Stufe (Ausstellungsraum). Videofilme: Arbeiten im Alpengarten / Das Blühen im Alpengarten.

Eröffnet: 1929

SCUOL / SCHULS GR

638 Unterengadiner Museum / Museum d'Engiadina bassa 🏠

Plaz, in der Nähe der protestantischen Kirche
Postadresse: Lüzza Rauch, 7550 Scuol; Tel. (081) 864 19 63
(privat) od. 864 18 01 (Geschäft)
Geöffnet: Jan.–Ostern: Di–do 17.00 Uhr (Führung). Mitte Mai–Juni:
Di, Do 16–18. Juli–Sept.: Mo–Fr 15–18. Okt.: Di, Do 16–18.
Dez.: wie Jan.
Konservator: Richard Marugg, Lehrer; Tel. (081) 864 15 70 (pri-
vat) oder 864 11 27 (Geschäft)

Eingerichtete Räume: Küche, mehrere Stuben, Kammern, Möbel,
Hausrat. Gewehre. Werkzeuge; land- und milchwirtschaftliche
Geräte. Webstuhl, Geräte zur Verarbeitung von Hanf, Flachs und
Wolle, Textilien, Trachten. Tabakmühle. Naturgeschichtliche Objek-
te und prähistorische Fundstücke.

Eröffnet: 1957
Gebäude: Chà gronda, 1702–04 umfassend ausgebaut

SEDRUN / TUJETSCH GR

639 Dorfmuseum «La Truaisch»

Im Dorfzentrum, unterhalb Hallenbad
Postadresse: Gemeinde Tujetsch, Kanzlei, 7188 Sedrun-Tujetsch;
Tel. (081) 949 12 27
Geöffnet: Jan.–Ostern, Juli–Okt., Mitte–Ende Dez.: Di, Fr, 1. So im
Monat 15–18

Mineraliensammlung mit Originalkluft. Wohn-, Schlaf- und Arbeitsräume, Webstube. Gewerbe und Handwerk. Leinsamenölproduktion; Flachsverarbeitung; Alpwirtschaft; Schreinerei; Schuhmacherei.

Eröffnet: 1986
Gebäude: Steinhaus, 19. Jh., Gotthardstil

🅿

SEEDORF UR

640 Urner Mineralien-Museum

Beim Schloss A Pro
Postadresse: Urner Mineralienfreunde, Postfach 161, 6472 Erstfeld; Tel. (041) 870 44 80 od. 870 48 32
Geöffnet: Mai–Okt.: Do, Sa, So 13–17. Ferner nach Vereinbarung (nur Gruppen)
Präsident: Hannes Dollinger, Oberfeldstrasse 26, 4515 Oberdorf

Rund 400 Ausstellungsstücke aus dem Kanton Uri und angrenzender Fundgebiete. Das Ausstellungsgut (ausschliesslich Leihgaben von Sammlern und Strahlern) wird jährlich ausgewechselt.

Eröffnet: 1981
Gebäude: Historisches Gebäude des 16. Jh.

SEENGEN AG

641 | Schloss Hallwyl

Zwischen Seengen und Boniswil, nähe Schiffssteg Hallwilersee
Postadresse: 5707 Seengen; Tel. (062) 777 11 21, Fax (062) 777 11 51
Geöffnet: Apr.–Okt.: Di–Sa 9.30–11.30, 13.30–17.30; So 9.30–17.30. Das Schloss ist trotz siebenjähriger Sanierungsphase zu besichtigen.
Stv. Konservator: Thomas B. Frei. **Schlosswart:** Rolf Hunziker

Vorderes Haus: Zimmereinrichtungen des 17.–19. Jh. zeigen die Wohnkultur der Familie von Hallwyl. Hinteres Haus: Objekte zu Geschichte und Volkskunde des Seetales: Dorfschmiede, bäuerliches Wohnen, Weberei, Strohflechterei, Zigarrenfabrikation, Volksbräuche. Festsaal der Familie von Hallwyl.

Eröffnet: 1962
Gebäude: Wasserschloss, 12. Jh., ständig im Besitze der Herren von Hallwyl, heute im Besitz des Kantons Aargau

P **ⁿ** VMS/AMS

SEEWEN SO

642 | Musikautomaten-Museum ⊞

Bollhübel 1, 15 Gehminuten von der Postautohaltestelle entfernt
Postadresse: Musikautomaten-Museum, Sammlung Dr. H. Weiss-Stauffacher, 4206 Seewen; Tel. (061) 915 98 80, Fax (061) 915 98 90. Aussenstelle des Schweizerischen Landesmuseums.

F. Nicole: Musikdose in Form eines Buches, Genf um 1819

E-Mail: eduard.saluz@slm.admin.ch
URL: http://www.slmnet.ch
Geöffnet: März–Nov.: Di–Sa 14–17 (letzte Führung 16 Uhr). Ferner nach Vereinbarung. Ab Dezember 1998 wegen Bauarbeit teilweise geschlossen. Neueröffnung für Herbst 1999 geplant.
Leiter: Eduard Saluz. **Direktion:** Dr. Andres Furger (Schweizerisches Landesmuseum)

Mechanische Musikinstrumente aller Art. Schwerpunkt: Schmuckstücke mit Musikwerk, Schweizer Spieldosen. Weitere Objekte: Jahrmarktorgeln, Konzertorgeln, Drehorgeln, Orchestrions, Künstler-Reproduktionsflügel, Leierkästen, Flötenuhren, Singvögel, Puppenautomaten, Bahnhofautomaten, Plattenspieldosen.

Eröffnet: 1979

SEEWIS-DORF GR

643 Alp-Museum Fasons

An der Wanderroute Seewis–Alp–Fasons-Schesaplana Hütte SAC
Postadresse: Verein Alp-Museum, Fasons, 7212 Seewis-Dorf
Geöffnet: Juni–Sept.: So 8–16. Ferner nach Vereinbarung (nur Gruppen), Tel. (081) 325 15 24 od. 325 16 29
Betreuer: Heinrich Hilty, 7212 Seewis; Tel. (081) 325 15 24

Alpwirtschaft. Eingerichtete Sennhütte mit Sennerei, Milch- und Käsekeller, Stübli, Liggmach und Holzschopf.

Eröffnet: 1989
Gebäude: Sennhütte, 1877

P

SEMIONE TI

644 Collezione di minerali e fossili

Casa San Carlo, nella parte alta del borgo
Indirizzo postale: Municipio del comune di Semione, 6714 Semione
Aperto: Pasqua–ott.: previo appuntamento. Rivolgersi a: Alba Solari; tel. (091) 870 12 61 o Cancelleria comunale, lu e gio pomeriggio; tel. (091) 870 12 88 o Ente turistico di Blenio, 6716 Aquarossa; tel. (091) 871 17 65

Piccola collezione di minerali della regione e di fossili del Giura.

Aperto nel: 1972

SEMPACH LU

645 Rathausmuseum

Rathaus, in der Mitte des Städtchens
Postadresse: Martin Steger, Stadtstr. 8, 6204 Sempach; Tel. (041)
462 50 03, Fax (041) 462 50 05
Geöffnet: Mai–Sept.: Sa, So 14–17. Ferner nach Vereinbarung
(Führungen: Tel. (041) 462 50 03 od. 460 20 45)
Präsidentin des Museumsvereins: Marie-Therese Helfenstein,
Stadtstr. 54, 6204 Sempach; Tel. (041) 460 19 12. *Konservator:* Martin Steger

Objekte zur Stadtgeschichte (u.a. Banner, Ratssilber, Stadtmodelle,
Standesscheiben), kirchliche Kunst (12.–20. Jh.), Dokumente zur
Rezeptionsgeschichte der Schlacht bei Sempach, Geräte des
Handwerks sowie der Land- und Forstwirtschaft.

Eröffnet: 1971
Gebäude: Rathaus, 15. Jh.

SENNWALD SG

646 Textil- und Heimatmuseum

Bei der Post-Haltestelle, hinter dem Gasthof zur Traube
Postadresse: Postfach 65, 9466 Sennwald; Tel. (081) 757 11 06
Geöffnet: Apr.–Nov.: nach Vereinbarung
Konservator: Richard E. Aebi

Web- und Spinnstube, Stickerei-Lokal, Gerätschaften für Sennerei,
Milch- und Alpwirtschaft; Mühle, Hammerschmiede, Handwerkzeug. Literatur über Textil- und Heimatkunde.

Eröffnet: 1961
Gebäude: Altes Weberhaus

SENTIER, LE VD

647 Espace horloger de la Vallée de Joux ⚙

Grand-Rue 2, à côté du Centre sportif
Adresse postale: L'Essor, Grand-Rue 2, Case postale, 1347 Le Sentier; tél. (021) 845 75 45, fax (021) 845 75 44
Ouvert: ma–di 14–18. En outre ma–di 10–12 (groupes seulement)
Responsable: Muriel Golay. *Conservateur:* Georges Monnier, professeur à l'Ecole Technique du Sentier

Historique de la technique horlogère de la Vallée de Joux: mouvements, montres de poche et bracelets, outils et machines. Montres et mouvements produits actuellement par les entreprises de la Vallée de Joux. Pendules du 16e au 19e s. (collection Gideon). Salle du Patrimoine: expositions temporaires sur l'histoire et la culture de la Vallée de Joux.

Ouverture en: 1996
Bâtiment: Ancienne manufacture LeCoultre et Zénith, années 1930

P ♿ ⬆

SEON AG

648 Heimatmuseum ⌂

Waltihaus
Postadresse: Heinz Bänninger, Breitenrainweg 12, 5703 Seon; Tel. (062) 775 12 17
Geöffnet: Mai–Juli, Sept.–Okt.: 1. Mo im Monat 19–21; 1. So im Monat 10–11.30. Nov.: 1. So 10–11.30. Ferner nach Vereinbarung
Präsident der Heimatschutzkommission: Heinz Bänninger

Ur- und frühgeschichtliche Funde, u.a. aus den Hallstattgräbern im Fornholz und im Niederholz sowie römische Gegenstände aus Seon-Biswind. Objekte aus der Vergangenheit des Dorfes, Bauernstube, Scheune mit landwirtschaftlichen Gegenständen. Kleine Waffensammlung. Wechselnde Foto-Ausstellung.

Eröffnet: 1964
Gebäude: Zweigeschossiges Landhaus mit Scheune, 1847

SIERRE / SIDERS VS

649 Collection d'étains / Zinnsammlung □

Hôtel Château-Bellevue (Hôtel de Ville, cave) rue du Bourg, près de la gare
Adresse postale: Administration communale, 3960 Sierre; tél. (027) 452 01 11, fax (027) 452 02 50
Ouvert: Lu-je 8–12, 14–17; ve 8–12, 14–16.30

Pièces du 17e au 19e s. en particulier de provenance suisse et française: plats, channes, pots, mesures de capacité, chandeliers, étains religieux, ustensiles du médecin.

Ouverture en: 1978
Bâtiment: Château construit en 1658 par la famille de Courten

650 Fondation Rilke / Rilke-Stiftung ⊞

Maison Pancrace de Courten, 30, rue du Bourg, à l'est de l'église Sainte-Catherine
Adresse postale: Case postale 385, 3960 Sierre; tél. (027) 456 26 46 ou 455 16 03, fax (027) 455 49 08
Ouvert: Mi-mars–mi-Nov.: ma–di 15–19
Conservateur et secrétaire de la fondation: Curdin Ebneter, route de Montana, 3968 Veyras

Collection de lettres et d'œuvres manuscrites du poète Rainer Maria Rilke (1875–1926). Musée permanent. Bibliothèque. Expositions littéraires, iconographiques et plastiques sur des thèmes privilégiés de Rilke.

Ouverture en: 1987
Bâtiment: Maison d'habitation, 18e s.

651 Musée valaisan de la vigne et du vin / Walliser Reb- und Weinmuseum

Château de Villa, Sierre (Musée du vin) et Salquenen (Musée de la vigne)
Adresse postale: Office du tourisme, case postale, 3960 Sierre; tél. (027) 456 35 25 (château de Villa) et (027) 456 45 25 (Salquenen), fax (027) 455 86 35
Ouvert: Mars–oct.: ma–di 14–17. Nov.–déc.: ve–di 14–17. En outre sur rendez-vous
Directeur: Léon Sarrasin, rue du Forum 18, 1920 Martigny; tél. (027) 722 90 46

Témoignages historiques et contemporains sur la culture de la vigne (méthodes, formes, outils), l'environnement viticole (vignoble, parcellaire), les cépages et sortes de vins, la cave et le pressoir, le vin dans la société (production, consommation, symbolisme, rites). Photographies, outils, objets de consommation imprimés (étiquettes).

Ouverture en: 1991
Bâtiment: Château de Villa, 16e–18e s. Salquenen: Maison d'habitation et grange, 16e–18e s.

SILS MARIA / SEGL MARIA GR

652 Andrea Robbi-Stiftung

Ortsmitte, neben der Kirche
Postadresse: Chesa Fonio, 7514 Sils Maria; (081) 826 63 32
Geöffnet: Ende Dez.–Ostern, Juni–Mitte Okt.: Mo–Sa 16–18
Präsident: Dr. Robert Barth; **Vizepräsident:** Sepp Müssgens, La Cucagna, 7515 Sils-Baselgia; Tel. (081) 826 51 27

Aquarelle, Ölbilder und Bleistiftskizzen des einheimischen Malers Andrea Robbi (1864–1945), dessen Lebenswerk erst in den 80er-Jahren wiederentdeckt wurde. Ölbilder des Fextalers Bauern und naiven Malers Samuele Giovanoli (1877–1941).

Eröffnet: 1995
Gebäude: Patrizierhaus von 1800 (Steinbau), erstellt vom Bauherrn Mario Fonio

653 Nietzsche-Haus / Chesa Nietzsche

Neben Hotel Edelweiss
Postadresse: Stiftung Nietzsche-Haus, 7514 Sils Maria; Tel. (081)
826 53 69
Geöffnet: Jan.–Ostern, Mitte Juni–Mitte Okt., Ende Dez.: Di–So
15–18
Präsident des Stiftungsrates: Prof. Dr. Karl Pestalozzi

Sammlung zur Erinnerung an den Philosophen und Dichter Friedrich
Nietzsche (1844–1900). Dokumente, Fotos und Erinnerungsgegenstände, v.a. zum Silser Aufenthalt Nietzsches. Büsten, Toten-
maske. Einige von Nietzsche inspirierte Kunstwerke. Wiedereingerichtetes Wohn- und Arbeitszimmer. Basler Stube (Mobiliar und
Dokumente zur Zeit der Basler Professur, 1869–1879). Kleine
Nietzsche-Bibliothek mit verschiedenen Ausgaben seiner Werke
und Sekundärliteratur.

Eröffnet: 1960
Gebäude: Haus, das in den Sommermonaten 1881 und 1883–1888 von
Nietzsche bewohnt wurde

SIMPLON DORF VS

654 Ecomuseum Simplon

Im alten Gasthof (ehem. Sust) am Dorfplatz
Postadresse: Geschäftstelle Gemeindekanzlei, 3907 Simplon Dorf;
Tel. (027) 929 80 86, Fax (027) 979 15 44
Geöffnet: Mitte Juni–Okt: Mi–So 14–17
Leiter: Alfons Gerold, Lehrer, 3907 Simplon Dorf

Geschichte der Passwege über den Simplon; Handel und Gewerbe; Verkehr und Transport; Tourismus; Landwirtschaft. Das Museum
ist Teil des wiederhergestellten sog.Stockalperweges von Brig nach
Gondo.

Eröffnet: 1996
Gebäude: Alter Gasthof, ehemalige Sust

SION / SITTEN VS

Sommaire / Übersicht

Musée cantonal d'archéologie / Kantonales Museum für Archäologie	**655**
Musée cantonal d'histoire et d'ethnographie / Kantonales Museum für Geschichte und Ethnographie	**656**
Musée cantonal d'histoire naturelle / Kantonales Naturhistorisches Museum	**657**
Musée cantonal des beaux-arts / Kantonales Kunstmuseum	**658**
Musée de l'Evêché	**659**

655 Musée cantonal d'archéologie / Kantonales Museum für Archäologie ◻

Rue des Châteaux 12
Adresse postale: Direction des musées cantonaux, 15, place de la Majorie, 1950 Sion; tél. (027) 606 46 70, fax (027) 606 46 74; tél. du musée (027) 606 47 00/01
Ouvert: ma–di 10–12, 14–18
Directrice: Marie Claude Morand. *Conservateur:* Philippe Curdy

Stèle anthropomorphe (Petit-Chasseur, Sion), env. 2400 av. J.-C.

Nombreux objets témoignant de la richesse du Valais en sites archéologiques (préhistoire, époque gallo-romaine). Silex de 30'000 ans. Pointes de flèches microlithiques. Poteries sédunoises du 5e millénaire avant J.-C. Stèles anthropomorphes de la nécropole de Sion. Bijoux et armes préhistoriques.

Ouverture en: 1976

656 Musée cantonal d'histoire et d'ethnographie / Kantonales Museum für Geschichte und Ethnographie

▽ ⌂

Château de Valère
Adresse postale: Direction des musées cantonaux, 15, place de la Majorie, 1950 Sion; tél. (027) 606 46 70, fax (027) 606 46 74; tél. du musée (027) 606 47 10
Ouvert: ma–di 10–12, 14–18
Directrice: Marie Claude Morand. *Conservateurs:* Marie Claude Morand (collections d'art et d'histoire), Thomas Antonietti (collections ethnographiques)

Détail du retable de Vex, milieu 18e siècle

Ivoires et textiles de l'époque paléochrétienne. Objets d'art religieux du moyen-âge à nos jours: sculptures, retables, orfèvrerie, linges, vêtements et mobilier liturgiques. Collection d'objets ayant trait à l'histoire du Valais: armures et armes anciennes, uniformes des régiments valaisans au service étranger, portraits, vêtements, mobilier, etc. Pièces ethnographiques documentant la vie sociale, économique et culturelle valaisanne.

Ouverture en: 1883
Bâtiment: Anciennes résidences fortifiées des chanoines du Chapitre cathédral de Sion

657 Musée cantonal d'histoire naturelle / Kantonales Naturhistorisches Museum

Avenue de la Gare 42
Adresse postale: Case postale 2244, 1950 Sion 2–Nord; tél.
(027) 606 47 30 ou 606 47 31, fax (027) 606 47 34
Ouvert: ma–di 14–18
Directrice: Marie Claude Morand. *Conservateur:* Jean-Claude Praz

Ballade à travers les biotopes du paysage valaisan. Collection de faune avec les grands prédateurs du Valais. Minéraux alpins. Moulages de traces de dinosaures. Herbiers anciens. Expositions temporaires.

Ouverture en: 1829
Bâtiment: Bâtiment scolaire et salle de gymnastique, 1900

658 Musée cantonal des beaux-arts / Kantonales Kunstmuseum

19, place de la Majorie (et Vidomnat)
Adresse postale: Direction des musées cantonaux, 15, place de la Majorie, 1950 Sion; tél. (027) 606 46 70, fax (027) 606 46 74; tél. du musée (027) 606 46 90
Ouvert: ma–di 10–12, 14–18
Directrice: Marie Claude Morand. *Conservateur:* Pascal Ruedin

*Ernest Biéler:
Saviésanne, 1925*

Production artistique valaisanne et romande du 17e s. à nos jours; portraits baroque et néo-classique (Rabiato, Cortey, Hecht, Laurent Ritz, Chapelet), commandes religieuses, idylles pastorales et imagerie populaire (Le Déserteur), scènes de genre et paysages romantiques de la seconde partie du 19e s. (école genevoise, Guigon, Castan, Raphaël Ritz, Ravel), peintres, surtout lémaniques: Biéler, Bille, Burnat-Provins, Dallèves, Vallet, Muret, mais aussi le cézannien Blancher, Auberjonois, Alice Bailly, Soutter, Dubuis, Gaudin, Chavaz, Andenmatten, Tritten, Suzanne Auber. Sculptures: Duarte, Gigon, Zeller, Raboud et Zuber. Collections d'art conceptuel (Abramovic), art vidéo, installations (Varini), néo-expressionisme, etc.

Ouverture en: 1947
Bâtiment: Majorie, citée au 13e s. et Vidomnat, cité dès le 12e s.

---

659 Musée de l'Evêché □

Place de la Planta, Nord, dans les caves de l'évêché
Adresse postale: Case postale 2124, 1950 Sion 2; tél. (027) 323 18 18, fax (027) 323 18 36
Ouvert: Mars–Nov.: ma–ve 14–17; sa 10–12. En outre sur demande
Responsable: Hans Gisler

Collection d'art sacré. Trésor de l'évêché: mitre de Josse de Silenen (fin 15e s.), objets liturgiques provenant du Valais, de Fribourg et d'Augsbourg, statuaire. Collections du chapitre: livres manuscrits (120 codices du 9e au 16e s.).

Ouverture en: 1994
Bâtiment: Edifice néoclassique, 1840–1841, construit sur l'ancien rempart de la ville

SISSACH BL

660 Heimatmuseum ⌂

Zunzgerstrasse 2, beim Hotel «Sonne» im Dorfzentrum
Postadresse: Elisabeth Horand, Römerweg 3, 4450 Sissach; Tel. (061) 971 32 12 (vormittags)
Geöffnet: Jan.–Juni, Sept.–Dez.: 1. So im Monat 10–12, 14–17
Präsidentin der Museumskommission: Elisabeth Horand, dipl. Handweberin

Waffensammlung Julius Oberer-Wachter (Schlag-, Stich- und Feuerwaffen). Grosse Trachtensammlung aus dem oberen Baselbiet. Bilder, Pläne und Glasscheiben. Funde und Modell der 1356 durch das grosse Erdbeben von Basel zerstörten Burg Bischofstein. Möbel, Landwirtschaft, Hauswirtschaft, Küche (anf.19. Jh.), ländliches Gerät, Zinn-, Messing-, Kupfergeschirr, Glas 18. und 19. Jh. Baselbieter Posamenterstube um ca.1912 mit Jacquard-Bandwebstuhl, Spüelimaschine (elektrisch betrieben), Bandwebstuhl, sog. Bändelmühle ohne Motor (200jährig), Botenwagen mit Pferd, Band- und Bildwebereiausstellung. Wechselausstellungen.

Eröffnet: 1922
Gebäude: Ehem. Dépendance des Hotels Sonne

SOLOTHURN SO

Übersicht

Domschatz	**661**
Historisches Museum Blumenstein	**662**
Kosciuszko-Museum	**663**
Kunstmuseum	**664**
Museum Altes Zeughaus	**665**
Naturmuseum	**666**
Steinmuseum	**667**

---

661 Domschatz ☐

St.-Ursen-Kathedrale
Postadresse: Römisch-katholische Kirchgemeinde, Verwaltung, Roland Rey, Hauptgasse 75, 4500 Solothurn; Tel. (032) 622 19 91
Geöffnet: Nach Vereinbarung mit dem Domsakristan, Robert Haefeli, Tel. (032) 622 87 71, und mit dem Pfarramt St. Ursen, Tel. (032) 623 32 11
Konservator: Dr. Max Banholzer, Rosenweg 22, 4500 Solothurn; Tel. (032) 622 01 72

Kirchliche Goldschmiedearbeiten und Textilien aus dem 15.–20. Jh. Liturgische Handschriften (u.a.Hornbacher Sakramentar aus dem 10. Jh.). Sammlung päpstlicher und schweizerischer Münzen und Medaillen.

Eröffnet: 1932
Gebäude: St. Ursen-Kathedrale, 1762–1773, klassizistisch, Architekt Gaetano Pisoni (Ascona)

662 Historisches Museum Blumenstein

Schloss Blumenstein, nördlich der neuen Kantonsschule
Postadresse: Blumensteinweg 12, 4500 Solothurn; Tel. (032) 622 54 70
Geöffnet: wegen Umbau bis auf weiteres geschlossen
Konservatorin: Regula Bielinski

Wohnkultur des 18. Jh. Stadt- und Standesgeschichte von Solothurn. Edelmetall, Zinn, Keramik, Glas, Möbel, Textilien, Glasmalerei und Graphik, Porträts, Volksfrömmigkeit, Spielkarten, Haararbeiten. «Ambassadorenkrippe» des 18. Jh. Wechselausstellungen. Ur- und frühgeschichtliche Abteilung mit Schwerpunkt in der römischen Zeit im benachbarten Pächterhaus.

Eröffnet: 1952
Gebäude: Schloss, um 1720

663 Kościuszko-Museum

Gurzelngasse 12
Postadresse: Sekretariat Kościuszko-Gesellschaft, Postfach 617, 4502 Solothurn 2
Geöffnet: Sa 14–16. Ferner nach Vereinbarung mit dem Kustos
Kustos: Benedykt Drewnowski, dipl. Bauing., Allmendstr. 1, 4522 Rüttenen; Tel. (032) 622 80 53 (privat) oder 622 62 63 (Geschäft)

Sammlung zur Erinnerung an den polnischen General und Nationalhelden Tadeusz Kościuszko (1746–1817). Dokumente, Literatur, Bildnisse, Büsten und persönliche Utensilien. Sterbezimmer.

Eröffnet: 1937
Gebäude: Altstadthaus, letzter Wohnort von Kościuszko

664 Kunstmuseum

Werkhofstrasse 30, nördlich der Altstadt
Postadresse: Werkhofstr. 30, 4500 Solothurn; Tel. (032) 622 23 07, Fax (032) 622 50 01
Geöffnet: Di–Sa 10–12, 14–17; Do 10–12, 14–21; So 10–17
Konservator: Dr. Christoph Vögele

Kleine Altmeistersammlung, u.a. mit Werken des Meisters des Paradiesgärtleins, von Hans Holbein d. J., Hans Asper, Jusepe Ribera, Johann Rudolf Byss, Anton Graff. Schweizer Kunst des 19. Jh. mit Hauptgruppen von Frank Buchser und Otto Frölicher; ferner Werke von Alexandre Calame, François Diday, Albert Anker u.a. Schweizer Kunst des 20. Jh. mit Werkgruppen von Ferdinand Hodler, Cuno Amiet, Hans Berger, Max Gubler, Ernst Morgenthaler, Giovanni Giacometti, Maurice Barraud u.a. Werkgruppen zeitgenössischer Kunst von Bernhard Luginbühl, Jean Tinguely, Oscar Wiggli, Robert Müller, André Thomkins, Franz Eggenschwiler, Daniel Spoerri, Dieter Roth, Meret Oppenheim, Martin Disler, Markus Raetz, Anselm Stalder, u.a. Josef Müller-Stiftung, u.a. mit Werken von Auguste Renoir, Henri Matisse, Georges Braque, Fernand Léger und Georges Rouault. Dübi-Müller-Stiftung mit bedeutendem Hodler-, Amiet-, Berger-, Vallotton-, Trachsel-Bestand sowie mit Werken von Van Gogh, Cézanne, Klimt u.a. Max Gubler-Stiftung mit den Beständen der ehemaligen Sammlung Dr. Walter Schnyder. – Graphisches Kabinett. – Abteilung Arts Primitifs.

Eröffnet: 1902
Gebäude: Museumsbau, 1902, Arch. Edgar Schlatter

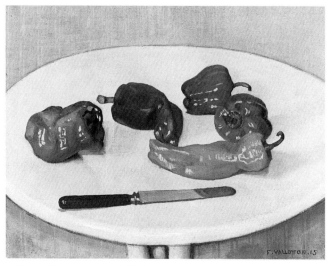

Felix Vallotton: Rote Pfefferfrüchte auf rundem weisslackiertem Tisch, 1915

665 Museum Altes Zeughaus

Zeughausplatz 1
Postadresse: Zeughausplatz 1, 4500 Solothurn; Tel. (032) 623
35 28, Fax (032) 621 43 87
Geöffnet: Jan.–Apr.: Di–Fr 14–17; Sa, So: 10–12, 14–17.
Mai–Okt.: Di–So 10–12, 14–17. Nov., Dez.: wie Jan.
Direktor: Dr. Marco A.R. Leutenegger

Harnischsaal

Wehrhistorische Sammlung: Pulver- und Blankwaffen, Harnische,
Uniformen sowie Fahnen vom Spätmittelalter bis ins 20. Jh. Tag-
satzungsgruppe von Martin Disteli und Josef Pfluger aus dem Jahr
1845.

Eröffnet: 1976
Gebäude: Ehem. Zeughaus des Stadtstaates Solothurn, 1609–1614
erbaut, bis zum 1. Weltkrieg in Betrieb

666 Naturmuseum

Klosterplatz 2, bei der Kreuzackerbrücke
Postadresse: Klosterplatz 2, 4500 Solothurn; Tel. (032) 622 70
21, Fax (032) 622 70 52
Geöffnet: Di, Mi 14–17; Do 14–21; Fr, Sa 14–17; So 10–12,
14–17. Zusätzlich für Schulen und Gruppen Di–Sa 8–12 nach Voranmeldung
Konservator: Walter Künzler. **Wissenschaftliche Mitarbeiter:** Dr.
Christian A. Meyer (Geologie, Mineralogie), Elsa Obrecht (Entomologie), Marco Winistörfer (Wirbeltiere)

Frei aufgestellter Bär zum Streicheln

Einheimische Tiere, Pflanzen, Versteinerungen, Gesteine und Minerale. Natur- und Umweltschutz. Spielmodelle, Streicheltiere, lebende Fische und Amphibien, Amphibien- und Vogelstimmen, Tonbildschauen, Videofilme. Sonderausstellungen, Schulraum mit Studiensammlungen und Filmvorführung. Reichhaltige zoologische und erdkundliche Sammlungen (Jurafossilien, Solothurner Schildkröten, Meereskrokodile, Seesterne, Dinosaurierspuren), Herbarien, anthropologische Sammlung.

Eröffnet: 1825
Gebäude: Ehem. Kornhaus, später Schulhaus

667 Steinmuseum

Im Kreuzgang der Jesuitenkirche
Postadresse: Verein Solothurner Steinfreunde, Werkhofstr. 19, 4500 Solothurn
Geöffnet: Mai–Sept.: Sa, So 14–17. Ferner nach Vereinbarung mit dem Konservator
Konservator: Markus Hochstrasser, Bauanalytiker, Solothurn; Tel. (032) 627 25 77 od. 622 71 45 (privat). *Präsident:* Peter Widmer, Architekt, Solothurn

Geologie des Solothurner Steins mit Beispielen von Versteinerungen; Werkzeuge zum Brechen und Bearbeiten des Steins; Werkstücke aus dem solothurnischen Steinhauergewerbe, z.B. die älteste St.-Ursen-Statue aus dem Jahr 1623.

Eröffnet: 1982, 1997

SONOGNO TI

668 Museo di Val Verzasca

Casa Genardini, nel centro del villaggio
Indirizzo postale: 6637 Sonogno; tel. (091) 746 17 97
Aperto: Mag.–sett.: lu–do 11.30–16.30
Curatore: Franco Patà, via Franscini 2, 6600 Locarno; tel. (091) 751 91 07 (ufficio)

Oggetti relativi alla vita delle popolazioni montane. Cucina ricostituita, utensili per la lavorazione del latte, del pane, della canapa e della lana, attrezzi agricoli, armi, trappole, tagliole, misure, mezzi di trasporto e «nomadismo», costumi, arte sacra popolare.

Aperto nel: 1975
Edificio: Casa Genardini, vecchia casa rurale

SONVILIER BE

669 Musée

Collège
Adresse postale: Martine Kneuss, 8, chemin des Narcisses, 2504 Bienne; tél. (032) 341 40 84
Ouvert: Sur rendez-vous, tél. (032) 341 40 84 ou (032) 941 11 20
Conservatrice: Martine Kneuss

Collection d'histoire naturelle: faune de la région, en particulier les oiseaux; papillons, insectes. Pétrifications du Jura. Quelques armes. Une maquette du château d'Erguel.

Ouverture en: 1945

---

670 Musée d'armes et objets anciens ▽ ⊞

A la sortie du village en direction de La Chaux-de-Fonds, dernière maison à droite
Adresse postale: Arnold Summermatter, 46, rue Fritz-Marchand, 2615 Sonvilier; tél. (032) 941 57 17
Ouvert: Sa 9–12, 13–17. En outre sur demande
Propriétaire: Arnold Summermatter. **Collaborateur:** Jean-Pierre Bourquin

Collection d'armes anciennes, notamment couteaux de chasse ou militaires depuis 1770, sabres, épées, armes à feu et munitions, insignes militaires et de police, couvre-chefs. Poids et mesures. Outils de coiffeur-barbier. Lampes CFF. Machines et instruments divers.

Ouverture en: 1993

SORNTAL SG

671 Textilmuseum ⚙

Zwischen Waldkirch und Niederbüren
Postadresse: Gottlob Lutz, Zetag AG, 9213 Hauptwil; Tel. (071) 424 62 11, Fax (071) 424 62 62
Geöffnet: Nach Vereinbarung
Leiter: Gottlob Lutz

Textilmaschinen, Dokumentation und hölzerne Geräte aus der Heimindustrie: Stoffmusterbücher, Fach- und Geschäftsbücher, Spulräder, Spinnräder, Garnhaspel, Flachsbearbeitungsgeräte, Handwebstühle, Jacquardwebstuhl, betriebsbereite Textilmaschinen aus der Frühzeit der Industrialisierung bis in die neuere Zeit.

Eröffnet: 1979
Gebäude: Altes Textilfabrikgebäude, 1850

SPIEZ BE

672 Heimat- und Rebbaumuseum

Spiezbergstrasse 48, Nähe Schloss
Postadresse: Verein Heimat- und Rebbaumuseum, Postfach 120,
3700 Spiez; Tel. (033) 654 73 72
Geöffnet: Mai–Okt.: Mi, Sa, So 14–17
Präsident des Vereins: Walter Zumkehr. *Konservatorin:* Cornelia
Juchli, Riedweg 5, 3705 Faulensee

Darstellung eines alten Bauern-Haushaltes mit Küche und Wohnräu-
men. Vollständige Küferwerkstatt. Trüel: Trottenraum mit alter Eichen-
presse und Ausstellung zu den Arbeiten im Rebberg und im Keller.
Wechselausstellungen zu Rebbau und heimatkundlichen Themen.
Vorführungen alter Handwerke und Handfertigkeiten.

Eröffnet: 1986
Gebäude: Gebäude: Simmentaler Bauernhaus, 1728 vom Zimmermann
Christen Linder erbaut, Bauerngarten und Spycher, alte Trotte

673 Schloss

Schlossstrasse
Postadresse: 3700 Thun; Auskünfte: Schlosswart Walter Heiniger;
(033) 654 15 06
Geöffnet: Ostern–Juni: Mo 14–17; Di–So 10–17. Juli-Aug.: Mo
14–18; Di–So 10–18. Sept.–Mitte Okt.: wie Ostern–Juni
Verwalter: Gerhard Schafroth, Spiezbergstr. 41, 3700 Spiez; Tel.
und Fax (033) 654 52 15

Möblierte Wohn- und Repräsentationsräume des 13.–18. Jh., darunter Wohnung und Gerichtshalle des 15. Jh., Renaissance-Täfer-
stube und frühbarocker Festsaal. Frühromanische Schlosskirche.
Schloss- und Parkanlage am See.

Eröffnet: 1930
Gebäude: Burg der Strättlingen, Bubenberg und Erlach, 12. Jh., im 13.,
15., 16. und 18. Jh. Ausgebaut

SPIRINGEN UR

674 Dörfli-Haus

Im Dorfzentrum, ca. 9 km ab Altdorf, Richtung Klausenpass, Schächental
Postadresse: Sekretariat, Utzigmattweg 10, 6460 Altdorf; Tel. (041) 870 64 60, Fax (041) 870 64 85
Geöffnet: letzter So Aug.–1.So im Okt.: 13–16. Ferner nach Vereinbarung
Leiter: Josef Herger-Kaufmann, Utzigmattweg 10, 6460 Altdorf; Tel. (041) 870 64 60, Fax (041) 870 64 85

Geschichte und Kultur des Schächentals inkl. Urnerboden (Klausenrennen). Geschichte des Dörflihauses und seiner Bewohner. Objekte von Bischof Vonderach mit Werken von Meinrad Burch-Korrodi. Urkunden der Pfarrei Spiringen. Ferner nach Voranmeldung: Besichtigung der historischen Wassersäge (von 1850) in Unterschächen.

Eröffnet: 1995

SPLÜGEN GR

675 Heimatmuseum Rheinwald

Von Schorsch-Haus, Oberdorfplatz 65
Postadresse: Remo Allemann, Susta 28, 7435 Splügen; Tel. (081) 664 11 38
Geöffnet: Jan.–Mitte Apr., Juli–Mitte Okt., Mitte–Ende Dez.: Di, Do, Sa 16–18. Ferner nach Vereinbarung
Konservator: Remo Allemann, Fotograf

Ikonographie des Splügen- und Bernhardinpasses. Säumerei über die beiden Pässe: Geräte, u.a. Säumertruhen, -fässer und -korb; Säumerbriefe. Postverkehr: Schlitten, Ausrüstung von Postillon und Kondukteur. Landwirtschaftliche Geräte (wechselnde Themen). Filme über aussterbende bäuerliche Arbeiten.

Eröffnet: 1977

SPREITENBACH AG

676 Ortsmuseum

Beim Sternenplatz (Wegweiser)
Postadresse: Ortsmuseumsverein, Postfach, 8957 Spreitenbach;
Tel. (056) 418 85 50 (Gemeinde Spreitenbach)
Geöffnet: März–Dez.: 1. So im Monat 10–12. Ferner nach Vereinbarung
Präsidentin: Adelheid Hürzeler, 8956 Killwangen; Tel. (056) 401 25 13

Heimatkundliche Sammlung aus dem Dorf und Umgebung. Wechselausstellungen.

Eröffnet: 1979
Gebäude: Speicher, 1587 (unter kant. Denkmalschutz)

VMS
AMS

STABIO TI

677 Museo della civiltà contadina del Mendrisiotto

Piazza Maggiore, via al Castello
Indirizzo postale: C.p. 56, 6855 Stabio; tel. del museo: (091) 647 14 18; Municipio: tel. (091) 647 19 21 o 647 19 22
Aperto: Ma, gio, sa, do 14–17 e giorni festivi
Direttore: Gino Macconi. *Conservatore:* Sergio Pescia

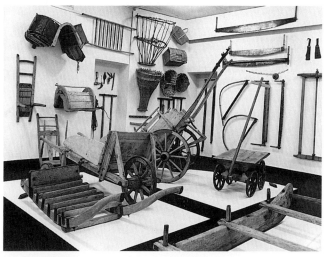

Sala con oggetti della vita contadina

Attrezzi e oggetti dell'attività del contadino e dell'artigiano. Mezzi di trasporto, attrezzi per la lavorazione della terra e dei suoi prodotti; utensili per attività artigianali varie, la caccia, l'allevamento del bestiame, il bracconaggio, la lavorazione del legno. Mostre tematiche.

Aperto nel: 1981
Edificio: Ex-palazzo scolastico

STÄFA ZH

678 Museum zur Farb

Haus zur Farb, Dorfstrasse 15
Postadresse: Dorfstr. 15, 8712 Stäfa
E-Mail: wgliechti@goldnet.ch
URL: http://ww.goldnet.ch/farb/
Geöffnet: 1. und 3. So im Monat (ausser Schulferien und allg. Feiertagen). Ferner nach Vereinbarung
Kustos: Werner G. Liechti, Dorfstr. 6, 8712 Stäfa; Tel. (01) 926 14 72

Altes einheimisches Gerät. Eingerichtete Wohnräume. Gerichtsstube aus der ersten Hälfte des 18. Jh. Baumtrotte (18. Jh.) im ursprünglichen Trottenhaus. Krippensammlung Tobler, nach Vereinbarung zugänglich.

Eröffnet: 1945
Gebäude: Ständerbau, um 1460

STAMPA GR

679 Museo vallerano bregagliotto / Ciäsa Granda

Indirizzo postale: Dott. Remo Maurizio, 7603 Vicosoprano; tel. (081) 822 17 16
E-Mail: <rkromer@pingnet.ch
URL: http://www.reto.ch
Aperto: 1 giu.–20 ott.: lu–do 14–17. Altri orari a richiesta
Conservatore: Dott. Remo Maurizio, insegnante di scuola secondaria

Sala Giacometti-Varlin: opere di Giovanni, Augusto, Alberto e Diego Giacometti e di Varlin. Storia naturale della Val Bregaglia: minerali, fauna, flora. Bregagliotti all'estero: vecchia pasticceria. Artigianato: officina di laveggiaio, officina di fabbro-maniscalco, sala di tessitura. Agricoltura: essiccazione delle castagne, lavorazione del latte. Arredi domestici. Biblioteca e documenti sulla storia locale. Esposizioni temporanee.

Aperto nel: 1953
Edificio: Ciäsa Granda, casa patriziale, eretta fra il 1568 e il 1581

STAMPA – COLTURA GR

680 **Palazzo Castelmur**

1 km a ovest di Stampa
Indirizzo postale: Cristina Crüzer, 7605 Stampa-Coltura; tel. (081) 822 13 70
Aperto: 15 giu.–15 ott. 14–17; e dal 15 luglio–15 sett. anche dalle 9.30–11; lun. chiuso
Gerente: Cristina Crüzer

Arredamento della Bregaglia. Stanza con mobili rustici. Sale originali del palazzo con mobili della prima metà del 19 sec. Pasticceri grigionesi all'estero.

Aperto nel: 1962
Edificio: Casa patrizia del 1723 e palazzo dalla metà del 19 sec., abitato dalla famiglia de Castelmur

STANS NW

Übersicht

Höfli	**681**
Naturwissenschaftliche Sammlung des Kollegiums St. Fidelis	**682**
Salzmagazin	**683**
Winkelriedhaus	**684**

681 Höfli

Alter Postplatz 3
Postadresse: Nidwaldner Museum, Verwaltung, Kollegium St. Fidelis, Mürgstrasse 20, 6370 Stans; Tel. (041) 618 75 14
Geöffnet: Jan.–März: Mi, Sa 14–17; So 10–12, 14–17.
Apr.–Okt.: Di–Sa 14–17; So 10–12, 14–17. Nov., Dez.: wie Jan. Ferner nach Vereinbarung (nur Gruppen)
Konservatorinnen: Marianne Baltensperger, lic.phil., Regine Helbling Gerster, lic.phil.

Historische Sammlung mit möblierten historischen Zimmern. Geschichte des Herrschaftssitzes «Höfli» und seiner Bewohner. Geschichte des Kantonshauptortes Stans. Kantonsgeschichte, mit Darstellung von Münzen und Geld sowie Obrigkeit und Recht. Nidwaldner in Fremden Diensten. Geschichte des Franzoseneinfalls in Nidwalden 1798 mit Uniformen, Waffen. Nachgeschichte im 19. Jh. mit Druckgraphik und Überfalldenkmal 1898.

Eröffnet: 1991
Gebäude: Herrschaftlicher Wohnsitz, um 1200, im 16. und 17. Jh. ausgebaut

⊓⌂⌐ | VMS AMS

682 Naturwissenschaftliche Sammlung des Kollegiums St. Fidelis

Südöstlich des Zentrums
Postadresse: Kollegium St. Fidelis, 6370 Stans; Tel. (041) 618 74 66, Fax (041) 618 74 89
Geöffnet: Jan.–Juni, Sept.–Dez.: 1. und 3. Mi im Monat 14–17 (ausser Feiertage)
Konservator: Norbert Rohrer, Lehrer am Kollegium

Lebensräume und systematische Darstellung der Tiere in Feld und Wald sowie der Wasservögel. Lebensraum Alpen. Bedrohte und ausgestorbene Tiere. Singvögel. Einige exotische Tiere, bes. Papageiensammlung, Schmetterlinge, Muscheln und Schnecken des Meeres. Studiensammlung von Mineralien und einheimischen Gesteinen.

Eröffnet: 1980

683 Salzmagazin ☐

Stansstaderstrasse 23
Postadresse: Nidwaldner Museum, Verwaltung, Kollegium St. Fidelis, Mürgstrasse 20, 6370 Stans; Tel. (041) 618 75 14
Geöffnet: Nur während Wechselausstellungszeiten: Di, Mi 14–17; Do 14–21; Fr, Sa 14–17; So 10–12, 14–17. Ferner nach Vereinbarung; Tel. Auskunft: (041) 619 75 22
Konservatorinnen: Marianne Baltensperger, lic.phil., Regine Helbling Gerster, lic.phil.

Kunstsammlung vornehmlich von Nidwaldner Kunstschaffenden, unter anderen August Bläsi, P. Rudolf Blättler, Josef Maria Christen, Melchior Paul von Deschwanden, Theodor Deschwanden, Anton Flüeler, Augustina Flüeler, Franz Kaiser, Annemarie von Matt, Hans von Matt, Malerfamilie Obersteg, Albert Schilling, Paul Stöckli, Johann Melchior Wyrsch, Jakob Josef Zelger, Eduard Zimmermann. Die Bestände werden nur in wechselnden Ausstellungen gezeigt. Weitere Wechselausstellungen: zeitgenössische Kunst, historische Themen.

Eröffnet: 1991
Gebäude: Korn- und Salzlagerhaus, um 1700

🏠 VMS AMS

684 Winkelriedhaus 🏠

Engelbergstrasse, Stans-Oberdorf
Postadresse: Nidwaldner Museum, Verwaltung, Kollegium St. Fidelis, Mürgstrasse 20, 6370 Stans; Tel. (041) 618 75 14
Geöffnet: Jan.–März: Mi, Sa 14–17; So 10–12, 14–17. Apr.–Okt.: Di–Sa 14–17; So 10–12, 14–17. Nov., Dez.: wie Jan. Ferner nach Vereinbarung (nur Gruppen)
Konservatorinnen: Marianne Baltensperger, lic.phil., Regine Helbling Gerster, lic.phil.

Kulturhistorisch-volkskundliche Sammlung mit historischen möblierten Zimmern. Historische Räume: Dachfestsaal des 16. Jh., Wohnräume teilweise mit Täfermalereien und Kachelöfen der wichtigsten Bewohnerfamilien des Hauses vom 16.–19. Jh. (Lussi, Traxler, Kaiser), Küche und Gesindekammer aus der 2. Hälfte des 19. Jh., Hauskapelle. Religiös-volkskundliche Themen: Melchior Lussi und die katholische Reform mit Geschichte des Kapuzinerklosters Stans, Wallfahrt Lussis nach Jerusalem und Santiago de Compostela mit Fresken um 1600, Lokalwallfahrt mit Exvotos, Andachtsobjekte, Amulette, religiösem Wandschmuck, Trachtenschmuck und -kleidung, Bruderschaftswesen, Tod, spätmittelalterliche Glaubenswelt mit Skulpturen. Weitere kulturhistorische Themen: die Zeit, Wöchnerinnenzimmer, Totenzimmer, Kleidung und Mode, Frauenarbeiten im und ums Haus, Tonbildschau «Brauchtum heute». Kellergeschoss mit der Darstellung der Winkelriede Nidwaldens.

Eröffnet: 1993
Gebäude: Spätmittelalterlicher Fachwerkbau, im 16. Jh. durch mehrere Um- und Anbauten zum Herrschaftssitz gewandelt

STANSSTAD NW

685 Festung Fürigen

Kehrsitenstrasse
Postadresse: Nidwaldner Museum, Verwaltung, Kollegium St. Fidelis, Mürgstrasse 20, 6370 Stans; Tel. Tel. (041) 618 75 14
Geöffnet: Apr.–Okt.: Sa, So 11–17. Ferner nach Vereinbarung (nur Gruppen)
Konservatorinnen: Marianne Baltensperger, lic.phil., Regine Helbling Gerster, lic.phil.

Historische Festungsanlage aus der Zeit des Zweiten Weltkrieges, erbaut 1941/42, betriebsbereit gehalten bis 1987. Am nördlichen Alpenréduitrand zwei 7,5 cm-Befestigungskanonen in Felskavernen, drei Maschinengewehrstände sowie ein Scheinwerferstand; zentrales Munitionsdepot, Maschinenraum mit Notstromgruppe, Ventilation und Filteranlagen, zweigeschossige Truppenunterkunft zur Aufnahme einer Kompanie.

Eröffnet: 1991
Gebäude: Militärische Festung, 1942, in Felshang über dem See eingebaut und getarnt

STECKBORN TG

686 Museum im Turmhof

Turmhof, am See
Postadresse: Hans Peter Hausammann, Riedthaldenstr. 10c, 8266 Steckborn; Tel. (052) 761 29 03; Tel. des Museums: (052) 761 30 28
Geöffnet: Mitte Mai–Mitte Okt.: Mi, Do, Sa, So 15–17
Präsident des Trägervereins: Hans Peter Hausammann

Turmhof, erbaut 1320 (im 16. und 17. Jh. umgebaut)

Kultur und Geschichte des Unterseegebietes (Ermatingen bis Eschenz). Urgeschichtliche Funde, u.a. aus dem Neolithikum (Turgi-Steckborn und Insel Werd), der römischen Zeit (Eschenz) und der Alamannen (Ermatingen, Steckborn). Bürgerliches und bäuerliches Mobiliar des 17.–19. Jh. Stube von Minister Johann Konrad Kern (1808–1888). Reiche Sammlung von Handwerksgeräten, u.a. eingerichtete Schmiede und Drechslerwerkstatt, meist aus dem 18. und 19. Jh. Steckborner Ofenkeramik, Zinn, Kirchengut. Bildersammlung von Steckborner Künstlern.

Eröffnet: 1937
Gebäude: Turmhof, um 1280 erbaut, 1614 erweitert

STEIN AR

687 Appenzeller Volkskunde-Museum

Bei der Schaukäserei
Postadresse: 9063 Stein; Tel. (071) 368 50 56, Fax (071) 368 50 55
Geöffnet: Jan-März: So 10–17. Apr.–Okt.: Mo 13.30–17; Di–Sa 10–12, 13.30–17; So 10–18. Nov., Dez.: wie Jan. Ferner nach Vereinbarung (nur Gruppen)
Präsident der Genossenschaft Appenzeller Volkskunde-Museum: Dr. Hans-Rudolf Merz. *Geschäftsführer:* Benno Milz

*Plattstichwebstuhl
von 1895 (erfunden
1805 von Josèphe-
Marie Jacquard)*

Appenzeller Volkskunst und Kunsthandwerk. Typische Arbeiten der Weissküfer und Sennensattler. Bedeutende Sammlung Appenzeller und Toggenburger Bauernmalereien. Heimindustrie und Nebenerwerb der Bauern. Käsen, Weben und Sticken werden auf originalen Geräten aus dem 19. Jh. vorgeführt.

Eröffnet: 1987
Gebäude: Postmodernes Gebäude mit Merkmalen des Appenzellerhauses

P ♿ ⛭ VMS/AMS

STEIN AM RHEIN SH

Übersicht

Heimatmuseum	**688**
Klostermuseum St. Georgen	**689**
Museum Lindwurm	**690**
Phonographen Museum	**691**
Rathaussammlung	**692**

688 Heimatmuseum

Im ehemaligen Benediktinerkloster (Amtmannssaal), am Rhein (im Klostermuseum St. Georgen)
Postadresse: Stadtarchiv, Rathaus, 8260 Stein am Rhein
Geöffnet: wegen Neugestaltung bis auf weiteres geschlossen
Leitung: Dr. Michel Guisolan, Stadtarchivar; Tel. (052) 741 42 31. Weitere Auskünfte bei der Gottfried-Keller-Stiftung, Haldenstrasse 95, 8400 Winterthur.

Vor allem prähistorische Funde von der Insel Werd und aus der Umgebung der Stadt. Burgenfunde. Hausrat und Werkzeuge.

Eröffnet: 1927
Gebäude: Benediktinerkloster, Anf. 11. Jh. erbaut, Ende 14. Jh.–Anf. 16. Jh. gotisch umgebaut

689 Klostermuseum St. Georgen

Ehemaliges Benediktinerkloster, am Rhein (zusammen mit dem Heimatmuseum)
Postadresse: Eidgenössische Kommission der Gottfried-Keller-Stiftung, Haldenstr. 95, 8400 Winterthur; Tel. (052) 269 27 46, Fax (052) 269 27 44; Tel. des Klosters: (052) 741 21 42
Geöffnet: März–Okt.: Di–So 10–17
Leiterin: Dr. Mariantonia Reinhard-Felice, Sekretärin der Eidgenössischen Kommission der Gottfried-Keller-Stiftung

Ursprüngliche Innenausstattung der Räume des 15. und 16. Jh. (Kreuzgang, Refektorien, Kapelle, Zellentrakt, Abtwohnungen, Festsaal mit Wandbildern von Thomas Schmid und Ambrosius Holbein 1515/1516).

Eröffnet: 1927
Gebäude: Benediktinerkloster, Anf. 11. Jh., Ende 14.–Anf. 16. Jh. gotisch umgebaut, von 1525–1803 Sitz der Zürcher Amtsleute

690 Museum Lindwurm

Understadt 18
Postadresse: Understadt 18, 8260 Stein am Rhein; Tel. (052) 741 25 12, Fax (052) 741 45 82
Geöffnet: März–Okt.: Mo, Mi–So 10–17. Ferner nach Vereinbarung (nur Gruppen)
Konservator: August Scherrer

Vollständig eingerichtetes Wohnhaus aus der Mitte des 19. Jh. mit Wohn- und Wirtschaftsräumen. Wohnteil mit Stube, Nebenstube, Salon, Schlafraum und Kinderzimmer. Kleine Ausstellung über den

Steiner Maler Hermann Knecht sowie über die Familie des früheren Besitzers Prof. Dr. Robert Gnehm. Arbeits- und Vorratsräume (Küche, Waschküche, Bügelzimmer, Keller und Estrich). In der Waschküche Reste einer ehemaligen Gerberei aus der Zeit um 1700. Rückwärtig gelegener Ökonomietrakt, ebenfalls in seiner ursprünglichen Funktion gezeigt, mit Stallung, Tenne und Wagenremise. In den Obergeschossen ein durch Lauben zugänglicher Heustock sowie Gesindekammern. Darüber ein Getreideboden mit Aufzugswinde; Schaudepot landwirtschaftlicher Geräte.

Eröffnet: 1993

Gebäude: Bürgerliches Wohnhaus, ursprünglich mittelalterlich, heutige Erscheinung vorw. aus dem 19. Jh., Empirefassade und Empiresalon; dreistöckiges Ökonomiegebäude mit Laubengängen. Bohlenständer- u. Fachwerkbau, 1712. Im Innern erhaltene Farbfassung der Bauzeit

---

691 Phonographen Museum

Haus «Zum Rosenkranz», Rathausplatz
Postadresse: Rathausplatz 6, 8260 Stein am Rhein; Tel. (052) 741 31 97, Fax (052) 741 32 29
URL: http://www.Phonograph.com
Geöffnet: März–Dez.: Mo–So 10–17
Eigentümer: Mandy Schneebeli

Phonographen und Grammophone von 1877–1950 (sämtliche Apparate sind voll funktionstüchtig). Umfangreiche Schellack-Plattensammlung, Autographen, Werbematerial.

Eröffnet: 1991
Gebäude: Sog. Haus «zum Rosenkranz»

---

692 Rathaussammlung

Rathaus
Postadresse: Stadtarchiv, Rathaus, 8260 Stein am Rhein
Geöffnet: Mo–Fr 10–11.30, 14–17 (nur nach Voranmeldung)
Leitung: Dr. Michel Guisolan, Stadtarchivar; Tel. (052) 741 42 31, Fax (052) 741 50 58. *Betreuer:* Rudolf Studer, Museumswart

Restliche Bestände des ehemaligen Zeughauses, v.a. Harnische. Stangenwaffen, Hakenbüchsen, Gewehre sowie ein Feldgeschütz; Faustfeuerwaffen; Stadtbanner. – Je 13 in den Jahren 1542 und 1543 für das neu erbaute Rathaus gestiftete Standes- und Städtescheiben von Carl von Egeri und Caspar Stillhart, ferner Scheiben geistlicher Stifter aus dem Kloster St.Georgen sowie Steiner Wappenscheiben. Drei silbervergoldete Pokale aus dem 17. Jh.

Gebäude: Rathaus mit Ratsstube aus dem Jahre 1542

STRENGELBACH AG

693 Dorfmuseum «Graberhaus» ⌂

an der Brittnauerstrasse
Postadresse: Stefan Rothenbühler, Rankmattweg 6, 4802 Strengelbach; Tel. (062) 751 15 73
Geöffnet: Febr.–Juni, Sept.–Dez.: jeden 2. So im Monat 10–12
Leitung: Stefan Rothenbühler

Ortsgeschichtliche Sammlung. Forst- und Landwirtschaftsgeräte. Dokumente. Schuhmacherwerkstatt. Eiersammlung. «Gemeindestein» aus dem Jahre 1839: rechteckiger, monolithischer Trog, der als Dörfli-Tresor diente.

Eröffnet: 1991
Gebäude: Bauernhaus mit Scheune, 1828

🅿 ♿

STUDEN BE

694 Fondation Saner ☐

Bus 74 ab Bahnhof Biel, Haltestelle «Petinesca»
Postadresse: 2557 Studen; Tel. (032) 373 13 17, Fax (032) 373 40 09
Geöffnet: Bei Wechselausstellungen: Fr 17–20; Sa, So 10–17. Ferner nach Vereinbarung (nur Gruppen)
Präsident des Stiftungsrates: Gerhard Saner. **Konservator:** Uli Berger

Schweizer Kunst des 20. Jh. Wechselausstellungen. Die Sammlung besteht aus Werken von Amiet, Barraud, Buri, Giovanni Giacometti, Gubler, Vallet, Wiemken, Bill, Glarner, Graeser, Hinterreiter, Lohse, Loewensberg.

Eröffnet: 1993
Gebäude: Stahl- und Glaskonstruktion, USM Systembau Fritz Haller, 1969 (Anbau 1992)

 🅿

SUHR AG

695 Heimatmuseum □

Tramstrasse 279
Postadresse: Dr. Werner Meier, Rosenweg 1, 5034 Suhr; Tel.
(062) 822 04 89
Geöffnet: März–Dez.: 1. So im Monat 14–17. Ferner nach Vereinbarung mit der Gemeindekanzlei, Tel. (062) 855 56 24 od. mit
Paul Fischer, Tel. (062) 842 42 35
Präsident der Museumskommission: Dr. Werner Meier

Wohnkultur des Suhrentales. Handwerksgerät. Grosse Sammlung
von Möbelbeschlägen und Türklopfern des 15.–19. Jh. Zahlreiche
Puppenstuben. Öllampen.

Eröffnet: 1956
Gebäude: Ehem. Untervogtshaus

SULZ AG

696 Nagelschmiede ⊞

Hauptstrasse 85, bei der Post
Postadresse: Walter Steinacher, Obmattstrasse 10, 5085 Sulz;
Tel. (062) 875 10 08
Geöffnet: nach Vereinbarung
Leiter: Walter Steinacher

Handwerk des Nagelschmiedes inkl. Werkzeuge. Wieder eingerichtete Nagelschmitte.

Eröffnet: 1987
Gebäude: Ehem. Nagelschmitte

🅿 ♿

SÜNIKON ZH

697 Ortsmuseum Steinmaur ⌂

Altes Schulhaus, Lindenstrasse 9, 8162 Sünikon
Postadresse: Ernst Lang, Hauptstr. 33, 8162 Steinmaur; Tel. (01)
853 22 26. Jakob Lehmann, Grebweg 11, 8162 Steinmaur; Tel.
(01) 853 07 20
Geöffnet: Apr.–Okt.: 1. So im Monat 14–16
Präsident der Hist. Gesellschaft Steinmaur: Ernst Lang

Handwerk und Landwirtschaft, Wechselausstellungen zur jüngeren
Geschichte von Steinmaur und Sünikon

Eröffnet: 1991
Gebäude: Ehemaliges Schulhaus von 1818

VMS
AMS

SURSEE LU

698 Kirchenschatz ☐

Katholische Pfarrkirche, Krypta
Postadresse: Verwaltung der katholischen Kirchgemeinde Sursee,
Murihof, Theaterstr. 2, 6210 Sursee; Tel. (041) 921 20 92
Geöffnet: Nach Vereinbarung

Repräsentativer Überblick von Werken der Luzerner Gold- und Sil-
berschmiede vom 17.–19. Jh., vor allem aus Sursee und insbesondere der Goldschmiededynastie Staffelbach. Liturgische Geräte von
der Gotik bis zur Moderne mit Schwerpunkt Barock; Paramente und
Objekte des religiösen Brauchtums.

Eröffnet: 1968
Gebäude: Georgskirche, 1638–41, Spätrenaissance

699 Museum der Schweizer Kapuzinerprovinz ▽

Kapuzinerkloster, Klosterstrasse 2
Postadresse: Provinzarchiv Schweizer Kapuziner, Postfach 129,
6000 Luzern; Tel. (041) 429 67 46
Geöffnet: Mai–Okt.: nach Vereinbarung mit der katholischen Kir-
chenverwaltung, Murihof, Theaterstrasse 2, 6210 Sursee; Tel.
(041) 921 20 92, Fax (041) 921 09 17

Leben und Geschichte der Kapuziner. Information mit Gemälden, Plastiken, Graphik, Büchern, Dokumenten sowie Fotos und graphischen Darstellungen zu folgenden Themen: Geschichte des Franziskusordens in der Schweiz; Geschichte der Schweizerischen Kapuzinerprovinz; die Regel des hl. Franziskus; das Wollenwerk und die Arbeit der Kapuziner; Krippe und Kreuz; Kapuzinerzellen; Schrifttum, Bibliothek und Schule; Caritas, P. Theodosius Florentini, Dritter Orden und Waldbrüder; Missionen; Kapuziner-Heilige und -Selige.

Eröffnet: 1962
Gebäude: Kapuzinerkloster, 1606–1608 erbaut, 1704 umgebaut

TAFERS FR

700 **Sensler Museum**

Altes Sigristenhaus, neben Kirche und Oberamt
Postadresse: Kirchweg 2, 1712 Tafers; Tel. (026) 494 25 31. Auskünfte auch bei Dorli Waeber, Freiburgstr.156, 1712 Tafers; Tel. (026) 422 41 91 (Geschäft) od. 494 17 52 (privat)
Geöffnet: Do–So 14–17. Ferner nach Vereinbarung (nur Gruppen); Tel. (026) 494 19 72
Leiter: Raoul Blanchard, Museum für Kunst und Geschichte, Murtengasse 12, 1700 Freiburg; Tel. (026) 322 85 71

Wohnkultur des 18. und 19. Jh.: Stube, Schlafzimmer, Küche. Darstellung des Strohflechtereigewerbes, Flachsverarbeitung. Bäuerliches Gerät. Sensler Trachten. Votivbilder und Sachvotive. Wechselausstellungen.

Eröffnet: 1975
Gebäude: Schulhaus, 1780, typisches Sensler Holzhaus

TARASP GR

701 Schloss / Chastè

Postadresse: Jon Fanzun-Horber, 7553 Tarasp; Tel. (081) 864 93 68
Geöffnet: Führungen: Weihnachten–Ostern: Di, Do 16.30 Uhr.
1. Juni–10. Juli: Mo–So 14.30 Uhr. 11. Juli–20. Aug.: Mo–So 11,
14.30, 15.30, 16.30 Uhr. 21. Aug.–15. Okt.: Mo–So 14.30,
15.30 Uhr. Gruppen nur ausserhalb der Führungszeiten nach Vereinbarung
Geschäftsführer des Kuratoriums zum Schutze von Schloss und Region Tarasp: Jon Fanzun-Horber

Bündner und Tiroler Wohnkultur. Möbel und ganze Zimmer des
16.–18. Jh., bes. drei Täferstuben: aus dem Salis-Haus in Promontogno, 1539, aus der Casa Olgiati in Poschiavo, 1692, und aus
dem Frauenkloster Cazis, 1704. Schweizerische Wappenscheiben
des Oberen und des Gotteshausbundes, von Ständen, Stiften,
Gemeinden und Privaten. Waffensammlung. Zinngegenstände.

Eröffnet: 1916
Gebäude: Schloss Tarasp, Mitte 11. Jh. erbaut, mehrmals vergrössert,
1907–1916 umfassend renoviert

TEGERFELDEN AG

702 Aargauisch Kantonales Weinbaumuseum

Hinweistafeln auf Hauptstrasse beachten
Postadresse: Walter Deppeler-Lang, Alter Berg, 5306 Tegerfelden;
Tel. (056) 245 27 00
Geöffnet: Apr.–Okt.: 1.und 3. So im Monat 14–17. Ferner nach
Vereinbarung mit der Gemeindekanzlei; Tel. (056) 245 27 00 (nur
Gruppen)
Leitung: Walter Deppeler-Lang (Kellereitechnik), Otto Mühlebach
(Rebbau)

Darstellung des Rebjahrs, sämtlicher Arbeiten des Winzers und Kellermeisters anhand von Werkzeugen, Geräten und Bildern. Vollzählige Küferwerkstatt, Maschinen zur Korkenproduktion, Trotte,
Pressen, Traubenmühlen, Fässer, Abfülleinrichtungen, Sauserfuhrwerk, Brennerei, Karten und alte Bilder vom Aargauer Rebbau. Ausstellung von 420 Flaschen mit verschiedenen Etiketten aus aargauischen Kelterbetrieben. Fasskeller. Neu: Wie entsteht eine Weinetikette.

Eröffnet: 1985
Gebäude: Keltereigebäude, Trotte

TEUFEN AR

703 Alfred-Vogel-Museum

1 km ob Teufen, Südlage
Postadresse: Hätschen, Postfach 43, 9053 Teufen; Tel. (071) 333
10 23, Fax (071) 333 42 74
Geöffnet: Mo–Fr 8–12, 14–17
Leiter: Remo Vetter

Historische Fabrikationsvorrichtungen zur Herstellung von Naturprodukten. Schaugarten mit Heilpflanzen.

Eröffnet: 1991

🅿

704 Grubenmann-Sammlung ☐ ✿

Am Dorfplatz, im gleichen Gebäude wie die Gemeindebibliothek
Postadresse: Dorf 7, 9053 Teufen; Tel. (071) 333 24 43 (während der Öffnungszeiten), Fax (071) 333 34 07 (Gemeindeverwaltung)
Geöffnet: Mo, Mi 14–17; Fr 17–20; Sa 9–12, 14–16; 1. So im Monat 10–12. Ferner nach Vereinbarung mit der Konservatorin, Tel. (071) 333 20 66; w.k. Antw. Tel. (071) 333 17 62 (A. Jäger)
Konservatorin: Rosmarie Nüesch-Gautschi, 9052 Niederteufen; Tel. (071) 333 20 66

Sammlung zum Leben und Werk der Baumeisterfamilie Grubenmann (18 Jh.), Erbauer weitgespannter Holzbrücken und zahlreicher Kirchen: Dokumente, Bilder, Pläne, Modelle von Holzbrücken und Kirchendachstühlen, Zimmermannswerkzeuge. Tonbildschau.

Eröffnet: 1979
Gebäude: Ehem. Hotel des Alpes, 1860, später Bahnhof und Postbüro

🅿 ♿

THALWIL ZH

705 Ortsmuseum ⌂

Alte Landstrasse 100, 5 Min. vom Bahnhof
Postadresse: Peter Broggi, Hinterer Mettliweg 5, 8800 Thalwil; Tel. (01) 720 50 84
Geöffnet: Gemäss Publikation im Thalwiler-Anzeiger oder nach Vereinbarung mit der Gemeindeverwaltung; Tel. (01) 723 21 11
Kustos: vakant

Ortsgeschichte: Bilder von Thalwil (Gemälde, Pläne usw.). Schoorer Fayencen. Lokale Textilindustrie. Werke des Thalwiler Malers und Kupferstechers, Johann Jakob Aschmann (1747–1809). Wechselausstellungen zur lokalen Kulturgeschichte.

Eröffnet: 1992
Gebäude: Weinbauernhaus, sog. «Pfisterhaus», 1757 mit Trotte (1679) und Scheune

THAYNGEN SH

706 Reiat-Museum

Adler, Dorfstrasse, bei der evangelischen Kirche
Postadresse: Jörg Stamm, Wistenstr. 15, 8240 Thayngen; Tel. (052) 649 37 31
Geöffnet: Anzeige in der Lokalpresse
Verwaltung: Jörg Stamm

Hauswirtschaftliches Gerät, Möbel, Kleider, Militaria. Werkzeuge und Gerät alter Handwerkszweige (Gabelmacher, Tüchelbohrer); vollständig eingerichtete Werkstatt eines Waffenschmieds in einem Nebengebäude. Urkunden zur Lokalgeschichte, Bücher.

Eröffnet: 1962
Gebäude: Ehem. Gasthof Adler, 1711/12

THERWIL BL

707 Dorfmuseum

Kirchrain 14
Postadresse: Paul Gutzwiller, Schulgasse 8, Postfach 148, 4106 Therwil; Tel. (061) 723 96 80; Tel. des Museums: (061) 722 08 08
Geöffnet: Febr.–Mai, Aug.–Nov.: letzter So im Monat. Ferner nach Vereinbarung
Präsident der Museumskommission des Vereins Alt-Therwil: Paul Gutzwiller, lic.phil.

Dorf- und Baugeschichte. Wohnen um die Jahrhundertwende. Sakrale Geräte. Handwerk (Kammfabrik), dorfbezogene Wechselausstellungen.

Eröffnet: 1975
Gebäude: Wohnhaus

THUN BE

Übersicht

Kunstmuseum	**708**
Schlossmuseum	**709**
Schweizerisches Gastronomie-Museum	**710**
Wocher-Panorama	**711**

---

708 **Kunstmuseum** ☐

Hofstettenstrasse 14
Postadresse: Hofstettenstr. 14, 3600 Thun; Tel. (033) 225 84 20, Fax (033) 225 82 63
Geöffnet: Di 10–17; Mi 10–21; Do–So 10–17
Direktor: Georg J. Dolezal

Repräsentative Werkgruppe der Schweizer Pop Art und des Fotorealismus. Malerei, Plastik, Skulpturen und Objekte des 20. Jh., vorwiegend schweizerischer Provenienz. Graphisches Kabinett: Sammlung C.F.L. Lohner (15.–19. Jh.), Thuner Veduten, alte Graphik, Schweizer Kleinmeister, moderne schweizerische und internationale Graphik und Zeichnungen. Depositen Karl Geiser und Ernst Morgenthaler. Dauerleihgabe Rudolf und Margrit Jäggli. Schenkung Alfred Glaus. Schenkung Olga und Ruth Mayser. Schenkung Victor Surbek und Marguerite Frey-Surbek. Leihgabe Niklaus Hausmann: Grossformatige Holzschnitte von Franz Gertsch, Schenkung Hans Walter. Werke von Hans Gerber. Sonderausstellungen.

Eröffnet: 1948
Gebäude: Hotelgebäude, 1875

---

709 **Schlossmuseum** ⌂

Schloss
Postadresse: Schlossberg 1, 3600 Thun; Tel. (033) 223 20 01
Geöffnet: Weihnachten-Neujahr, Febr., März: Mo–So 13–16. Apr., Mai: Mo–So 10–17. Juni–Sept.: Mo–So 9–18. Okt.: wie Apr.
Leiter: vakant

Schloss, um 1190

Kulturhistorische Sammlung der Stadt und der Region Thun. Ur- und Frühgeschichte, mittelalterliche Gegenstände, Münzen, Masse und Gewichte, Zinn, Schliff- und Buntscheiben, Uhren, Spielzeug, Musikinstrumente sowie Waffen und Uniformen des 18. und 19. Jhs. Spezialsammlung ländlicher Keramik, besonders Heimberg und Thuner Majolika, mit Töpferwerkstatt und Maleratelier. Bedeutender romanischer Rittersaal mit mittelalterlichen Bildteppichen aus den Thuner Kirchen, einem bei Grandson erbeuteten Wappenteppich Karls des Kühnen und den Stadtbannern.

Eröffnet: 1888
Gebäude: Schloss, erbaut im 12. Jh., erweitert um 1430

---

710 Schweizerisches Gastronomie-Museum ≈

Seestrasse 45
Postadresse: Postfach 184, 3602 Thun; Tel. (033) 223 14 32, Fax (033) 223 54 32
Geöffnet: Bis auf weiteres geschlossen. Bibliothek auf Voranmeldung zugänglich

Gastronomische Wechselausstellungen, u.a. Menükarten, Kunst (Eat Art). Bedeutende Bibliothek (5000 alte und neue Titel Gastronomische Literatur).

Eröffnet: 1988
Gebäude: Schloss Schadau (nicht besuchbar), erbaut 1846–52 durch die Familie de Rougemont, inmitten eines grossen Parkes

711 | Wocher-Panorama

Pavillon im Schadau-Park
Postadresse: Kunstmuseum, Hofstettenstr.14, 3600 Thun; Tel.
(033) 225 84 20; Tel. des Pavillons (033) 223 24 62, Fax (033)
225 82 63
Geöffnet: Ostern (vom Karfreitag bis Ostermontag), Mai, Juni:
Di–So 10–17; Juli, Aug.: Di–So 10–18; Sept., Okt.: wie Mai
Konservator: Georg J. Dolezal (Kunstmuseum Thun)

Das von 1809–1814 von Marquard Wocher (1760–1830) aus-
geführte Rundbild der Stadt (7,5 x 39 m) ist das älteste erhaltene
Panorama der Welt. Permanente dokumentarisch-historische Ausstellung zum Künstler und seiner Zeit.

Eröffnet: 1961
Gebäude: Rundbau, 1961

TOLOCHENAZ VD

712 | Pavillon Audrey Hepburn

Pavillon scolaire de Prellionnaz, Chemin des Plantées
Adresse postale: Case postale 9, 1131 Tolochenaz; tél. et fax
(021) 803 64 64
Ouvert: Janv.–mi-mars: ma–di 11–15. Mi-mars–mi-nov.: ma–di
10–18. Mi-nov.–déc.: comme janv.
Administration: France Price. **Responsable du musée:** Georges
Caille

Affiches, photographies et objets liés à la carrière artistique de
Audrey Hepburn.

Ouverture en: 1996

TÖRBEL VS

713 | Rundgang «Urchigs Terbil»

Ausgang des Dorfes, Wegweiser bei Dorfplatz und Postgarage
Postadresse: Herbert Juon, 3923 Törbel; Tel. (027) 952 25 77
Geöffnet: Mai–Allerheiligen
Präsident: Herbert Juon

Mühle. Stadel mit Objekten aus der Landwirtschaft. Betriebsfähiges Backhaus. Walchenmühle.

Eröffnet: 1991
Gebäude: Kapelle, Mühle, Stadel, Backhaus und Walchemühle

TOUR-DE-PEILZ, LA VD

714 Musée suisse du jeu

Château de La Tour-de-Peilz, rue du Château 11 (au bord du lac)
Adresse postale: Case postale 9, 1814 La Tour-de-Peilz; tél. (021) 944 40 50, fax (021) 944 40 79
E-Mail: info@msj.ch
URL: http://www.msj.ch
Ouvert: ma–di 14–18
Conservatrice: Marimée Montalbetti

Musée consacré aux jeux. Collection provenant des différentes parties du monde, véritable panorama du jeu de l'Antiquité à nos jours. Expositions temporaires présentant les divers aspects de l'histoire du jeu. Espace d'animation, bibliothèque spécialisée accessible sur demande.

Ouverture en: 1987
Bâtiment: Château de la Tour-de-Peilz, achevé au 13e s. par les comtes de la Maison de Savoie, restauré au 18e s.

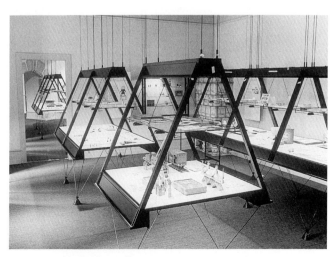

Vue en enfilade des salles 1 et 2

TRAVERS NE

715 Mines d'asphalte de La Presta

La Presta, anciennes mines d'asphalte (arrêt CFF)
Adresse postale: 2105 Travers; tél. (032) 863 30 10, fax (032) 863 19 25
E-Mail: hotelaigle@bluewin.ch
Ouvert: Visites guidées: Janv.–avr., nov., déc.: di 14, 16. Mai–oct.: lu–sa 10, 14; di 10, 14, 16. Pour les groupes: sur demande uniquement, toute l'année et toute la journée
Responsable: Matthias von Wyss

Matériel d'exploitation des mines, notamment camions, trax, compresseurs, outils, ventilateurs, équipements de mineurs. Expositions temporaires.

Ouverture en: 1986
Bâtiment: Galeries minières exploitées depuis 1812; bâtiment de la fin du XIXe s.

716 Musée industriel du Val-de-Travers

La Presta (arrêt La Presta du vapeur du Val-de-Travers)
Adresse postale: Case postale 313, 2114 Fleurier
Ouvert: Janv.–avr.: di 11–17.30. Mai–20 oct.: lu–di 9.30–17.30. Fin oct.–déc.: comme janv.
Conservatrice: Elisabeth Spahr, professeur, 2127 Les Bayards; tél. (032) 866 13 54

Exposition consacrée à l'atelier de Lépold Bourquin, sous-traitant horloger à La Côte-aux-Fées et au fabricant de machines à tricoter Dubied de Couvet.

Ouverture en: 1996
Bâtiment: Ancien bâtiment des mines d'asphalte de la Presta

TRIESENBERG FL

717 Walser Heimatmuseum

Dorfzentrum, Eingang Verkehrsbüro
Postadresse: Verkehrsbüro, 9497 Triesenberg; Tel. (075) 262 19 26 od. 265 50 10
Geöffnet: Jan.–Mai: Di–Fr 13.30–17.30; Sa 13.30–17. Juni-Aug.: Di–Fr 13.30–17.30; Sa 13.30–17.00; So 14–17. Sept.–Dez.: wie Jan.
Museumsleiter: Josef Eberle

Topographie, Relief des Liechtensteiner Oberlandes, Walserge-schichte, Geschichte der Pfarrei Triesenberg, religiöses Brauchtum, Wallfahrtsandenken, Triesenberger Geschlechter, Hauszeichen, Geräte für Land-, Holz- und Viehwirtschaft, alte Maiensässhütte, Milchwirtschaftsgeräte, Alprechtshölzer (Beigla), Geräte des Hand-werks und des Transportes, Schnapsbrennerei, Masse und Gewich-te, bäuerlicher Hausrat, Webstuhl, Geschichte der Beleuchtung. Plastiken aus Baumgebilden von Rudolf Schädler. Multivisions-Dia-schau über das Dorf Triesenberg früher und heute.

Eröffnet: 1961

TRIMMIS GR

718 Heimatmuseum

Im Primarschulhaus Saliet
Postadresse: Christian Hemmi-Ragaz, Gässli 12, 7203 Trimmis; Tel. (081) 353 41 10
Geöffnet: Nach Vereinbarung
Konservator: Christian Hemmi-Ragaz

Geräte und Werkzeuge aus dem Dorf. Landwirtschaftliche Geräte, Geräte zur Textilverarbeitung, Fotografien (Dorfbilder), Weinfla-schen-Etiketten von Dorfwein, Geräte zur Milchverarbeitung, Samm-lung von Hauszeichen.

Eröffnet: 1963
Gebäude: Museumsraum in Schulanlage

TRUBSCHACHEN BE

719 Heimatmuseum

Hasenlehnmatte; Bauernhaus, Stöckli und Spycher
Postadresse: Hasenlehnmattestr. 2, 3555 Trubschachen; Tel.
(034) 495 60 38
Geöffnet: März–Nov.: So 14–16. Ferner nach Vereinbarung
(Gruppen) mit der Verwalterin. Schautöpferei: März–Nov.: Mo–Fr
13.30–17.30. Ferner nach Vereinbarung mit Markus Aebi; Tel.
(034) 495 60 29
Präsident: Dr. Theo Schürch, pens. Tierarzt. *Verwalterin:* Rösi
Fiechter

Eingerichtete Küche, Wohn- und Schlafstube, Web- und Schreibstube, Visitenstube; Bauernmöbel. Landwirtschaftliche Geräte, Mül-
lereifuhrwerk. Alt-Langnauer und Heimberger Keramik, Flühligläser.
Haushaltgerät. Vollständige Käserei mit Feuerwagen, Schmiede
und Störmetzgerei. Wagner-, Drechsler- und Zimmermannswerkzeuge. Sackdruckerei. Dokumente zur Ortsgeschichte. Schautöpferei für dunkeltoniges Chacheligeschirr und helltoniges Alt-Langnau-
ergeschirr unter Leitung von Markus Aebi.

Eröffnet: 1978
Gebäude: Traditionelle Siedlungsgruppe Bauernhaus – Stöckli – Spycher
mit Bauerngarten

TRUN GR

720 Cuort Ligia Grischa / Museum Sursilvan

Cuort Ligia Grischa/Klosterhof/Disentiser Hof
Postadresse: Dr. P. Tomaschett, 7166 Trun; Tel. (081) 943 25 83
Geöffnet: 15. Apr.–15. Nov.: Mo, Mi, Sa 14–17; 2. und letzter
So im Monat 14–17
Konservatoren: Dr. P. Tomaschett, Tel. (081) 943 23 09, Alfred
Itern, Tel. (081) 943 32 61, Maria Cadisch, Tel. (081) 943 32
90

Historisches Museum: möblierte Interieurs; Abts-Stube, Abtskapelle;
Landrichtersaal mit den Wappenbildern der Landrichter und Magi-
straten seit 1424; Waffensammlung (19.–20. Jh.). – Gemäldegalerie: Originalzeichnungen der Bücher und Zeichnungen von Alois
Carigiet; Werke zeitgenössischer Maler der Surselva (u.a. Spe-
scha).

Eröffnet: 1934
Gebäude: Disentiser Hof, 17. Jh., Barockbau, ehem. Sitz und Rathaus des
Grauen Bundes, später Sommerresidenz des Abtes von Disentis

TWANN BE

721 Pfahlbausammlung Dr. Carl Irlet

Fraubrunnenhaus, Hauptstrasse 120
Postadresse: Annelise Zwez, Bleicherain 2, 5600 Lenzburg, Tel.
(062) 891 33 22, Fax (062) 891 34 64; Tel. Fraubrunnenhaus:
(032) 315 11 59
E-Mail: zweza@box.echo.ch
Geöffnet: Lesesonntage im Oktober 13.30–17 und «Trüelete» Sa,
So 13.30–17. Ferner nach Vereinbarung (Frühling bis Herbst)

Pfeilspitzen, Stein- und Horngeräte, Keramik, einige Bronzegegen-
stände. Die Funde stammen aus der Gegend des Bielersees (ohne
Twann). Das Museum befindet sich im Originalzustand der 1930er
Jahre

Eröffnet: 1937

UNTERBÖZBERG AG

722 Dorfmuseum Kirchbözberg ⌂

Bei der Kirche in Kirchbözberg
Postadresse: Gemeindekanzlei, 5224 Unterbözberg; Tel. (056)
441 32 57
Geöffnet: Nach Vereinbarung
Leiter: Walter Widmer, Tel. (056) 441 23 39 und Hannes Heller,
Tel. (056) 441 05 24

Ortsgeschichtliche Sammlung. Landwirtschaftliche Fahrzeuge und
Geräte. Schreinerwerkstatt. Stroharbeiten (Garbenbändli).

Eröffnet: 1994
Gebäude: Ehem. Schulhaus und Scheune

UNTERENGSTRINGEN ZH

723 Ortsmuseum

Weidstrasse 13
Postadresse: 8103 Unterengstringen
Geöffnet: Während der Schulzeit: 1. So im Monat 10–12
Obmann der Ortsmuseumskommission: Peter Sangaletti,
Weidstr.13, 8103 Unterengstringen; Tel. (01) 750 32 34

Landwirtschaft, Rebbau, Handwerk und Gewerbe, Münzen, Masse
und Gewichte, Haushalt und Küche, Dokumente zur Ortsgeschichte. Bildersammlung von Otto Baumberger (Haus und Umgebung um
1935). Wechselausstellungen.

Eröffnet: 1973
Gebäude: Ehem. Landhaus einer Zürcher Bürgersfamilie, 18. Jh.

UNTERENTFELDEN AG

724 Staufferhaus / Sammlung Alt Unterentfelden

Am südlichen Dorfende an der Hauptstrasse
Postadresse: Heimatkommission, 5035 Unterentfelden; Tel. (062)
723 77 71
Geöffnet: Jeweils bei Finissagen des Staufferhaus-Vereins. Führun-
gen nach Vereinbarung Tel. (062) 723 70 52 (Präsident) und 723
69 47 (Sekretär).
Betreuer: Trudi Richner, Weiherstrasse, Tel. (062) 723 37 86;
Walter Linder ‚Postfach, Tel. (062) 723 69 47

Hausgeräte, landwirtschaftliche Geräte, Handwerksgeräte, Masse
und Gewichte, alte Laternen, Uniformen, Waffen, Dokumente.

Eröffnet: 1982
Gebäude: «Staufferhaus», Landbarockbau des Berner Aargaus

P

UNTERSEEN BE

725 | Touristik-Museum der Jungfrauregion

Altstadt, Obere Gasse 26
Postadresse: Obere Gasse 26, 3800 Unterseen; Tel. (033) 822
98 39, Fax (033) 826 64 53
E-Mail: info@schweitzer.org
Geöffnet: Mai–Mitte Okt.: Di–So 14–17
Konservator: Niklaus Wyss, dipl. Ing. ETH, Kreisgeometer, Weissenaustr. 19, 3800 Unterseen; Tel. (033) 826 64 64 (Geschäft)

Entwicklung des Tourismus in den letzten 200 Jahren: Fussreisende, Postkutschen, erstes Velo, Postauto, Reisebeschreibungen und -führer, Stiche, Dokumente und Plakate. Unspunnenfeste 1805 und 1808. Erste Herbergen, Gasthöfe, Pensionen und Hotellerie. Verkehrsmittel: Dampfschiffe, Talbahnen, Bergbahnen. Handwerke: Holzschnitzerei und Klöppelspitzen. Wintersport und Alpinismus. Wechselausstellungen.

Eröffnet: 1980
Gebäude: Ehem. Pfarrhaus, 1686

P **h**

UNTERSIGGENTHAL AG

726 | Ortsmuseum

Dorfstrasse, gegenüber Gasthof Bären
Postadresse: Kurt Rey, Müselstr. 26, 5417 Untersiggenthal; Tel.
(056) 288 32 82; Tel. des Museums: (056) 288 28 74
Geöffnet: 1. So im Monat 10–12. Ferner nach Vereinbarung (nur Gruppen)
Präsident der Museumskommission: Kurt Rey. **Abwart:** Hansruedi Hitz, Kirchweg 8, 5417 Untersiggenthal; Tel. (056) 288 16 09

Wohnungseinrichtung, Fahrhabe und Gerätschaften in renoviertem Bauernhaus mit Jahrzahl 1797. Wechselausstellungen.

Eröffnet: 1980
Gebäude: Bauernhaus, 1797

UNTERSTAMMHEIM ZH

727 Heimatmuseum Stammheimertal

Gemeindehaus
Postadresse: 8476 Unterstammheim
E-Mail: primust@bluewin.ch
Geöffnet: Apr.–Okt.: 1. So im Monat 14.30–16.30. Ferner nach
Vereinbarung (Schulen und Gruppen, nur Apr.–Okt.) mit Ueli Peter,
Tel. (052) 745 10 87 od. der Gemeindekanzlei, Tel. (052) 745
12 77
Obmann der Museumskommission: Ueli Peter, Underi Braatle
283, 8476 Unterstammheim

Ortsgeschichte. Bäuerliche Wohneinrichtung mit ländlich barockem
Saal, Glasgemäldesammlung und Pfauenofen; landwirtschaftliches
Gerät, Werkzeuge. Trotte mit Trottbaum und Weinbaugeräten.
Getreideanbau und -verarbeitung, Wechselausstellungen.

Eröffnet: 1961
Gebäude: Fachwerkbau, 1531, mit ländlich barockem Saal, Glasgemäldesammlung und Pfauenofen

UNTERWASSER SG

728 Sennerei-Museum

Haus Rotenbrunnen, Dorfstrasse
Postadresse: Hulda Bosshard-Frischknecht, Haus Rotenbrunnen,
9657 Unterwasser; Tel. (071) 999 12 73
Geöffnet: Fr–So 15–18. Ferner nach Vereinbarung (nur Gruppen)
Eigentümerin: Hulda Bosshard-Frischknecht

Geräte zur Milchverarbeitung. Küchenecke, Stube.

Eröffnet: 1978

URDORF ZH

729 Ortsmuseum

Birmensdorferstrasse 102
Postadresse: Hermann Obrist, Dorfstr. 20, 8902 Urdorf; Tel. (01)
734 50 74
Geöffnet: Jeden 1. und 3. Sonntag im Monat. Sommerzeit 16–18,
Winterzeit 13–15. Neueröffnung: 1997
Betreuer: Heimatkundliche Vereinigung Urdorf und Stiftung Ortsmuseum Urdorf; Hermann Obrist, Elisabeth Lüchinger

Heimatkundliche Objekte und Dokumente, Wechselausstellungen.

Eröffnet: 1963
Gebäude: Bauernhaus, 16. Jh.

🅿 ♿

URNÄSCH AR

730 Museum für Appenzeller Brauchtum 🏠

Dorfplatz
Postadresse: 9107 Urnäsch;
Tel. (071) 364 23 22 od.
364 15 78
Geöffnet: Apr.: Mi, Sa, So
13.30–17. Mai–Okt.:
13.30–17. Ferner nach Vereinbarung, Tel. (071) 364 15 78
Präsident: Rudolf Adler, Dürrhalde, 9107 Urnäsch; Tel. (071)
364 21 44

Silvesterklaus

Darstellung der Appenzell-Ausserrhoder Alp- und Sennenkultur. Silvesterkläuse. Vollständig eingerichtete Weissküferwerkstatt, Werkzeuge und Geräte für Riemensattler, Schellenschmiede, Sennenschuhmacher, Goldschmiede und Trachtenstickerinnen. Bauernmalerei. Wohnen: Appenzeller Bauernstube, Küche und Schlafzimmer, land- und hauswirtschaftliche Geräte und Werkzeuge. Eingerichtete Alphütte. Lokalgeschichte. Alpfahrt. Gegenstände zum Sennenbrauchtum, Appenzeller Musik. Tonbildschau.

Eröffnet: 1976
Gebäude: Gestricktes Holzhaus, 16. Jh.

UZNACH SG

731 **Heimatkundliche Sammlung**

Zentrum Frohsinn, Zürcherstrasse 25
Postadresse: Dr. Kilian Oberholzer, Buchdruckerei, 8730 Uznach;
Tel. (055) 280 12 42 (Geschäft) od. 280 26 45 (privat)
Geöffnet: Nach Vereinbarung
Präsident: Dr. Kilian Oberholzer, Redaktor

Hallstattzeitliche Funde von Balmenrain-Eschenbach. Gebrauchsgegenstände aus dem alten Uznach; Ansichten, Porträts, Urkunden,
Silberarbeiten.

Eröffnet: 1953

VADUZ FL

Übersicht

Liechtensteinische Staatliche Kunstsammlung	**732**
Liechtensteinisches Landesmuseum	**733**
Postmuseum des Fürstentums Liechtenstein	**734**
Skimuseum	**735**

732 **Liechtensteinische Staatliche Kunstsammlung** □

Städtle 37, Engländerbau, Eingang links bei der Liechtensteini-
schen Verkehrszentrale
Postadresse: Städtle 37, 9490 Vaduz; Tel. (075) 232 23 41,
Fax (075) 232 78 64
E-Mail: lsk@firstlink.li
URL: http://www.firstlink.li/lsk
Geöffnet: Jan.–März: Mo–So 10–12, 13.30–17. April–Okt.:
Mo–So 10–12, 13.30–17.30. Nov., Dez.: wie Jan.
Konservator: Dr. Friedemann Malsch

Graphik (Arbeiten auf Papier) und Skulpturen des 20. Jh. – Leihgaben aus den Sammlungen des Fürsten von Liechtenstein: Europäische Kunst des 16.–18. Jh. Längerfristige Wechselausstellungen
europäischer Kunst, vorwiegend des 19. und 20. Jh., aus privaten
und öffentlichen Sammlungen.

Eröffnet: 1969
Gebäude: «Engländerbau» (Mehrzweckgebäude), 1933

733 Liechtensteinisches Landesmuseum ▽ ⌂

Städtle 43
Postadresse: Städtle 43, Postfach 1216, 9490 Vaduz; Tel. (075) 236 75 50, Fax (075) 236 75 52
Geöffnet: Jan.–Apr.: Di–So 14–17.30. Mai–Okt.: Mo–So 10–12, 13.30–17.30. Nov., Dez.: wie Jan. Vorläufig wegen Bauarbeiten geschlossen
Direktor: Norbert W. Hasler, lic.phil.

Wappenscheibe des Grafen Christof von Sulz, 1576

Topographie des Landes, Relief im Massstab 1:10'000. Ur- und frühgeschichtliche Abteilung: Funde aus Grabungen in Liechtenstein vom Neolithikum bis zur Alemannenzeit: Gefässe der Rössener und Lutzengütlekultur, latènezeitliche Bronzefiguren aus Balzers-Gutenberg; zahlreiche römische Funde, u.a. Münzen sowie Helme aus Schaan, Modell des Kastells von Schaan (Kirche St.Peter) und Bendern (Marienkirche). Mittelalter, Neuzeit: Gebrauchsgegenstände und Waffen aus Burgenfunden. Spätgotisches Zimmer, Schnitzwerke kirchlicher Kunst und das bemalte Fastentuch von Bendern (1612) im Barockraum. Kirchliche Goldschmiedearbeiten. Münzkabinett mit den Schatzfunden von Vaduz und Schellenberg sowie liechtensteinische Münzen vom Vereinstaler bis zu den Prägungen der Regierenden Fürsten; fürstliche Orden und Ehrenzeichen. Land- und alpwirtschaftliche Geräte, Brauchtum, Bauernstube von Gamprin (17. Jh.). Graphikkabinett: Landschaftszeichnungen und -graphik von der Mitte des 18. Jh. bis 1900. Kartographische Werke Liechtensteins und des benachbarten Gebietes vom 16. bis 19. Jh. Dokumente und Erinnerungen an die letzte Episode des Fürstlich Liechtensteinischen Militärkontingents von 1866. Teile der bedeutenden privaten Waffensammlung des Landesfürsten, v.a. Jagdflinten und Prunkwaffen. – Tonbildschauen: «Von der Steinzeit zum Reichsfürstentum Liechtenstein – Unser Land 5000 v. Chr. bis zum Jahre 1719» und «Das Fürstentum Liechtenstein – Ein Kleinstaat im Wandel der Zeit» (deutsch, englisch, französisch).

Eröffnet: 1954
Gebäude: Ehem. fürstliche Taverne, 15. Jh.

734 Postmuseum des Fürstentums Liechtenstein

Städtle 37, Engländerbau, Eingang rechts
Postadresse: Postfach, 9490 Vaduz; Tel. (075) 236 61 05 u.
236 61 02, Fax (075) 236 61 09
Geöffnet: Mo–So 10–12, 13.30–17
Leiter: Hermann Hassler

Vorphilatelie, Vor- und Mitläufer. Sämtliche liechtensteinischen Briefmarken (eigene Ausgaben seit 1912) nach Themen- und Motivgebieten mit den dazugehörigen Entwurfskizzen, Originalentwürfen, Druck- und Farbproben sowie Briefmarkenbogen. Historische Postgeräte und -einrichtungen, Dokumente, Bilder, Karten, Briefe. Wechselausstellungen.

Eröffnet: 1936
Gebäude: Engländerbau (Mehrzweckgebäude), 1933

735 Skimuseum

Bangarten 10
Postadresse: Bangarten 10, FL-9490 Vaduz; Tel. (075) 232 15 02 (Geschäft) od. 263 23 45 (privat), Fax (075) 232 15 02
Geöffnet: Mo–Fr 14–18. Ferner nach Vereinbarung
Leiter: Noldi Beck

Sammlung von über 4000 Gegenständen zur Geschichte des Skilaufens, von den ersten Schneeschuhen und primitiven Skiern der Bauern und Jäger bis zu Original-Skiern von Olympiasiegern und Weltmeistern. Darstellung der technischen Entwicklung am Beispiel von Skibindungen und Skibrillen. Skischuhe.

Eröffnet: 1994

VALANGIN NE

736 Château ⌂

Adresse postale: Jacqueline Rossier, 2058 Le Pâquier; tél. (032) 853 49 32; tél. du château: (032) 857 23 83; fax (32) 857 23 81
Ouvert: Mars–14 déc.: ma–je 10–12, 14–17; ve 10–12; sa, di 10–12, 14–17
Conservatrice: Jacqueline Rossier

Mobilier du 16e au 19e s. Poêles; ustensiles de ménage. Gravures topographiques et historiques. Indiennes et dentelles aux fuseaux. Parures et vêtements. Armes. Objets provenant des fouilles du château. Patrimoine rural et artisanal. Expositions temporaires.

Ouverture en: 1896
Bâtiment: Château, 14e s. et ruines, 12e s., à l'entrée des Gorges du Seyon

VALCHAVA GR

737 **Chasa Jaura**

Postadresse: 7535 Valchava; Tel. (081) 858 53 17
Geöffnet: Juni–Okt.: Di–Fr 10–12, 14–17; Sa, So 15–18
Präsident: V. Pitsch. *Leiterin:* Inge Blaschke

Original eingerichtetes Münstertaler Bauernhaus mit Stube, Küche und Schlafzimmer. Haushaltgeräte (u.a. zum Brotbacken), Landwirtschaft, Holzbearbeitung und Spinnerei, Webstuhl. Alpkäserei und Hammerschmiede. – Turmuhr von Santa Maria. – Gemälde und Skulpturen (Sammlung Valär). – Wechselausstellungen.

Eröffnet: 1973
Gebäude: Ehem. Bauernhaus, 17. Jh.

VALLORBE VD

Sommaire

Fort de Vallorbe	**738**
Grottes de Vallorbe	**739**
Musée du fer et du chemin de fer	**740**
Musée Gyger	**741**

738 Fort de Vallorbe

A 4 km de Vallorbe au-dessus du hameau du Day (route direction Premier)
Adresse postale: Informations/Réservations: Office du tourisme, Les Grandes Forges 11, case postale 90, 1337 Vallorbe; tél. (021) 843 25 83 ou 843 32 65 (Fort), fax (021) 843 22 62.
Administration/Gestion: Fondation du Fort de Vallorbe, Ancienne Poste 24, 1337 Vallorbe
E-Mail: vallorbe@iprolink.ch
URL: http://www.lgi.ch/vallorbe/
Ouvert: Mai–juin: sa, di, j. fériés 12–17.30. Juil., août: lu–di 12–17.30. Sept., oct.: comme mai (visites guidées). En outre sur rendez-vous (groupes seulement), tél. (021) 843 25 83. Température 8–9°
Président de la Fondation du Fort: Capitaine Gérard Jaillet, rue de l'Ancienne Poste, 1337 Vallorbe; tél. (021) 843 12 55 (privé)

Armement et équipement d'un ouvrage fortifié en grande partie souterrain de la période de la seconde guerre mondiale 1939–1945. Armement, maquette, mannequins équipés d'époque, équipement individuel des hommes, salle des machines, cuisine, salle d'opération, PC, plan de feu d'origine, salle de tir et d'observation. Expositions temporaires.

Ouverture en: 1988
Bâtiment: Ouvrage fortifié, 1939/45

739 Grottes de Vallorbe

Adresse postale: Office du tourisme, Les Grandes-Forges 11, Case postale 90, 1337 Vallorbe; tél. (021) 843 25 83, fax (021) 843 22 62
E-Mail: vallorbe@iprolink.ch
URL: http://www.lgi.ch/vallorbe/
Ouvert: Avr.–mai: lu–di 9.30–16.30. Juil.–août: lu–di 9.30–17.30. Sept.–oct.: comme avr. En outre sur demande (groupes seulement)
Président de la Société des grottes de Vallorbe: Walter Zehnder; tél. (021) 843 17 97. *Responsable d'exploitation:* Annie Cardot; tél. (021) 843 22 74

Exposition permanente «Le Trésor des fées»: collection de minéraux du monde entier.

Ouverture en: 1992
Bâtiment: Site naturel aménagé

740 Musée du fer et du chemin de fer

Les Grandes Forges, au bord de l'Orbe
Adresse postale: Office du Tourisme, Les Grandes-Forges 11,
Case postale 90, 1337 Vallorbe; tél. (021) 843 25 83, fax (021)
843 22 62
E-Mail: vallorbe@iprolink.ch
URL: http://www.lgi.ch/vallorbe/
Ouvert: Rameaux-Toussaint: lu–di 9.30–12, 13.30–18. En outre
sur rendez-vous (groupes seulement)
Président de la Fondation: Pierre-Alain Rithner, tél. (021) 843 22 11.
Conservateurs: Anika Duvauchelle (fer), tél. (024) 453 17 75;
Gérard Vuadens (chemin de fer), tél. (021) 625 65 96

Origines de l'industrie du fer, de son développement et de ses
applications actuelles. Quatre roues hydrauliques actionnent les
machines; forge en activité (un forgeron travaille en permanence).
Outillage et produits finis. – Histoire de Vallorbe sur la ligne internationale du Simplon. Diorama de la gare de Vallorbe en 1908.
Circulation de compositions ferroviaires historiques à l'échelle O.

Ouverture en: 1980
Bâtiment: «Grandes Forges», ou «Forges de la Ville», concession accordée
en 1495

741 Musée Gyger

A la gare
Adresse postale: Robert Gyger, 1337 Vallorbe; tél. (021) 843 18 75
Ouvert: Mai–oct.: sur demande
Propriétaire: Robert Gyger, mécanicien CFF

Collection d'objets ferroviaires: effets d'équipement des locomotives, wagons et gares, comme ustensiles techniques, écriteaux,
poste du mécanicien, etc. Casquettes des employés des chemins
de fer, pinces.

Ouverture en: 1977

VALS GR

742 | **Gandahus**

Postadresse: Alfred Rieder, 7132 Vals; Tel. (081) 935 11 05
Geöffnet: 15. Apr.–Okt.: Di, Fr 14 (Führungen, Treffpunkt beim Verkehrsbüro). Ferner nach Vereinbarung mit dem Verkehrsbüro, Tel. (081) 920 70 70, Fax (081) 920 70 77, od. mit dem Konservator
Konservator: Alfred Rieder

Heimatkundliche Sammlung zur Kulturgeschichte der Walser im Valsertal: Möbel, Hausrat, Handwerk, Jagd, Landwirtschaft. Textilausstellung.

Eröffnet: 1947
Gebäude: Wohnhaus, 16. Jh., und Zerfreila-Spicherli, vor 1779 (1994 in unmittelbarer Nähe des Gandahus wieder aufgebaut)

VÄTTIS SG

743 | **Drachenloch-Museum und Ortsmuseum**

Im Rathaus
Postadresse: Ortspräsident, im Rathaus, 7315 Vättis; Tel. (081) 306 12 40
Geöffnet: Nach Vereinbarung mit Doris Wobmann, Tel. (081) 306 12 94

Prähistorische Funde aus dem Drachenloch ob Vättis, römische Münzen. Originalplastiken aus der Kapelle St. Martin im Calfeisental. Mineraliensammlung.

Eröffnet: 1981

VAZ – OBERVAZ GR

744 Ortsmuseum

Bei der Kirche Zorten
Postadresse: Fidel Hartmann, Hauptstrasse 17, 7077 Valbella;
Tel. (081) 384 64 45 od. 384 14 60
Geöffnet: Jan.–Apr., Juli–Okt., Dez.: Do 13.30–17. Ferner nach
Vereinbarung (nur Gruppen ab 8 Pers.)
Leiter: Fidel Hartmann

Entwicklung des Wintersport- und Ferienortes Lenzerheide-Valbella.
Kirchliche Kultur- und Kunstgegenstände aus der Gemeinde
(14.–19 Jh.). Heimatkundliche Sammlung, Landwirtschafts- und
Handwerksgeräte. Dorfmühle (betriebsbereit).

Eröffnet: 1989
Gebäude: Ehem. Pfarrhaus, ca. 1890

VECHIGEN BE

745 Ortsmuseum

Bei der Kirche
Postadresse: Ortsmuseums-Verein, Hans Herren, Obermoosstr. 48,
3067 Boll; Tel. (031) 839 35 37
Geöffnet: März–Nov.: So 10.30–11.15
Präsident des Ortsmuseums-Vereins: Hans Herren

Kleine heimatkundliche Sammlung. Dokumente zur Ortsgeschichte.
Wechselausstellungen.

Eröffnet: 1981
Gebäude: Bauernstöckli

VERBIER VS

746 Musée Tradition et Modernité

Le Hameau
Adresse postale: Le Hameau, 1936 Verbier; tél. (027) 771 75
60, fax (027) 771 52 50
E-Mail: hameau@axiom.ch
Ouvert: Sur demande
Responsable: Pierre Dorsaz; tél. (027) 771 65 75

Grand lit double à tiroir (Evolène), 1807

Ethnologie de l'espace alpin: intérieurs aménagés, outils pour l'agriculture et la viticulture, abri de berger, étable, production du lait et du fromage, outils du menuisier, du forgeron, du cordonnier et du tonnelier; les transports; les sports d'hiver; le sauvetage en montagne; l'énergie (Barrage de Mauvoisin); les télécommunications. Faune locale; minéraux alpins. – Présentations audiovisuelles.

Ouverture en: 1994
Bâtiment: Le Hameau, village érigé en 1994

VERSAM GR

747 Telefonzentrale

An der Strasse Bonaduz–Versam–Ilanz
Postadresse: Swisscom AG, Marketing und Produkte, Geschäftsstelle Chur, Gäuggelistrasse 7, Postfach, 7002 Chur
E-Mail: dolores.scheurer@swisscom.com
Geöffnet: Nach Vereinbarung
Ansprechpartner: Dolores Scheurer, Public Relations, Tel. (081) 256 26 91, Fax (081) 256 228 07

Vermittlungseinrichtungen (Zentrale). Übertragungseinrichtungen (Verstärker). Kabelkeller. Exponate der Leitungsnetze. Apparateschau.

Eröffnet: 1992
Gebäude: Telefonzentrale, 1950–1989

VEVEY VD

Sommaire

Alimentarium	**748**
Musée de la Confrérie des Vignerons	**749**
Musée historique du Vieux-Vevey	**750**
Musée Jenisch (Musée des beaux-arts et Cabinet cantonal des estampes)	**751**
Musée suisse de l'appareil photographique	**752**

748 **Alimentarium**

Quai Perdonnet/Rue du Léman, au bord du lac Léman, à 100 m de l'Hôtel-de-Ville

Adresse postale: Musée de l'alimentarium, une fondation Nestlé, CP 13, 1800 Vevey; tél. (021) 924 41 11, fax (021) 924 41 11

E-Mail: alimentarium.vevey@nestle.com

URL: http://www.alimentarium.ch

Ouvert: Eté: ma–di 10–17. Hiver: ma–di 10–12, 14–17. Visites guidées sur demande. Alimentarium Junior (se renseigner)

Directeur: Martin R. Schärer. *Conservateurs:* Nicole Stäuble Tercier (adjointe scientifique), Isabelle Raboud-Schüle (responsable des collections)

Musée de l'Alimentarium, 1916–1920

Collection concernant la production, la transformation, la préparation et la consommation des aliments.

L'exposition permanente présente l'alimentation dans son contexte socio-économique et culturel. Thèmes: Du soleil au consommateur (aspects scientifiques): la chaîne alimentaire, les plantes et les animaux, le pain et le lait, les nutriments, le métabolisme, l'énergie. Le pain des autres (aspects ethnographiques): le blé en Anatolie, le riz aux Philippines, les mils au Cameroun, la pomme de terre et le maïs dans les Andes péruviennes. Le pain d'autrefois (aspects historiques): l'alimentation du 18e au 20e s.: la consommation, la préparation, le commerce, la transformation, la conservation, l'agriculture, un regard sur le néolithique, l'Antiquité et le Moyen Age. – Présentations multimédia: audiovisuels, programmes informatiques. – Expositions temporaires. – Plantes alimentaires. – Jardin.

Ouverture en: 1985
Bâtiment: Edifice néoclassique construit en 1916–20 comme siège administratif de Nestlé

---

749 Musée de la Confrérie des Vignerons

Château, à côté de l'Hôtel des Trois-Couronnes (dans le Musée historique du Vieux-Vevey)
Adresse postale: Le Château, 2, rue du Château, 1800 Vevey
Ouvert: Janv., févr.: ma–sa 14–17.30; di 11–12, 14–17.30. Mars–oct.: ma–di 10.30–12, 14–17.30. Nov., déc.: comme janv. Pour les visites guidées s'adresser au Musée du Vieux-Vevey, même adresse, tél. (021) 921 07 22
Responsable: Maurice Margot, 6, quai de la Veveyse, 1800 Vevey; tél. (021) 921 54 96.

Collection sur les Fêtes des vignerons: documents, maquettes, costumes depuis 1797.

Ouverture en: 1953
Bâtiment: Maison patricienne, 1599. Demeure des baillis bernois de 1734 à 1798

---

750 Musée historique du Vieux-Vevey

Le Château, 2, rue du Château, à côté de l'Hôtel des Trois-Couronnes
Adresse postale: 2, rue du Château, 1800 Vevey; tél. et fax (021) 921 07 22
Ouvert: Janv., févr.: ma–di 14–17.30. Mars–oct.: ma–di 10.30–12, 14–17.30. Nov., déc.: comme janv.
Conservatrice: Françoise Lambert

Objets archéologiques trouvés dans la région (mobilier funéraire de tombes celtiques). Mobilier, peintures, estampes, costumes populaires, souvenirs de l'artisanat local (imprimerie du «Messager boiteux», poterie d'étain), poids et mesures, orfèvrerie. Ferronnerie d'origine française et italienne (15e au 18e s.). Salle militaire, armes anciennes, médaillier. Collection des œuvres des «petits maîtres» (Th. Steinlen, Dumoulin, Jaccottet, Joyeux et Wexelberg, Brandoin).

Ouverture en: 1897
Bâtiment: Maison patricienne, 1599. Demeure des baillis bernois de 1734 à 1798

---

751 Musée Jenisch (Musée des beaux-arts et Cabinet cantonal des estampes) □

2, avenue de la Gare
Adresse postale: 2, avenue de la Gare, 1800 Vevey; tél. (021) 921 29 50 et 921 34 01 (Cabinet des estampes), fax (021) 921 62 92
Ouvert: Janv., févr.: ma–di 14–17.30. Mars-oct.: ma–di 10.30–12, 14–17.30. Nov., déc.: comme janv.
Directeur: Bernard Blatter. *Conservatrices:* Edith Carey (Beaux-arts), Nicole Minder (Cabinet des estampes). *Conservatrice adjointe:* Laurence Rippstein (Beaux-arts)

Musée des beaux-arts: peintures d'artistes suisses et étrangers du 19e et 20e s.: L. Robert, Bocion, Hodler, Hermanjat, Chinet, Bosshard, Clément, Marius Borgeaud, G. de Palézieux; Courbet, Picasso, Vlaminck, Vallotton, Iseli, Gertsch, Bokor et des ensembles représentatifs de Bissier, Ben Nicholson, Kokoschka, Music, Tal Coat et Valenti. Collection de dessins anciens du 16e au 19e s. (écoles italienne, hollandaise, française et petits maîtres suisses) du legs René de Cérenville. Le musée Jenisch est le siège de la Donation Jaques Berger, de la collection Nestlé, ainsi que des Fondations Lélo Fiaux, Jacques Pajak, Wilhelm Gimmi et Oskar Kokoschka. – Cabinet cantonal des estampes: remarquables ensembles de gravures de Dürer, Rembrandt, Le Lorrain, Canaletto, Bellotto, Corot et nombre d'artistes suisses et étrangers du 16e au 20e s. Collections du canton de Vaud et dépôts du Fonds Pierre Decker, de la Fondation William Cuendet et Atelier de Saint-Prex, ainsi que du Musée Alexis Forel à Morges.

Ouverture en: 1897
Bâtiment: Bâtiment néo-classique, 1897, arch. Louis Maillard et Robert Convert

752 Musée suisse de l'appareil photographique ⚙

6, ruelle des Anciens-Fossés
Adresse postale: 6, ruelle des Anciens-Fossés, 1800 Vevey; tél.
(021) 925 21 40, fax (021) 921 64 58
E-Mail: camera-museum@bluewin.ch
Ouvert: Janv.–mars: ma–di 14–17.30. Avr.–oct.: ma–di 11–
17.30. Nov., déc.: comme janv.
Directeurs: Pascale et Jean-Marc Bonnard Yersin

L'histoire de l'invention de la photographie, depuis les camerae
obsurae et les lanternes magiques jusqu'à l'image numérique,
racontée par une collection d'appareils anciens et modernes, mais
aussi par des animations, des installations de projections, de vidéos et CD interactif.

Ouverture en: 1979
Bâtiment: Bâtiment du 18e s., à fonction indéterminée

VEYRAS VS

753 Musée C.C. Olsommer ☐

Rue Ch.-Clos Olsommer
Adresse postale: Case postale 14, 3968 Veyras; tél. (027) 455
24 29
Ouvert: Jan.–juin: sa, di 14–17. Juil.–sept.: me–di 14–17. Oct.–
déc. comme jan.
Conservateur: Bernard Wyder, 1956 Saint-Pierre-de-Clages; tél.
(027) 306 63 31

Tableaux et dessins du peintre symboliste C.C.Olsommer (Neuchâtel 1883–Veyras 1966).

Ouverture en: 1995
Bâtiment: Maison de famille du peintre

VILLETTE VS

754 Musée du Vieux-Pays

Au centre du village
Adresse postale: André Fellay, Entreprise d'électricité, 1934 Le Châble; tél. (027) 776 13 86
Ouvert: Sur rendez-vous avec le conservateur; tél. (027) 776 13 86
Conservateur: André Fellay, électricien

Reconstitution d'une habitation de 1800; outils du bois, ustensiles, métier à tisser; cuisine, chambre.

Ouverture en: 1977

VISPERTERMINEN VS

755 Wohnmuseum Egga

Im Herrenviertel auf der Egga
Postadresse: 3932 Vispertterminen
Geöffnet: Nach Vereinbarung
Leiter: Gerold Vomsattel, 3932 Vispertterminen; Tel. (027) 946 82 64. *Anmeldung für Gruppenführungen:* Verkehrsverein Vispertterminen Tel. (027) 946 80 60

Das vorindustrielle Leben in Vispertterminen. – Landwirtschaft: Viehzucht, Ackerbau, Weinbau. – Bäuerliche Wohnkultur. – Textilverarbeitung. – Religion.
Eröffnet: 1997
Gebäude: Dreigeschossiger Blockbau auf Mauersockel von 1701

VISSOIE VS

756 Musée

Dans la partie haute du village
Adresse postale: Anne-Lyse Melly, 3961 Vissoie; tél. (027) 475 2113
Ouvert: 10 juil.–20 août: lu–di 16–18. En outre sur rendez-vous auprès de l'Office du tourisme; tél. (027) 475 13 38

Ustensiles ruraux, outils du bois. Cuisine et chambre meublées. Cave et objets de viticulture.

Ouverture en: 1970

VNÀ GR

757 Ortsmuseum / Museum local

Altes Schulhaus, neben dem Dorfparkplatz, unten im Dorf
Postadresse: Otto Barblan, Landwirt, 7557 Vnà; Tel. (081) 866
33 86. Oder: Men Margadant, 7557 Vnà; Tel. (081) 866 34 17
Geöffnet: Juli–Sept.: So 16.30–18. Ferner nach Vereinbarung
Präsident: Otto Barblan

Landwirtschaftliche Geräte (Ackerbau, Alpwirtschaft). Geräte für die
Metzgerei, zur Brotherstellung, für die Küche und zur Verarbeitung
von Flachs und Wolle. Holzbearbeitungswerkzeuge. Feuerspritze.
Einige Dokumente und Fotos.

Eröffnet: 1978

VORDERTHAL SZ

758 March-Museum

Kraftwerkzentrale Rempen, 4,5 km südlich von Siebnen, an der
Wägitalstrasse
Postadresse: Dr. med. Jürg Wyrsch, Gässlistr. 17, 8856 Tuggen;
Tel. (055) 445 18 08, Fax (055) 445 14 91
Geöffnet: 2. So im Monat 13.30–16. Ferner nach Vereinbarung
Präsident des Marchringes: Dr. Jürg Wyrsch, Arzt. **Betreuung des
Museums:** Susanne Summermatter, lic. phil., Gugelberg 20, 8853
Lachen; Tel. (055) 442 23 61

Darstellung von Geschichte und Kultur der Landschaft March. Religiöse Kunst (Sammlung Eduard Wyrsch); Ur- und Frühgeschichte,
v.a. römische Münzen aus Altendorf und alemannische Grabfunde
aus Tuggen; haus- und landwirtschaftliches Gerät, Möbel, Ofenkacheln (Ruostaller); Ansichten; grössere Sammlung von Röllimasken
und Fasnachtsrequisiten (Sammlung Otto Gentsch). Wechselausstellungen.

Eröffnet: 1977
Gebäude: Kraftwerkzentrale

WÄDENSWIL ZH

759 Mostorama

Ingenieurschule Wädenswil. Ab Bahnhof Bus 3 und 4, Wegweiser ab Ortseinfahrt
Postadresse: Ingenieurschule Wädenswil, Postfach 335, 8820 Wädenswil; Tel. (01) 789 99 00
E-Mail: isw@isw.ch
URL: http://www.isw.ch/mostorama
Geöffnet: Nach Vereinbarung (Auskunft: Sandra Kreis)
Leiter: Dr. Nicolas Gaudy

Entwicklung von Maschinen und Geräten von den Anfängen der Mosterei (um die Jahrhundertwende) bis zur Gegenwart. Tonbildschau. Ausstellungsräume zu den Themen Obst, Mahlen, Pressen, Trester, Pasteurisieren, Konzentrieren, Filtrieren, Brennen und Pumpen.

Eröffnet: 1988

760 Ortsmuseum «zur Hohlen Eich»

Schönenbergstrasse 22
Postadresse: Schönenbergstr. 22, 8820 Wädenswil
Geöffnet: So 10–12, 14–16. Ferner nach Vereinbarung
Präsident der Museumskommission: Fritz Kobel. *Kustos:* Peter Friedli, Graphiker; Tel. (01) 780 59 58

Bäuerliche Wohnräume des 18.–19. Jh. (Wohnstube, Schlafzimmer, Küche). Volkskundliche Sammlung «Saure Wochen – frohe Feste»; Tirggel und anderes Gebäck; landwirtschaftliches Gerät, Sennerei; textile Hausindustrie; Karten und Ansichten von Alt-Wädenswil; Wappen und Namenstafeln aus der Kirche. Schreibstube mit handschriftlichen Dokumenten seit 1550; vollständige Werkstätten: Petschaft- und Kupferstecher (Familie Brupbacher), Kupferschmied/Spengler, Wagner, Schuster.

Eröffnet: 1969
Gebäude: Weinbauernhaus, 1683, Fachwerkbau

WALD ZH

761 Heimatmuseum / Ortsmuseum «Windegg» ⌂

Ortsmitte, an der Hauptstrasse und Windeggstrasse, beim Hallenbad
Postadresse: Heimatmuseumskommission, 8636 Wald
Geöffnet: 1. So im Monat 10–12 (ausser Ferienzeit). Ferner nach Vereinbarung. Besondere Öffnungszeiten während Wechselausstellungen
Präsidentin der Museumskommission: Rita Hessel, Bahnhofstr. 15, 8636 Wald; Tel. (055) 246 12 03

Wechselausstellungen mit Walder Künstlern. Dokumentation zur Entwicklung der Gemeinde zum grössten Schweizer Textildorf. Chroniksammlung, begonnen 1917. Permanente Ausstellung zu den Themen Pilgerweg, Heimindustrie, Ortsgeschichte. – Wohnhaus «Windegg» oberhalb des Dorfes: Riegelbau mit fränkischer Winkelscheune; eingerichtete Kammer mit Kachelofen, Schränken, Bett und Tisch. Brauchtum, Gerät für Haus- und Landwirtschaft.

Eröffnet: 1937
Gebäude: Ortsmuseum: Wohnhaus «Windegg», Riegelbau mit fränkischer Winkelscheune

VMS
AMS

WALENSTADT SG

762 Ortsmuseum ⌂

Im alten Rathaus, beim Soldatenbrunnen
Postadresse: Verkehrsbüro, Bahnhofstr. 19, 8880 Walenstadt; Tel. u. Fax (081) 735 22 22
Geöffnet: Jan.–Juli, Sept.–Dez.: 1. Sa im Monat 14–15. Ferner nach Vereinbarung (für Gruppen ab 10 Pers.)
Leiter: Paul Gubser, alt Lehrer, Fürschtweg 46; Tel. (081) 735 16 21

Walenstadter Fasnacht: Originalmasken der Gemeinderölli von Walenstadt. Holzmasken von Berschis. Geschichte von Walenstadt: Stadtmodell, Urkunden, Stadtsiegel, Gerichtsbuch von 1771–1816, Bilder bedeutender Persönlichkeiten von Walenstadt. Dokumente zum Untergang des Passagierschiffs «Delphin» auf dem Walensee (1850). Walenseeverkehr vor 1859: Warenverkehr Zürich–Walenstadt–Chur. Weinbau, Wassernutzung durch verschiedene Gewerbebetriebe (Modelle: Stampfe, Ölreibe, Kornmühle, Hammerschmiede, Sägerei, Dampfschiff «Delphin»).

Eröffnet: 1988
Gebäude: Rathaus, Ende 15. Jh.–Ende 18. Jh. erbaut, 1977 restauriert

WALLISELLEN ZH

763 Ortsmuseum

«Doktorhaus» am Kreuzplatz, alte Winterthurerstrasse 31
Postadresse: Günter Fetz, Herrengütlistr. 21, 8304 Wallisellen;
Tel. (01) 830 35 26
Geöffnet: Jan.–Juni, Sept.–Dez.: 1. So im Monat 13.30–15.30.
Ferner nach Vereinbarung
Präsident der Kommission für das Ortsmuseum: Günter Fetz

Gerät für Haus- und Landwirtschaft, bäuerliches Mobiliar. Ortsgeschichtliche Erinnerungen, Schrift- und Bildmaterial aus dem ehemaligen Dorf und seiner nächsten Umgebung. Schuhmacherwerkstatt
(magaziniert).

Eröffnet: 1976
Gebäude: Ehem. Gasthaus, 1733, dann Arztpraxis, jetzt Wirtschaft zum
«Doktorhaus»

WALTENSBURG / VUORZ GR

764 Heimatmuseum / Arcun da tradiziun

Casa Cadruvi
Postadresse: Robert Veraguth, 7158 Waltensburg/Vuorz; Tel.
(081) 941 25 53
Geöffnet: Nach Vereinbarung mit dem Verkehrsverein; Tel. (081)
941 10 88
Konservator: Robert Veraguth

Landwirtschaftliche Geräte, Werkzeuge, u.a. für den Schreiner.
Möbel, Waffen. Dokumente zur Ortsgeschichte.

Eröffnet: 1975
Gebäude: Casa Cadruvi, 1580

WANGEN AN DER AARE BE

765 Ortsmuseum

Gemeindehaus, beim Zeitglockenturm
Postadresse: Museumsverein, 3380 Wangen an der Aare
Geöffnet: Während der Öffnungszeiten der Gemeindeverwaltung.
Auskunft: Finanzverwaltung, Tel. (032) 631 50 80. Das Museum
ist wegen Umbaus nur teilweise zu besichtigen.
Präsident des Museumsvereins: Rolf Anderegg, Finkenweg 12,
3380 Wangen a/A; Tel. (032) 631 15 39. **Konservatorin:** Ursula Bracher-Strasser; Tel. (032) 631 22 83

Dokumente zur Ortsgeschichte. Ofenkeramik aus der Hafnerei
Anderegg (1820–1870).

Eröffnet: 1952
Gebäude: Gemeindehaus

WÄNGI TG

766 Ortsmuseum

Adlerscheune, bei der reformierten Kirche
Postadresse: Ernst Trachsler, Weinberg 16, 9545 Wängi; Tel.
(052) 378 16 08, Fax (052) 378 29 08
E-Mail: etrachsler.schub@bluewin.ch
Geöffnet: Mai–Okt.: 1. So im Monat 10.30–16
Konservator: Ernst Trachsler

Historisch-volkskundliche Sammlung. Alltagskultur, Haushalt, Wohnen, Schule, Verkehrsentwicklung, Handwerk, Landwirtschaft und
Textilindustrie. Leben und Werk von Johann Alfons Beckmüller
(1802–1879), Buchhalter, Sänger und Zeichner. Jährliche Sonderausstellungen.

Eröffnet: 1960
Gebäude: Dorfscheune

WEESEN SG

767 Ortsmuseum

Paradiesli, links der Strasse nach Amden, 100 m östlich der Pfarrkirche
Postadresse: Postfach, 8872 Weesen
Geöffnet: Nach Vereinbarung mit dem Betreuer od. mit der Gemeindeverwaltung Weesen, Tel. (055) 616 60 16
Betreuer: Xaver Bisig, im Städtli 20, 8872 Weesen; Tel. (055) 616 13 02 (Geschäft) oder 616 16 46 (privat)

Geschichte des Städtchens und der alten Stadt. Römische Funde vom Biberlikopf und Rapperswil. Grabungsfunde aus 6 Jahrhunderten. Geräte, Werkzeuge; Ansichten. Habsburger-Urkunden. Keramik.

Eröffnet: 1983

WEIACH ZH

768 Ortsmuseum

Lieberthaus, Oberdorf, bei der Mühle
Postadresse: Hans Rutschmann, Alte Poststr. 4, 8187 Weiach; Tel. (01) 858 25 18
Geöffnet: Bei Wechselausstellungen. Ferner nach Vereinbarung
Präsident der Museumskommission: Hans Rutschmann, pens. Briefträger

Darstellung des kleinbäuerlichen Lebens Ende des 19. Jh. Eingerichtete Küche, Stube und Kammer. Dokumente und Gegenstände zur Dorfgeschichte. Landwirtschaftliche Geräte.

Eröffnet: 1968
Gebäude: Fachwerkbau, Mitte 18. Jh.

WEISSENSTEIN SO

769 Weissenstein-Museum

Kurhaus Weissenstein, Ostflügel
Postadresse: Bürgergemeinde der Stadt Solothurn, Postfach 245, 4502 Solothurn; Tel. (032) 622 62 21, Fax (032) 623 78 08
Geöffnet: Nach Vereinbarung
Leiter: Christoph Oetterli, Bürgergemeindepräsident

Geschichte des Kurhauses Weissenstein: Kurgäste, Wintersport, Hotellerie, Post und Verkehr. Postkarten, Dokumente und Stiche, historisches Hotelzimmer.

Eröffnet: 1992
Gebäude: Kurhaus, 19. Jh, 1990 restauriert

WERDENBERG SG

770 Schloss

Postadresse: 9470 Werdenberg; Tel. u. Fax (081) 771 29 50
Geöffnet: Apr.–Okt.: Di–So 9.30–17
Schlossverwalter: Karl Blaas

Schlossmuseum, Waffen- und heimatkundliche Sammlung. Barocke Innenräume, im 19. Jh. zugekaufte Ausstattung als frühes Zeugnis historisierender Sammlertätigkeit. Kantonale Waffensammlung im ehemaligen Mannschaftsraum. Bewaffnung kantonaler und eidgenössischer Truppen, Feldzeichen, Uniformen, Hand- und Faustfeuerwaffen. – Rheinmuseum (bis 1.4.1999): die Entwicklung des Rheintals von der Natur- zur Kulturlandschaft. Geschichte des Alpenrheins, seiner Hochwasser und der Dammbauten. Landschaftswandel ausgehend von der Flusskorrektion bis in die Gegenwart. Ab 1.4.1999: Kantonsgeschichte-Museum.

Eröffnet: 1979
Gebäude: Schloss Werdenberg, 13. Jh., 1517–1798 Vogteisitz der glarnerischen Herrschaft Werdenberg und Wartau

WETZIKON ZH

771 Malermuseum

Stationsstrasse 4
Postadresse: Heinrich Gut, Stationsstr. 4, 8620 Wetzikon; Tel. (01) 930 34 86, Fax (01) 930 15 04
Geöffnet: Nach Vereinbarung
Eigentümer: Heinrich Gut

Geschichte der Flach- und Dekorationsmalerei: Pinsel, Werkzeuge, Schablonen, usw. Werkzeuge der Blattgoldherstellung. Rohmaterial und Pinselherstellung. Bibliothek zum Malerhandwerk.

Eröffnet: 1986
Gebäude: Jugendstilhaus, mit Deckenmalerei in einem Zimmer, Fassadenmalerei

772 Ortsmuseum

Farbstrasse 1, in der Nähe der ref. Kirche
Postadresse: Roger E. Büsser, Aemmetweg 6, 8620 Wetzikon;
Tel. (01) 932 57 27; Tel. des Museums: (01) 930 02 05
E-Mail: rebuesser@bluewin.ch
URL: http://www.wetzikon.ch / Gemeinde
Geöffnet: 1. So und 3. So im Monat: 14–16 (ausgenommen Sommerferien). Ferner nach Vereinbarung (nur Gruppen und Schulen)
Konservator: Roger E. Büsser

Funde aus der Seeufersiedlung Robenhausen (1858 von Jakob Messikommer entdeckt und erstmals als Pfahlbausiedlung gedeutet). Bäuerliche Wohneinrichtung. Harfe und Möbel aus dem Nachlass des Komponisten Hans Georg Nägeli («Sängervater»). Arbeitsplätze für Schulen und Lehrerkurse. Thematische Vitrinen zum Leben in früheren Zeiten. Chronikstube mit ortsgeschichtlicher Dokumentation. Bibliothek.

Eröffnet: 1959
Gebäude: Ehem. Färberei

WIEDLISBACH BE

773 Historisches Museum

Kornhaus, Städtli 20
Postadresse: Gemeindeschreiberei, 4537 Wiedlisbach; Tel. (032) 636 27 26
Geöffnet: Ende Apr.–Okt.: So 14–17. Ferner nach Vereinbarung (nur Gruppen)
Präsident der Museumskommission: Arnold Heynen, Wangenstr. 16, 4537 Wiedlisbach

Keramische Sammlung: Langnau, Bäriswil, Matzendorf, Heimberg und Simmental; Sammlung Dr. Fritz W. Huber-Renfer; schweizerische Keramik und Glas. Zinn, v.a. aus bernischen und solothurnischen Werkstätten. Landwirtschaftliche Geräte und Dokumente zur Geschichte der Gegend. Kulturgeschichtliche Wechselausstellungen.

Eröffnet: 1960
Gebäude: Kornhaus, Ende 17. Jh.

WIESEN GR

774 Dorfmuseum

Haus zum Süesa Wichel (altes Gemeindehaus), Obergass
Postadresse: Gemeindekanzlei, 7494 Wiesen; Tel. (081) 404 15 23
Geöffnet: Febr.: Mi 15–17. Mitte Juli–Aug.: Mi, Sa 15–17. Sept.–
Mitte Okt.: wie Febr. Ferner nach Vereinbarung, Tel. (081) 404 14 69
Konservator: Lotte Palmy-Brandstätter, Obergass 44, 7494 Wiesen; Tel. (081) 404 14 13

Bauernstube, Zimmer, Küche, Webkammer des 19. Jh. Wechselausstellungen.

Eröffnet: 1978
Gebäude: Bauern-Wohnhaus mit angebautem Stall

WIESENDANGEN ZH

775 Ortsmuseum

Burg, Dorfstrasse / Spycher, Birchstrasse
Postadresse: Jürg Stutz, Frohbergstr. 25, 8542 Wiesendangen
Geöffnet: Jan.–Juli, Sept.–Dez.: 1. So im Monat 14–17 (an Feiertagen geschlossen, am darauffolgenden So geöffnet). Ferner nach Vereinbarung mit der Gemeindekanzlei, Tel. (052) 320 92 22
Konservator: Jürg Stutz

Werkzeuge, bäuerlicher Hausrat, Dorfansichten. Handwerk. Spycher aus dem 17. Jh.: Landwirtschaft, Weinbau.

Eröffnet: 1967
Gebäude: Wohnturm, 1120 und Speicher, 17. Jh.

WIL SG

776 Stadtmuseum ⬦

Hofgebäude, im Nordosten des alten Städtchens
Postadresse: Hof, 9500 Wil; Tel. (071) 911 38 55 od. 911 04 57
Geöffnet: Neueröffnung 1999
Konservator und Präsident der Kulturvereinigung Kunst- und Museumsfreunde Wil und Umgebung: Rudolf Gruber, Bildhauer, Toggenburgerstr. 30, 9500 Wil; Tel. (071) 911 04 57

Einige urgeschichtliche und mittelalterliche Funde aus der Umgebung von Wil. Kabinettscheiben 16.–17. Jh. Wiler Öfen des 16.–18. Jh.; Steckborner Ofen (1748). Barocke Malereien, hauptsächlich Porträts der Äbte von St. Gallen und der Wiler Ratsherren. Kirchliche Kunst: Plastik, Malerei, liturgisches Gerät. Dokumente zur Stadtgeschichte; Münzen, Siegel, Graphik; grosses Stadtmodell. Wechselausstellungen. Aufgrund der Renovationsarbeiten sind Exponate magaziniert worden.

Eröffnet: 1910
Gebäude: Zum Teil ehem. Sitz der Äbte von St. Gallen, älteste urkundliche Erwähnung 1302

WILA ZH

777 Ortsmuseum ⌂

Stationsstrasse/Tablatstrasse, beim Bahnhof Wila
Postadresse: Hans König, Looackerstr. 1, 8492 Wila; Tel. (052) 385 17 12
Geöffnet: Jan.–Mai, Nov., Dez.: 1. So im Monat 14–16. Gruppen nach Vereinbarung
Konservator: Hans König, Werkzeugmacher

Werkzeuge und Gebrauchsgegenstände aus Landwirtschaft und Handwerk. Gegenstände und Bilder aus der Gemeinde, Kirche, Schule, Feuerwehr und aus den Ortsvereinen.

Eröffnet: 1983

WILCHINGEN SH

778 Ortsmuseum

Dorfstrasse 138, zur alten Schule
Postadresse: Gemeindekanzlei, 8217 Wilchingen; Tel. (052) 681 26 41
Geöffnet: Mai–Okt.: 1. So im Monat 14–17. Ferner nach Vereinbarung mit der Gemeindekanzlei
Leiter: Hans Ritzmann, Weienbömmen 245, 8217 Wilchingen; Tel. (052) 681 23 79

Bäuerliche Wohnkultur im Klettgau. Dichterstuben von Berta Hallauer, Albert Bächtold und Ruth Blum. Jakob Ritzmann Stube: Repräsentative Gemäldesammlung aus dem Schaffen des Kunstmalers. Darstellung der Geologie und der Dorfgeschichte. Landwirtschaftliche und kleingewerbliche Geräte und Werkzeuge.

Eröffnet: 1983
Gebäude: Schulhaus, 1555

WILDEGG AG

779 Schloss

Oberhalb des Dorfes Wildegg, Auffahrt zwischen Möriken und Wildegg
Postadresse: Schweizerisches Landesmuseum, Postfach 6789, 8023 Zürich; Tel. (01) 218 65 11, Fax (01) 211 29 49. Oder: Schloss Wildegg, 5103 Wildegg; Tel. (062) 893 10 33 (Verwalterehepaar Erland und Marianne Eichmann)
E-Mail: erland.eichmann@slm.admin.ch
URL: http://www.slmnet.ch
Geöffnet: 16. März–Okt.: Di–Sa 10–12, 14–17; So 10–17
Direktor: Dr. Andres Furger (Schweizerisches Landesmuseum)

Die Burganlage spiegelt das Leben einer schweizerischen Landjunkerfamilie seit dem 16. Jh. wider. Vom Vorratskeller über die Wohnräume bis zum Fechtsaal ist das Schloss weitgehend erhalten und mit originalem Mobiliar ausgestattet. Familiengeschichte der Effinger von Wildegg (1484–1912). Bibliothek und Archiv der Familie. – Der weitläufige Lust- und Nutzgarten ist nach zeitgenössischen Plänen um 1700 wieder hergestellt worden. Er zeigt eine Vielzahl alter Gemüse- und Obstsorten sowie Kräuter (1998).

Eröffnet: 1912
Gebäude: Schloss Wildegg, im 13. Jh. erbaut, im 16. und 18. Jh. stark erweitert und umgebaut

Schloss, 13. Jh.

WILDERSWIL BE

780 Dorfmuseum 🏠

Alte Mühle am Saxetbach
Postadresse: Heimatvereinigung Wilderswil, Präsident Rolf Weiss,
3812 Wilderswil; Tel. (033) 822 91 92
Geöffnet: Juni–Sept.: Do 19.30–21.30; Sa 17–19; So 10–12
Museumsleiter: Ueli Häsler, Bärenegg, 3658 Merligen; Tel. (033)
251 11 97

Betriebsbereite Mühlenanlage aus Holz «Rybi und Stampfi». Wechselausstellungen zu lokalgeschichtlichen und kulturellen Themen. Mineraliensammlung.

Eröffnet: 1988
Gebäude: Mühle, 13./15. Jh., in Betrieb bis 1890

WILDHAUS SG

781 Geburtshaus Huldrych Zwingli 🛡

Beim Hotel Friedegg
Postadresse: Verkehrsbüro, 9658 Wildhaus; Tel. (071) 999 27 27
Geöffnet: Jan.–Mitte Apr., Mitte Mai–Okt., Ende Dez.: Di–So
14–16. Ferner nach Vereinbarung mit Frau G. Jörin, Tel. (071)
999 21 78
Betreuer: Gertrud Jörin mit Betreuer-Team

Sammlung zur Erinnerung an den Reformator Huldrych Zwingli (1484–1531). Eingerichtete Kammern und Küche. Bibeln aus dem 16.–18. Jh. Faksimile-Ausgabe der Zwinglibibel von 1531.

Eröffnet: 1910
Gebäude: Geburtshaus des Reformators Huldrych Zwingli, erbaut 1450

WINGREIS BE

782 Stiftung Rebhaus

Rebhaus am östlichen Ende des Weilers
Postadresse: Rolf Müller, alte Post, 2513 Twann; Tel. (032) 315 17 88, Fax (032) 315 23 12
Geöffnet: Mai–Okt.: Sa 13.30–17. Ferner nach Vereinbarung (nur Gruppen ab 20 Pers.)
Leitung: Hermann Fiechter, Kurt Hubacher, Rolf Müller, Peter Schmied

Wohnräume 17./18. Jh. mit originaler Ausstattung (Saal, Schlafzimmer, Trinkstübchen, Küche usw.) im 1. Stock.

Eröffnet: 1981
Gebäude: Rebhaus, 15. Jh.

WINTERTHUR ZH

Übersicht

Fotomuseum	**783**
Gewerbemuseum	**784**
Kunstmuseum	**785**
Münzkabinett und Antikensammlung	**786**
Museum der Winterthur-Versicherungen	**787**
Museum Lindengut	**788**
Museum Oskar Reinhart am Stadtgarten	**789**
Museum Stiftung Jakob Briner	**790**
Naturwissenschaftliche Sammlungen	**791**
Sammlung Oskar Reinhart «am Römerholz»	**792**
Technorama der Schweiz	**793**
Uhrensammlung Kellenberger	**794**
Villa Flora / Sammlung Hahnloser	**795**

783 Fotomuseum □

Grüzenstrasse 44 (Bus 2 Richtung Seen bis Haltestelle Schleife)
Postadresse: Grüzenstr. 44, 8400 Winterthur; Tel. (052) 233 60
86, Fax (052) 233 60 97
E-Mail: fotomuseum@fotomuseum.ch
URL: http://www.fotomuseum.ch
Geöffnet: Di–Fr 12–18; Sa, So 11–17
Leiter: Urs Stahel

Internationale Fotokunst nach dem 2. Weltkrieg. Wechselausstellungen.

Eröffnet: 1993
Gebäude: Ehem. Fabrik, 1877 erbaut, 1993 umgebaut

784 Gewerbemuseum □

Kirchplatz 14, gegenüber der
Stadtkirche
Postadresse: Kirchplatz 14,
8400 Winterthur; Tel. (052)
267 51 36 (Sekretariat) und
267 51 35 (Ausstellung), Fax
(052) 213 64 19
URL: http://www.stadt-winterthur.ch
Geöffnet: Di–So 10–17; Do
10–20. Wegen Umbau
geschlossen bis ca. Mitte 1999
Leiterin: vakant

Darryle Hinz: Becher, 1981

Historisch gewachsene kunstgewerbliche Sammlung. Wechselausstellungen aus den Bereichen angewandte Kunst und Design. Periodisch aktualisierte Präsentation von Arbeiten heutiger Gestalterinnen und Gestalter. Dokumentationsstelle für zeitgenössisches Kunsthandwerk im Aufbau.

Eröffnet: 1875
Gebäude: Ehem. Mädchenschulhaus, 1848–52, Arch. Ferdinand Stadler,
Zürich

785 Kunstmuseum ▢

Museumstrasse 52
Postadresse: Postfach 378, 8402 Winterthur; Tel. (052) 267 51
62, Fax (052) 267 53 17
Geöffnet: Di 10–20; Mi–So 10–17
Direktor: Dr. Dieter Schwarz. **Wissenschaftliche Assistentin:** Christine Jenny

Piet Mondrian: Komposition A (1932)

Malerei: Schweizer Kunst ab dem 19. Jh. (Ferdinand Hodler, Giovanni Giacometti, Félix Vallotton, René Auberjonois, Adolf Dietrich, Max Bill, André Thomkins, Dieter Roth). Internationale Kunst vom Impressionismus bis zur Gegenwart (Vincent van Gogh, Odilon Redon, Pierre Bonnard, Edouard Vuillard, Oskar Kokoschka, Pablo Picasso, Georges Braque, Juan Gris, Robert Delaunay, Fernand Léger, Paul Klee, Hans Arp, Juan Miró, Max Ernst, René Magritte, Alexander Calder, Theo van Doesburg, Piet Mondrian, Wassily Kandinsky, Le Corbusier, Sophie Taeuber-Arp, Giorgio Morandi, Alberto Giacometti, Philip Guston, Eva Hesse, Agnes Martin, James Bishop, Brice Marden, Jerry Zeniuk, Gerhard Richter). Skulptur: Werke des 19. und 20. Jh. (Auguste Rodin, Aristide Maillol, Medardo Rosso, Constantin Brancusi, Wilhelm Lehmbruck, Max

Bill, Ruth Vollmer, David Rabinowitch). Graphische Sammlung mit ähnlichen Schwerpunkten. Die Sammlungsbestände vor 1900 sind in der Stiftung Oskar Reinhart ausgestellt.

Eröffnet: 1916
Gebäude: Museumsbau, 1914–15, Arch. Robert Rittmeyer und Walter Furrer. Erweiterungsbau, 1995, Architekten Annette Gigon und Mike Guyer

---

786 Münzkabinett und Antikensammlung ⬦

Lindstrasse 8, Villa Bühler
Postadresse: Postfach 428, 8401 Winterthur; Tel. (052) 267 51 46, Fax (052) 267 66 81
E-Mail: zaech@dial.eunet.ch
Geöffnet: Di, Mi, Sa, So 14–17
Konservator: Benedikt Zäch, lic.phil.

Chalkidischer Bund, Tetradrachmon, 4. Jh. v. Chr.

Antike, v.a. griechische Münzen. Schweizerische Münzen und Medaillen. Universalsammlung Münzen, Medaillen, Geldscheine. Werke der griechisch-römischen Kleinkunst. Grosse Gipssammlung antiker, vorzugsweise griechischer Münzen. Fachbibliothek. Wechselausstellungen zur Münz- und Geldgeschichte. Museumspädagogisches Angebot.

Eröffnet: 1861
Gebäude: Villa Bühler, 1867–1869, Architekt Friedrich von Rütte

787 Museum der Winterthur-Versicherungen

Museumstr. 19, Nähe Bushaltestelle «Obertor»
Postadresse: Postfach 357, General Guisan-Str. 40, 8401 Winterthur; Tel. (052) 261 11 11, Fax (052) 213 66 20 (Winterthur-Versicherungen)
Geöffnet: Nach Vereinbarung
Leiter ad interim: Walter Elsener

Ausschnitte aus der Firmengeschichte, eingebettet in das industrielle Umfeld und die Stadtgeschichte von Winterthur.

Eröffnet: 1987
Gebäude: Annexe Verwaltungsgebäude (1929–1931).

788 Museum Lindengut

Römerstrasse 8
Postadresse: Römerstr. 8, 8400 Winterthur; Tel. (052) 213 47 77 (Kasse) od. (052) 212 74 89 (Konservator)
Geöffnet: Di–Do, Sa 14–17; So 10–12, 14–17. Spielzeugausstellung im Kutscherhaus: Mi, So 14–17
Konservator: Renato Esseiva, Mittelschullehrer, St. Georgen-Str. 27, 8400 Winterthur; Tel. (052) 242 48 76

Geschichte Winterthurs von den Römern bis ins 19. Jh. Kunstgewerbe, v.a. Keramik, Wappenscheiben und Uhren des 16./17. Jh. Interieurs aus dem 18. Jh. Textilsammlung von Frau Dr. Lucie Wolfer-Sulzer (wird z.Z. neugestaltet). Spielzeugsammlung im Kutscherhaus.

Eröffnet: 1956
Gebäude: Landhaus, um 1780, in herrschaftlichem Park

Museum Lindengut

789 Museum Oskar Reinhart am Stadtgarten □

Stadthausstrasse 6
Postadresse: Stadthausstr. 6, 8400 Winterthur; Tel. (052) 267 51 72, Fax (052) 267 62 28
Geöffnet: Di 10–20, Mi–So 10–17
Konservator: Dr. Peter Wegmann

Werke schweizerischer, deutscher und österreichischer Künstler des 18.–20. Jh. Schweizer Malerei von Liotard über Füssli, Graff, Wolf, Agasse, Töpffer, Calame, Menn, Böcklin und Anker bis hin zu Hodler, Segantini und Giovanni Giacometti. Weitere Schwerpunkte: Kunst der deutschen Romantik (grösste Kollektion ausserhalb Deutschlands mit Friedrich, Runge, Kersting, Blechen, Schwind, Spitzweg), des Realismus und Idealismus (Waldmüller, Menzel, Thoma, Leibl, Trübner, Feuerbach, Marées) sowie des Impressionismus (Uhde, Liebermann, Slevogt). Graphische Sammlung mit Blättern vom 16. bis 20. Jh.

Eröffnet: 1951
Gebäude: Erbaut 1840 von Leonhard Zeugheer als Gymnasium, Bibliotheks- und Ausstellungsgebäude

790 Museum Stiftung Jakob Briner □

Rathaus, Marktgasse 20 (zusammen mit der Uhrensammlung Kellenberger)
Postadresse: Rathaus, 8400 Winterthur; Tel. (052) 267 51 26
Geöffnet: Di–Sa 14–17; So 10–12, 14–17
Konservator: Dr. Peter Wegmann, Museum Oskar Reinhart am Stadtgarten, Stadthausstr. 6, 8400 Winterthur; Tel. (052) 267 51 72

Gemälde-Sammlung: Malerei niederländischer und schweizerischer Meister des 17. Jh. (Bol, Both, Claesz, van Goyen, de Hooch, Lastman, Ostade, Ruisdael, van de Velde, de Witte). Einzelne kleinformatige Werke deutscher, französischer und englischer Maler des 16.–19. Jh. Englische, französische, deutsche, österreichische und schweizerische Bildnisminiaturen des 16.–19. Jh.

Eröffnet: 1970
Gebäude: Rathaus, 18.–19. Jh.

791 Naturwissenschaftliche Sammlungen ⌕

Museumstrasse 52 (im Kunstmuseum)
Postadresse: Museumstr. 52, Postfach, 8402 Winterthur; Tel.
(052) 267 51 66, Fax (052) 267 53 19
E-Mail: hk.schmutz@win.ch
Geöffnet: Di–So 10–17
Konservator: Dr. Hans-Konrad Schmutz

*Aug in Aug mit der
Natur*

Keralas Kindermuseum. – Mineralien und Gesteine. – Modelle
unserer Berge. – Einheimische und exotische Tiere. – Geschichten
aus der Erdgeschichte (v.a. Versteinerungen aus dem süddeutschen
Posidonienschiefer und aus der Elgger Molassekohle). Wechselausstellungen.

Eröffnet: 1917
Gebäude: Museumsbau, 1915–16, Arch. Robert Rittmeyer und Walter
Furrer

792 Sammlung Oskar Reinhart «am Römerholz» □

Haldenstrasse 95
Postadresse: Haldenstr. 95, 8400 Winterthur; Tel. (052) 269 27 40
(allgemeine Informationen), Tel. (052) 269 27 41 (Sekretariat/
Konservatorin), Fax (052) 269 27 43 (ab Dez. 1998)
Geöffnet: Di–So 10–17 (Wiedereröffnung: Dez. 1998)
Konservatorin: Dr. Mariantonia Reinhard-Felice

Privatsammlung im ehemaligen Wohnhaus des Sammlers. Etwa
200 Werke, zumeist Gemälde sowie Zeichnungen und Skulpturen,
der europäischen Kunst von der Spätgotik bis zur Schwelle der klas-
sischen Moderne. Arbeiten von Künstlern des 15.–19. Jh.: Matthias
Grünewald, Lucas Cranach d.Ä., Hans Holbein d.J., Gérard
David, Pieter Bruegel d.Ä., Peter Paul Rubens, Jacopo Bassano, El
Greco, Francisco de Goya, Nicolas Poussin, Jean-Baptiste-Siméon
Chardin, u.a. Schwerpunkt ist die französische Malerei des 19.Jh.
Klassizismus bis Realismus: Jacques-Louis David, Jean-Auguste-Domi-
nique Ingres, Théodore Géricault, Eugène Delacroix, Camille
Corot, Honoré Daumier, Gustave Courbet. Impressionismus: Camil-
le Pissarro, Edouard Manet, Edgar Degas, Alfred Sisley, Claude
Monet, Pierre-Auguste Renoir, Paul Cézanne. Postimpressionismus:
Henri de Toulouse-Lautrec, Vincent van Gogh, u.a. Einzelne Mei-
ster, vor allem des 19. Jh., sind mit grösseren Werkgruppen vertreten.

Eröffnet: 1970
Gebäude: Villa, 1915, Arch. Maurice Turrettini, Genf

Honoré Daumier: La partie de dames, 1860–65

793 Technorama der Schweiz

Technoramastrasse 1, Autobahnausfahrt A1 Oberwinterthur, Bus 5 und 12 ab HB Winterthur
Postadresse: Technoramastr. 1, Postfach 3, 8404 Winterthur; Tel. (052) 243 05 05, Fax (052) 242 29 67
E-Mail: technorama@spectraweb.ch
URL: http://www.technorama.ch
Geöffnet: Di–So 10–17
Direktor: Remo Besio

Wissenschaft und Technik in lebendiger Schau, Ausstellung als «Erfahrungsfeld der Sinne»: Ca. 500 interaktive Exponate (inkl. Jugendlabor) zu den Themen Automatik, Energie, klingendes Holz, Licht und Sicht, MatheMagie, Physik, Textil, Wasser/Natur/ Chaos. Elektrizität mit Hochspannung. Parkattraktionen: Fluggeräte, Minitechnorama, Parkbahn.

Eröffnet: 1982

794 Uhrensammlung Kellenberger

ab 1999 im Gewerbemuseum am Kirchplatz
Postadresse: Kirchplatz 14, 8400 Winterthur; Tel. (052) 267 51 26
URL: http://www.stadt-winter-thur.ch
Geöffnet: Di–Sa 14–17; So 10–12, 14–17. Ab Mitte 1999 im Gewerbemuseum (siehe dort)
Leiterin: vakant; *Konservatorin:* Brigitte Vinzens

Eiserne Konsolenuhr von Erhard Liechti, Winterthur, 1572

Sonnen-, Sand-, Öl- und v.a. Räderuhren 1500–1850. Schweizerische Holzräderuhren 1670–1840. Gross- und Kleinuhren des 16.–19. Jh. Viele Uhren in Betrieb.

Eröffnet: 1970
Gebäude: siehe Gewerbemuseum

795 Villa Flora / Sammlung Hahnloser

Villa Flora, Tösstalstrasse 44
Postadresse: Verwaltung, Stadthausstr. 6, 8400 Winterthur; Tel.
(052) 212 99 66, Fax (052) 212 99 65
Geöffnet: Di–Sa 14–17, So 11–15
Konservatorin: Dr. Ursula Perucchi. *Betriebsleiter:* Erwin Hohl

Kunstwerke aus den Beständen der ehemaligen Sammlung Hahnloser. Schwerpunkt: Französischer Nachimpressionismus mit den
Künstlergruppen der «Nabis» (Bonnard, Vallotton, Vuillard) und der
«Fauves» (Manguin, Matisse, Rouault) sowie ihrer Vorläufer (Cézanne, van Gogh, Redon).

Eröffnet: 1995
Gebäude: Villa Flora, 1846 erbaut, zwischen 1862 und 1927 mehrmals
erweitert und umgebaut

WITTENBACH SG

796 Ortsmuseum

Altes Schulhaus (Kellergewölbe), St. Ulrichsberg
Postadresse: Josef Herzog, Erlackerstr. 55, 9303 Wittenbach; Tel.
(071) 298 23 49
Geöffnet: Während Wechselausstellungen: Sa 18.30–19.30; So
10–12, 14–16. Ferner nach Vereinbarung mit Tel. (071) 298 23
49 od. 298 18 49
Präsident der Museums-Gesellschaft: Josef Herzog

Wohnkultur 18. und 19. Jh. Religiöse Volkskunst, Klosterarbeiten,
alte Musikinstrumente, Spielzeug. Wilhelm Lehmann-Stübchen mit
Holzschnitzereien. Zweitmuseum Oedenhof-Kronbühl (ehemalige
Scheune und Feuerwehrdepot in Bahnhofnähe): landwirtschaftliche
Gerätschaften, Schreiner- und Schuhmacherwerkstatt, Schulstube,
Mädchenhandarbeitseinrichtung, Hausmodelle.

Eröffnet: 1964
Gebäude: Keller des alten Schulhauses

P VMS/AMS

WOHLEN AG

797 Freiämter Strohmuseum

Bankweg 2, beim Kirchplatz
Postadresse: Bankweg 2, 5610 Wohlen; Tel. u. Fax (056) 622 60 26
Geöffnet: Jan.–Mitte Juli, Mitte Aug.–Dez.: Mi 14–18; Fr 15–20; Sa 10–12; So 14–16. Ferner Führungen nach Vereinbarung
Kurator: Dieter Kuhn. *Präsident der Stiftung Freiämter Strohmuseum:* Rudolf Morf, Tel. (056) 622 32 48

Biedermeierhut

Messgewand (Strohstickerei auf Leinen, 1750), Dutzende von Hüten und Strohgarnituren aus der Zeit von 1840–1900, Bordüren aus der Mitte des letzten Jahrhunderts, Modehüte und Hutgeflechte aus synthetischen Materialien (20. Jh.). Anhand dieser meist kunsthandwerklichen Erzeugnissen und Bildern, Geräten und Maschinen werden die Arbeitsgänge der alten Strohflechterei von der Roggenernte bis zum fertigen Hut erläutert, aber auch die Entwicklung von der Heimarbeit zur Fabrikarbeit ab 1860 aufgezeigt. Tonbildschau, Videofilm.

Eröffnet: 1976
Gebäude: Mehrzweckgeäude, Ende 19. Jh.

WOLFHALDEN AR

798 Museum

Haus zur alten Krone, an der Strasse nach Lachen
Postadresse: Museumsverein, Ernst Züst, Präsident, 9427 Wolfhalden; Tel. (071) 891 21 42
Geöffnet: Mai–Okt.: So 10–12. Ferner nach Vereinbarung (nur Gruppen)
Kustos: Ernst Züst, Lokalhistoriker

Ortsgeschichte, Heimweberei (Handwebstuhl für Seidenbeuteltuche), Obst- und Weinbau am Kurzenberg (Heiden, Wolfhalden, Lutzenberg).

Eröffnet: 1982
Gebäude: Rats- und Wirtshaus, 17. Jh.

WORBEN BE

799 Heimatmuseum

Im Dachstock des neuen Schulhauses, Oberer Zelgweg 4
Postadresse: Ulrich Jampen, Breitfeldstr. 5, 3252 Worben; Tel. (032) 384 27 50 (privat) od. (031) 330 53 13 (Geschäft)
Geöffnet: Nach Vereinbarung
Präsident des Vereins der Freundinnen und der Freunde des Heimatmuseums Worben: Ulrich Jampen

Geschichte des Alltags einer Gemeinde in der Schwemmlandebene der Aare. Unterrichtsbücher seit den Anfängen des kantonal-bernischen Schulwesens. Wechselausstellungen.

Eröffnet: 1958

WÜRENLOS AG

800 Emma-Kunz-Museum

Im Römersteinbruch
Postadresse: Emma Kunz Zentrum, Steinbruchstr. 5, 5436 Würenlos; Tel. (056) 424 20 60, Fax (056) 424 20 62
Geöffnet: Jan.–Nov.: Mo-Mi, Fr, Sa 14–17. Dez.: Sa 14–17
Leiter: Anton C. Meier

Schlüsselwerk der Aargauer Künstlerin, Forscherin und Naturheil-ärztin Emma Kunz (1892–1963). Ausgestellt sind 70 der wichtig-sten Bilder. Emma Kunz-Grotte (Besichtigung auf Voranmeldung).

Eröffnet: 1991
Gebäude: Ehem. Steinbruchgebäudet

P

YVERDON-LES-BAINS VD

801 Maison d'Ailleurs

Place Pestalozzi 14, près du château
Adresse postale: Place Pestalozzi 14, case postale 3181, 1401 Yverdon-les-Bains; tél. (024) 425 64 38, fax (024) 425 65 75
Ouvert: ma–di 14–18 (en cas d'exposition)

Collections consacrées à l'utopie, à la science-fiction et aux voya-ges extraordinaires: livres, périodiques, affiches, peintures, gravu-res, dessins, autographes, calendriers, photos de films, vêtements, jeux, bijoux, documents sonores et bandes vidéo.

Ouverture en: 1976
Bâtiment: Anciennes prisons d'Yverdon, 1806

802 Musée du château

Château
Adresse postale: Case postale 326, 1400 Yverdon-les-Bains; tél. (024) 425 93 10, fax (024) 425 93 12
Ouvert: Janv.–mai: ma–di 14–17. Juin–sept.: ma–di 10–12, 14–17. Oct.–déc.: comme janv. En outre sur demande (groupes et classes)
Président: Daniel de Raemy. *Conservateurs:* René Despland (pré-histoire); Rodolphe Kasser (protohistoire et histoire); Louis Vuille, Louise Decoppet (iconographie); Denise Cornamusaz (ethno-graphie); Françoise Waridel (Pestalozzi); Sylvia Bracher (Musée de la Mode); Jacques Bonhôte (sciences naturelles). *Conservatrice-adjointe:* France Terrier

Collection préhistorique (du Néolithique à l'âge de Bronze), proto-historique, gallo-romaine et médiévale provenant des fouilles archéologiques d'Yverdon et de la région. Iconographie et objets (mobilier, outils, livres et armes) relatifs au passé de la ville. Salle Pestalozzi où est évoqué le séjour du pédagogue à Yverdon (1805–1825). Collections d'égyptologie (momie égyptienne pto-lémaïque avec son Livre des Morts) et d'ethnographie (objets amér-indiens, art et artisanat d'Extrême-Orient). Faune de la région, présentée en grande partie sous forme de dioramas. Musée de la Mode (vêtements et accessoires vestimentaires datant de 1850 à nos jours). Trois nouvelles salles consacrées à la navigation antique, thème organisé autour de deux embarcations authentiques découvertes à Yverdon-les-Bains.

Ouverture en: 1899
Bâtiment: Château édifiée entre 1260 et 1270 sur l'ordre de Pierre de Savoie. Siège des seigneurs savoyard, 13e s., siège des baillis bernois de 1536 à 1798; Pestalozzi y dirigea son institut de garçons de 1805 à 1825

P ni VMS AMS

ZEIHEN AG

803 Dorfmuseum

Im Gemeindehaus
Postadresse: Gemeindekanzlei, 5079 Zeihen; Tel. (062) 867 40 40
Geöffnet: Nach Vereinbarung

Dorfaltertümer. Werkzeuge und Geräte, nur teilweise aus der Gegend. Mineralien, Fossilien, Steine. Die ältesten Alphörner der Schweiz.

Eröffnet: 1975

P

ZERMATT VS

804 Alpines Museum

Unterhalb der englischen Kirche
Postadresse: 3920 Zermatt; Tel. (027) 967 41 00
Geöffnet: Mitte Dez.–Mai: Mo–Fr, So 16.30–18.30. Juni–Okt.: Mo–So 10–12, 16–18
Konservator: Willy Hofstetter, Eistje, 3920 Zermatt; Tel. (027) 967 27 22

Dokumentation zur Erschliessung der Zermatter Berge, insbesondere des Matterhorns. Alpinistische Ausrüstung der Pionierzeit. Kartografische und volkskundliche Dokumente. Zwei Reliefs: Matterhorn und Zermatter Bergwelt. Geologie. Einheimische Tier- und Pflanzenwelt. Wohnen im 17. Jh. Sennerei.

Eröffnet: 1958
Gebäude: Chaletbau

805 Radio Matterhorn Museum

Im Haus Glacier Sport an der Bahnhofstrasse
Postadresse: Stephan Perren, Radio Matterhorn AG, Bahnhofstrasse, 3920 Zermatt; Tel. (027) 967 44 55
Geöffnet: 17–18.30
Leiter: Stephan Perren

«Vom Genfersee zum Matterhorn – die ersten 60 Jahre Rundfunk in der Schweiz von 1923–1983» Radio- und Fernsehempfänger. Studio und Sendeanlage von Radio Matterhorn, der damals bekannten Rundfunkstation.

Eröffnet: 1995

ZERNEZ GR

806 Chasa dal Parc / Nationalparkhaus

500 m vom Dorfzentrum in Richtung Ofenpass auf der rechten Seite
Postadresse: 7530 Zernez; Tel. (081) 856 13 78 (Museum / Rezeption) od. 856 12 82 (Direktion), Fax (081) 856 17 40
URL: http://www.nationalpark.ch
Geöffnet: Juni–Okt.: Mo–So 8.30–18, Di 8.30–22

Informationszentrum zur Vorbereitung des Besuchs im Schweizerischen Nationalpark. Überblick über die Erdgeschichte, die Lebensräume, die Tiere, die Pflanzen und die Nutzungsgeschichte des Nationalparks. Video, Multimediaschau. Digitales Besucher-Informationssystem. Die wissenschaftlichen Sammlungen werden vom Bündner Naturmuseum Chur verwaltet.

Eröffnet: 1968

ZIEFEN BL

807 Dorfmuseum

Schulhaus / Mehrzweckgebäude
Postadresse: Hans-Rudolf Wahl, Hauptstr. 41, 4417 Ziefen; Tel.
(061) 931 27 42
Geöffnet: Jan.–Juni, Sept.–Dez.: 1. So im Monat 14–17. Ferner
nach Vereinbarung
Präsident: Hans-Rudolf Wahl. **Vize-Präsidentin:** Elisabeth Tschopp

Posamenterstube mit dazugehörenden Maschinen; Posamenterstuhl
in Betrieb. Ländliche Wohnkultur aus der Zeit der Posamenterei.
Waschhaus (Buuchhüsli) mit Einrichtung am Dorfbach.

Eröffnet: 1980

ZILLIS / ZIRAN GR

808 Ausstellung Kirche Zillis

Am Postplatz
Postadresse: 7432 Zillis-Reischen; Tel. (081) 661 22 55
Geöffnet: Apr.–Okt.: Mo–So 9–11.30, 13–17
Leitung: Felix Werner Nötiger; Tel. (081) 661 22 22

Didaktische Ausstellung mit einzelnen Objekten zum besseren Ver-
ständnis der romanischen Bilderdecke von St. Martin in Zillis.
Modelle, Audiovision, Rekonstruktionen. Wechselausstellungen.

Eröffnet: 1993

809 Schamser Talmuseum / Tgea da Schons

Bei der Kirche
Postadresse: Cuminànza culturala Val Schons; Cristian Joos,
Obere Plessurstr. 47, 7000 Cuira / Chur; Tel. (081) 252 97 66
Geöffnet: Juli, Aug.: Mo–So 10–12, 14–17. Sept.: So 10–12,
14–17. Ferner nach Vereinbarung (nur Gruppen); Tel. (081) 661
14 19 mittags und abends (Helene Michael, Aufsicht)
Präsident: Cristian Joos. **Betreuerin:** Helene Michael

Gegenstände hauptsächlich aus dem Schams. Mineralien. Alte
Ansichten des Tales (Viamala). Kirchliche Altertümer. Werkzeuge
und landwirtschaftliches Gerät. Mühle. Küche, Wohnkultur. Textilien. Rätoromanische Schriften. Tonbildschau.

Eröffnet: 1970
Gebäude: Mittelbündnerisches Bauernhaus, 1580

ZIMMERWALD BE

810 **Blasinstrumenten-Sammlung**

Beim Dorfbrunnen
Postadresse: Musik Burri, Morillonstr.11, 3007 Bern; Tel. (031)
371 83 78
Geöffnet: Nach Vereinbarung
Eigentümer: Musik Burri, Blasinstrumentenmacher

Entwicklung der Blasinstrumente von den Naturhörnern bis zur
Gegenwart. Kesselinstrumente: Trompeten, Posaunen, Zinken; Flö-
teninstrumente: Schnabel- und Querflöten; Rohrblattinstrumente:
Schalmeien, Oboen, Fagotte (Doppelrohrblatt). Schlaginstrumente.
Instrumente der schweizerischen Militärmusik. Französischer Jugend-
stil-Musiksalon. Werkstatt für Blechblasinstrumente aus der ersten
Hälfte des 20. Jh. Besondere Sammlung schweizerischer Instrumen-
te.

Eröffnet: 1970
Gebäude: Fachwerkbau, ca. 1840, ehemaliges Restaurant der Pension
Beau-Séjour

P

ZINAL VS

811 **Maison du Vieux-Zinal** ⌂

Au centre du Vieux-Village
Adresse postale: Georges Vianin, 3961 Zinal; tél. (027) 475 10
35
Ouvert: Juil., août: ve 16. En outre sur rendez-vous
Responsable: Georges Vianin, guide-prof. de ski

Logis conservé dans une vieille maison de Zinal: cuisine, chambre.

Ouverture en: 1967

ZOFINGEN AG

812 Museum 🏠

General-Guisan-Strasse 18, neben dem Schulhaus
Postadresse: General-Guisan-Str. 18, 4800 Zofingen; Tel. (062)
751 67 63
Geöffnet: Mi 14–17; So 10–12 (ausser während der Sommerferien). Ferner nach Vereinbarung.
Konservatoren: Ulrich Lienhard, Ulmenweg 2, 4805 Brittnau
(Naturhistorische Abteilung); René Wyss, Obere Mühlemattstr. 65,
4800 Zofingen (Historische Abteilung)

Naturhistorische Abteilung: Region und Schweiz. Zoologische
Sammlung von den Wirbellosen bis zu den Säugetieren; botanische Schau- und Lehrobjekte; Lebensbilder der Natur; Mineralien;
Gesteine und Geologie; Fossilien; Sonderausstellungen. Historische
Abteilung: Ur- und Frühgeschichte der Region; frühmittelalterliche
Grabfunde aus der Stadtkirche; Geschichte der Stadt Zofingen;
Waffen und Uniformen für das städtische Wehrwesen; Glasgemälde und Uhren; Sammlung der Zofinger Zinngiesser; bürgerliche
Wohnkultur; Münzen und Medaillen; Masse und Gewichte der
Stadt; Stempel und Dokumente der Zofinger Zünfte; alte Druckerei
und Textilmaschinen; Studentenverbindung «Zofingia». «Ringier-
Museum»: Entwicklung der Druckereikunst und -technologie,
Geschichte des Ringier Unternehmens von der ersten Buchdruckerei
1833 bis zur heutigen Pressegruppe. Sonderausstellungen.

Eröffnet: 1901
Gebäude: Neurenaissancebau, 1901

ZOLLIKON ZH

813 Eisenplastik-Sammlung Koenig ☐

Dufourplatz, Zolliker-Str. 86
Postadresse: Stiftung für Eisenplastik, Sammlung Dr. Hans Koenig,
Zolliker-Str.86, 8702 Zollikon; Tel. und Fax (01) 391 37 10,
Natel (079) 326 06 90
Geöffnet: Villa: Mi 14–20; Sa, So 13–17. Ferner nach Vereinbarung. – *Park:* Mo–So 9–Sonnenuntergang
Eigentümer: Dr. Hans Koenig. *Kuratorin:* Kathrin Frauenfelder

Sammlung Eisenplastiken. Villa: Jährlich dreimal wechselnde Präsentationen von Werken sowohl schweizerischer wie international bekannter Künstler (u.a. Max Bill, Jean Tinguely, Bernhard Luginbühl). – Park: Über 20 Grossplastiken, die z.T. speziell für den Standort geschaffen worden sind, u.a. von Silvio Mattioli, Oscar Wiggli, Josef Staub, Jürg Altherr.

Eröffnet: 1992
Gebäude: Villa, 1923

---

814 Ortsmuseum

«Haus zum Felsengrund», Oberdorfstrasse 14
Postadresse: Oberdorfstr. 14, 8702 Zollikon; Tel. u. Fax (01) 391 35 65
Geöffnet: Sa, So 14–17 (ausser während der Schulferien). Ferner nach Vereinbarung
Kurator: Thomas Müller, Kornhausstr. 46, 8006 Zürich; Tel. (01) 361 86 29 (privat) od. 259 41 01 (Geschäft)

Zolliker Ur- und Frühgeschichte. Der Zolliker Wald (politische, wirtschaftliche, kultur- und naturgeschichtliche Aspekte): Holzkorporation, Werkzeuge der Holzverarbeitung. Geräte für Landwirtschaft, u.a. Rebbau und Haushalt. Ortsgeschichte. Reminiszenzen aus dem Leben des Kunstmalers und Karikaturisten Fritz Boscovits (1871–1965), der von 1917 bis fast zu seinem Tod das Haus bewohnte. Wechselausstellungen.

Eröffnet: 1961
Gebäude: Ehem. Weinbauernhaus, 1528–29 und Wohnhaus des Kunstmalers und Karikaturists Fritz Boscovits (1871–1965)

ZUG ZG

Übersicht

Afrikamuseum	**815**
Fischerei-Museum	**816**
Kantonales Museum für Urgeschichte	**817**
Kunsthaus	**818**
Museum in der Burg	**819**

815 Afrikamuseum

St. Oswaldsgasse 17 (bei Oswaldkirche)
Postadresse: St. Petrus-Claver-Sodalität, St. Oswaldsgasse 17,
6300 Zug; Tel. (041) 711 04 17, Fax (041) 711 59 17
E-Mail: pclaver@swissonline.ch
Geöffnet: Mo–Fr 9–11.30, 14–17.30. Ferner nach Vereinbarung

Masken und Fetische, hauptsächlich aus Zentralafrika, vom
Urstamm der Hamiten- und Bantuvölker. Nagelfetische, Schnitze-
reien aus Elfenbein und Ebenholz, Haushaltgegenstände, Schmuck,
Musikinstrumente, Arbeitswerkzeuge, Jagdwerkzeuge; präparierte
Tiere der afrikanischen Fauna.

Eröffnet: 1907
Gebäude: Brandenberghaus, 1540

816 Fischerei-Museum

Altstadt-Untergasse 16
Postadresse: Rolf Longhi, Ammannsmatt 43, 6300 Zug; Tel. (041)
741 87 19
Geöffnet: Nach Vereinbarung. Rolf Longhi, Tel. (041) 741 87 19,
Franz Schön, Tel. (041) 761 59 48, Hans Acklin, Tel. (041) 711
06 47
Leiter: Rolf Longhi. *Stellvertreter und Betriebsleiter:* Franz Schön

Fischfangmethoden und Fischereigeräte von gestern und heute.
Historische Abteilung: Zugerrötel, die Entwicklung des Zuger Brut-
glases, Einbaum eines Berufsfischers mit Geräten. Aktive Fischbrutanstalt, in der von Dezember bis Mai die Entwicklung vom Ei bis
zum Fisch (Zugerrötel, Forellen, Felchen, Hecht) miterlebt werden
kann.

Eröffnet: 1892
Gebäude: Ehem. Kaufhaus

817 Kantonales Museum für Urgeschichte

Hofstr. 15
Postadresse: Hofstr. 15, 6300 Zug; Tel. (041) 728 28 80, Fax (041) 728 28 81
E-Mail: kmuz@zugernet.ch
Geöffnet: Di–So 14–17
Konservatorin: Irmgard Bauer, lic. phil.; *stellv. Konservatorin:* Sabine Bolliger Schreyer, lic. phil.

Lebensbild: Jungsteinzeitliches Mädchen am Mühlestein

«Erlebnismuseum» mit lebensechten Rekonstruktionen, Siedlungsmodellen, Kindergalerie; Ur- und frühgeschichtliche Bodenfunde des Kantons Zug; Nachbau eines spätbronzezeitlichen Hauses; Forschungsgeschichte mit Vitrinen aus der Gründerzeit.

Eröffnet: 1930

818 Kunsthaus

Dorfstrasse 27 (Liegenschaft «Hof im Dorf»)
Postadresse: Postfach 903, 6301 Zug; Tel. (041) 711 11 50, Fax (041) 710 44 65
E-Mail: kunsthauszug@bluewin.ch
Geöffnet: Di–Fr 12–18; Sa, So 10–17. Ferner nach Vereinbarung
Konservator: Matthias Haldemann, lic.phil. *Administration:* Evelyne Lohm, Beatrice Räber

Sammlung Wiener Moderne: Klimt, Gerstl, Hoffmann, Schiele, Kokoschka, Wotruba u.a. Schweizer Kunst im 20. Jh. (Surrealismus und Phantastik). Figurative Schweizer Plastik. Mehrjährige Zusammenarbeit mit Tadashi Kawamata und Richard Tuttle. Wechselausstellungen.

Eröffnet: 1990
Gebäude: Wohnhaus, um 1526; modern umgebautes Ökonomiegebäude aus neuerer Zeit

Kunsthaus Zug

819 Museum in der Burg

Kirchenstrasse 11
Postadresse: Kirchenstrasse 11, 6300 Zug; Tel. (041) 728 32
97, Fax (041) 728 32 98
Geöffnet: Di–Fr 14–17; Sa, So 10–12, 14–17
Konservator: Dr. Rolf Keller. **Wiss. Mitarbeiter:** Dr. Mathilde Tobler, Alex Claude

*Tragorgel, 1755
datiert, von Victor
Ferdinand Bossard*

Historische Sammlung von Stadt und Kanton Zug. Archäologie des
Mittelalters und der Neuzeit. Kirchliche Kunst, 13.–19. Jh.: Altäre,
Skulpturen, Gemälde, Paramente, Textilien, Goldschmiedearbeiten, Glocken usw. Malerei (profan 17.–20. Jh.), Literatur, historische Zimmer, Möbel, Kostüme und Trachten. Kunsthandwerk:

Goldschmiedekunst, Zinnguss, Glasmalerei, Uhren. Staatsaltertümer, Münzen, Masse und Gewichte, Uniformen, Rüstungen, Waffen, Fahnen. Handwerkliche Geräte, Haushaltgeräte. Topographische Ansichten. Stadtgeschichte durch das «Sprechende Stadtmodell». Ausstellungsbauten im Graben: Artillerie, Handwerk und Kunsthandwerk (Schuhmacherei, Ziegelei, Hafner)

Eröffnet: 1982
Gebäude: Burg, um 1200 anstelle älterer Bauten errichtet, bis ins 18. Jh. Erweitert

ZÜRICH ZH

Übersicht

Anthropologisches Museum der Universität	**820**
Archäologische Sammlung der Universität	**821**
Atelier Hermann Haller	**822**
Botanischer Garten der Universität	**823**
Coninx Museum	**824**
Geologisch-mineralogische Ausstellung der ETH	**825**
Graphische Sammlung der ETH	**826**
Haus für konstruktive und konkrete Kunst	**827**
Helmhaus	**828**
Indianermuseum der Stadt	**829**
Johann Jacobs Museum	**830**
Keramiksammlung Zunfthaus zur Meisen	**831**
Kriminalmuseum	**832**
Kulturama / Museum des Menschen	**833**
Kunsthalle	**834**
Kunsthaus	**835**
Maskenmuseum	**836**
Medizinhistorisches Museum der Universität	**837**
Metzgermuseum Zunft zum Widder	**838**
Moulagensammlung des Universitätsspitals und der Universität	**839**

Mühlerama	**840**
Museum Bellerive	**841**
Museum der Zürcher Stadtentwässerung	**842**
Museum für Gegenwartskunst	**843**
Museum für Gestaltung	**844**
Museum Rietberg	**845**
Museum Schweizer Hotellerie und Tourismus	**846**
Paläontologisches Museum der Universität	**847**
Schweizerisches Landesmuseum	**848**
Shedhalle	**849**
Städtische Sukkulentensammlung	**850**
Stiftung Sammlung E.G. Bührle	**851**
Thomas-Mann-Archiv der ETH	**852**
Tram-Museum	**853**
Uhrenmuseum Beyer	**854**
Völkerkundemuseum der Universität	**855**
Wohnmuseum Bärengasse / Puppenmuseum Sasha Morgenthaler	**856**
Zinnfiguren Museum	**857**
Zoo	**858**
Zoologisches Museum der Universität	**859**
Zürcher Spielzeugmuseum	**860**
ZÜRICH–ALBISRIEDEN ZH Ortsmuseum / Mühle	**861**
ZÜRICH–ALTSTETTEN ZH Ortsmuseum «Studer-Haus»	**862**
ZÜRICH–HÖNGG ZH Ortsmuseum	**863**
ZÜRICH–SCHWAMENDINGEN ZH Ortsmuseum	**864**
ZÜRICH–WIEDIKON ZH Heimat- und Ortsmuseum	**865**
ZÜRICH–WOLLISHOFEN ZH Ortsmuseum	**866**
Radiomuseum	**867**

820 Anthropologisches Museum der Universität

Universität Zürich-Irchel, Winterthurerstrasse 190
Postadresse: Winterthurerstrasse 190, 8057 Zürich; Tel. (01) 635
54 11, Fax (01) 635 68 04
E-Mail: smidi@aim.unizh.ch
URL: http://www.anthro.unizh.ch
Geöffnet: Di–Fr 9–16; Sa, So 10–16
Direktor: Prof. Dr. Robert Denis Martin

Darstellung der Evolution des Menschen: der Mensch zeigt Eigenschaften (u.a. Greifhand, Erinnerungsvermögen, Farbensehen, Nahrung mit einem hohen Anteil Früchten und Fasern, intensive Jungenpflege), die man bei grösseren, baumlebenden Säugetieren beobachten kann. Im Laufe der Zeit hat das Klima, die Vegetation und damit die Tierwelt ihren Charakter verändert. Fossile Zeugen weisen den Weg der Veränderungen, die den Menschen heute von den Affen abgrenzen lassen.

Eröffnet: 1984
Gebäude: Universität Zürich-Irchel, moderner Bau

---

821 Archäologische Sammlung der Universität

Rämistrasse 73, zwischen Universität-Zentrum und ETH-Zentrum
Postadresse: Rämistr. 73, 8006 Zürich; Tel. (01) 634 28 11 u.
634 28 20, Fax (01) 634 49 02
E-Mail: mangoe@archinst.unizh.ch
Geöffnet: Di–Fr 13–18; Sa, So (ausser Feiertagen) 11–17:
Abgusssammlung: Mo–Fr 9–20.
Direktor: Prof. Dr. Hans Peter Isler. *Assistenten:* Dr.des. Elena
Mango; Sabrina Buzzi, lic.phil.I.

Ägyptische und neuassyrische Reliefs und Kleinkunst. Objekte aus dem minoischen, mykenischen, griechischen, etruskischen, unteritalischen, sizilischen und römischen Raum, insbesondere Tongefässe, Kleinbronzen, Schmuck, Glas, Münzen sowie verschiedene Mumienbildnisse, Statuen und Porträts. Multimedia-Stationen. Umfangreiche Abguss-Sammlung.

Eröffnet: 1856
Gebäude: 1893–94 durch Otto Weber, einem Schüler von G. Semper, erbaut

822 Atelier Hermann Haller □

Ecke Höschgasse/Bellerivestrasse, Nähe Zürichhorn, Seefeld, gegenüber Museum Bellerive
Postadresse: Präsidialdepartement der Stadt Zürich, Stadthaus, 8022 Zürich; Tel. (01) 216 31 11; Tel. des Ateliers: (01) 383 42 47
Geöffnet: Juni–Aug.: Mi–So 12–18
Leitung: Präsidialdepartement der Stadt Zürich

Kleine Sammlung von Skulpturen des Bildhauers Hermann Haller (1880–1950).

Eröffnet: 1954
Gebäude: Arbeitsatelier Hermann Haller, 1937

823 Botanischer Garten der Universität ♀

Zollikerstrasse 107 und Park «Zur Katz» (alter Botanischer Garten), Pelikanstrasse 40
Postadresse: Zollikerstr. 107, 8008 Zürich; Tel. (01) 634 84 11, Fax (01) 634 84 04
E-Mail: enz@systbot.unizh.ch
URL: http://www.unizh.ch/bguz
Geöffnet: Jan., Febr.: Mo–Fr 8–18; Sa, So 8–17. März–Sept.: Mo–Fr 7–19; Sa, So 8–18. Okt.–Dez.: wie Jan. – Schauhäuser: Mo–So 9.30–11.30, 13–16
Direktoren: Prof. Dr. Christopher D.K. Cook und Prof. Dr. Peter K. Endress. *Technischer Leiter:* Peter Enz. *Konservator (Herbarium):* Prof. Dr. Christopher D.K. Cook

Grösse 5,3 ha, ca. 10'000 Pflanzenarten aus allen Kontinenten. Spezialitäten: Farne, fleischfressende Pflanzen, Mittelmeerpflanzen, Medizinal- und Heilpflanzen, Färbepflanzen, Wasserpflanzen, Zaubernussgewächse, Pflanzen aus dem Subtropen-, Savannen- und Tropen-Bereich (inkl. Nutzpflanzen, Epiphyten und Orchideen). – Park «Zur Katz» (alter Botanischer Garten): Seltene Gehölze, Gessnergarten.

Eröffnet: 1977
Gebäude: Historischer Glaspavillon 1851 (ehem. Palmenhaus) im Park «Zur Katz»

824 Coninx Museum □

Nähe Klusplatz (Tram 3, 8, 15), Wegweiser beachten
Postadresse: Heuelstr. 32, 8032 Zürich; Tel. u. Fax (01) 252 04 68
Geöffnet: Hinweise in der Tagespresse oder nach Vereinbarung
Konservatorin: Cynthia Gavranic, lic.phil.

Sammlung des Malers und Mäzens Werner Coninx (1911–1980): asiatische Kunst (Malerei und Skulpturen aus Indien, China und Indochina), reiche Sammlung von Schweizer Künstlern, vorwiegend aus der Zeit zwischen 1850–1950, sowie eine grosse Zahl internationaler Graphik, Altmeisterzeichnungen und -drucke. Wechselausstellungen.

Eröffnet: 1990
Gebäude: Villa erbaut 1912 durch die Architekten Pfleghard & Haefeli als Landsitz im Heimatstil

825 Geologisch-mineralogische Ausstellung der ETH ♦

ETH-Zentrum, Naturwissenschaften Ost, Sonneggstrasse 5
Postadresse: ETH-Zentrum, 8092 Zürich; Tel. (01) 632 37 87, Fax (01) 632 10 88
E-Mail: brack@erdw.ethz.ch
URL: http://www.erdw.ethz.ch/geosamml
Geöffnet: Mo–Fr 10–18; Sa 10–16
Konservatoren: Dr. Peter Brack, Departement für Erdwissenschaften, ETH Zürich (Mineralogie, Petrographie), Dr. Milena Pika-Biolzi (Geologie, Paläontologie)

*Rutil
(Sagenitgewebe)
auf Quarz,
St. Gottard*

Die Ausstellung umfasst einen kleinen Teil der erdwissenschaftlichen Sammlungen der ETH-Zürich (einzige eidgenössische und zugleich umfangreichste Sammlung ihrer Art in der Schweiz): Geologie (allgemein und regional), Paläontologie, Mineralogie und Petrographie, insbes. Kluftmineralien der Alpen nebst anderen Mineralstufen aus Europa.

Eröffnet: 1925

---

826 Graphische Sammlung der ETH ☐

ETH-Hauptgebäude, E 52, Eingang Karl Schmid-Strasse
Postadresse: ETH-Zentrum, Rämistr. 101, 8092 Zürich; Tel. (01) 632 40 46, Fax (01) 632 11 68
E-Mail: tanner@gs.huwi.ethz. Ch
Geöffnet: Mo–Fr 10–17, Mi 10–20
Leiter: Paul Tanner, lic.phil. *Konservatorin:* Eva Korazija, lic.phil.

Alte und moderne Druckgraphik sowie Handzeichnungen. Werke von Martin Schongauer, Albrecht Dürer, Jacques Callot, Rembrandt Harmensz van Rijn, Giovanni Battista Piranesi, Francisco Goya u.a.; europäische Graphik des 19. und 20. Jh.; schweizerische Graphik des 15.–20. Jh.; zeitgenössische Kunst auf Papier. Wechselausstellungen.

Eröffnet: 1867
Gebäude: Hauptgebäude der ETH, Arch. Gottfried Semper

---

827 Haus für konstruktive und konkrete Kunst ☐

Tiefenbrunnen
Postadresse: Seefeldstr. 317, 8008 Zürich; Tel. (01) 381 38 08, Fax (01) 382 05 92
Geöffnet: Di–Fr 10–12, 14–17; Sa, So 10–17
Präsidentin: Dr. Ellen Ringier. *Kuratorin:* Elisabeth Grossmann

Schweizer Forum für konstruktive und konkrete Kunst. Werkgruppen der Zürcher Vertreter Bill, Graeser, Glarner, Hinterreiter, Loewensberg, Lohse. Originalesszimmer von Fritz Glarner, sog. «Dining Room» für Nelson A. Rockefeller, New York, 1964. Internationale Wechselausstellungen.

Eröffnet: 1987
Gebäude: Ehem. Fabrik

828 Helmhaus

Limmatquai 31
Postadresse: Limmatquai 31, 8001 Zürich; Tel. (01) 251 61 77,
Fax (01) 261 56 72
Geöffnet: Di, Mi 10–18; Do 10–20; Fr–So 10–18
Leitende Kuratorin: Dr. Marie-Louise Lienhard

Wechselausstellungen: zeitgenössische bildende Kunst, Schwergewicht Schweiz.

Eröffnet: 1988
Gebäude: Angebaut an Wasserkirche

829 Indianermuseum der Stadt

Schulhaus Feldstrasse, Feldstrasse 89, Tram 8, Bus 31 bis Hohl-
strasse
Postadresse: Feldstrasse 89, 8004 Zürich; Tel. u. Fax (01) 241
00 50
URL: http://www.museen.zuerich.ch
Geöffnet: Mi 14–17; Do 17–20; Fr, Sa 14–17; So 10–13
Leitende Konservatorin: Denise Daenzer. *Wiss. Mitarbeiterin u.
stellv. Leiterin:* Tina Wodiunig

Rund 2000 Objekte. Kollektion kolorierter Stiche des Zürcher Indi-
anermalers Karl Bodmer. Aus Platzgründen ist jeweils nur ein Teil
der Sammlung in Wechselausstellungen zu sehen. Fachbibliothek
nur für Studienzwecke.

Eröffnet: 1962

830 Johann Jacobs Museum

Seefeldquai 17 / Ecke Feldeggstrasse
Postadresse: Seefeldquai 17, Postfach , 8034 Zürich; Tel. (01)
388 61 51, Fax (01) 388 61 53
Geöffnet: Fr, Sa 14–17; So 10–17. Öffentl. Führungen jeden 2.
u. 4. Fr im Monat um 17 Uhr. Bibliothek: Mo–Do 8.30–17.30; Fr
8.30–12.30 (Besuch der Präsenzbibliothek nur mit Voranmeldung)
Leiterin: Gabrielle Obrist

*Japanisches Liebes-
paar am Kaffeetisch,
Modell von Joachim
Kaendler (Meissen),
um 1745*

Sammlung zur Kulturgeschichte des Kaffees: Literatur, Graphik, Gemälde, Porzellan und Silber. Der Einfluss des Kaffeegenusses auf das kulturelle und gesellschaftliche Leben in Europa.

Eröffnet: 1984
Gebäude: Ehem. Villa des Ingenieurs Ernst, erbaut 1913 von Otto Honegger im Stile eines Berner Patrizierhauses

VMS
AMS

831 Keramiksammlung Zunfthaus zur Meisen

Münsterhof 20, beim Fraumünster
Postadresse: Schweizerisches Landesmuseum, Postfach 6789, 8023 Zürich; Tel. des Zunfthauses: (01) 221 28 07
URL: http://www.slmnet.ch
Geöffnet: Di–So 10.30–17
Direktor: Dr. Andres Furger (Schweizerisches Landesmuseum)

Fayencen und Porzellan des 18. Jh. aus schweizerischen Manufakturen, bes. Erzeugnisse der Zürcher Porzellanmanufaktur im Schooren bei Kilchberg (1763–90); Gedecke, u.a. Einsiedler-Service (1775 Geschenk der Stadt an das Kloster), Einzelstücke, Figuren. Öfen.

Eröffnet: 1956
Gebäude: Zunfthaus zur Meisen, 1752–57

832 Kriminalmuseum

Neben der ehemaligen Kaserne
Postadresse: Hans Schubiger, Postfach 370, 8021 Zürich; Tel.
(01) 247 22 11, Fax (01) 242 41 94
Geöffnet: Jan.–Mitte Juli, Mitte Aug.–Dez.: nach Vereinbarung (nur
volljährige Besucher). Anmeldung Mo–Fr 8–9, 14–15
Leiter: Hans Schubiger

Geschichte der Kantonspolizei Zürich. Geschichte des Strafvollzu-
ges. Geschichte des Verbrechens und der Verbrechensbekämp-
fung. Waffensammlung.

Eröffnet: 1959

VMS
AMS

833 Kulturama / Museum des Menschen ♀

Birmensdorferstrasse 318, Tram 9 und 14 bis Talwiese
Postadresse: Postfach 9012, 8036 Zürich; Tel. (01) 463 26 20,
Fax (01) 463 27 30
E-Mail: kulturama@bluewin.ch
Geöffnet: Di–Fr 14–17; So 10–17. Für Gruppen und Schulklas-
sen: Di–Fr 9–12 (nach Vereinbarung)
Direktorin: Dr.phil. Claudia Rütsche

Skelett von Mensch und Löwe im Vergleich

Paläontologische Sammlung: friesartige, chronologische Darstellung der Evolution der Erde sowie des pflanzlichen, tierischen und menschlichen Lebens: Fossilien, Knochen, Schädel, Werkzeuge (Originale und Nachbildungen). – Vergleichende Anatomie anhand tierischer und menschlicher Skelette; Flüssigkeitspräparate der Menschen (Organe, Embryonalentwicklung). – Exponate zur Kulturgeschichte des Menschen (u.a. Mumien, Grabfunde). Sonderausstellungen.

Eröffnet: 1978

🅿 🖳 ♿ VMS/AMS

---

834 Kunsthalle ☐

Limmatstrasse 270
Postadresse: Limmatstr. 270, 8005 Zürich; Tel. (01) 272 15 15, Fax (01) 272 18 88
E-Mail: KUNSTHALLEZH@Access.ch
Geöffnet: Di–Fr 12–18; Sa, So 11–17
Direktor und Kurator: Dr. Bernhard Bürgi

Wechselausstellungen internationaler Gegenwartskunst.

Eröffnet: 1985
Gebäude: Areal ehem. Bierbrauerei «Löwenbräu»

🅿

---

835 Kunsthaus ☐

Heimplatz 1 (Tram 3 od. Bus 31 ab Hauptbahnhof, Tram 8 od. 9 ab Paradeplatz, Tram 5 ab Bahnhof Enge)
Postadresse: Heimplatz 1, 8024 Zürich; Tel. (01) 251 67 65 od. 251 67 55 (Informationen über Ausstellungen und Veranstaltungen), Fax (01) 251 24 64
E-Mail: info@kunsthaus.ch
URL: http://www.kunsthaus.ch
Geöffnet: Di–do 10–21; Fr–So 10–17
Direktor: Dr. Felix A. Baumann. *Vizedirektoren:* Dr. Christian Klemm (Sammlung), Guido Magnaguagno (Ausstellungen). *Konservatoren:* Dr. Tobia Bezzola (Ausstellungen), Bernhard von Waldkirch (Graphische Sammlung). *Ständige freie Mitarbeiter:* Dr. Harald Szeemann, Bice Curiger. *Öffentlichkeitsarbeit:* Regina Meili. *Schweizerische Stiftung für die Photographie:* Dr. Peter Pfrunder (Konservator). *Präsident der Zürcher Kunstgesellschaft:* Dr. Thomas Bechtler.

Ferdinand Hodler: Silvaplanersee, 1907

Ältere Kunst: kleine, ausgesuchte Gruppe romanischer und gotischer Skulptur, spätgotische Tafelbilder insbesondere der Nelkenmeister. Dank der Stiftungen Leopold Ruzicka und David M. Koetser Überblick über die niederländische und italienische Barockmalerei und das venezianische Settecento: Jan Brueghel d. Ä., van Goyen, Rembrandt, Ruisdael, van de Cappelle, Berchem, Rubens, Domenichino, Preti, Claude Lorrain, Guardi, Bellotto. Ältere Zürcher Kunst: Hans Leu, Hans Asper, Samuel Hofmann, bedeutende Werkgruppe Johann Heinrich Füssli, Kleinmeister des 18. Jh. – Malerei des 19. Jh.: Repräsentative Sammlung Schweizer Malerei: Werkgruppen von Ludwig Vogel, Rudolf Koller, Albert Anker, Frank Buchser, Arnold Böcklin, Albert Welti, Giovanni Segantini. Kleine Sammlung französischer Kunst: Géricault, Delacroix, Corot, Courbet, Manet, van Gogh, Gauguin, Cézanne, bedeutende Werkgruppen von Claude Monet, Bonnard, Vuillard. – Malerei des 20. Jh.: umfangreiche Sammlung Schweizer Malerei: grosse Werkgruppen von Ferdinand Hodler, Paul Vallotton, Cuno Amiet, Augusto und Giovanni Giacometti; Meyer-Amden, Vallet, Auberjonois, Max Gubler, Varlin; Morach, Max von Moos; Johannes Itten, Fritz Glarner, Max Bill, Richard P. Lohse; Rolf Iseli, Dieter Roth. – Bedeutende Werkgruppen von Edvard Munch, Lovis Corinth, Oskar Kokoschka, Max Beckmann. Gute Vertretung internationaler Avantgardekunst: Matisse, Picasso, Léger, Delaunay, Chagall; umfassende Sammlung von Arbeiten der Dada-Bewegung; Kandinsky, Klee, Marc, Macke; Mondrian, Moholy-Nagy, Vantongerloo; Chirico, Max Ernst, Miró; Wols, de Staël ; Pollock, Newman, Rothko, Johns, Rauschenberg, Bacon, Penck, Kiefer; Werkgruppen von Baselitz und Cy Twombly. – Neuere Plastik: Repräsentativer Überblick insbesondere der französischen und schweizerischen Skulptur seit Rodin: Werkgruppen von Rodin, Maillol, Bourdelle, Matisse, Moore, Marini; Alberto Giacometti-Stiftung: grösste Sammlung seiner Werke; Zürcher Steinbildhauer um Hans Aeschbacher; Robert Müller, Bernhard Luginbühl, Jean Tinguely. Ferner Barlach, Lehmbruck; Brancusi, Picasso, Gonzales, Lipchitz, Laurens, Pevsner, Calder, Joseph Beuys, Bruce Nauman. – Graphische Sammlung: ca. 80'000 Zeichnungen und Druckgraphische Blätter vom 16. Jh. bis heute. Umfangreiche Bestände älterer Schweizer Zeichnungen, insbes. von Johann Heinrich Füssli, Salomon Gessner, Ludwig Hess, Conrad Meyer. – Vereinzelte Altmeister-Zeichnungen von Albrecht Dürer, Urs Graf, Hans Leu, Nikolaus Manuel; Palma Vecchio, Raffael, Jan Hackaert. Zeichnungen internationaler Künstler des 19. Jh.: Wilhelm Leibl, Lovis Corinth u.a., Skizzenbuch von Théodore Géricault, Aquarelle von Paul Cézanne. – Im 20. Jh. Schwerpunkte bei Ferdinand Hodler (ca. 1200 Blätter) und den deutschen Expressionisten (v.a. Ernst Ludwig Kirchner), Paul Klee, Otto Meyer-Amden, Louis Soutter, Hans Richter und Fritz Glarner (350 Blätter). Bildhauerzeichnungen. Repräsentative Zeichnungssammlung der ZERO-Gruppe und der Minimal- und Concept-Art. – Internationale und schweizerische Druckgraphik, u.a. die fast vollständigen graphischen Werke von Johann Heinrich Lips, Conrad Meyer, Francisco Goya, Honoré Daumier; Dieter Roth, André Thomkins, Markus Raetz und Marcel Broodthaers. Wichtige Werkgruppen von Jost Ammann, Matthäus Merian, Hogarth, Piranesi, Chodowiecki, Salomon Gessner, Albert Welti, Lovis Corinth, Max Slevogt, Max Klinger, Felix Vallotton, Edvard Munch, Pablo Picasso und der Zürcher Konkreten. – Photographie: Selektion von Klassikern, Dada, Brancusi; künstlerische Arbeit mit Photographie seit den 70iger Jahren.

Eröffnet: 1813
Gebäude: Museumsbau, 1907–1910, Arch. Karl Moser. Erweiterung, 1925, Arch. K. Moser. Grosser Ausstellungssaal, 1958, Arch. Hans und Kurt Pfister. Erweiterungsbau, 1976, Arch. Erwin Müller und H. Blumer

836 Maskenmuseum

Obere Waidstrasse, gegenüber Nr. 9
Postadresse: Heinz Josef Wissman, Birmensdorferstr. 110, 8902 Urdorf; Tel. (01) 734 10 55
Geöffnet: Nach Vereinbarung
Eigentümer: Heinz Josef Wissmann, Malermeister

Etwa 250 von Paul Strassmann in Bündner Tradition selbst angefertigte Masken.

Eröffnet: 1979
Gebäude: Ehem. Wasserreservoir der Stadt Zürich

837 Medizinhistorisches Museum der Universität ♀

Rämistrasse 69, Hochparterre
Postadresse: Rämistr. 71, 8006 Zürich; Tel. (01) 634 20 71, Fax
(01) 634 36 90
Geöffnet: Di–Fr 13–18; Sa, So 11–17
Konservator: PD Dr. Christoph Mörgeli. *Museumsassistentin:* Eve-
lyne Regolati

*Schwangerschafts-
kalender auf einer
Schnupftabakdose,
erfunden von
Karl Alexander
Ferdinand Kluge,
1826*

Medizin der «Naturvölker», religiöse Volksmedizin, Medizin in prä-
historischer, klassischer und mittelalterlicher Zeit, Anatomie, Physio-
logie. Vom Handwerkschirurg zur modernen Chirurgie. Pharmako-
logie, grosse Seuchen und Krankheiten, Physiotherapie, Kranken-
pflege und Psychiatrie. Schauräume: Appenzeller Kindbettstube
(um 1840), Zürcher Arztpraxis (1890), Apotheke aus dem
Schwarzwald (1750), medizinische Kleinlabore (1920 und
1990). Bildgalerie berühmter Zürcher Ärzte. Videoraum mit Filmen
zur Medizin und Medizingeschichte. Schulungsraum für Klassen
und Gruppen. Wechselausstellungen.

Eröffnet: 1915
Gebäude: Institutsgebäude, 1885 (Semper-Schule)

838 Metzgermuseum Zunft zum Widder

Im Hotel Widder, Rennweg 7
Postadresse: Hotel Widder, Rennweg 7, 8001 Zürich; Tel. (01) 224 25 26
Geöffnet: So 10.30–12
Kurator: Hermann Mörter, Vogelacher 17, 8126 Zumikon; Tel. (01) 918 27 96

Metzgereiobjekte aus dem 19. und 20. Jh.

Eröffnet: 1996
Gebäude: Hotel Widder, Zunfthaus der Zunft zum Widder (Metzgerzunft)

839 Moulagensammlung des Universitätsspitals und der Universität

Haldenbachstrasse 14. Tram 9/10, Haltestelle Haldenbach
Postadresse: Haldenbachstr. 14, 8091 Zürich; Tel. (01) 255 36 24, Fax (01) 255 44 03
Geöffnet: Mi 14–20. Ferner nach Vereinbarung
Leiterin und Moulagenbildnerin: Elsbeth Stoiber; Tel. (01) 252 46 47, Fax (01) 713 39 58

Lehrsammlung von 520 dermatologischen und 260 chirurgischen Moulagen. Ausstellung von historischen histologischen Original-zeichnungen

Eröffnet: 1993

Sammlungsraum

840 Mühlerama ☼

Mühle Tiefenbrunnen, beim
Bahnhof Tiefenbrunnen
Postadresse: Seefeldstr. 231,
8008 Zürich; Tel. (01) 422 76
60, Fax (01) 422 04 35
URL: http://www.muehlerama.
comnet.ch
Geöffnet: Di–Sa 14–17, So
13.30–18. Ferner nach Verein-
barung
Leitung: Sabine Brönnimann
Konservatorin: Rosemarie
Stampfli

Sackrutsche

Industrielle Mühle aus dem Jahr 1913 über 4 Stockwerke (in
Betrieb). Getreide von der Aussaat bis zum Produkt, Mühletechnik,
Kulturgeschichte des Müllers, Vorsorge und Lagerhaltung früher und
heute. Welternährungsprobleme: vom Hunger und Überfluss.
Geschichte der Schweizer Mühlen. Bilder und Geschichten, Mär-
chen und Lieder von Müllern und Mühlen. Sonderausstellungen.

Eröffnet: 1986
Gebäude: Mühle Tiefenbrunnen, 1889–90

P **h** VMS/AMS

841 Museum Bellerive ☐

Höschgasse 3, Seefeld, Nähe Zürichhorn
Postadresse: Postfach 831, 8034 Zürich; Tel. (01) 383 43 76,
Fax (01) 383 44 68
URL: http://www.museum-gestaltung.ch
Geöffnet: Sommer: Di–So 11–19; Mi 11–21. Frühling, Herbst,
Winter: Di–So 10–17; Mi 10–21
Direktor: Dr. Rudolf Schilling (Museum für Gestaltung). **Leitender
Konservator:** Martin Heller (Museum für Gestaltung). **Sammlungs-
konservatorin:** Dr. Sigrid Barten. **Wiss. Mitarbeiter:** Dr. Klaus Min-
ges

Marionette «Longhi I»:
Alexandra Exter, Paris 1925

Internationales Kunsthandwerk von der Antike bis zur Gegenwart. Die gesamte Sammlung ist magaziniert. Glas: Antike, Barock, Biedermeier, Historismus, Jugendstil (Frankreich, England, Deutschland, Böhmen, Holland), 20er–50er Jahre (Frankreich, Italien, Skandinavien, Deutschland), Studio-Glas 70er–90er Jahre (USA, Tschechoslowakei, England, Deutschland, Italien). – Keramik: Alt-Peru, Persien, 18.–19. Jh. (Schweiz), volkstümliche Töpferei (Spanien), Jugendstil (Frankreich, Holland, Deutschland, England), 20er–50er Jahre (Österreich, Schweiz, Frankreich, Deutschland), Künstler-Keramik 60er–90er Jahre (Schweiz, Deutschland, England, Italien, Spanien, Japan). – Textilien: Koptische Gewebe, Alt-Peru, Stoffe 16.–20. Jh., Jugendstil (Tapisserien), freie Textilkunst 70er–90er Jahre (Europa, USA, Japan). Kostüme 19.–20. Jh, Haute Couture-Kleider 20er–70er Jahre (Frankreich). – Möbel: Jugendstil und 90er Jahre. – Metall: Historismus bis 50er Jahre. Historische Bügeleisen. – Musikinstrumente: 16.–20. Jh. – Marionetten: Schweiz, 1. Hälfte 20. Jh.

Eröffnet: 1968
Gebäude: Herrschaftliche Villa, 1931

🖼 ▮▮ VMS/AMS

---

842 Museum der Zürcher Stadtentwässerung　⊞

Im Areal der Kläranlage Werdhölzli, Bändlistrasse 108 (Endstation Tram 4)
Postadresse: Hans Lüscher, Kläranlage Werdhölzli, Bändlistr. 108, 8064 Zürich; Tel. (01) 435 51 11
Geöffnet: Mo–Fr 9–16 (Anmeldung erforderlich)
Leiter: Hans Lüscher

Objekte im Zusammenhang mit Abwasser- und Schmutzentsorgung, Pläne, Bilder. Entwicklung der WC-Anlagen, Abwasser-Kanalisationen von den Römern bis heute.

Eröffnet: 1988

843 Museum für Gegenwartskunst □

Auf dem Areal der ehem. Löwenbräu-Brauerei, Limmatstr. 270, Tramhaltestelle «Dammweg»
Postadresse: Limmatstr. 270, Postfach 266, 8031 Zürich; Tel. (01) 277 20 50, Fax (01) 277 62 86
E-Mail: museum@mgb.ch
URL: http://www.gegenwartskunst.ch
Geöffnet: Di–Fr 12–18; Sa, So 11–17
Kurator: Rein Wolfs

Sammlung des Migros-Genossenschafts-Bunds. Zeitgenössische Kunst, u.a. Werke von Bruce Nauman, Mario Merz, Gerhard Richter, Richard Long. Wechselausstellungen.

Eröffnet: 1996
Gebäude: Ehem. Brauerei der Hürlimann

844 Museum für Gestaltung □

Ausstellungsstrasse 60, zwischen Hauptbahnhof und Limmatplatz. Tram 4 od. 13 (Haltestelle Museum für Gestaltung), S-Bahn (Ausgang Museumsbahnhof od. Sihlquai)
Postadresse: Ausstellungsstr. 60, Postfach, 8031 Zürich; Tel. (01) 446 22 11 od. 446 22 22 (Programmauskunft auf Band), Fax (01) 446 22 33
URL: http://www.museum-gestaltung.ch
Geöffnet: Ausstellungen: Di 10–18; Mi 10–21; Do, Fr 10–18; Sa, So 11–18. Bibliothek: Mo 15–19; Di–Fr 10–19; Sa 10–14. Plakatraum (Limmatstrasse 57) Di 13–16.30; Mi 13–19; Do, Fr 13–16.30. Sammlungen (nur für Fachpersonal): Grafische Sammlung, Plakatsammlung, Design-Sammlung: nach telefonischer Vereinbarung
Direktor: Martin Heller. **Konservatoren und Konservatorinnen:** Martin Heller, Claude Lichtenstein, Cecilia Hausheer, Dr. Erika Keil. **Sammlungskonservatoren:** Felix Studinka (Plakatsammlung), Lotte Schilder Bär (Design-Sammlung), Martin Heller (Grafische Sammlung), Dr. Sigrid Barten (Kunstgewerbliche Sammlung). **Leiterin der Bibliothek:** vakant

Ausstellung «Radix – Matrix – Daniel Libeskinds Architekturen» (1994)

Das Museum organisiert vor allem Wechselausstellungen und versteht sich, ergänzt durch ein Veranstaltungsprogramm, als ein Ort breiter Auseinandersetzung mit Fragen aus den Bereichen Design, Visuelle Kommunikation, Umweltgestaltung, Kunst, Architektur, Alltagskultur, Fotografie und Medien. – Forschungssammlungen (nur auf Voranmeldung zugänglich): Grafische Sammlung (Künstlergraphik, ornamentale Graphik, illustrierte Bücher, Typographie, Kalligraphie, Artists' Books, Fotografie, Gebrauchsgraphik), Plakatsammlung (ca. 250'000 historische und aktuelle Plakate aus dem In- und Ausland, mit Hauptsammelgebieten: Sowjetische Plakate der 20er und 30er Jahre; das nahezu vollständige Plakatschaffen von Henri Toulouse-Lautrec; exemplarische Bestände insbesondere aus Frankreich, Deutschland, den USA, Polen und Japan), Design-Sammlung (seriell hergestellte Produkte des 20. Jh. aus den Bereichen Wohnen, Arbeit, Freizeit, Umwelt, mit Schwerpunkt auf dem schweizerischen Design-Schaffen); Kunstgewerbliche Sammlung (vgl. Museum Bellerive). – Fachbibliothek (Kunst, Kunsthandwerk, Design, Architektur, Visuelle Kommunikation, Schrift und Typographie, Film, Fotografie, Bühnengestaltung, Kunstpädagogik).

Eröffnet: 1875
Gebäude: «Neues Bauen», 1930–1933, Arch. Adolf Steger und Karl Egender, Gebäudekomplex mit Schul- und Museumsteil

845 Museum Rietberg

Villa Wesendonck und Park-Villa Rieter, Gablerstrasse 15, Enge.
Tram 7, Haltestelle Museum Rietberg
Postadresse: Gablerstr. 15, 8002 Zürich; Tel. (01) 202 45 28,
Fax (01) 202 52 01– Haus zum Kiel, Hirschengraben 20, 8001
Zürich; Tel. (01) 261 96 52 und 202 45 28, Fax (01) 202 52 01
Geöffnet: Villa Wesendonck: Di–So 10–17; spezielle Öffnungs-
zeiten während Sommer-Sonderausstellungen. Haus zum Kiel und
Park-Villa Rieter: Di–Sa 13–17; So 10–17
Direktor: Dr. Albert Lutz (China). **Konservatoren:** Dr. Eberhard
Fischer (Indien), lic.iur. Lorenz Homberger (Afrika/Ozeanien),
lic.phil. Judith Rickenbach (Alt-Amerika), lic.phil. Katharina Epprecht
(Japan)

Hauptgebäude: Villa Wesendonck, 1857

Sammlung aussereuropäischer Kunst. Wichtiger Bestand buddhisti-
scher und hinduistischer Plastik aus Indien, China, Südostasien
(Schenkung von der Heydt): Indische Stein- und Bronzeplastik des
2.–13. Jh. Bedeutende chinesische buddhistische Steinskulpturen
des 6.–14. Jh. sowie Holzplastiken aus Japan. Buddhistische Bron-
zen und Thangka aus dem Himalaya-Gebiet mit Schwerpunkt Tibet
(Berti Aschmann-Stiftung). Frühe chinesische Kunst: Archaische
Sakralbronzen, frühes Gold und Silber (Leihgaben Sammlung
Udry), Grabkeramik (Sammlungen Menten und Rücker-Embden),
Jade (Sammlung Hoeppli), Repräsentative Sammlung der Kunst der
Naturvölker (Sammlung von der Heydt). Afrika: Skulpturen der
Senufo, Baga und Dogon, Reliquienfiguren der Pangwe, Masken
und Figuren aus Kongo, dem Kameruner Grasland und von der
Elfenbeinküste, Bronzen von Benin. Südsee: Skulpturen der Hebri-
den, vom Sepik, von der Torresstrasse und aus Neuseeland. Indo-
nesische Kunst. – Kleine Sammlung von Skulpturen und Kleinkunst

aus Vorderasien und dem Mittelmeergebiet. Präkolumbische Stein-skulpturen, Keramik und Textilkunst. Masken und Schnitzereien der Eskimos und Nordwest-Küsten-Indianer. – Sammlung von Schweizer Masken aus dem Lötschental, der Innerschweiz, der Region Flums und Graubünden. – Park-Villa Rieter: Museum für asiatische Male-rei und Graphik. Indien: Indische Miniaturen (Geschenk Boner, Leih-gabe Sammlung Archer). China: Rollbilder (Geschenk Drenowatz), Japanische Holzschnitte (Geschenke Boller und Mueller), Rollbilder (Sammlung Brasch) sowie bedeutende Nô-Masken (Geschenk Reinhart), Schnupftabakfläschchen (Sammlung Hoeppli). Haus zum Kiel: Wechselausstellungen zu Themen aussereuropäischer Kunst und Kunstregionen.

Eröffnet: 1952
Gebäude: Villa Wesendonck, erbaut 1857 im neoklassizistischen Stil von Leonhard Zeugheer

---

846 Museum Schweizer Hotellerie und Tourismus

Trittligasse 8
Postadresse: Witellikerstr. 22, 8702 Zollikon; Tel. (01) 261 80 83 (Museum) od. 391 82 78 (Verwaltung), Fax (01) 391 61 58
Geöffnet: Mai–Dezember: Mi, Fr 14–17; Sa 11–17; So 11–13
Eigentümer: Beat und Dorothee Kleiner-Frick

Bilder, Dokumente und Objekte zur Zeit-, Wirtschafts-, Sozial- und Technikgeschichte der Hotellerie und des Tourismus von 1830–1930. Wechselausstellungen zu regionalen und sachbezogenen Themen.

Eröffnet: 1992
Gebäude: Haus zum Friesenberg, 15. Jh.

---

847 Paläontologisches Museum der Universität

Universität Zürich-Zentrum, Karl Schmid-Str. 4 (ehem. Künstlergasse 16)
Postadresse: Karl Schmid-Strasse 4, 8006 Zürich; Tel. (01) 634 38 38 od. 634 23 39, Fax (01) 634 49 23
E-Mail: rieber@pim.unizh.ch
Geöffnet: Di–Fr 9–17; Sa, So 10–16
Direktor: Prof. Dr. Hans Rieber. *Konservator:* Dr. Heinz Furrer

Einmalige Sammlung fossiler Wirbeltiere (Saurier und Fische) aus der Mitteltrias (der Zeit vor etwa 230–240 Millionen Jahren) des Monte San Giorgio / TI. Fossile Wirbeltiere und Wirbellose aus der Trias, dem Jura, der Kreide, dem Tertiär und Quartär der Umgebung von Zürich, aus der Schweiz und aus Ländern der ganzen Welt. Eine Vorstellung längst ausgestorbener Tiere vermitteln die farbigen Lebensbilder.

Eröffnet: 1965
Gebäude: Ehem. Biologiegebäude der Universität, 1914, Arch. Karl Moser; Innenumbau und -ausbau E. Gisel, 1991

---

848 Schweizerisches Landesmuseum

Museumstrasse 2, hinter dem Hauptbahnhof
Postadresse: Postfach 6789, 8023 Zürich; Tel. (01) 218 65 11, Fax (01) 211 29 49
E-Mail: kanzlei@slm.admin.ch
URL: http://www.slmnet.ch
Geöffnet: Di–So 10.30–17
Direktor: Dr. Andres Furger. *Direktionsstab / Öffentlichkeitsarbeit:* Ueli Stahel. *Sachgebiete:* Laurent Flutsch, lic.phil., Heidi Amrein, lic.phil., Walter Fasnacht, lic.phil. (Archäologie); Dr. Dione Flühler (Kunstgeschichte); Dr. Mylène Ruoss (Gemälde); Bernard A. Schüle, lic.phil. (Ethnographie / Project Controlling); Dr. Hanspeter Lanz (Edelmetalle / Glas / Porzellan); Dr. Christine Keller (Keramik); Dr. Thomas Loertscher (Mobiliar / Interieurs); Dr. Matthias Senn (Wehr- und Bekleidungswesen); Sigrid Pallmert, lic.phil. (Textilien / Uhren und wissenschaftliche Instrumente); Hortensia von Roten, lic.phil. (Münzen und Medaillen); Ricabeth Steiger (Historische Photosammlung); Christof Kübler, lic.phil. (20. Jh.); Dr. Niklaus Oswald, Alexander Voûte, dipl. Phys. ETH (Konservierungsforschung und Technologie); Konrad Jaggi, lic.phil. (Dokumentation); Regula Zweifel, lic.phil. (Aussenstellen); Ursula Iff (Verwaltung / Finanzen); Peter Wegmann (Logistik)

Ur- und Frühgeschichte: bedeutendste Sammlung des Landes. Ältere und mittlere Steinzeit: Höhlenfunde aus dem Kesslerloch und dem Schweizersbild. Jüngere Steinzeit: Funde aus allen wichtigen Seeufersiedlungen, Steinkistengräber aus Lenzburg. Bronzezeit: Ufersiedlungs-, Hügelgräber- und Höhensiedlungsfunde, Einbaum aus dem Bielersee, Schatzfund aus Castione. Eisenzeit: Siedlungsfunde, u.a. Goldschale von Altstetten, Goldschatz aus Erstfeld, Münzen. Römerzeit: hauptsächlich Funde aus dem Kanton Zürich, u.a. Keramik, Metall, Glas, Schmuck, Geld, Reliefs, Statuetten, Goldschmiedearbeiten, Bauteile, Wandmalereien, Mosaiken, Werkzeuge und Geräte, Waffen. Frühes Mittelalter: alemannische, burgundische und langobardische Grabfunde (Waffen, Trachtenbestandteile, Schmuck, Keramik, Glas usw.), u.a. aus Bülach und Kaiseraugst; Spangenhelm, Belege zum frühen Christentum. – Kunst- und Kunstgewerbe des Mittelalters: karolingische Fresken von Müstair, Elfenbeintafeln aus Rheinau, liturgische Geräte des 11.–15. Jh. Grosse

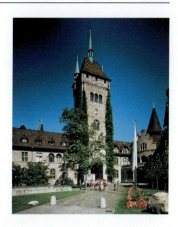

Ansicht des Einganges von der Bahnhofseite

Sammlung romanischer und gotischer Holzplastiken, Altäre aus dem 15. und 16. Jh. Wandgemälde und Tafelmalerei des 13.bis 16. Jh., u.a. Werke der Nelkenmeister, der beiden Hans Leu sowie von Hans Fries. Wirkereien (15. Jh.). Gotische Truhen und Schränke, möblierte Interieurs des 15. Jh. (Ratstube von Mellingen, Wohnräume aus der Fraumünsterabtei Zürich). Goldschmiedekunst, Glasmalerei, Keramik. – Kunst- und Kunstgewerbe der Neuzeit, v.a. des 16.–19. Jh.: reiche Möbelsammlung, möblierte Interieurs (Casa Pestalozzi in Chiavenna, Rosenburg in Stans, Seidenhof und Lochmann-Haus in Zürich), Textilien und Kostüme (Interieurszenen des 18. und 19. Jh.), Glasmalerei (auch Hinterglas und Schliffscheiben), Keramik (bes. reiche Sammlung an Winterthurer Fayencen), Glas, Zinn, Buntmetallobjekte, Glocken, Gold- und Silberarbeiten, Uhren und wissenschaftliche Instrumente, u.a. Himmelsglobus von Jost Bürgi, Musikinstrumente, zürcherische Staatsaltertümer. – Waffen und Uniformen: ritterliche Bewaffnung des 13. und 14. Jh., Angriffs- und Verteidigungswaffen aus der Zeit der Urschweizer Befreiungskämpfe. Stangenwaffen, Rüstungen, Fahnen, Geschütze, Gewehre, Säbel und Dolche des 15.–18. Jh. Uniformen, Fahnen und Waffen der kantonalen und eidgenössischen Truppen des 19. Jh. und der Schweizer in fremden Diensten (17.–19. Jh.). – Volkskunde: landwirtschaftliche Geräte, Mühle, Spielzeug. Trachten. – Spezialsammlungen (für Studienzwecke nach Voranmeldung zugänglich): Münzen und Medaillen: grösste Sammlung in der Schweiz. Schweizerische Münzen, Münzfunde und Medaillen; Zürcher Münzstempel seit dem Mittelalter; Banknoten. Keltische Münzen; Gepräge aus den Nachbargebieten der Schweiz; numismatische Universalsammlung. – Siegel: bedeutende Sammlung von Siegelstempeln, Originalsiegeln und Siegelabgüssen vom 8.–19. Jh. – Graphik: Schweizerische Handzeichnungen, bes. Scheibenrisse und Druckgraphik des 15.–19. Jh. – Reiche Studiensammlung (ur- und frühgeschichtliche Funde, Gemälde, Plastik, Keramik, Glasgemälde, Textilien, Kostüme, Möbel, Zinn, Buntmetall, Waffen und Uniformen).

Eröffnet: 1898
Gebäude: Historisierender Museumsbau, 1898, Arch. Gustav Gull

849 Shedhalle

Seestrasse 395, in der Roten Fabrik
Postadresse: Postfach 771, 8038 Zürich; Tel. (01) 481 59 50,
Fax (01) 481 59 51
E-Mail: shedhalle@access.ch
URL: http://www.access.ch/justwatch/shed.html
Geöffnet: Di–Fr 14–18; Sa, So 14–20
Geschäftsleiterin: Agnes Bieber. *Kuratorinnen:* Marion von Osten,
Justin Hoffmann, Ursula Biemann

Künstlerische Arbeiten, diskursives Vorgehen (Texte, Theorie) und
lokale Initiativen zu gesellschaftlichen Fragestellungen wie Technologie, Feminismus, Zensur, Architektur, Ökonomie, Jugend- und Pop-
kulturen. Die Projekte verstehen sich als Diskussionsbeitrag zu einem
Thema, das nicht mit einer Ausstellung zu Ende geht.

Eröffnet: 1984
Gebäude: Ehem. Fabrikgebäude

♿

850 Städtische Sukkulentensammlung ⚲

Mythenquai 88, beim Strandbad. Bus 161/165 ab Bürkliplatz
(Haltestelle Sukkulenten-Sammlung) od. Tram 7 (Haltestelle Brunau-
strasse)
Postadresse: Mythenquai 88, 8002 Zürich; Tel. (01) 201 45 54,
Fax (01) 201 55 40
Geöffnet: Mo–So 9–11.30, 13.30–16.30. Führungen nach Ver-
einbarung. Auskünfte und Beratungen: Mi 14–16
Leiter: Diedrich Supthut. *Wissenschaftlicher Kurator:* Dr. Urs Eggli

Sammlung sukkulenter (d.h. saftspeichernder) Pflanzen aus den
Trockengebieten der Alten und der Neuen Welt. In den Schauhäu-
sern und Frühbeetkästen: über 25 000 Kakteen, Agaven, Aloe, die
sogenannten «lebenden Steine», Wolfsmilch-, Dickblattgewächse
und Sukkulenten aus vielen anderen Pflanzenfamilien.

Eröffnet: 1931

851 Stiftung Sammlung E.G. Bührle ☐

Zollikerstrasse 172
Postadresse: Zollikerstr. 172, 8008 Zürich; Tel. (01) 422 00 86,
Fax (01) 422 03 47
Geöffnet: Di 14–17; Mi 17–20; Fr 14–17 Gruppenbesuche
ausserhalb der Öffnungszeiten und Führungen nach telefonischer
Anmeldung
Präsidentin der Stiftung: Hortense Anda-Bührle

Sammlung französischer Malerei, vor allem des Impressionismus,
mit Werken von Ingres, Corot, Delacroix, Daumier, Courbet, Pissa-
ro, Manet, Degas, Sisley, Cézanne, Monet, Renoir, Gauguin, Van
Gogh, Signac, Toulouse-Lautrec, Bonnard, Vuillard, Matisse, Rouault, Vlaminck, Picasso und Braque. Wichtige Gruppe holländischer Malerei des 17. Jh. (u.a. Hals, Ruysdael, Rembrandt, Cuyp).
Venezianische Schule des 18. Jh. (Tiepolo, Canaletto, Guardi).
Sakrale Holzplastik des Mittelalters, v.a. des 15. Jh., sowie antike
Kleinplastiken.

Eröffnet: 1960
Gebäude: Villa, 19. Jh., im englischen Landhausstil

P

852 Thomas-Mann-Archiv der ETH ⊞

Schönberggasse 15, links von der Universität. Tram 5 od. 9 (Kan-
tonsschule), 6 od. 10 (ETH/Universität), Tram 3 od. Bus 31 (Neu-
markt)
Postadresse: Schönberggasse 15, 8001 Zürich; Tel. (01) 632 40
45, Fax (01) 632 12 54
E-Mail: tma@tma.huwi.ethz.ch
URL: http://www.tma.ethz.ch
Geöffnet: Besucher: Mi, Sa 14–16. *Bibliotheksbenützer (auf Vor-
anmeldung):* Mo–Fr 9–12, 13.30–17
Leiter: Dr. Thomas Sprecher

Sammlung zur Erinnerung an den Schriftsteller Thomas Mann
(1875–1955). Dokumente, Manuskripte, Nachlassbibliothek,
Gedenkzimmer mit Mobiliar aus dem Kilchberger Arbeitszimmer.
Sekundärliteratur zu Thomas Mann, zeitgenössische Literatur.

Eröffnet: 1958
Gebäude: Bodmerhaus, 1664 (2. Stock)

853 Tram-Museum

Limmattalstrasse 260, «Museums-Linie», Tram 13 oder Bus 80 bis Wartau/Höngg
Postadresse: Verein Tram-Museum Zürich, Postfach 6214, 8023 Zürich; Tel. (01) 341 50 58
E-Mail: mschnider@access.ch
URL: http://www.tram-museum.ch
Geöffnet: Mi 19.30–22. Apr.–Okt.: 1. Sa im Monat 14–17; «Museums-Linie» Pestalozzi-Anlage-Wartau, Abfahrten alle 30 Min. Ferner nach Vereinbarung (nur Gruppen)
Leiter: Martin Schnider; Tel. (01) 216 78 29, Fax (01) 271 50 78 (Geschäft)

Historische Strassenbahnwagen mit Baujahr 1897 bis 1951. Die Fahrzeuge sind grösstenteils restauriert und betriebsfähig. Motorwagen 1 der Strassenbahn Zürich–Oerlikon–Seebach von 1897 als ältestes betriebsfähiges elektrisches Tram der Schweiz. Technische Sammlung von Bauteilen der Fahrzeuge, Gleis- und Fahrleitungsmaterial. Modelle, Uniformen, Haltestellen- und Routentafeln. Ausstellung über Entwicklung und Technik des Zürcher-Trams im Depot Wartau. Tramliteratur, Modelle und Souvenirs.

Eröffnet: 1989
Gebäude: Kleindepot der ehemaligen privaten Strassenbahn Zürich–Höngg, 1898 erbaut

854 Uhrenmuseum Beyer

Uhrengeschäft Beyer, Bahnhofstrasse 31, Soussol
Postadresse: Bahnhofstr. 31, Postfach, 8022 Zürich; Tel. (01) 221 10 80, Fax (01) 211 33 48
Geöffnet: Mo–Fr 14–18, Führungen ausserhalb der Öffnungszeiten nach vorheriger Absprache.
Eigentümer: Theodor Beyer, Uhrmacher. *Leiter:* René Beyer

Elementaruhren: Schattenstäbe, Sonnen-, Öl-, Sand- und Wasseruhren. Kuriose Zeitmessung. Eisenuhren und Schweizer Holzräderuhren 1550–1750. Renaissance-Uhren. Wand- und Standuhren von 1650–1850. Vollständige Reihe von Neuenburger Pendulen von 1700–1850. Reiseuhren von 1525–1900. Taschenuhren von 1550–1900 sowie Armbanduhren bis 20. Jh. Automaten. Uhren aus dem Fernen Osten. Marine-Uhren und Navigationsinstrumente. Wissenschaftliche Instrumente zur Zeitmessung.

Eröffnet: 1971

855 Völkerkundemuseum der Universität

Pelikanstrasse 40, im Park «zur
Katz» (alter Botanischer Garten)
Postadresse: Pelikanstr. 40,
8001 Zürich; Tel. (01) 634 90
11, Fax (01) 634 90 50
E-Mail: musethno@vmz.unizh.ch
URL: http://www.unizh.ch/
musethno/
Geöffnet: Di–Fr 10–13,
14–17; Sa 14–17; So 11–17.
Sammlung nur auf Anfrage
zugänglich.

*Wickeltuch der Yoruba,
Nigeria (Ausschnitt)*

Direktor: Prof Dr. Michael Oppitz. *Wissenschaftliche Mitarbeiter:*
Dr. Martin Brauen (Himalayaländer, Ostasien), Dr. Peter R. Gerber
(Nord-, Mittel-, Südamerika, Polargebiete), Dr. Cornelia Vogelsan-
ger (Indonesien, Vorder- und Hinterindien), Prof. Dr. Miklós Szalay
(West-, Zentral- und Südafrika), Elisabeth Biasio, lic.phil. (Nordafrika, Äthiopien), Andreas Isler, lic.phil. (Administration), Majan Gar-
linski, lic.phil., und Dario Donati, lic.phil. (Archiv für Visuelle Anthropologie). *Bibliothek:* Elisabeth Lauber, Helen Müller. *Restaurierung:* Elisabeth Schillinger, Urs Wohlgemuth

Wechselausstellungen zu aussereuropäischen Kulturen.
Sammlungen: Afrika: Bedeutende Sammlung von Holzplastiken
(Senufo, Bambara, Dogon, Baule-Gouro, Dan, Bundu, Bakuba,
Baluba). Schöne Gruppe von Bronzen aus Benin, Sammlung aus
Äthiopien (Minister Alfred Ilg). – Ozeanien: Australische Sammlung
(Baldwin Spencer), Masken- und Figuralkunst sowie Kult- und Ritual-
gegenstände aus Neuguinea, Melanesien, Mikronesien und Poly-
nesien (Sammlung Kaspar J. Horner). – Indonesien: Kleine Samm-
lung hindujavanischer Bronzen. Reichhaltige Sammlung aus Sumatra, Borneo, Nias, Mentawei, Java, Bali, Tibet (Sammlung Heinrich
Harrer u.a.). – Indien, Ceylon, Hinterindien: Buddhistisch-hinduisti-
sche Ikonographie (Sammlung Hans J. Wehrli), Lamaismus, Sammlungen aus Katchin und Assam sowie Thailand (Sammlung Prinz
Sanidh Rangsit, Sammlung Hans E. Kauffmann). – China, Japan:
Kleinere Sammlung, darunter China-Bronzen und Keramik, Schat-
tenspiele. – Polarvölker: Kleinplastiken (Sammlung Kaspar J. Horner)
und Graphik. – Amerika: Indianische Kult- und Ritualgegenstände
aus Nord-, Meso- und Südamerika. – Vergleichende Sammlungen:
Zier- und Ritualschmuck, Textilien, Verwendung des Bambus in
Japan (Sammlung Hans Spörry), Formen des Naturalgeldes.

Eröffnet: 1889
Gebäude: Im ehem. Botanischer Garten, Park «Zur Katz»

856 Wohnmuseum Bärengasse / Puppenmuseum Sasha Morgenthaler

Bärengasse 22, Ecke Talstrasse
Postadresse: Schweizerisches Landesmuseum, Postfach 6789, 8023 Zürich; Tel. (01) 218 65 58, Fax (01) 211 29 49; *Tel. des Wohnmuseums:* (01) 211 17 16
URL: http://www.slmnet.ch
Geöffnet: Wegen Renovation und Neugestaltung bleibt das Museum bis Herbst 1999 geschlossen
Direktor: Dr. Andres Furger (Schweizerisches Landesmuseum)

Eröffnet: 1976
Gebäude: Zwei aneinandergebaute barocke Wohnhäuser, die «Weltkugel» und der «Schanzenhof», 17. Jh.

857 Zinnfiguren Museum

Obere Zäune 19, im Haus «zum blauen Himmel»
Postadresse: Obere Zäune 19, 8001 Zürich; Tel. (01) 262 57 20
Geöffnet: Mo, Mi, Sa 14–16; So 11–15. Ferner nach Vereinbarung (Führungen sind jederzeit möglich)
Kurator: Paul Krog, Glariseggerweg 29, 8266 Steckborn, Tel. (052) 761 25 19

Dioramen mit militärischen und zivilen Themen. Ausstellung zur Herstellung von Blei- und Zinnfiguren. Spielzeugfiguren ab 1730. Sonderausstellungen.

Eröffnet: 1985
Gebäude: Haus «zum blauen Himmel», 1357

858 Zoo

Zürichbergstrasse 221
Postadresse: 8044 Zürich; Tel. (01) 252 71 00 od. 251 54 11, Fax (01) 261 31 24
E-Mail: zoo@zoo.ch
URL: http://www.zoo.ch
Geöffnet: Jan., Febr.: Mo–So 8–17. März–Okt.: Mo–So 8–18. Nov., Dez.: wie Jan.
Direktor: Dr. Alex Rübel. *Kurator Säugetiere/Vögel:* Dr. Robert Zingg. *Kurator Aquarium/Terrarium:* René E. Honegger. *Zoolehrerlnnen:* Yvonne Nieuwlands, Josiane Tardent

*Junger Sumatra
Orang Utan*

Spezialitäten: Menschenaffen, Asiatische Elefanten, Spitzmaul-Nas-
hörner, Vikunjas, Arabische Oryx. – Königspinguine, Waldrappen,
Gänsevögel, Eulen. – Riesenschildkröten, Riesenschlangen, tropische Fische, Aquarium mit Zürichseefischen. – Minizoo für Kinder.

Eröffnet: 1929

---

859 Zoologisches Museum der Universität ◊

Universität Zürich-Zentrum, Karl Schmid-Str. 4 (ehem. Künstlergasse
16)
Postadresse: Karl Schmid-Str. 4, 8006 Zürich; Tel. (01) 634 38
38, Fax (01) 634 38 39
E-Mail: zis@zoolmus.unizh.ch
Geöffnet: Di–Fr 9–17; Sa, So 10–16
Direktor: Prof. Dr. Vincent Ziswiler. *Ausstellungsleiter:* Dr. Cäsar
Claude (Säugetiere). *Konservatoren:* Dr. Gerhard Bächli (Insekten),
Dr. Johann Hegelbach (Vögel), Trudi Meier (Weichtiere)

Fauna der Schweiz von der Eiszeit bis heute mit Skeletten von Mammut, Riesenhirsch und Höhlenbär; Multivisionsschau; Mikroskopieranlagen zum Studium wirbelloser Tiere; Tierstimmen; Tonbildschauen; Film- und Videovorführungen. Tiergeographische Regionen der Erde mit Präparaten ausserschweizerischer Tiere, darunter ausgestorbene Arten wie Beutelwolf, Berberlöwe, Riesenfaultier und Riesengürteltier. – Bedeutende wissenschaftliche Sammlungen, bes. von Mollusken, Vögeln, Reptilien und Säugetieren. Wechselausstellungen.

Eröffnet: 1828
Gebäude: Universitätsbau, 1914, Arch. Karl Moser; architektonische Erneuerung durch Ernst Gisel, 1984–1991

---

860 Zürcher Spielzeugmuseum

Ecke Fortunagasse 15/Rennweg 26, 5. Stock (Lift)
Postadresse: Administration, Zürcher Spielzeugmuseum, c/o Franz Carl Weber, Fegistr. 9, Postfach, 8975 Spreitenbach, Tel. (056) 418 92 92, Fax (056) 418 91 09, Tel. des Museums (01) 211 93 05
Geöffnet: Mo–Fr 14–17; Sa 13–16. Ferner nach Vereinbarung (nur Gruppen)
Konservatorin: Ruth Holzer-Weber

Herd mit Majolikatöpfen, 1906 (Märklin)

Gegenstände des 18.–20. Jh. aus Deutschland, Frankreich und der Schweiz. Holz- und Zinnfiguren, Keramiktiere; Schnittbogen, Bilderbücher, Theaterfiguren, Guckkästen, Schaukelpferde; Puppen und Puppenstuben, Kaufläden; Gesellschaftsspiele; Blechspielzeug, mechanisches Spielzeug v.a. Eisenbahnen und Dampfmaschinen; optisches Spielzeug.

Eröffnet: 1981
Gebäude: Haus «zum Wilden Mann», erstmals erwähnt 14. Jh.

ZÜRICH – ALBISRIEDEN ZH

861 Ortsmuseum / Mühle 🏠

Triemlistrasse 2, bei der alten Kirche. Mühle: Wydlerweg 19
Postadresse: Hans Amstad, Langgrütstr. 143, 8047 Zürich; Tel. (01) 492 03 31 (privat) u. 371 93 20 (Geschäft)
Geöffnet: Museum: Febr.–Juli, Sept.–Dez.: 2. So im Monat 10.30–12.30. Ferner nach Vereinbarung (nur Gruppen). Mühle: an Abstimmungssonntagen 10–12. Ferner nach Vereinbarung
Obmann der Ortsgeschichtlichen Kommission des Quartiervereins Albisrieden: Hans Amstad, Lehrer

Museum: Eingerichtete Küche, Stube und Schlafzimmer. Landwirtschaftliche Geräte, v.a. für Ackerbau, Milchwirtschaft und Flachsverarbeitung, funktionstüchtige Mostpresse (jährliche Moschtete im Oktober). Werkzeuge zur Holzbearbeitung, vollständige Schuhmacherwerkstatt. Küferei. Coiffeureinrichtung um 1900. Kirchliche Altertümer, u.a. hölzernes Abendmahlsgeschirr. Dorfansichten. – Mühle Albisrieden: Mühlerad.

Eröffnet: 1950
Gebäude: Bauernhaus, um 1580, Blockständerhaus

ZÜRICH – ALTSTETTEN ZH

862 Ortsmuseum «Studer-Huus» 🏠

Dachslernstrasse 20, gegenüber Hallenbad
Postadresse: Postfach, 8048 Zürich
Geöffnet: Jan.–Juni, Sept.–Dez.: 1. So im Monat sowie an Abstimmungssonntagen um 10 (Führung). Ferner nach Vereinbarung
Präsident der Ortsgeschichtlichen Kommission Altstetten: Jakob Gremli, pens. Lehrer; Hubstrasse 4, 8105 Watt-Regensdorf; Tel. (01) 870 26 24

Eingerichtete Gemeinschaftsküche (Dreisässenhaus), kleine Küche, Bauernstuben und Kammern. Vollständige Schuhmacherwerkstatt und Nagelschmiede, Werkzeuge. Landwirtschaftliche Geräte für Ackerbau, Milchwirtschaft und Rebbau. Feuerspritze. Gemeinderatszimmer um 1900. Erinnerungen an die Tell-Aufführung 1896. Einige urgeschichtliche Funde.

Eröffnet: 1973
Gebäude: Bauernhaus, 15.–16. Jh.; Fachwerkbau, 18.–19. Jh.

ZÜRICH – HÖNGG ZH

863 Ortsmuseum

Haus zum Kranz, Vogtsrain 2, oberhalb des Meierhofplatzes
Postadresse: Dr. Marianne Haffner, Benedikt Fontana-Weg 15, 8049 Zürich; Tel. (01) 341 19 33
Geöffnet: Feb.–Dez.: So 10–12 (ausser Schulferien)
Präsidentin der Ortsgeschichtlichen Kommission: Dr. Marianne Haffner

Eingerichtete Küche, Stube und Kammer des 19. Jh. Darstellung der allgemeinen sowie der Kirchen-, Schul- und Vereinsgeschichte von Höngg. Dokumentation über Landsitze. Landwirtschaftliche Geräte, u.a. für den Rebbau, Wein- und Vorratskeller. Werkzeuge des Küfers, Zimmermanns, Drechslers und Wagners sowie für die Waldarbeit. Limmatfischerei. Feuerwehr, Wasserversorgung. Tonbildschau.

Eröffnet: 1977
Gebäude: Rebbauernhaus, älteste Teile aus dem 16. Jh.

ZÜRICH – SCHWAMENDINGEN ZH

864 Ortsmuseum

Probsteistrasse 10, neben der Schulhausanlage
Postadresse: Erika Munz, Postfach 86, 8051 Zürich; Tel. (01) 322 27 76
Geöffnet: 1. So im Monat 10–12, 15–17. Ferner nach Vereinbarung
Leiterin: Erika Munz

Dokumente zur Orts- und Quartiergeschichte: Entstehung, Kirche, Schule, Handel, Verkehr. Werkzeuge, bäuerliches Gerät. Waffen.

Eröffnet: 1974

ZÜRICH – WIEDIKON ZH

865 Heimat- und Ortsmuseum

Steinstrasse 8, Tramhaltestelle Schmiede Wiedikon
Postadresse: Hedi Schwyn, Hegianwandweg 27, 8045 Zürich;
Tel. (01) 463 66 19
Geöffnet: Nach Vereinbarung. Veröffentlichung in der lokalen Presse
Präsidentin der Genossenschaft: Hedy Schwyn. *Kustos:* Karin Blümel, Schweighofstr. 1, 8045 Zürich

Hausgeräte, Bücher, Bilder, Dokumente, Möbel, Geschirr, Funde, Reliefs von und über Alt-Wiedikon. Kulturgeschichtliche Wechselausstellungen.

Eröffnet: 1987
Gebäude: Wohnhaus mit angebautem, renoviertem Tenn

ZÜRICH – WOLLISHOFEN ZH

866 Ortsmuseum

Hornerhaus, Widmerstr. 8
Postadresse: Hornerhaus, Widmerstr. 8, 8038 Zürich
Geöffnet: So 14–16 (ausser Feiertage und Sommerferien). Ferner nach Vereinbarung (nur Gruppen). Zusätzliche Öffnungszeiten bei Sonderausstellungen
Präsidentin: Elisabeth Schmid, Seeblickstr. 4, 8038 Zürich; Tel. (01) 482 22 63

Bauernstube, Abendmahlskelch, Pfahlbaumaterial, Stube 19. Jh.

Eröffnet: 1985
Gebäude: Hornerhaus

867 Radiomuseum ✿

Seestrasse 561
Postadresse: Seestr. 561, 8038 Zürich; Tel. (01) 482 77 11
Geöffnet: Nach Vereinbarung
Leiter: Rolf Dewald

Über 100 Radioapparate und 4 Fernsehapparate der Marke DESO der Firma Dewald AG, von der Zeit des Imports in den zwanziger Jahren bis zum Ende der Fabrikation 1955/56. Dokumente zur Geschichte der Firma. Schweizer Industriegeschichte im Blickwinkel der Radiofabrikation.

Eröffnet: 1996
Gebäude: Fabrikgebäude, 1880

ZURZACH AG

---

868 **August Deusser Museum /
Johann Ulrich Steiger Freilichtmuseum**   □

Schloss, 1. und 2. Stock und Schlosspark
Postadresse: Schloss, Postfach 21, 5330 Zurzach; Tel. (056) 249 20 50, Fax (056) 249 30 26
Geöffnet: Mo–So 13–18 (ausser Sommerferien)
Direktor und Präsident der Antonie-Deusser-Stiftung: Hugo Ammann

Sammlung von Werken des Malers August Deusser (1870–1942) und des Bildhauers Johann Ulrich Steiger (geb. 1920). Nachlass des Malers Eugen Ammann, Basel (1882–1978). Werke der Plastikerin Nady Santander, Stäfa (1913). Wechselausstellungen.

Eröffnet: 1978
Gebäude: Wohnhaus, ehem. Teil einer Schuhfabrikanlage

---

869 **Bezirksmuseum «Höfli»**

Gegenüber der Verenakirche, Eingang durch das Kurgästehaus, Quellenstr. 1
Postadresse: Alfred Hidber, Entwiesenstr. 7, 5330 Zurzach; Tel. (056) 249 25 92 (privat) od. 249 12 67 (Geschäft)
Geöffnet: Mo–So 14–17 (ausser Feiertage)
Präsident der Museumskommission: Alfred Hidber

Ur- und frühgeschichtliche Funde aus dem Bezirk, besonders vom römischen Tenedo (Zurzach). Dokumentation zum Verenakult (Grabeskirche) und zur Zurzacher Messe. Burgen des Bezirks. Landwirtschaft und Handwerk. Industrialisierung. Geschichte des Mieders.

Eröffnet: 1947
Gebäude: Fulgentiushof, ehem. Chorhof zum Verenastift Zurzach; ehem. Wohnhaus des Kantors des Verenastifts

ZWEISIMMEN BE

870 Obersimmentaler Heimatmuseum

Heimathus am Chilchstalden
Postadresse: Heimatvereinigung Obersimmental, Postfach, 3770 Zweisimmen
Geöffnet: Mi, Sa, So 10–12, 14–16.30. Ferner nach Vereinbarung
Verwalter: Arnold Matti, Chilchstalden, 3770 Zweisimmen; Tel. (033) 722 02 01/02

Möbel, land- und hauswirtschaftliche Geräte, Chroniken, Bücher.

Eröffnet: 1927
Gebäude: Simmentaler Haus, 1647

Adressen für weitere Informationen
Adresses pour informations supplémentaires
Indirizzi per ulteriori informazioni

Verband der Museen der Schweiz VMS
Association des musées suisses AMS
Associazione dei musei svizzeri AMS
Baselstrasse 7, 4500 Solothurn
Tel.: (032) 623 67 10, Fax: (032) 623 85 83, E-Mail: vms.icom@bluewin.ch
URL: www.museums.ch/vms=ams

ICOM-Schweiz
ICOM-Suisse
ICOM-Svizzera
Baselstrasse 7, 4500 Solothurn
Tel.: (032) 623 67 10, Fax: (032) 623 85 83, E-Mail: vms.icom@bluewin.ch

NIKE
Nationale Informationsstelle für Kulturgütererhaltung
Centre national d'information pour
la conservation des biens culturels
Centro nazionale d'informazione dei beni culturali
Moserstrasse 52, 3014 Bern
Tel.: (031) 366 71 11, Fax: (031) 333 20 60, E-Mail: nike-kultur@bluewin.ch

SKR/SCR
Schweiz. Verband für Konservierung und Restaurierung
Association suisse de conservation et restauration
Associazione Svizzera di conservazione e restauro
Brunngasse 60, 3011 Bern
Tel.: (031) 311 63 03, Fax: (031) 312 38 01, E-Mail: skr@thenet.ch

Verband der Fachleute für Bildung und
Vermittlung im Museum
Association suisse des médiateurs culturels de musée
Associazione svizzera dei mediatori culturali di museo
Postfach, 4018 Basel, Tel.: (087) 880 19 18

Nachdiplomstudium Museologie
Missionsstrasse 64, 4055 Basel
Tel.: (061) 267 28 70, Fax: (061) 267 28 69, E-Mail: bill@ubaclu.unibas.ch

Museologinnen und Museologen Schweiz
% Frau Gabriela Dietrich, Eigenheimstrasse 42, 8700 Küsnacht
Tel.: (01) 912 08 64, Fax: (01) 912 14 04

Museumsdienste Basel
Lohnhofgässlein, PF 1556, 4001 Basel
Tel.: (061) 267 84 01, Fax: (061) 267 65 95, E-Mail: baselmuseums@bs.ch

Ufficio dei musei etnografici
Viale Stefano Franscini 30 A, 6500 Bellinzona
Tel.: (091) 814 14 30, Fax: (091) 814 14 39, E-Mail: dic-ume@ti.ch

Register / Index / Indice

Vorbemerkungen

Die hinten angefügten Nummern verweisen auf die entsprechenden Nummern der Museen im Führer.

Die drei folgenden Register dienen dem Leser als Orientierungshilfe und ordnen die 870 aufgeführten Museen nach geographischen, biographischen und thematischen Kriterien. Der Übersichtlichkeit halber wurden nur die wichtigsten Angaben in die Personen- und Sachregister miteinbezogen.

Im *Personenregister* werden nur die Museen genannt, die umfassend oder in grösserem Rahmen über Werke der jeweiligen Persönlichkeit verfügen. So findet man z.B. unter ‹Picasso› oder ‹Kirchner› nur die Sammlungen, die auch deren Namen tragen. Alle restlichen Museen, die sonst noch Werke dieser Künstler besitzen, sind nicht erwähnt.

Das *Sachregister* verweist nur auf die wichtigsten Themen der Sammlungsbeschreibung. Es war z.B. nicht möglich, alle Institutionen aufzuführen, die Gemälde des 19. Jahrhunderts besitzen. Ebenso verfügen die meisten Lokalmuseen und historischen Museen über eine Waffensammlung: in diesem Fall ist das *Ortsregister* nach den gewünschten Kantonen und Orten zu konsultieren. Für spezielle Themen wie z.B. Marionetten oder Scherenschnitte wurde jedoch versucht, so viele Museen wie möglich aufzulisten. Um die Benützung der Register zu erleichtern, wurde zusätzlich eine Anzahl Querverweise eingefügt. Allgemeine Begriffe wie Geschichte oder Naturwissenschaften wurden weggelassen. Sie erscheinen zur Groborientierung nach Sachgebieten als Symbole neben dem Namen des Museums im Führer.

Remarques préliminaires

Les numéros indiqués correspondent aux numéros d'ordre des musées dans le guide.

Les trois index contenus dans cet ouvrage ont été conçus pour permettre au lecteur de s'orienter – selon des critères géographiques, biographiques ou thématiques – parmi les 870 musées présentés. Afin de ne pas alourdir la publication, nous avons dû, pour les index des personnes et des matières, effectuer certains choix en fonction des indications fournies par chaque institution.

L'index des personnes énumère les musées de type ‹biographique›, entièrement ou en majorité consacrés à chacun des personnages. Ainsi sous ‹Picasso› ou ‹Kirchner›, on ne trouvera que les références aux collections qui portent leurs noms respectifs – et non celles de tous les musées qui possèdent leurs œuvres.

L'index des matières renvoie aux collections principales correspondant à un thème donné, en fonction de la description fournie dans le corps de l'ouvrage – et de nos connaissances. Il n'était par exemple pas possible de mentionner toutes les institutions possédant des peintures du 19e siècle; de même, la plupart des musées locaux et historiques exposent des collections d'armes: le lecteur pourra le cas échéant se reporter à l'*index des localités* pour les cantons qui l'intéressent. Pour les thèmes très particuliers (marionettes, papiers découpés) nous avons toutefois tenté d'inclure le plus de références possibles. Nous espérons que le nombre important de renvois d'orientation facilitera la consultation de cet index. Certains mots-clés trop généraux ont été omis: pour des thèmes tels que les sciences naturelles, ou encore l'histoire et l'iconographie d'une ville ou d'une région, une sélection est possible par le biais des symboles placés, dans le guide, à côté du nom de chaque institution.

Avvertenze preliminari

I numeri che figurano accanto ai nomi dei musei indicano l'ordine nel quale sono raccolti nella Guida.

I tre indici della Guida mirano a permettere al lettore di orientarsi tra gli 870 musei presentati, seguendo i criteri geografico, biografico o tematico. Per snellire la consultazione, l'indice delle persone e l'indice analitico riportano solo i dati più importanti.

Nell'*indice delle persone*, sono elencati solo i musei che si articolano esclusivamente o prevalentemente attorno a un personaggio. Di conseguenza, sotto ‹Picasso› o ‹Kirchner› si trovano solo i riferimenti relativi ai musei che ospitano collezioni a essi intitolate e non di tutti i musei che posseggono loro opere.

L'*indice analitico* rinvia alle collezioni più importanti corrispondenti a un determinato tema, coerentemente alla descrizione che si può leggere nelle singole schede. Per esempio, non è stato possibile elencare tutte le istituzioni che posseggono dipinti del XIX°sec. oppure tutti i musei locali e storici che espongono collezioni d'armi. In quest'ultimo caso, il lettore potrà cercare sotto l'*indice dei luoghi* per cantoni. Abbiamo altresì cercato di elencare il maggior numero di musei riguardanti temi particolari, come le marionette e gli sforbicicchi. Speriamo vivamente che il cospicuo numero di rinvii faciliti la consultazione di questo indice. Talune parole chiave eccessivamente generiche sono state tralasciate: per argomenti molto vasti quali le scienze naturali, appure la storia e l'iconografia di una città o di una regione sono stati collocati simboli accanto ai nomi dei musei raccolti nella Guida, che permettono un orientamento di massima.

Ortsregister nach Kantonen /
Index des localités par cantons /
Indice dei luoghi per cantoni

AARGAU

Aarau	Aargauer Kunsthaus **2**
	Aargauisches Naturmuseum **3**
	Polizeimuseum **4**
	Stadtmuseum **5**
Aarburg	Heimatmuseum **6**
Baden	Historisches Museum **49**
	Kirchenschatz-Museum **50**
	Kleines technisches Museum **51**
	Schweizer Kindermuseum **52**
	Stiftung «Langmatt» Sidney und Jenny Brown **53**
Birr	Dorfmuseum **118**
Brittnau	Ortsmuseum **133**
Brugg	Heimatmuseum **135**
	Stäblistübli **136**
	Vindonissa-Museum **137**
Endingen	Feuerwehrmuseum **210**
Fislisbach	Dorfmuseum **225**
Frick	Saurier-Museum **240**
Gontenschwil	Dorfmuseum **279**
Gränichen	Museum Chornhuus **286**
Kölliken	Strohhaus und Dorfmuseum **334**
Laufenburg	Museum «Schiff» **354**
Lenzburg	Historisches Museum Aargau **372**
	Museum Burghalde **373**
Magden	Museum-Telefonzentrale **411**
Mellingen	Ortsmuseum **424**
Merenschwand	Ortsmuseum **426**
Möhlin	Dorfmuseum «Melihus» **430**
Muhen	Strohhaus **449**
Muri	Klostermuseum **459**
Niederrohrdorf	Museum im Schulhaus **478**
Oftringen	Ortsmuseum **496**
Reinach	Tabak- und Zigarrenmuseum **536**
Reuenthal	Festungsmuseum **537**
Rheinfelden	Fricktaler Museum **538**

Rothrist	Heimatmuseum **556**
Rupperswil	Dorfmuseum **558**
Schinznach-Dorf	Heimatmuseum **616**
Schmiedrued	Weberei- und Heimatmuseum Ruedertal **621**
Seengen	Schloss Hallwyl **641**
Seon	Heimatmuseum **648**
Spreitenbach	Ortsmuseum **676**
Strengelbach	Dorfmuseum «Graberhaus» **693**
Suhr	Heimatmuseum **695**
Sulz	Nagelschmiede **696**
Tegerfelden	Aargauisch Kantonales Weinbaumuseum **702**
Unterbözberg	Dorfmuseum Kirchbözberg **722**
Unterentfelden	Staufferhaus / Sammlung Alt Unterentfelden **724**
Untersiggenthal	Ortsmuseum **726**
Wildegg	Schloss **779**
Wohlen	Freiämter Strohmuseum **797**
Würenlos	Emma-Kunz-Museum **800**
Zeihen	Dorfmuseum **803**
Zofingen	Museum **812**
Zurzach	August Deusser Museum / Johann Ulrich Steiger Freilichtmuseum **868** Bezirksmuseum «Höfli» **869**

APPENZELL AUSSERRHODEN

Heiden	Heimatmuseum **302** Henry-Dunant-Museum **303**
Herisau	Historisches Museum **306**
Stein	Appenzeller Volkskunde-Museum **687**
Teufen	Alfred-Vogel-Museum **703** Grubenmann-Sammlung **704**
Urnäsch	Museum für Appenzeller Brauchtum **730**
Wolfhalden	Museum **798**

APPENZELL INNERRHODEN

| Appenzell | Kulturzentrum Ziegelhütte **28** Museum «Im Blauen Haus» **30** Museum Appenzell **29** |

BASEL-LANDSCHAFT

Aesch	Heimatmuseum **10**
Allschwil	Heimatmuseum **17**
Arlesheim	Ortsmuseum Trotte **34**
Augst	Römerstadt Augusta Raurica / Archäologisches Freilichtmuseum **44** Römerstadt Augusta Raurica / Römermuseum **45** Römerstadt Augusta Raurica / Römischer Haustierpark **46**
Bennwil	Dorfmuseum **87**
Binningen	Monteverdi-Automuseum **115** Ortsmuseum **116**
Bottmingen	Dorfmuseum **125**
Bubendorf	Krippen- und Spielzeugmuseum **138**
Buus	Ständerhaus **151**
Eptingen	August-Suter-Museum **212**
Ettingen	Dorfmuseum **220**
Frenkendorf	Ortsmuseum **231**
Laufen	Museum Laufental **353**
Liesberg	Ortsmuseum **376**
Liestal	Dichtermuseum / Stadtmuseum / Herwegh-Archiv **377** Erzgebirgisches Spielzeugmuseum **378** Harmonium-Museum **379** Kantonsmuseum Baselland **380**
Münchenstein	Elektrizitätsmuseum **452** Froschmuseum **453** Kutschen- und Schlittensammlung **454** Mühlenmuseum Brüglingen **455**
Muttenz	Bauernhausmuseum **464** Ortsmuseum **465**
Oltingen	Heimatmuseum Oltingen-Wenslingen-Anwil **501**
Pratteln	Jacquard-Stübli **519** Museum im Bürgerhaus **520**
Reigoldswil	Historische Ortssammlung **534**
Reinach	Heimatmuseum **535**
Schweizerhalle	Salzkammer **632**
Sissach	Heimatmuseum **660**
Therwil	Dorfmuseum **707**
Ziefen	Dorfmuseum **807**

BASEL-STADT

Basel

Anatomisches Museum **57**
Antikenmuseum und Sammlung Ludwig **58**
Architekturmuseum **59**
Basler Papiermühle **60**
Botanischer Garten der Universität **61**
Feuerwehr-Museum **62**
Haus zum Kirschgarten **63**
Historisches Museum **64**
Jüdisches Museum der Schweiz **65**
Karikatur & Cartoon Museum **66**
Kunstmuseum (Öffentliche Kunstsammlung) **67**
Museum der Kulturen **68**
Museum für Gegenwartskunst
(Öffentliche Kunstsammlung)
Emanuel Hoffmann-Stiftung **69**
Museum Jean Tinguely **70**
Museum Kleines Klingental **71**
Musikinstrumenten-Sammlung **72**
Naturhistorisches Museum **73**
Puppenhausmuseum **74**
Schule für Gestaltung **75**
Schweizerisches Pharmazie-Historisches
Museum **76**
Schweizerisches Sportmuseum **77**
Skulpturhalle **78**
Zoologischer Garten **79**

Riehen

Dorf- und Rebbaumuseum **543**
Fondation Beyeler **544**
Sammlung Friedhof Hörnli **545**
Spielzeugmuseum **546**

BERN

Adelboden

Heimatmuseum **8**

Attiswil

Heimatmuseum **40**

Belp

Ortsmuseum Kefiturm **86**

Bern

Antikensammlung **91**
Bernisches Historisches Museum **92**
Botanischer Garten der Universität **93**
Einstein-Haus **94**
Kunsthalle **95**
Kunstmuseum **96**
Museum für Kommunikation **97**
Naturhistorisches Museum der
Burgergemeinde **98**
Pferdekuranstalt **99**
Schweizerische Theatersammlung **100**
Schweizerisches Alpines Museum **101**
Schweizerisches Schützenmuseum **102**
Städtischer Tierpark Dählhölzli **103**

Bern–Ostermundigen

Psychiatrie-Museum **104**

Biel / Bienne	Kunsthaus / Centre PasquART **111**
	Musée Omega / Omega Museum **112**
	Museum Neuhaus /
	Stiftung Sammlung Robert **113**
	Museum Schwab / Musée Schwab **114**
Bolligen	Ortsstube **121**
	Werner Witschi-Museum **122**
Bönigen	Dorfmuseum **123**
Brienz	Ausstellung der Kantonalen Schnitzlerschule **129**
	Schweizerisches Freilichtmuseum für ländliche Kultur Ballenberg **130**
Büren an der Aare	Heimatmuseum «Spittel» **145**
Burgdorf	Museum für Völkerkunde **146**
	Schlossmuseum **147**
	Schweizerisches Zentrum für Volkskultur **148**
Erlenbach im Simmental	Museum der alten Landschaft Niedersimmental **214**
Grindelwald	Heimatmuseum **289**
Guttannen	Kristallmuseum **295**
Heimisbach	Simon-Gfeller-Gedenkstube **304**
Hünegg	Martin-Lauterburg-Stiftung **314**
	Schloss Hünegg / Museum für Wohnkultur der Neurenaissance und des Jugendstils **315**
Huttwil	Museum Salzbütte **317**
Jegenstorf	Schloss **325**
Jerisberghof	Bauernmuseum Althus **326**
Kiesen	Milchwirtschaftliches Museum **329**
Konolfingen	Dorfmuseum **335**
Krauchthal	Gemeindemuseum **337**
Landshut	Schloss Landshut / Schweizer Museum für Wild und Jagd **349**
Langenthal	Museum **351**
Langnau im Emmental	Heimatmuseum Chüechlihus **352**
Lauterbrunnen	Heimatmuseum der Talschaft **370**
Ligerz	Rebbaumuseum am Bielersee / Musée de la vigne au lac de Bienne **381**
Lützelflüh	Gotthelf-Stube **401**
Meiringen	Museum der Landschaft Hasli **421**
	Naturkundliche Sammlung Oberhasli **422**
	Sherlock-Holmes-Museum **423**
Moutier	Musée du tour automatique et d'histoire de Moutier **447**
	Musée jurassien des beaux-arts **448**

Mühleberg	Museum der BKW **450**
Münsingen	Museum **456**
	Öle **457**
Mürren	Alpines Ballonsport-Museum **461**
Neuveville, La	Musée d'histoire **476**
Oberhofen am Thunersee	Museum für Uhren und mechanische Musikinstrumente **487**
	Sammlung Karl und Jürg Im Obersteg **488**
	Schloss **489**
Perrefitte	Musée «Au filament rouge» **508**
Riggisberg	Abegg-Stiftung **548**
Ringgenberg	Dorfmuseum Schlossweid **549**
Roggwil	Ortsmuseum **551**
Saint-Imier	Musée Longines **569**
Sankt Beatus-Höhlen	Höhlenmuseum **582**
Sankt Stephan	Ortsmuseum **598**
Schwarzenburg	Heimatmuseum der Region Schwarzwasser **631**
Schynige Platte	Alpengarten **637**
Sonvilier	Musée **669**
	Musée d'armes et objets anciens **670**
Spiez	Heimat- und Rebbaumuseum **672**
	Schloss **673**
Studen	Fondation Saner **694**
Thun	Kunstmuseum **708**
	Schlossmuseum **709**
	Schweizerisches Gastronomie-Museum **710**
	Wocher-Panorama **711**
Trubschachen	Heimatmuseum **719**
Twann	Pfahlbausammlung Dr. Carl Irlet **721**
Unterseen	Touristik-Museum der Jungfrauregion **725**
Vechigen	Ortsmuseum **745**
Wangen an der Aare	Ortsmuseum **765**
Wiedlisbach	Historisches Museum **773**
Wilderswil	Dorfmuseum **780**
Wingreis	Stiftung Rebhaus **782**
Worben	Heimatmuseum **799**
Zimmerwald	Blasinstrumenten-Sammlung **810**
Zweisimmen	Obersimmentaler Heimatmuseum **870**

FRIBOURG / FREIBURG

Broc	Electrobroc **134**
Bulle	Musée gruérien **143**
Charmey	Musée du Pays et Val de Charmey **161**
Estavayer-le-Lac	Musée **219**
Fribourg / Freiburg	Espace Jean Tinguely – Niki de Saint Phalle **232**
	Fri-Art Centre d'art contemporain / Kunsthalle **233**
	Jardin botanique de l'Université / Botanischer Garten der Universität **234**
	Musée d''art et d'histoire / Museum für Kunst und Geschichte **235**
	Musée d'histoire naturelle / Naturhistorisches Museum **236**
	Musée suisse de la machine à coudre **237**
	Musée suisse de la marionnette / Schweizer Figurentheatermuseum **238**
	Trésor de la cathédrale Saint-Nicolas **239**
Gruyères	Château **294**
Murten	Historisches Museum **462**
Romont	Musée suisse du vitrail **553**
Tafers	Sensler Museum **700**

GENEVE

Carouge	Musée **154**
Cologny	Fondation Martin Bodmer-Bibliotheca Bodmeriana **178**
Compesières	Musée de l'Ordre de Malte **180**
Genève	Bibliothèque publique et universitaire **242**
	Cabinet des estampes **243**
	Collection de la Fondation in memoriam Comtesse Tatiana Zoubov **244**
	Collections Baur **245**
	Institut et Musée Voltaire **246**
	Maison Tavel **247**
	MAMCO / Musée d'art moderne et contemporain **248**
	Musée Ariana **249**
	Musée Barbier-Mueller **250**
	Musée d'art et d'histoire **251**
	Musée d'ethnographie **252**
	Musée d'histoire des sciences **253**
	Musée de l'horlogerie **254**
	Musée de l'Institut Henry Dunant **255**
	Musée international de la Croix-Rouge et du Croissant-Rouge (MICR) **256**
	Musée Jean Tua **257**

	Musée philatélique des Nations Unies **258**
	Muséum d'histoire naturelle **259**
	Petit Palais / Musée d'art moderne **260**
Genève–Chambésy	Musée militaire genevois **261**
	Conservatoire et jardin botaniques **262**
	Musée des Suisses à l'étranger **263**
Genève– Le Grand-Saconnex	Musée international de l'automobile **264**
Genève–Plan-les-Ouates	Musée des téléphones de Genève **265**

GLARUS

Diesbach	Thomas-Legler-Haus **194**
Glarus	Kunsthaus **272**
	Naturwissenschaftliche Sammlungen **273**
	Suworow-Museum **274**
Mollis	Ortsmuseum **431**
Näfels	Museum des Landes Glarus **466**
Netstal	Kantonales Fischereimuseum «Mettlen» **468**
Schwanden	Dorfmuseum **630**

GRAUBÜNDEN

Arosa	Heimatmuseum Schanfigg **35**
Bergün / Bravuogn	Ortsmuseum **88**
Camana	Safier Heimatmuseum **152**
Chur	Bündner Kunstmuseum **170**
	Bündner Natur-Museum **171**
	Didaktische Ausstellung Urgeschichte **172**
	Dommuseum **173**
	Rätisches Museum **174**
	Weinbau-Museum **175**
Davos	Heimatmuseum **186**
	Kirchner Museum **187**
	Puppen- und Spielzeugmuseum **188**
	Wintersport Museum **189**
Davos–Schatzalp	Botanischer Alpengarten «Alpinum» **190**
Davos–Schmelzboden	Bergbaumuseum Graubünden / Schaubergwerk Silberberg **191**
Disentis	Klostermuseum **198**
Feldis / Veulden	Sontg Hippolytus **224**
Flims	Hotelmuseum **227**
Grüsch	Heimatmuseum Prättigau **293**
Ilanz / Glion	Museum Regiunal Surselva «Casa Carniec» **318**

Klosters	Heimatmuseum Nutli-Hüschi **332**
Laax	Ortsmuseum / Museum local **347**
Maloja	Atelier Segantini **412**
Müstair	Klostermuseum **463**
Pontresina	Museum alpin **513**
Poschiavo	Museo valligiano poschiavino **517**
S-charl	Museum Schmelzra **562**
Samedan	Plantahaus / Chesa Planta **577**
Samnaun	Talmuseum **578**
San Vittore	Museo moesano **581**
Sankt Moritz / San Murezzan	Engadiner Museum / Museum engiadinais **595** Mili Weber-Stiftung **596** Segantini Museum **597**
Savognin	Museum Regiunal **606**
Schmitten	Ortsmuseum **622**
Scuol / Schuls	Unterengadiner Museum / Museum d'Engiadina bassa **638**
Sedrun / Tujetsch	Dorfmuseum «La Truaisch» **639**
Seewis-Dorf	Alp-Museum Fasons **643**
Sils Maria / Segl Maria	Andrea Robbi Stiftung **652** Nietzsche-Haus / Chesa Nietzsche **653**
Splügen	Heimatmuseum Rheinwald **675**
Stampa	Museo vallerano bregagliotto / Ciäsa Granda **679**
Stampa—Coltura	Palazzo Castelmur **680**
Tarasp	Schloss / Chastè **701**
Trimmis	Heimatmuseum **718**
Trun	Cuort Ligia Grischa / Museum Sursilvan **720**
Valchava	Chasa Jaura **737**
Vals	Gandahus **742**
Vaz—Obervaz	Ortsmuseum **744**
Versam	Telefonzentrale **747**
Vnà	Ortsmuseum / Museum local **757**
Waltensburg / Vuorz	Heimatmuseum / Arcun da tradiziun **764**
Wiesen	Dorfmuseum **774**
Zernez	Chasa dal Parc / Nationalparkhaus **806**
Zillis / Ziran	Ausstellung Kirche Zillis **808** Schamser Talmuseum / Tgea da Schons **809**

JURA

Caquerelle, La   Musée du Mont-Repais **153**

Cornol   Musée de la radio **183**

Delémont   Musée jurassien d'art et d'histoire **192**

Develier   Musée Chappuis-Fähndrich **193**

Genevez, Les   Musée rural jurassien **266**

Löwenburg   Museum / Musée **391**

Muriaux   Musée de l'Automobile **460**

Noirmont, Le   Musée de l'uniforme **479**

Porrentruy   Fonds ancien de la Bibliothèque cantonale
                        jurassienne **514**
                        Musée de l'Hôtel-Dieu **515**
                        Musée jurassien des sciences naturelles et
                        Jardin botanique **516**

Réclère   Préhisto-Parc **531**

Saint-Ursanne   Musée lapidaire **574**

LUZERN

Adligenswil   Feuerwehrmuseum **9**

Alberswil   Schweizerisches Museum für Landwirtschaft
                        und Agrartechnik **16**

Beromünster   Dr. med. et h.c. Edmund-Müller-Stiftung **106**
                        Kirchenschatz **107**
                        Schlossmuseum **108**

Ebikon   Tierwelt-Panorama **203**

Ettiswil   Museum Klösterli «Zeichen religiöser
                        Volkskultur» **221**

Heidegg   Schloss **301**

Hitzkirch   Schatzkammer **309**

Kriens   Museum im Bellpark **343**

Luzern   Alpineum **402**
                        Bourbaki-Panorama **403**
                        Gletschergarten **404**
                        Historisches Museum **405**
                        Kunstmuseum **406**
                        Natur-Museum **407**
                        Picasso-Museum **408**
                        Verkehrshaus der Schweiz **409**

Luzern–Tribschen   Richard Wagner-Museum / Städtische Samm-
                        lung alter Musikinstrumente **410**

Reiden   Kunstsammlung Robert Spreng **533**

Rickenbach   Heimatmuseum Spycher **541**

Schötz   Museum zu Ronmühle **626**
                          Pfahlbausammlung **627**
                          Wiggertaler Museum **628**

Schupfheim   Entlebucher Heimatmuseum **629**

Sempach   Rathausmuseum **645**

Sursee   Kirchenschatz **698**
                          Museum der Schweizer Kapuzinerprovinz **699**

NEUCHATEL

Banderette, La   Musée **55**

Boudry   Musée de l'Areuse **126**
                          Musée de la vigne et du vin **127**

Chaux-de-Fonds, La   Musée d'histoire **164**
                          Musée d'histoire naturelle **165**
                          Musée des beaux-arts **166**
                          Musée international d'horlogerie
                          «L'homme et le temps» **167**
                          Musée paysan et artisanal **168**

Coffrane   Musée agricole **177**

Colombier   Musée militaire et des toiles peintes **179**

Landeron, Le   Musée **348**

Locle, Le   Moulins souterrains du Col-des-Roches **385**
                          Musée d'horlogerie **386**
                          Musée des beaux-arts **387**

Marin   Papiliorama – Nocturama /
                          Tropical Gardens **414**

Môtiers   Musée Jean-Jacques Rousseau **442**
                          Musée Léon Perrin **443**
                          Musée régional d'histoire et d'artisanat du
                          Val-de-Travers **444**

Neuchâtel   Bibliothèque publique et universitaire **469**
                          Musée cantonal d'archéologie **470**
                          Musée d'art et d'histoire **471**
                          Musée d'ethnographie **472**
                          Muséum d'histoire naturelle **473**

Sagne, La   Musée régional **566**

Saint-Sulpice   Ecomusée de la Haute-Areuse **573**

Travers   Mines d'asphalte de La Presta **715**
                          Musée industriel du Val-de-Travers **716**

Valangin   Château **736**

NIDWALDEN

Hergiswil	Glasmuseum **305**
Stans	Höfli **681**
	Naturwissenschaftliche Sammlung des Kollegiums St. Fidelis **682**
	Salzmagazin **683**
	Winkelriedhaus **684**
Stansstad	Festung Fürigen **685**

OBWALDEN

Engelberg	Tal-Museum **211**
Sachseln	Museum Bruder Klaus **564**
	Sammlung Heinrich Federer **565**
Sarnen	Heimatmuseum **602**
	Sammlung Meinrad Burch-Korrodi **603**

SANKT GALLEN

Altenrhein	Fliegermuseum **20**
Altstätten	Historisches Museum Prestegg **21**
Amden	Museum **22**
Andwil	Ortsmuseum **27**
Balgach	Heimatmuseum **54**
Bazenheid	Toggenburger Schmiede- und Werkzeugmuseum **81**
Berneck	Haus zum Torggel **105**
Bütschwil	Ortsmuseum **150**
Ebnat-Kappel	Heimatmuseum der Albert Edelmann-Stiftung **204**
Flawil	Ortsmuseum Lindengut **226**
Gossau	Motorradmuseum **280**
Häggenschwil	Ortsmuseum **296**
Jona	Ortsmuseum **327**
Kaltbrunn	Ortsmuseum **328**
Lichtensteig	Toggenburger Museum **375**
Marbach	Oberes Bad **413**
Montlingen	Heimatmuseum **434**
Niederhelfenschwil	Stiftung Wilhelm Lehmann **477**
Oberberg	Burgenkundliche Sammlung **484**
Oberriet	Gemeindemuseum «Rothus» **491**
Oberuzwil	Ortsmuseum **492**

Pfäfers   Altes Bad Pfäfers **509**

Rapperswil   Circus Museum **526**
                            Heimatmuseum **527**
                            Polenmuseum **528**

Rebstein   Ortsgeschichtliche Sammlung **530**

Rorschach   Auto-, Motorrad- und Automaten-Museum **554**
                            Museum im Kornhaus **555**

Sankt Gallen   Botanischer Garten **583**
                            Historisches Museum **584**
                            Kunstmuseum **585**
                            Lapidarium **586**
                            Museum im Kirchhoferhaus **587**
                            Museum im Lagerhaus **588**
                            Naturmuseum **589**
                            Sammlung für Völkerkunde **590**
                            Stiftsbibliothek **591**
                            Textilmuseum / Textilbibliothek **592**

Sankt Josefen   Ortsmuseum Gaiserwald **593**

Sankt Margrethen   Festungsmuseum Heldsberg **594**

Sargans   Gonzen-Museum **599**
                            Historicum **600**
                            Museum Sarganserland **601**

Schänis   Ortsmuseum **614**

Sennwald   Textil- und Heimatmuseum **646**

Sorntal   Textilmuseum **671**

Unterwasser   Sennerei-Museum **728**

Uznach   Heimatkundliche Sammlung **731**

Vättis   Drachenloch-Museum und Ortsmuseum **743**

Walenstadt   Ortsmuseum **762**

Weesen   Ortsmuseum **767**

Werdenberg   Schloss **770**

Wil   Stadtmuseum **776**

Wildhaus   Geburtshaus Huldrych Zwingli **781**

Wittenbach   Ortsmuseum **796**

SCHAFFHAUSEN

Beringen   Ortsmuseum **89**

Hallau   Heimatmuseum **297**
                            Schaffhauser Weinbaumuseum **298**

Neuhausen am Rheinfall   Fischereimuseum **474**

Neunkirch   Ortsmuseum **475**

530 Ortsregister · Index des lieux · Indice dei luoghi

Schaffhausen	Hallen für neue Kunst **610** Museum Stemmler **611** Museum zu Allerheiligen **612** Waffenkammer im Munot-Turm **613**
Schleitheim	Ortsmuseum **617** Thermenmuseum Juliomagus **618**
Schleitheim–Oberwiesen	Gipsmuseum / Gipsbergwerk **619**
Stein am Rhein	Heimatmuseum **688** Klostermuseum St. Georgen **689** Museum Lindwurm **690** Phonographen Museum **691** Rathaussammlung **692**
Thayngen	Reiat-Museum **706**
Wilchingen	Ortsmuseum **778**

SCHWYZ

Einsiedeln	Panorama «Kreuzigung Christi» **207** Streichinstrumentensammlung **208**
Gersau	Ortsmuseum **267**
Goldau	Bergsturz-Museum **277** Natur- und Tierpark **278**
Küssnacht am Rigi	Heimatmuseum **345**
Schwyz	Bundesbriefmuseum **633** Forum der Schweizer Geschichte **634** Ital Reding-Hofstatt **635** Schatzturm zu Schwyz **636**
Vorderthal	March-Museum **758**

SOLOTHURN

Alt-Falkenstein	Heimatmuseum **18**
Bellach	Dorfmuseum **82**
Buchegg	Heimatmuseum Bucheggberg **141**
Dornach	Heimatmuseum Schwarzbubenland **200**
Dulliken	Heimatmuseum Arnold Bärtschi **202**
Feldbrunnen	Dorfmuseum **222** Museum Schloss Waldegg **223**
Grenchen	Kunsthaus **287** Mazzini-Gedenkstätte **288**
Halten	Museum Wasseramt **299**
Langendorf	Dorfmuseum **350**
Matzendorf	Maria-Felchlin-Sammlung und Thaler Keramikmuseum **418**
Mümliswil	Schweizer Kamm-Museum **451**

Olten	Historisches Museum **498**
	Kunstmuseum **499**
	Naturmuseum **500**
Schönenwerd	Bally Schuhmuseum **623**
	Paul Gugelmann-Museum **624**
	Schweizerisches Meteoriten-und Mineralien-museum **625**
Seewen	Musikautomaten-Museum **642**
Solothurn	Domschatz **661**
	Historisches Museum Blumenstein **662**
	Kosciuszko-Museum **663**
	Kunstmuseum **664**
	Museum Altes Zeughaus **665**
	Naturmuseum **666**
	Steinmuseum **667**
Weissenstein	Weissenstein-Museum **769**

THURGAU

Aadorf	Agrotechnorama **1**
Amriswil	Bohlenständerhaus **23**
	Kutschensammlung **24**
	Ortsmuseum **25**
Arbon	Historisches Museum **31**
	Oldtimer-Museum **32**
Arenenberg	Napoleonmuseum **33**
Berlingen	Adolf-Dietrich-Haus **90**
Bischofszell	Kirchenschatz **119**
	Museum **120**
Diessenhofen	Hausmuseum St. Katharinental **195**
	Museum Oberes Amtshaus **196**
Donzhausen	Heimatmuseum **199**
Eschlikon	Ortsmuseum **218**
Frauenfeld	Historisches Museum des Kantons Thurgau **228**
	Museum für Archäologie **229**
	Naturmuseum des Kantons Thurgau **230**
Islikon	Museum im Greuterhof **321**
	Telefonmuseum im Greuterhof **322**
Ittingen	Ittinger Museum **323**
	Kunstmuseum des Kantons Thurgau **324**
Kradolf	Feuerwehrmuseum **336**
Kreuzlingen	Feuerwehrmuseum **338**
	Hausmuseum Kloster Kreuzlingen **339**
	Heimatmuseum **340**
	Puppenmuseum **341**
	Seemuseum in der Kornschütte **342**

Romanshorn	Kleines Museum am Hafen **552**
Steckborn	Museum im Turmhof **686**
Wängi	Ortsmuseum **766**

TICINO

Agno	Museo plebano **11**
Airolo	Esposizione «Forte Airolo» **15**
Ascona	Museo comunale d'arte moderna **36** Museo Epper **37** Percorso museale del Monte Verità **38**
Bellinzona	Museo civico **83** Museo di Castelgrande **84** Villa dei Cedri / Civica galleria d'arte **85**
Bosco Gurin	Walserhaus **124**
Brè s/Lugano	Museo Wilhelm Schmid **128**
Brissago, Isole di	Parco botanico del Cantone Ticino **132**
Caslano	Museo del cioccolato **155** Museo della pesca **156**
Cevio	Museo di Valmaggia **157**
Curio	Museo del Malcantone **185**
Gandria, Cantine di	Museo doganale svizzero **241**
Giornico	Museo di Leventina **270** Museo Hans Josephsohn **271**
Intragna	Museo regionale delle Centovalli e del Pedemonte **319**
Ligornetto	Museo Vela **382**
Locarno	Museo civico e archeologico **383** Pinacoteca comunale **384**
Loco	Museo Onsernonese **388**
Lottigna	Museo di Blenio **389**
Lugano	Fondazione Galleria Gottardo **392** Museo cantonale d'arte **393** Museo cantonale di storia naturale **394** Museo civico di belle arti (Fondazione A. Caccia) **395** Museo d'arte moderna **396** Museo di Santa Maria degli Angioli **397**
Lugano–Castagnola	Archivio storico **398** Fondazione Thyssen-Bornemisza **399** Museo delle culture extraeuropee **400**
Mendrisio	Museo d'arte **425**
Meride	Museo dei fossili **427**

Minusio	Museo Elisarion **428**
	Museo Fiorenzo Abbondio **429**
Montagnola	Museo Hermann Hesse **432**
Morcote	Parco Scherrer **437**
Olivone	Museo di San Martino **497**
Orselina	Museo Casa del Padre **505**
Rancate	Pinacoteca cantonale Giovanni Züst **525**
San Gottardo	Museo nazionale del San Gottardo **580**
Semione	Collezione di minerali e fossili **644**
Sonogno	Museo di Val Verzasca **668**
Stabio	Museo della civiltà contadina del Mendrisiotto **677**

URI

Altdorf	Historisches Museum Uri **19**
Andermatt	Talmuseum Ursern **26**
Bürglen	Tell-Museum **149**
Seedorf	Urner Mineralien-Museum **640**
Spiringen	Dörfli-Haus **674**

VALAIS/WALLIS

Brig	Stockalperschloss **131**
Châble, Le	Musée de Bagnes **158**
Chamoson	Musée suisse de spéléologie **160**
Ernen	Kirchenmuseum **215**
	Museum im Jost-Sigristen-Haus **216**
	Museum im Zendenrathaus **217**
Grächen	Heimatmuseum **281**
Grand-Saint-Bernard, Le	Musée de l'Hospice **282**
	Trésor de l'Hospice **283**
Isérables	Musée **320**
Kippel	Lötschentaler Museum **331**
Lens	Musée du Grand-Lens **371**
Leuk	Heimatmuseum **374**
Lourtier	Musée des glaciers **390**
Martigny	Fondation Pierre Gianadda **416**
Monthey	Musée du Vieux-Monthey **433**
Münster	Museum **458**
Obergesteln	Kristall-Museum **485**

Plan-Cerisier	Mazot-Musée **512**
Raron	Museum auf der Burg **529**
Riederalp	Alpmuseum **542**
Saas Fee	Saaser Museum **563**
Saint-Gingolph	Musée des Traditions et des Barques du Léman **568**
Saint-Maurice	Musée cantonal d'histoire militaire / Kantonales Museum für Militärgeschichte **570** Trésor et fouilles archéologiques de l'Abbaye **571**
Saxon	Musée «Vieux-Saxon» **607**
Sierre / Siders	Collection d'étains / Zinnsammlung **649** Fondation Rilke / Rilke-Stiftung **650** Musée valaisan de la vigne et du vin / Walliser Reb- und Weinmuseum **651**
Simplon Dorf	Ecomuseum Simplon **654**
Sion / Sitten	Musée cantonal d'archéologie / Kantonales Museum für Archäologie **655** Musée cantonal d'histoire et d'ethnographie / Kantonales Museum für Geschichte und Ethnographie **656** Musée cantonal d'histoire naturelle / Kantonales Naturhistorisches Museum **657** Musée cantonal des beaux-arts / Kantonales Kunstmuseum **658** Musée de l'Evêché **659**
Törbel	Rundgang «Urchigs Terbil» **713**
Verbier	Musée Tradition et Modernité **746**
Veyras	Musée C.C. Olsommer **753**
Villette	Musée du Vieux-Pays **754**
Visperterminen	Wohnmuseum Egga **755**
Vissoie	Musée **756**
Zermatt	Alpines Museum **804** Radio Matterhorn Museum **805**
Zinal	Maison du Vieux-Zinal **811**

VAUD

Aigle	Château **12** Musée international de l'étiquette **13** Musée vaudois de la vigne et du vin **14**
Assens	Musée de l'histoire estudiantine **39**
Auberson, L'	Musée Baud **42**
Aubonne	Musée du bois **43**

Avenches	Musée de la naissance de l'aviation suisse **47**
	Musée romain **48**
Baulmes	Musée du Vieux-Baulmes **80**
Bex	Musée de la mine de sel du Bouillet **109**
Bex—Les Plans-sur-Bex	Jardin alpin de Pont de Nant «La Thomasia» **110**
Chateau d'Oeux	Musée du Vieux Pays d'Enhaut **162**
Chaulin	Chemin de fer-musée Blonay-Chamby **163**
Chillon—Veytaux	Château de Chillon **169**
Clarens	Villa Kruger **176**
Coppet	Château **181**
	Musée régional du Vieux-Coppet **182**
Cully	Musée du Vieux-Lavaux **184**
Echallens	La maison du blé et du pain **205**
Gingins	Fondation Neumann **268**
	Musée romand de la machine agricole **269**
Grandson	Château **284**
Grandvaux	Maison Buttin-de Loës **285**
Lausanne	Cabinet des médailles **355**
	Collection de l'art brut **356**
	Fondation de l'Hermitage **357**
	Musée cantonal d'archéologie et d'histoire **358**
	Musée cantonal des beaux-arts **359**
	Musée de l'Elysée **360**
	Musée de la main **361**
	Musée de la pipe et des objets du tabac **362**
	Musée des arts décoratifs de la Ville **363**
	Musée et jardin botaniques cantonaux **364**
	Musée géologique cantonal **365**
	Musée historique de Lausanne **366**
	Musée Olympique **367**
	Musée zoologique cantonal **368**
Lausanne—Vidy	Musée romain **369**
Montreux	Musée du Vieux-Montreux **435**
Montreux—Territet	Musée suisse de l'audiovisuel «Audiorama» **436**
Morges	Musée Alexis Forel **438**
	Musée militaire vaudois **439**
	Salon Paderewski **440**
Moudon	Musée du Vieux-Moudon **445**
	Musée Eugène Burnand **446**
Nyon	Basilique et musée romains **481**
	Musée du Léman **482**
	Musée historique et des porcelaines **483**
Orbe	Musée d'Orbe **503**
Oron-le-Châtel	Château **504**

Payerne	Musée de Payerne et abbatiale **507**
Prangins	Musée national suisse – Château de Prangins **518**
Puidoux	Musée des curiosités horlogères **521**
Pully	Musée **522** Villa romaine **523**
Roche	Musée suisse de l'orgue **550**
Rougemont	Musée minéralogique **557**
Saint-George	Musée de l'ancienne scierie **567**
Saint-Prex	Musée du verrier **572**
Sainte-Croix	Centre international de la Mécanique d'Art (CIMA) **575** Musée des arts et des sciences **576**
Sarraz, La	Château de La Sarraz / Musée Romand **604** Musée du cheval **605**
Sentier, Le	Espace horloger de la Vallée de Joux **647**
Tolochenaz	Pavillon Audrey Hepburn **712**
Tour-de-Peilz, La	Musée suisse du jeu **714**
Vallorbe	Fort de Vallorbe **738** Grottes de Vallorbe **739** Musée du fer et du chemin de fer **740** Musée Gyger **741**
Vevey	Alimentarium **748** Musée de la Confrérie des Vignerons **749** Musée historique du Vieux-Vevey **750** Musée Jenisch (Musée des beaux-arts et Cabinet cantonal des estampes) **751** Musée suisse de l'appareil photographique **752**
Yverdon-les-Bains	Maison d'Ailleurs **801** Musée du château **802**

ZUG

Buonas	Heimatmuseum Seehof **144**
Cham	Ziegelei-Museum **159**
Zug	Afrikamuseum **815** Fischerei-Museum **816** Kantonales Museum für Urgeschichte **817** Kunsthaus **818** Museum in der Burg **819**

ZÜRICH

Aathal	Sauriermuseum **7**
Au	Weinbaumuseum am Zürichsee **41**
Bäretswil	Museumsspinnerei Neuthal **56**
Birmensdorf	Dorfmuseum **117**

Bubikon	Hasenmuseum **139**
	Johannitermuseum **140**
Bülach	Ortsmuseum **142**
Dietikon	Ortsmuseum **197**
Dübendorf	Museum der schweizerischen Luftwaffe **201**
Eglisau	Ortsmuseum **206**
Elgg	Heimatmuseum **209**
Erlenbach	Ortsmuseum **213**
Glattfelden	Gottfried-Keller-Zentrum / Dichtermuseum **275**
	Stromhaus Burenwisen **276**
Grüningen	Imkereimuseum Müli **290**
	Ortsmuseum **291**
	Zinnfigurenmuseum Müli **292**
Hegi	Schloss **300**
Hinwil	Ortsmuseum **307**
Hirzel	Johanna-Spyri-Museum **308**
Hochfelden	Parfummuseum **310**
Hombrechtikon	Dorfmuseum «Stricklerhuus» **311**
Horgen	Bergbaumuseum **312**
	Ortsmuseum Sust **313**
Hüntwangen	Dorfmuseum **316**
Kilchberg	Ortsmuseum **330**
Kloten	Ortsmuseum Büecheler-Hus **333**
Küsnacht	Ortsmuseum **344**
Kyburg	Schloss **346**
Marthalen	Orts- und Wohnmuseum **415**
Maschwanden	Dorfmuseum **417**
Maur	Herrliberger-Sammlung **419**
Meilen	Ortsmuseum **420**
Mörsburg	Schloss **441**
Neftenbach	Orts- und Weinbaumuseum **467**
Nürensdorf	Ortsmuseum **480**
Oberhasli	Nostalgisches Musikparadies **486**
Oberrieden	Ortsgeschichtliche Sammlung **490**
Oberweningen	Heimatmuseum **493**
Oetwil am See	Ortsmuseum **494**
	Weinbaumuseum **495**
Opfikon	Ortsmuseum **502**
Ottikon	Dürstelerhaus **506**

Pfäffikon	Heimatmuseum am Pfäffikersee **510**
	Schreibmaschinen-Museum **511**
Rafz	Ortsmuseum **524**
Regensdorf	Gemeindemuseum **532**
Richterswil	Heimatkundliche Sammlung **539**
Rickenbach	Hannseli Spycher **540**
Rifferswil	Telefonzentrale **547**
Rüschlikon	Ortsmuseum **559**
Rüti	Feuerwehr-Museum **560**
	Ortsmuseum **561**
Samstagern	Genossenschaft Pro Sagi **579**
Schlieren	Ortsmuseum **620**
Stäfa	Museum zur Farb **678**
Sünikon	Ortsmuseum Steinmaur **697**
Thalwil	Ortsmuseum **705**
Unterengstringen	Ortsmuseum **723**
Unterstammheim	Heimatmuseum Stammheimertal **727**
Urdorf	Ortsmuseum **729**
Wädenswil	Mostorama **759**
	Ortsmuseum «zur Hohlen Eich» **760**
Wald	Heimatmuseum / Ortsmuseum «Windegg» **761**
Wallisellen	Ortsmuseum **763**
Weiach	Ortsmuseum **768**
Wetzikon	Malermuseum **771**
	Ortsmuseum **772**
Wiesendangen	Ortsmuseum **775**
Wila	Ortsmuseum **777**
Winterthur	Fotomuseum **783**
	Gewerbemuseum **784**
	Kunstmuseum **785**
	Münzkabinett und Antikensammlung **786**
	Museum der Winterthur-Versicherungen **787**
	Museum Lindengut **788**
	Museum Oskar Reinhart am Stadtgarten **789**
	Museum Stiftung Jakob Briner **790**
Zürich–Schwamendingen	Ortsmuseum **864**
Zürich–Wiedikon	Heimat- und Ortsmuseum **865**
Zürich–Wollishofen	Ortsmuseum **866**
	Radiomuseum **867**
	Naturwissenschaftliche Sammlungen **791**
	Sammlung Oskar Reinhart «am Römerholz» **792**
	Technorama der Schweiz **793**

Uhrensammlung Kellenberger **794**
Villa Flora / Sammlung Hahnloser **795**

Zollikon

Eisenplastik-Sammlung Koenig **813**
Ortsmuseum **814**

Zürich

Anthropologisches Museum der Universität **820**
Archäologische Sammlung der Universität **821**
Atelier Hermann Haller **822**
Botanischer Garten der Universität **823**
Coninx Museum **824**
Geologisch-mineralogische Ausstellung
der ETH **825**
Graphische Sammlung der ETH **826**
Haus für konstruktive und konkrete Kunst **827**
Helmhaus **828**
Indianermuseum **829**
Johann Jacobs Museum **830**
Keramiksammlung Zunfthaus zur Meisen **831**
Kriminalmuseum **832**
Kulturama / Museum des Menschen **833**
Kunsthalle **834**
Kunsthaus **835**
Maskenmuseum **836**
Medizinhistorisches Museum der Universität **837**
Metzgermuseum Zunft zum Widder **838**
Moulagensammlung des Universitätsspitals
und der Universität **839**
Mühlerama **840**
Museum Bellerive **841**
Museum der Zürcher Stadtentwässerung **842**
Museum für Gegenwartskunst **843**
Museum für Gestaltung **844**
Museum Rietberg **845**
Museum Schweizer Hotellerie und Tourismus **846**
Paläontologisches Museum der Universität **847**
Schweizerisches Landesmuseum **848**
Shedhalle **849**
Städtische Sukkulentensammlung **850**
Stiftung Sammlung E.G. Bührle **851**
Thomas-Mann-Archiv der ETH **852**
Tram-Museum **853**
Uhrenmuseum Beyer **854**
Völkerkundemuseum der Universität **855**
Wohnmuseum Bärengasse /
Puppenmuseum Sasha Morgenthaler **856**
Zinnfiguren Museum **857**
Zoo **858**
Zoologisches Museum der Universität **859**
Zürcher Spielzeugmuseum **860**

Zürich–Albisrieden   Ortsmuseum / Mühle **861**

Zürich–Altstetten   Ortsmuseum «Studer-Huus» **862**

Zürich–Höngg   Ortsmuseum **863**

FÜRSTENTUM LIECHTENSTEIN

Schaan   Museum **608**
                          Rechenmaschinen-Museum **609**

Schellenberg   Wohnmuseum **615**

Triesenberg   Walser Heimatmuseum **717**

Vaduz   Liechtensteinische Staatliche Kunstsammlung **732**
                          Liechtensteinisches Landesmuseum **733**
                          Postmuseum des Fürstentums Liechtenstein **734**
                          Skimuseum **735**

Personenregister /
Index des personnes /
Indice delle persone

A
Abbondio, Fiorenzo (1892–1980), scultore **429**

B
Bonaparte, famille **33**
Bourbaki, Charles (1816–1897), général français **403**
Burch-Korrodi, Meinrad (1897–1978), Goldschmied **603**
Burnand, Eugène (1850–1921), peintre et graveur **446**

C
Carnot, Maurus (1865–1939), Dichter **578**
Cattaneo, Carlo (1801–1869), filosofo **398**
Conan Doyle, Sir Arthur (1869–1930), Schriftsteller **423**

D
Deusser, August (1870–1942), Maler **868**
Dietrich, Adolf (1877–1957), Maler **90**
Dunant, Henry (1828–1910), philantrope et écrivain **255, 256, 303**

E
Einstein, Albert (1879–1955), Physiker **94**
Erni, Hans (geb. 1909), Maler **409**

F
Federer, Heinrich (1866–1928), Schriftsteller **565**
Flüe, Niklaus von (1417–1487), Eremit **564**

G
Gfeller, Simon (1868–1943), Heimatdichter **304**
Gotthelf, Jeremias (1797–1854), Schriftsteller **401**
Grubenmann, Baumeisterfamilie **704**
Gugelmann, Paul (1929–), Eisenplastiker **624**

H
Haas-Triverio, Giuseppe (1889–1963), Maler **603**
Haller, Anna (1872–1924), Malerin **596**
Haller, Hermann (1880–1950), Bildhauer **822**
Helye, Helias (gest. 1475), Buchdrucker **108, 353**
Hepburn, Audrey (1929–1993), actrice de cinéma **712**
Hermanjat, Abraham (1862–1932), peintre **482**
Herrliberger, David (1697–1777), Kupferstecher und Verleger **419**
Herwegh, Georg (1817–1875), Schriftsteller **377**
Hesse, Hermann (1877–1962), Schriftsteller **432**
Heymann, Franz-Andreas (1798–1873), Maler **603**
Holmes, Sherlock **423**

J
Jauslin, Karl (1842–1904), Maler **465**
Jomini, Antoine-Henri (1779–1869), général **507**
Josephsohn, Hans (geb. 1920), Bildhauer **271**

K

Keller, Gottfried (1819–1890), Schriftsteller **275**
Kirchner, Ernst Ludwig (1880–1938), Maler **187**
Kościuszko, Tadeusz (1746–1817), General und polnischer Freiheitsheld **663**
Kruger, Paul (1825–1904), président de l'Afrique du Sud **176**
Kunz, Emma (1892–1963), Naturheilärztin und Malerin **800**

L

Lauterburg, Martin (1891–1960), Maler **314**
Legler, Thomas (1782–1835), Offizier **194**
Lehmann, Wilhelm (1884–1974), Holzbildhauer **477**

M

Mann, Thomas (1875–1955), Schriftsteller **852**
Mazzini, Giuseppe (1805–1872), ital. Freiheitskämpfer **288**
Meyer, Conrad Ferdinand (1825–1898), Dichter **330**
Morgenthaler, Sasha (1893–1975), Kunstgewerblerin **856**

N

Nietzsche, Friedrich (1844–1900), Philosoph und Dichter **653**

O

Olsommer, Charles-Clos (1883–1966), peintre **753**

P

Paderewski, Ignace-Jean (1860–1941), homme politique, compositeur et pianiste **440**
Perraudin, Jean-Pierre (1767–1858), guide et glaciologue **390**
Perrin, Léon (1886–1978), sculpteur **443**
Picasso, Pablo (1881–1973), Maler, Graphiker und Bildhauer **408**
Planta, Familie **577**

R

Rainis, Janis e Aspazija (1865–1929 e 1869–1943), poeti **398**
Reding, Ital (ca. 1570–1651), Staatsmann **635**
Rilke, Rainer Maria (1875–1926), Dichter **529, 650**
Robbi, Andrea (1864–1945), Maler **652**
Roesch, Carl (1884–1972), Maler **196**
Rousseau, Jean Jacques (1712–1778), philosophe et pédagogue **242, 442, 469**

S

Saint Phalle de, Niki (1930–), Künstlerin **232**
Schmid, Wilhelm (1892–1971), pittore **128**
Segantini, Giovanni (1858–1899), Maler **412, 597**
Segantini, Gottardo, Maler **412**
Spyri, Johanna (1827–1901), Jugendschriftstellerin **308**
Stäbli, Adolf (1842–1901), Maler **136**
Steiger, Johann Ulrich (geb. 1920), Bildhauer **868**
Stockalper, Familie **131**
Suter, August (1887–1965), Bildhauer **212**
Suworow, Alexandr W. (1730–1800), russ. Feldmarschall **274**

T
Tell, Wilhelm, schweizerischer Nationalheld **149**
Tinguely, Jean (1925–1991), Eisenplastiker **70, 232**

V
Vela, Lorenzo (1812–1897), scultore **382**
Vela, Spartaco (1854–1895), scultore **382**
Vela, Vincenzo (1820–1891), scultore **382**
Vogel, Alfred, Naturheilkunder **10, 190, 703**
Voltaire (1694–1778), philosophe **246**
von Kupffer, Elisar (1872–1942), pittore **38, 428**
von Tavel, Rudolf (1866–1934), Schriftsteller **325**

W
Wagner, Richard (1813–1883), Komponist **410**
Weber, Mili (1891–1978), Malerin **596**
Werefkin, Marianne (1867/1870–1938), Malerin **36**
Witschi, Werner (geb. 1906), Eisenplastiker **122**

Z
Zwingli, Huldrych (1484–1531), Reformator **781**

Sachregister

A

Abgüsse s. antike Kunst
Abwasser **842**
Alpen (s.a. Gletscher) **101, 390, 513, 725, 804**
Anatomie s. Medizin und Chirurgie
angewandte Kunst (s.a. Email, Design, Glas, Keramik, Kunstschmiede-
arbeiten, Papier, Scherenschnitte, Textilien, Wandteppiche) **75, 363,
784, 844**
Anthropologie **820**
antike Kunst **58, 78, 91, 251, 655, 786, 821**
Apotheken s. Pharmazie
Archäologie, klassische s. antike Kunst
Archäologie, römische s. römische Archäologie
Architektur **59**
Architektur, ländliche s. ländliche Wohnkultur
Architektur, Mittelalter s. Burgen
art brut **356, 588**
Astronomie **253, 409**
audiovisuelle Medien **183, 409, 436, 805, 867**
Auswanderung (s.a. Schweizer im Ausland) **152, 157, 185, 286,
389, 517, 630**
Automaten (s.a. mechanische Musikinstrumente) **42, 167, 386,
471, 575, 642**
Automobile **32, 115, 257, 264, 284, 409, 416, 460, 554,
600**

B

Bäder s. Thermalbäder, Mineralquellen
Ballonfahrt **409, 461**
Bergbau (s.a. Geologie, Mineralogie) **109, 185, 191, 312, 365,
562, 599, 619, 715**
Bergsturz (s.a. Alpen, Gletscher) **277, 278**
Bildende Kunst 5.–15. Jh. **64, 67, 71, 92, 96, 235, 251, 395,
406, 586, 808**
Bildende Kunst 16.–18. Jh. (s.a. Graphik und Personenregister) **2, 67,
96, 170, 235, 251, 359, 395, 425, 612, 658, 785, 789,
790, 792, 835, 851**
Bildende Kunst 19.–20. Jh. (s.a. Gegenwartskunst, Graphik und Personenregister) **2, 36, 53, 67, 85, 96, 166, 170, 212, 235,
251, 260, 272, 324, 357, 359, 384, 387, 393, 395,
396, 399, 406, 409, 425, 437, 448, 488, 499, 525,
533, 544, 585, 612, 624, 652, 658, 664, 683, 694,
708, 751, 753, 785, 789, 790, 792, 795, 824, 835**
Blasinstrumente s. Musikinstrumente
Botanik (s.a. Alpen, botanische Gärten, Herbarien) **171, 230, 394,
407, 473, 516, 850**
botanische Gärten **61, 93, 110, 132, 190, 234, 262, 364,
437, 583, 637, 823**
Briefmarken s. Philatelie
Bronzezeit s. Ur- und Frühgeschichte
Brotherstellung (s.a. Ernährung, Mühle) **130, 205, 748**

Bügeleisen **237, 535, 841**
Burgen **484**
Byzantinische Kunst **251**

C
Cartoons s. Karikaturen, Cartoons

D
Design **844**
Dichter s. Literatur, Poesie und Philosophie und Personenregister
Druckgraphik s. Graphik

E
Eisenbahnen (s.a. Strassenbahnen) **163, 409, 740, 741**
Eisenzeit s. Ur- und Frühgeschichte
Elektrizität s. Elektrotechnik
Elektrotechnik **51, 134, 276, 450, 452, 573**
Email **254**
Energietechnik (s.a. Elektrotechnik) **793**
Ernährung (s.a. Fischerei, Kaffee, Jagd, Landwirtschaft, Nahrungsmittel-
industrie) **703, 710, 748**
Exvotos s. religiöse Volkskunst

F
Fahnen und Flaggen (s.a. Militärgeschichte, Militaria) **64, 92, 179,
405, 439, 570, 633, 665, 848**
Fahr- und Motorräder **257, 280, 409, 554, 600**
Fauna s. lebende Tiere, Zoologie
Fayence s. Keramik
Fernmeldewesen s. Post- und Fernmeldewesen
Festungen **15, 84, 537, 570, 594, 685, 738**
Feuerwehr **9, 62, 210, 336, 338, 560**
Fischerei (s.a. Genfersee, Rhein, Schiffahrt) **156, 206, 342, 468,
474, 816**
Flachmalerei **771**
Flaggen s. Fahnen und Flaggen
Flora s. Botanik, Herbarien
Folterkammer **217, 284, 484**
Forstwirtschaft s. Holzarbeiten und Holzbearbeitung
Fossilien (s.a. Paleontologie) **240, 404, 427, 589, 644**
Freilichtmuseen **130, 299, 573, 713**
Friedhof **545**
Frösche **219, 453**

G
Gastronomie s. Ernährung
Gegenwartskunst (s.a. art brut, bildende Kunst 19.–20. Jh. und Personenregister) **2, 69, 70, 95, 111, 122, 166, 232, 233, 248,
272, 287, 393, 585, 610, 694, 813, 818, 827, 834,
843, 849**
Genfersee **482, 568**
Geologie (s.a. Bergbau, Bergsturz, Höhlenforschung, Mineralogie)
365, 404, 589, 667, 825

Geschichte (s.a. Malteserorden, Militärgeschichte, Polen, Religionsge-
schichte, römische archäologie, Rotes Kreuz, Ur- und Frühgeschichte)
33, 149, 176, 263, 288, 518, 633, 634
Gipsverarbeitung **619**
Glas (s.a. angewandte Kunst) **125, 249, 268, 305, 352, 363,
471, 572, 612, 841**
Glasindustrie **305, 572**
Glasmalerei **64, 92, 228, 235, 251, 323, 405, 459, 553,
584, 612, 848**
Gletscher (s.a. Alpen) **390**
Goldschmiedekunst **50, 64, 107, 119, 173, 198, 215, 235,
239, 283, 309, 397, 459, 497, 505, 571, 659, 661,
698, 848**
Grammophone s. Phonographen
Graphik **67, 96, 243, 359, 732, 751, 826, 835, 848**

H

Handwerk und Gewerbe (s.a. lokale Museen im Ortsregister): – Baumeister **704** – Coiffeur **130, 670, 861** – Drechsler **144, 629,
686** – Drucker **60, 108, 353, 387, 750, 812** – Goldschmied
603, 730 – Goldwäscher **628** – Graphiker **5** – Holzfäller **43,
567** – Hutmacher **237, 316** – Köhler **628, 629** – Küfer **144,
214, 353, 426, 524** – Kupferstecher **419, 760** – Metzger **838**
– Nagelschmied **696** – Schlosser **125** – Schmied **81, 144, 162,
197, 209, 413, 415, 426, 478, 491, 535, 538, 593,
605, 686, 737, 740, 760, 848, 862** – Schreiner **43, 162,
478, 567, 796** – Schuhmacher **225, 286, 327, 353, 426,
490, 491, 493, 494, 496, 534, 559, 593, 629, 760,
796, 861, 862** – Steinmetz **667** – Stickerin **687, 730** – Töpfer
105, 352, 709 – Waffenschmied **706** – Wagner **43, 130,
426, 605, 848** – Zimmermann **43, 567** – Zinngiesser **750**
Hand **361**
Harmonien **379**
Hasen **139**
Herbarien (s.a. Botanik) **61, 165, 171, 262, 364, 516, 657,
666**
historische Zimmer **64, 92, 228, 251, 275, 349, 372, 463,
466, 556, 584, 595, 673, 681, 684, 701, 720, 819,
848, 856**
Höhlenforschung (s.a. Geologie) **160, 582**
Holzbearbeitung (s.a. Sägerei, Schnitzereien) **43**
Hotelgewerbe (s.a. Tourismus) **227, 769, 846**

I

Imkerei **16, 290**
Indianer **829**
Industriegeschichte (s.a. Bergbau, Glasindustrie, Nahrungsmittelindustrie, Textilindustrie, Uhrenindustrie, Ziegelei) **49, 92, 113, 447,
508, 572, 612, 716, 740, 793, 797, 840**
Inkunabeln s. Manuskripte und Inkunabeln
islamische Kunst **92, 249**

J

Jagd **349**
Judaica **65**

K

Kaffee **830**
Kämme **451**
Karikaturen, Cartoons **66**
Käseherstellung s. Milchwirtschaft
Keramik (Fayence und Porzellan **18, 63, 92, 154, 235, 249, 330, 352, 363, 373, 418, 430, 483, 498, 784, 788, 831, 841, 848**
Kindheit (s.a. Spiele, Spielzeug und Puppen) **52**
Kino (s.a. audiovisuelle Medien) **113**
Kirchenschätze s. Goldschmiedekunst
Kleidung s. Mode, Schuhe, Trachten
Klöster **195, 198, 323, 339, 459, 463, 571, 689, 699**
Krippen **138, 353, 678, 699**
Kristalle s. Mineralogie
Kunstschmiedearbeiten **235, 740, 784, 841**
Kutschen (s.a. Tourismus) **24, 97, 409, 454**

L

ländliche Wohnkultur (s.a. lokale Museen im Ortsregister) **130**
Landwirtschaft (s.a. Brotherstellung, Imkerei, Milchwirtschaft, Most, Mühlen, Weinbau) **1, 16, 177, 266, 269, 326**
lebende Tiere **46, 79, 103, 262, 278, 414, 858**
Literatur, Poesie und Philosophie (s.a. Personenregister) **178, 242, 246, 255, 275, 303, 304, 308, 377, 398, 401, 423, 442, 469, 565, 650, 653, 852**
Luft- und Raumfahrt (s.a. Ballonfahrt) **20, 47, 201, 409**

M

Malerei s. bildende Kunst, Flachmalerei
Malteserorden **180**
Manuskripte und Inkunabeln **178, 514, 591**
Marionetten **100, 238, 841**
Masken **100, 238, 331, 363, 758, 762, 815, 836, 845**
mechanische Musikinstrumente (s.a. Automaten, Musikinstrumente) **42, 486, 487, 575, 642**
Medaillen s. Numismatik
Medizin und Chirurgie (s.a. Pharmazie, Psychiatrie) **57, 253, 255, 837, 839**
Milchwirtschaft **27, 29, 143, 147, 161, 162, 329, 352, 542, 629, 643, 687, 719, 737**
Militärgeschichte (s.a. Festung, Militaria) **179, 194, 201, 261, 263, 274, 284, 292, 403, 439, 570, 857**
Militaria **64, 92, 169, 174, 179, 251, 284, 346, 372, 389, 405, 439, 462, 471, 570, 584, 612, 613, 665, 670, 733, 736, 770, 779, 848**
Mineralogie (s.a. Bergbau, Geologie) **295, 485, 557, 625, 640, 644, 739, 825**
Mode **802, 841**
Most **759**
Motorräder s. Fahr- und Motorräder
Mühlen (s.a. Brotherstellung) **5, 186, 209, 385, 388, 455, 646, 713, 744, 809, 840**
Münzen s. Numismatik

Musik (s.a. Jazz, Musikinstrumente, Phonographen, Schallplatten) **410, 440**
Musikinstrumente (s.a. Harmonien, mechanische Musikinstrumente, Orgeln) **72, 148, 204, 208, 252, 410, 472, 810**

N
Nähmaschinen **237**
Nahrungsmittelindustrie **155, 703, 748**
Numismatik **92, 164, 235, 251, 355, 367, 471, 587, 733, 786, 848**

O
olympische Spiele (s.a. Sport, Wintersport) **367**
Orgeln (s.a. Musikinstrumente) **550**
orientalische Kunst **92, 245, 400, 824, 845, 855**

P
Paleontologie (s.a. Fossilien, Saurier) **365, 833, 847**
Panoramen **207, 402, 403, 711**
Papier **60**
Parfum **310**
Pfahlbauten (s.a. Ur- und Frühgeschichte) **420, 627, 628, 721**
Pfeifen **362**
Pferde **99, 605**
Pharmazie (s.a. Medizin und Chirurgie) **76, 335, 351, 515, 539, 848**
Philatelie (s.a. Post- und Fernmeldewesen) **97, 258, 367, 734**
Philosophen s. Literatur, Poesie und Philosophie und Personenregister
Phonographen **42, 148, 575, 691, 725**
Photoapparate **752**
Photographie (s.a. Photoapparate) **360, 783**
Plakate **75, 409, 844**
Polen **528, 663**
Polizei **4, 832**
Porzellan s. Keramik
Post- und Fernmeldewesen (s.a. Philatelie) **97, 265, 322, 409, 411, 547, 734, 747**
Psychiatrie **104**
Puppen s. Spielzeug und Puppen

R
Radio und Fernsehen s. audiovisuelle Medien
Rechenmaschinen **609**
Regionalgeschichte s. die einzelnen Orte im Ortsregister
Religionsgeschichte (s.a. Judaica, Klöster) **65, 140, 242, 282, 323, 564, 689, 699, 781**
religiöse Kunst s. Goldschmiedekunst (Kirchenschätze), Ikonen, Klöster
religiöse Volkskunst **143, 221, 564, 662**
Rhein **354**
Römer s. römische Archäologie
römische Archäologie **44, 45, 48, 92, 114, 137, 229, 358, 369, 383, 416, 481, 503, 523, 618, 655, 733, 848**
Rotes Kreuz **255, 256, 303**

S
Sägerei **567, 579, 674**
Salz **109, 632**
Saurier (s.a. Paleontologie) **7, 240, 531**
Schallplatten **691**
Scherenschnitte **162, 725, 784**
Schiffahrt (s.a. Fischerei, Genfersee, Rhein) **409, 552, 762**
Schlitten **24, 189, 409, 454**
Schlossmuseen **12, 131, 169, 181, 223, 294, 300, 301,
315, 325, 372, 441, 466, 489, 504, 518, 604, 641,
673, 736, 779**
Schnitzereien **129, 477**
Schokolade **155**
Schreibmaschinen **511**
Schriftsteller s. Literatur, Poesie und Philosophie und Personenregister
Schuhe **623**
Schützenwesen **102**
Schweizer im Ausland (s.a. Auswanderung) **263**
Science-Fiction **801**
Seen und Gewässer s. Fischerei, Genfersee, Rhein, Schiffahrt
Skulptur s. Bildende Kunst, Schnitzereien
Spiele **52, 714, 801, 860**
Spielzeug und Puppen (s.a. Marionetten, Zinnfiguren) **52, 74, 138,
188, 341, 378, 438, 489, 546, 788, 856, 860**
Spitzenarbeiten (s.a. Stickerei, Textilien, Trachten) **168, 444, 559,
592, 736**
Sport **77, 367**
städtische Wohnkultur **53, 63, 244, 247, 635, 680, 856**
Steinzeit s. Ur- und Frühgeschichte
Stickerei (s.a. Spitzenarbeit, Textilien, Trachten) **29, 174, 592,
595, 687, 730**
Stoffdruck **179, 196, 445, 466**
Strassenbahnen **409, 617, 853**
Stroharbeiten **334, 426, 722, 797**
Studentenverbindungen **39**

T
Tabak **536**
Täferstuben s. historische Zimmer
*Technik s. Bergbau, Elektrotechnik, Energie, Fotoapparate, Industrie-
geschichte, Wissenschaft*
Telefon s. Post- und Fernmeldewesen
Textilien (s.a. Spitzenarbeiten, Stickerei, Stoffdruck, Textilindustrie,
Trachten, Wandteppiche) **68, 548, 592, 788, 841**
Textilindustrie (s.a. Stoffdruck) **31, 56, 321, 351, 380, 519,
592, 621, 671, 812**
Theater **100**
Thermalbäder **8, 49, 509, 869**
Tiere s. Frösche, Hasen, lebende Tiere, Pferde
Tourismus (s.a. Alpen, Hotelgewerbe) **409, 435, 725**
Trachten **29, 63, 143, 148, 174, 612, 848**

U

Uhren **112, 130, 167, 254, 350, 386, 487, 515, 521, 569, 575, 576, 647, 716, 794, 854**
Uhrenindustrie **112, 569**
Uniformen (s.a Militaria) **479**
Ur- und Frühgeschichte **64, 92, 114, 172, 174, 251, 358, 383, 407, 470, 584, 587, 612, 655, 733, 817, 848**

V

Verkehr s. Automobile, Ballonfahrt, Eisenbahnen, Kutschen, Luft- und Raumfahrt, Fahr- und Motorräder, Post- und Fernmeldewesen, Schiffahrt, Schlitten, Strassenbahnen
Versicherungen **787**
Volkskunde **130, 252, 848**
Volkskunst und Brauchtum s. Volkskunde und lokale Museen im Ortsverzeichnis

W

Waffen s. Jagd, Militaria
Walser **124, 717**
Wandteppiche (s.a. angewandte Kunst, Textilien) **64, 92, 235, 251, 548, 841**
Wein s. Weinbau
Weinbau **13, 14, 41, 127, 175, 298, 381, 467, 495, 512, 543, 651, 672, 702, 749**
Weinpresse s. Weinbau
Wintersport **189, 735**
Wissenschaft **94, 253, 793**
Wohnkultur s. ländliche Wohnkultur, städtische Wohnkultur

Z

Zeichnungen s. Graphik
Ziegelei **28, 159**
Zinn (s.a. Zinnfiguren) **649**
Zinnfiguren (s.a. Militärgeschichte, Spielzeug und Puppen) **292, 857**
Zirkus **526**
Zollwesen **241**
Zoologie (s.a. Fischerei, Jagd) **3, 73, 98, 165, 171, 203, 230, 236, 259, 273, 368, 394, 407, 473, 500, 516, 611, 657, 666, 682, 791**
zoologische Gärten s. lebende Tiere

Index des matières

A

affiches **75, 409, 844**

âge de la pierre, du bronze, du fer v. archéologie pré- et protohistorique

agriculture (v.a. apiculture, cidre, fromage, moulins, pain, viticulture) **1, 16, 177, 266, 269, 326**

alimentation (v.a. agriculture, café, chasse, industrie alimentaire, pêche) **703, 710, 748**

Alpes (v.a. glaciers) **101, 390, 513, 725, 804**

anatomie v. médecine et chirurgie

animaux v. animaux vivants, chevaux, grenouilles, lapins

animaux vivants **46, 79, 103, 262, 278, 414, 858**

anthropologie **820**

antiquités égyptiennes v. archéologie classique et orientale

apiculture **16, 290**

appareils photographiques **752**

archéologie classique et orientale **58, 78, 91, 251, 655, 786, 821**

archéologie pré- et protohistorique **64, 92, 114, 172, 174, 229, 251, 358, 383, 407, 470, 584, 587, 612, 655, 733, 817, 848**

archéologie romaine **44, 45, 48, 92, 114, 137, 358, 369, 383, 416, 481, 503, 523, 618, 655, 733, 848**

architecture **59**

architecture rurale v. habitat rural

armes v. chasse, militaria

art antique v. archéologie classique et orientale

art brut **356, 588**

art byzantin **251**

art contemporain (v.a. art brut, beaux-arts 19e–20e s. et index des personnes) **2, 69, 70, 95, 111, 122, 166, 232, 233, 248, 272, 287, 393, 585, 610, 694, 813, 818, 827, 834, 843, 849**

art islamique **92, 249**

art oriental **92, 245, 400, 824, 845, 855**

art religieux v. icônes, monastères et couvents, orfèvrerie religieuse (trésors de l'Eglise)

arts appliqués (v.a. céramique, design, émaillerie, ferronnerie, papier, papiers découpés, tapisseries, textiles, verre) **75, 363, 784, 844**

arts et traditions populaires v. ethnographie régionale et les musées locaux dans l'index des lieux

arts graphiques **67, 96, 243, 359, 732, 751, 826, 835, 848**

assurances **787**

astronomie **253, 409**

audiovisuel **183, 409, 436, 805, 867**

automates (v.a. instruments de musique mécaniques) **42, 167, 386, 471, 575, 642**

automobiles **32, 115, 257, 264, 284, 409, 416, 460, 554, 600**

aviation et aéronautique (v.a. montgolfières) **20, 47, 201, 409**

B

bains v. thermalisme
bannières v. drapeaux et bannières
beaux-arts 5e–15e s. **64, 67, 71, 92, 96, 235, 251, 395, 406, 586, 808**
beaux-arts 16e–18e s. (v.a. arts graphiques et index des personnes) **2, 67, 96, 170, 235, 251, 359, 395, 425, 612, 658, 785, 789, 790, 792, 835, 851**
beaux-arts 19e–20e s. (v.a. art contemporain, arts graphiques et index des personnes) **2, 36, 53, 67, 85, 96, 166, 170, 235, 251, 260, 272, 324, 357, 359, 384, 387, 393, 395, 396, 399, 406, 409, 425, 437, 448, 488, 499, 525, 533, 544, 585, 612, 658, 664, 683, 694, 708, 751, 785, 789, 790, 792, 795, 824, 835**
bois (v.a. scierie, sculpture sur bois) **43**
botanique (v.a. Alpes, herbiers, jardins botaniques) **171, 230, 394, 407, 473, 516, 850**
broderie (v.a. costumes, dentelle, textiles) **29, 174, 592, 595, 687, 730**

C

café **830**
céramique (faïences et porcelaines) **18, 63, 92, 154, 235, 249, 330, 352, 363, 373, 418, 430, 483, 498, 784, 788, 831, 841, 848**
chasse **349**
châteaux-forts **484**
châteaux-musées **12, 131, 169, 181, 223, 294, 300, 301, 315, 325, 372, 441, 466, 489, 504, 518, 604, 641, 673, 736, 779**
chaussures **623**
chemins de fer (v.a. tramways) **163, 409, 740, 741**
chevaux **99, 605**
chocolat **155**
cidre **759**
cimetière v. mobilier funéraire
cinéma (v.a. audiovisuel) **113**
cirque **526**
costumes **29, 63, 143, 148, 174, 612, 848**
couvents v. monastères et couvents
crèches **138, 353, 678, 699**
cristaux v. minéralogie
Croix-Rouge **255, 256, 303**
cycles **257, 280, 409, 554, 600**

D

dentelle (v.a. broderie, costumes, textiles) **168, 444, 559, 592, 736**
design **844**
dessins humoristiques et caricatures **66**
dessins v. arts graphiques
diligences (v.a. tourisme) **24, 97, 409, 454**
disques **691**
douanes **241**
drapeaux et bannières (v.a. histoire militaire, militaria) **64, 92, 179, 405, 439, 570, 633, 665, 848**

E

éboulements (v.a. Alpes, glaciers) **277, 278**
écomusées v. musées de plein air
écrivains v. littérature, poésie et philosophie et index des personnes
égouts **842**
électricité v. électrotechnique
électrotechnique **51, 134, 276, 450, 452, 573**
émaillerie **254**
émigration (v.a. Suisses à l'étranger) **152, 157, 185, 286, 389, 517, 630**
énergie (v.a. électrotechnique) **793**
enfance (v.a. jeux, jouets et poupées) **52**
estampes v. arts graphiques
étains (v.a. figurines d'étain) **649**
ethnographie régionale **130, 252, 848**
ex-votos v. piété populaire

F

faïences v. céramique
faune v. animaux vivants, zoologie
ferronnerie **235, 740, 784, 841**
fers à repasser **237, 535, 841**
figurines d'étain (v.a. histoire militaire, jouets et poupées) **292, 857**
flore v. botanique, herbiers
fortifications **15, 84, 537, 570, 594, 685, 738**
fossiles (v.a. paléontologie) **240, 404, 427, 589, 644**
fromage **27, 29, 143, 147, 161, 162, 329, 352, 542, 629, 643, 687, 719, 737**

G

gastronomie v. alimentation
géologie (v.a. éboulements, minéralogie, mines, spéléologie) **365, 404, 589, 667, 825**
glaciers (v.a. Alpes) **390**
grammophones v. phonographes
gravures v. arts graphiques
grenouilles **219, 453**
gypse **619**

H

habitat rural (v.a. les musées locaux dans l'index des lieux) **130**
habitat urbain **53, 63, 244, 247, 635, 680, 856**
habitations lacustres (v.a. archéologie pré- et protohistorique) **420, 627, 628, 721**
harmoniums **379**
herbiers (v.a. botanique) **61, 165, 171, 262, 364, 516, 657, 666**
histoire (v.a. archéologie pré- et protohistorique, archéologie romaine, Croix-Rouge, histoire militaire, histoire religieuse, Ordre de Malte, Pologne) **33, 149, 176, 263, 288, 518, 633, 634**
histoire locale et régionale v. les musées locaux dans l'index des lieux
histoire militaire (v.a. fortifications, militaria) **179, 194, 201, 261, 263, 274, 284, 292, 403, 439, 570, 857**
histoire religieuse (v.a. monastères et couvents) **65, 140, 242, 282, 323, 564, 689, 699, 781**

horlogerie **112, 130, 167, 254, 350, 386, 487, 515, 521, 569, 575, 576, 647, 716, 794, 854**
hôtellerie (v.a. tourisme) **227, 769, 846**

I

imagerie pieuse v. piété populaire
impression sur étoffes **179, 196, 445, 466**
incunables v. manuscrits et incunables
indiennes v. impression sur étoffes
Indiens d'Amérique **829**
industrialisation (v.a. industrie alimentaire, industrie du verre, industrie horlogère, industrie textile, mines, tuilerie, briqueterie) **49, 92, 113, 447, 508, 572, 612, 716, 740, 793, 797, 840**
industrie alimentaire **155, 703, 748**
industrie du verre **305, 572**
industrie horlogère **112, 569**
industrie laitière v. fromage
industrie textile (v.a. impression sur étoffes) **31, 56, 321, 351, 380, 519, 592, 621, 671, 812**
instruments de musique (v.a. harmoniums, instruments de musique mécaniques, orgues) **72, 148, 204, 208, 252, 410, 472, 810**
instruments de musique mécaniques (v.a. automates) **42, 486, 487, 575, 642**
intérieurs historiques **64, 92, 228, 251, 275, 349, 372, 463, 466, 556, 584, 595, 673, 681, 684, 701, 720, 819, 848, 856**

J

jardins botaniques **61, 93, 110, 132, 190, 234, 262, 364, 437, 583, 637, 823**
jardins zoologiques v. animaux vivants
jeux **52, 714, 801, 860**
Jeux olympiques (v.a. sport, sports d'hiver) **367**
jouets et poupées (v.a. figurines d'étain, marionnettes) **52, 74, 138, 188, 341, 378, 438, 489, 546, 788, 856, 860**
Judaïsme **65**

L

lacs et rivières v. Léman, navigation, pêche, Rhin
lapins **139**
Léman **482, 568**
littérature, poésie et philosophie (v.a. index des personnes) **178, 242, 246, 255, 275, 303, 304, 308, 377, 398, 401, 423, 442, 469, 565, 650, 653, 852**
luges v. traineaux et luges
lutte contre l'incendie v. pompiers

M

Métiers et outils (v.a. les musées locaux dans l'index des lieux): – armurier **706** – brodeuse **687, 730** – bûcheron **43, 567** – boucher **838** – chapelier **237, 316** – charbonnier **628, 629** – charpentier **43, 567** – charron **43, 130, 426, 605, 848** – chercheur d'or **628** – cloutier **696** – coiffeur **130, 670, 861** – cordonnier **225, 286, 327, 353, 426, 490, 491, 493, 494, 496, 534, 559, 593, 629, 760, 796, 861, 862** – forgeron **81, 144, 162, 197, 209, 413, 415, 426, 478, 491, 535, 538,**

593, 605, 686, 737, 740, 760, 848, 862 – graveur **5, 419, 760** – imprimeur **60, 108, 353, 387, 750, 812** – maître d'œuvre **704** – menuisier **43, 162, 478, 567, 796** – orfèvre **603, 730** – potier **105, 352, 709** – potier d'étain **750** – serrurier **125** – tailleur de pierre **667** – tonnelier **144, 214, 353, 426, 524** – tourneur **144, 629, 686**
machines à calculer **609**
machines à coudre **237**
machines à écrire **511**
main **361**
manuscrits et incunables **178, 514, 591**
marionnettes **100, 238, 841**
masques **100, 238, 331, 363, 758, 762, 815, 836, 845**
médailles v. numismatique
médecine et chirurgie (v.a. pharmacie, psychiatrie) **57, 253, 255, 837, 839**
métiers et outils (v.a. les musées locaux dans l'index des lieux
militaria **64, 92, 169, 174, 179, 251, 284, 346, 372, 389, 405, 439, 462, 471, 570, 584, 612, 613, 665, 670, 733, 736, 770, 779, 848**
minéralogie (v.a. géologie, mines) **295, 485, 557, 625, 640, 644, 739, 825**
mines (v.a. géologie, minéralogie) **109, 185, 191, 312, 365, 562, 599, 619, 715**
mobilier funéraire **545**
mode **802, 841**
monastères et couvents **195, 198, 323, 339, 459, 463, 571, 689, 699**
monnaies v. numismatique
montgolfières **409, 461**
montres v. horlogerie
motos v. cycles
moulages v. archéologie classique et orientale
moulins (v.a. pain) **5, 186, 209, 385, 388, 455, 646, 713, 744, 809, 840**
musées de plein air **130, 299, 573, 713**
musique (v.a. disques, instruments de musique, phonographes) **410, 440**

N
navigation (v.a. Léman, pêche, Rhin) **409, 552, 762**
numismatique **92, 164, 235, 251, 355, 367, 471, 587, 733, 786, 848**

O
Ordre de Malte **180**
orfèvrerie religieuse (trésors d'art religieux) **50, 64, 107, 119, 173, 198, 215, 235, 239, 283, 309, 397, 459, 497, 505, 571, 659, 661, 698, 848**
orgues (v.a. instruments de musique) **550**

P
paille **334, 426, 722, 797**
pain (v.a. alimentation, moulin) **130, 205, 748**
paléontologie (v.a. fossiles, sauriens) **365, 833, 847**
panoramas **207, 402, 403, 711**

papier **60**
papiers découpés **162, 725, 784**
parfum **310**
pêche (v.a. Léman, navigation, Rhin) **156, 206, 342, 468, 474, 816**
peignes **451**
peinture en bâtiments **771**
peinture v. beaux-arts, peinture en bâtiments
pharmacie (v.a. médecine et chirurgie) **76, 335, 351, 515, 539, 848**
philatélie (v.a. postes et télécommunications) **97, 258, 367, 734**
philosophes v. littérature, poésie et philosophie et index des personnes
phonographes **42, 148, 575, 691, 725**
photographie (v.a. appareils photographiques) **360, 783**
piété populaire **143, 221, 564, 662**
pipes **362**
poètes v. littérature, poésie et philosophie et index des personnes
police **4, 832**
Pologne **528, 663**
pompiers **9, 62, 210, 336, 338, 560**
porcelaines v. céramique
postes et télécommunications (v.a. philatélie) **97, 265, 322, 409, 411, 547, 734, 747**
poupées v. jouets et poupées
pressoirs à vin v. viticulture
psychiatrie **104**
radio et télévision v. audiovisuel
Rhin **354**
Romains v. archéologie romaine

S
sauriens (v.a paléontologie) **7, 240, 531**
science-fiction **801**
sciences et découvertes **94, 253, 793**
scierie **567, 579, 674**
sculpture sur bois **129, 477**
sculpture v. beaux-arts, sculpture sur bois
sel **109, 632**
sociétés d'étudiants **39**
spéléologie (v.a. géologie) **160, 582**
sport **77, 367**
sports d'hiver **189, 735**
Suisses à l'étranger (v.a. émigration) **263**
sylviculture v. bois

T
tabac **536**
tapisseries (v.a. arts appliqués, textiles) **64, 92, 235, 251, 548, 841**
technique v. appareils photographiques, électrotechnique, énergie, industrialisation, mines, sciences et découvertes
télécommunications v. postes et télécommunications
téléphone v. postes et télécommunications
textiles (v.a. broderie, costumes, dentelle, impression sur étoffes, industrie textile, tapisseries) **68, 548, 592, 788, 841**
théâtre **100**

thermalisme **8, 49, 509, 869**
tireurs **102**
torture (chambre de) **217, 284, 484**
tourisme (v.a. Alpes, hôtellerie) **409, 435, 725**
traineaux et luges **24, 189, 409, 454**
tramways **409, 617, 853**
*transports v. automobiles, aviation et aéronautique, chemins de fer,
cycles, diligences, montgolfières, navigation, postes et télécommunications, traineaux et luges, tramways*
trésors de l'Eglise v. orfèvrerie religieuse
tuilerie, briqueterie **28, 159**

U
uniformes (v.a. militaria) **479**

V
vélos v. cycles
verre (v.a. arts appliqués) **125, 249, 268, 305, 352, 363,
471, 572, 612, 841**
vêtements v. chaussures, costumes, mode
vin v. viticulture
viticulture **13, 14, 41, 127, 175, 298, 381, 467, 495, 512,
543, 651, 672, 702, 749**
vitraux **64, 92, 228, 235, 251, 323, 405, 459, 553, 584,
612, 848**

W
Walser **124, 717**

Z
zoologie (v.a. chasse, pêche) **3, 73, 98, 165, 171, 203, 230,
236, 259, 273, 368, 394, 407, 473, 500, 516, 611,
657, 666, 682, 791**

Indice analitico

A
abitazione lacustre (v.a. archeologia preistorica) **420, 627, 628, 721**
abitazione rurale (v.a. musei locali nell'indice dei luoghi) **130**
abitazione urbana **53, 63, 244, 247, 635, 680, 856**
agricoltura (v.a. apicoltura, formaggio, mulini, panificazione, sidro, viticoltura) **1, 16, 177, 266, 269, 326**
alimentazione (v.a. agricoltura, caccia, caffè, industia alimentare, pesca) **703, 710, 748**
Alpi (v.a. ghiacciai) **101, 390, 513, 725, 804**
anatomia v. medicina e chirurgia
animali v. animali viventi, cavalli, conigli, rane
animali viventi **46, 79, 103, 262, 278, 414, 858**
antropologia **820**
apicoltura **16, 290**
arazzi (v.a. arte applicata, tessili) **64, 92, 235, 251, 548, 841**
archeologia classica **58, 78, 91, 251, 655, 786, 821**
archeologia preistorica **64, 92, 114, 172, 174, 229, 251, 358, 383, 407, 470, 584, 587, 612, 655, 733, 817, 848**
archeologia romana **44, 45, 48, 92, 114, 137, 358, 369, 383, 416, 481, 503, 523, 618, 655, 733, 848**
architettura **59**
armi v. caccia, militare (oggetti inerenti al)
armoni **379**
art brut **356, 588**
arte antica v. archeologia classica
arte applicata (v.a. arazzi, carta, ceramica, design, ferro battuto, sforbicicchi, tessili, vetro) **75, 363, 784, 844**
arte bizantina **251**
arte contemporanea (v.a. art brut, belle arti XIX°–XX° sec. e indice delle persone) **2, 69, 70, 95, 111, 122, 166, 232, 233, 248, 272, 287, 393, 585, 610, 694, 813, 818, 827, 834, 843, 849**
arte islamica **92, 249**
arte orientale **92, 245, 400, 824, 845, 855**
arte religiosa v. conventi, icone, oreficeria (tesoro della chiesa)
arte sacra popolare **143, 221, 564, 662**
arti e tradizione popolare v. etnologia regionale e musei locali nell'indice dei luoghi
artigianato (v.a. musei locali nell'indice dei luoghi) – armaiolo **706** – bottaio **144, 214, 353, 426, 524** – calcografo **419, 760** – calzolaio **225, 286, 327, 353, 426, 490, 491, 493, 494, 496, 534, 559, 593, 629, 760, 796, 861** – cappellaio **237, 316** – carbonaio **628, 629** – carpentiere **43, 567** – carradore **43, 130, 426, 605, 848** – chiodaio **696** – costruttore edile **704** – fabbro **81, 144, 162, 197, 209, 413, 415, 426, 478, 491, 535, 538, 593, 605, 686, 737, 740, 760, 848, 862** – falegname **43, 162, 478, 567, 796** – fonditore di stagno **750** – grafico **5** – lavatore d'oro **628** – macellaio **838** – magnano **125** – orafo **603, 730** – parrucchiere **130, 670, 861** – ricamatrice **687, 730** – scalpellino **667** – stampatore **60, 108, 353, 387, 750, 812** – taglialegna **43, 567** – tornitore **144, 629, 686** – vasaio **105, 352, 709**

assicurazioni **787**
associazioni studentesche **39**
astronomia **253, 409**
automatici (v.a. strumenti musicali meccanici) **42, 167, 386, 471, 575, 642**
automobili **32, 115, 257, 264, 284, 409, 416, 460, 554, 600**
aviazione (v.a. viaggio in pallone) **20, 47, 201, 409**

B
bagni v. stazioni termali
bambole v. giocattoli e bambole
bandiere (v.a. militare (oggetti inerenti al), storia militare) **64, 92, 179, 405, 439, 570, 633, 665, 848**
belle arti V°–XV° sec. **64, 67, 71, 92, 96, 235, 251, 395, 406, 586, 808**
belle arti XVI°–XVIII° sec. (v.a. grafica e indice delle persone) **2, 67, 96, 170, 235, 251, 359, 395, 425, 612, 658, 785, 789, 790, 792, 835, 851**
belle arti XIX°–XX° sec. (v.a. arte contemporanea, grafica e indice delle persone) **2, 36, 53, 67, 85, 96, 166, 170, 235, 251, 260, 272, 324, 357, 359, 384, 387, 393, 395, 396, 399, 406, 409, 425, 437, 448, 488, 499, 525, 533, 544, 585, 612, 658, 664, 683, 694, 708, 751, 785, 789, 790, 792, 795, 824, 835**
biciclette, motociclette **257, 280, 409, 554, 600**
botanica (v.a. Alpi, erbari, giardini botanici) **171, 230, 394, 407, 473, 516, 850**

C
caccia **349**
caffè **830**
calchi di gesso v. archeologia classica
caricature, fumetti **66**
carta **60**
castelli **484**
cavalli **99, 605**
ceramica (maioliche e porcellane) **18, 63, 92, 154, 235, 249, 330, 352, 363, 373, 418, 430, 483, 498, 784, 788, 831, 841, 848**
cinema (v.a. media audiovisivi) **113**
cioccolato **155**
circo **526**
conigli **139**
conventi **195, 198, 323, 339, 459, 463, 571, 689, 699**
costumi **29, 63, 143, 148, 174, 612, 848**
cristalli v. mineralogia
Croce Rossa **255, 256, 303**

D
design **844**
diligenze (v.a. turismo) **24, 97, 409, 454**
dischi **691**
disegno v. grafica
dogane **241**

E

elettricità v. elettrotecnica
elettrotecnica **51, 134, 276, 450, 452, 573**
emigrazione (v.a. Svizzeri all'estero) **152, 157, 185, 286, 389, 517, 630**
energia (v.a. elettrotecnica) **793**
erbari (v.a. botanica) **61, 165, 171, 262, 364, 516, 657, 666**
età del bronzo v. archelogia preistorica
età del ferro v. archeologia preistorica
etnografia **130, 252, 848**
ex voto v. arte sacra popolare

F

fantascienza **801**
farmacia (v.a. medicina e chirurgia) **76, 335, 351, 515, 539, 848**
fauna v. animali viventi, zoologia
ferri da stiro **237, 535, 841**
ferro battuto (lavori in) **235, 740, 784, 841**
ferrovie (v.a. tram) **163, 409, 740, 741**
filatelia (v.a. posta e telecomunicazioni) **97, 258, 367, 734**
filosofia v. letteratura, poesia e filosofia e indice delle persone
flora v. botanica, erbari
fonografi **42, 148, 575, 691, 725**
formaggio **27, 29, 143, 147, 161, 162, 329, 352, 542, 629, 643, 687, 719, 737**
fornace di laterizi **28, 159**
fortificazione **15, 84, 537, 570, 594, 685, 738**
fossili (v.a. paleontologia) **240, 404, 427, 589, 644**
fotografia (v.a. macchine fotografiche) **360, 783**
francobolli v. filatelia
frane (v.a. Alpi, ghiacciai) **277, 278**

G

gastronomia v. alimentazione
geologia (v.a. frane, mineralogia, miniere, speleologia) **365, 404, 589, 667, 825**
gesso **619**
ghiacciai (v.a. Alpi) **390**
giardini zoologici v. animali viventi
giardini botanici **61, 93, 110, 132, 190, 234, 262, 364, 437, 583, 637, 823**
giocattoli e bambole (v.a. statuine di stagno, marionette) **52, 74, 138, 188, 341, 378, 438, 489, 546, 788, 856, 860**
giochi **52, 714, 801, 860**
giochi olimpici **367**
giudaismo **65**
grafica **67, 96, 243, 359, 732, 751, 826, 835, 848**
grammofoni v. fonografi

I

imbianchino (lavori d') **771**
incunabili v. manoscritti e incunabili
Indiani **829**
industria alberghiera (v.a. turismo) **227, 769, 846**

industria alimentare **155, 703, 748**
industria del vetro **305, 572**
industria tessile (v.a. stampa su stoffa) **31, 56, 321, 351, 380, 519, 592, 621, 671, 812**
industrializzazione (v.a. fornace di laterizi, industria alimentare, industria tessile, miniere) **49, 92, 113, 447, 508, 572, 612, 716, 740, 793, 797, 840**
infanzia (v.a. giochi, giocattoli e bambole) **52**

L
laghi e fiumi v. Lago di Ginevra, pesca, Reno
Lago di Ginevra **482, 568**
legno (v.a. scultura in legno, segheria) **43**
letteratura, poesia e filosofia (v.a. indice delle persone) **442, 469, 565, 650, 653, 852**

M
macchine da cucire **237**
macchine da scrivere **511**
macchine fotografiche **752**
macchine calcolatrici **609**
maioliche v. ceramica
manifesti **75, 409, 844**
mano **361**
manoscritti e incunabili **178, 514, 591**
marionette **100, 238, 841**
maschere **100, 238, 331, 363, 758, 762, 815, 836, 845**
medaglie v. numismatica
media audiovisivi **183, 409, 436, 805, 867**
medicina e chirurgia (v.a. farmacia, psichiatria) **57, 253, 255, 837, 839**
merletti (v.a. costumi, ricami, tessili) **168, 444, 559, 592, 736**
militare (oggetti inerenti al) **64, 92, 169, 174, 179, 251, 284, 346, 372, 389, 405, 439, 462, 471, 570, 584, 612, 613, 665, 670, 733, 736, 770, 779, 848**
mineralogia (v.a. geologia, miniere) **295, 485, 557, 625, 640, 644, 739, 825**
miniere (v.a. geologia, mineralogia) **109, 185, 191, 312, 365, 562, 599, 619, 715**
monete v. numismatica
motociclette v. biciclette, motociclette
mulini (v.a. panificazione) **5, 186, 209, 385, 388, 455, 646, 713, 744, 809, 840**
musei nel castello **12, 131, 169, 181, 223, 294, 300, 301, 315, 325, 372, 441, 466, 489, 504, 518, 604, 641, 673, 736, 779**
musei all'aperto **130, 299, 573, 713**
musica (v.a. dischi, fonografi, strumenti musicali) **410, 440**

N
navigazione (v.a. Lago di Ginevra, pesca, Reno) **409, 552, 762**
numismatica **92, 164, 235, 251, 355, 367, 471, 587, 733, 786, 848**

O

oggetti funerari **545**
Ordine di Malta **180**
oreficeria (tesoro della chiesa) **50, 64, 107, 119, 173, 198, 215, 235, 239, 283, 309, 397, 459, 497, 505, 571, 659, 661, 698, 848**
organi (v.a. strumenti musicali) **550**
orologi, orologi tascabili **112, 130, 167, 254, 350, 386, 487, 515, 521, 569, 575, 576, 647, 716, 794, 854**

P

paglia **334, 426, 722, 797**
paleontologia (v.a. fossili, sauri) **365, 833, 847**
panificazione (v.a. alimentazione, mulini) **130, 205, 748**
panorami **207, 402, 403, 711**
pesca (v.a. Lago di Ginevra, navigazione, Reno) **156, 206, 342, 468, 474, 816**
pettini **451**
pipe **362**
pittura v. belle arti, imbianchino (lavori d')
poesia v. letteratura, poesia e filosofia e indice delle persone
polizia **4, 832**
Polonia **528, 663**
pompieri **9, 62, 210, 336, 338, 560**
porcellane v. ceramica
posta e telecomunicazioni (v.a. filatelia) **97, 265, 322, 409, 411, 547, 734, 747**
presepi **138, 353, 678, 699**
profumi **310**
psichiatria **104**

R

radio e televisione v. media audiovisivi
rane **219, 453**
Reno **354**
ricami (v.a. costumi, merletti, tessili) **29, 174, 592, 595, 687, 730**
sale **109, 632**
saurii (v.a. paleontologia) **7, 240, 531**
scarichi civili **842**
scarpe **623**
scienze **94, 253, 793**
scrittore v. letteratura, poesia e filosofia e indice delle persone
scultura v. belle arti, scultura in legno
scultura in legno **129, 477**
segheria **567, 579, 674**
selvicoltura v. legno
sforbicicchi **162, 725, 784**
sidro **759**
slitte **24, 189, 409, 454**
smalto **254**
speleologia (v.a. geologia) **160, 582**
sport **77, 367**
sport invernale **189, 735**
stagno (v.a. statuine di stagno) **649**
stampa su stoffa **179, 196, 445, 466**

stampe v. grafica

stanze storiche **64, 92, 228, 251, 275, 349, 372, 463, 466, 556, 584, 595, 673, 681, 684, 701, 720, 819, 848, 856**

statuine di stagno (v.a. giocattoli e bambole, storia militare) **292, 857**

stazioni termali **8, 49, 509, 869**

storia (v.a. archeologia preistorica, archeologia romana, Croce Rossa, Ordine di Malta, Polonia, storia militare, storia religiosa) **33, 149, 176, 263, 288, 518, 633, 634**

storia locale v. musei locale nell'indice dei luoghi

storia militare (v.a. fortificazioni, militare (oggetti inerenti al)) **179, 194, 201, 261, 263, 274, 284, 292, 403, 439, 570, 857**

storia religiosa (v.a. conventi) **65, 140, 242, 282, 323, 564, 689, 699, 781**

strumenti musciali (v.a. armoni, strumenti musicali meccanici, organi) **72, 148, 204, 208, 252, 410, 472, 810**

strumenti musicali meccanici (v.a. automatici) **42, 486, 487, 575, 642**

Svizzeri all'estero (v.a. emigrazione) **263**

T

tabacco **536**

teatro **100**

tecnica v. elettrotecnica, energia, industrializzazione, macchine fotografiche, miniere, scienze

telecomunicazioni v. posta e telecomunicazioni

telefono v. posta e telecomunicazioni

tesoro della chiesa v. oreficeria

tessili (v.a. arazzi, costumi, industria tessile, merletti, ricami, stampa su stoffa) **68, 548, 592, 788, 841**

tiro **102**

torchio per vino v. viticoltura

tortura (camera di) **217, 284, 484**

tram **409, 617, 853**

trasporti v. automobili, aviazione, biciclette, diligenze, ferrovia, navigazione, posta e telecomunicazioni, slitte, tram, viaggio in pallone

turismo (v.a. Alpi, industria alberghiera) **409, 435, 725**

U

uniformi (v.a. militare (oggetti inerenti al)) **479**

V

vestiti, moda **802, 841**

vetrate **64, 92, 228, 235, 251, 323, 405, 459, 553, 584, 612, 848**

vetro (v.a. arte applicata) **125, 249, 268, 305, 352, 363, 471, 572, 612, 841**

viaggio in pallone **409, 461**

vino v. viticoltura

viticoltura **13, 14, 41, 127, 175, 298, 381, 467, 495, 512, 543, 651, 672, 702, 749**

W

Walser **124, 717**

Z

zoologia (v.a. caccia, pesca) **3, 73, 98, 165, 171, 203, 230, 236, 259, 273, 368, 394, 407, 473, 500, 516, 611, 657, 666, 682, 791**